KB200407

# 리퀴드처치 : 새로운 세대를 새롭게 적시는 교회

그리스도를 위해
당신의 도시를 흠뻑 적실
6개의 강한 물줄기

팀 루카스 & 워렌 버드 지음

LIQUID

# 리퀴드처치

## : 새로운 세대를 새롭게 적시는 교회

CHURCH

규장

# 추 천 사

한때 우리나라에 가장 많은 선교사를 파송해주었던 미국이 요즘은 영적으로 너무 타락하고 교회들이 줄어들고 있는 추세입니다. 헌데, 팀 루카스의 교회는 미국에서 가장 교회가 쇠락하고 있는 동부 뉴저지 지역에서 2007년에 개척되어 수많은 불신자 청장년 세대를 전도하여, 현재 미국에서 가장 다이나믹하게 성장하는 교회 성장 신화를 쓰고 있습니다.

원래 고등학교 영어 선생님이었던 루카스 목사 부부는 팀 켈러의 대도시 전문인 목회, 오순절교회의 뜨거운 성령의 임재, 지역의 약한 영혼들을 돌보는 따뜻한 사랑의 구제 사역들을 접목하여 21세기 미국의 방황하는 젊은이들의 마음을 여는 새로운 목회 패러다임으로 승화시켰습니다.

작년 여름, 미국에서 안식월을 보내면서 이 책을 처음 접하여 읽으면서 저는 가슴에 뜨거운 감동을 느꼈습니다. 루카스 목사의 이야기는 포스트 코로나 시대에 새로운 도시 목회의 돌파구를 찾는 모든 목회자와 평신도 리더들에게 신선한 도전이 될 것입니다.

— 한홍 새로운교회 담임목사

복음으로 당신의 도시를 변화시키는 일에 열정을 갖고 있다면, 당신의 믿음을 세워줄 신선한 아이디어들을 얻기 위해 이 강력한 책을 읽으라.

— **크레이그 그로쉘** 《위험한 기도》 저자, 뉴욕타임즈 베스트셀러 작가, 라이프교회 담임목사

나는 이 강력한 책의 성경적 근거를 사랑한다. 당신의 도시를 예수님의 생명수로 흠뻑 적시기 원한다면, 리퀴드교회의 리더들이 했던 과감한 기도를 드릴 것을 강력히 권한다.

— **마크 배터슨** 《써클 메이커》 저자, 내셔널커뮤니티교회 담임목사

이 책의 두 저자는 영원한 진리와 문화적 연관성의 드문 조합을 제시한다. 당신의 팀을 붙들고 이 아이디어와 통찰들을 함께 실행하기 위해 노력하라. 당신이 한 일에 뿌듯함을 느낄 것이다.

— **래리 오스본** 《바벨론에서 그리스도인으로 살기》 저자, 노스코스트교회 담임 목사

얼마나 큰 선물인가! 하나님께서 팀에게 "주여, 제 눈을 열어주소서"라고 기도하도록 영감을 주시고, 또 그렇게 해주신 것에 대해 수많은 사람이 감사하고 있다. 이 아름다운 책도 그러할 것이다.

— **마이클 J. 맨틀** 리빙 워터 인터내셔널(Living Water International) 회장이자 CEO

이 책은 당신의 마음을 사로잡을 것이다. 내 생각엔, 설교에 관한 5장만으로도 이 책을 돈 주고 살 가치가 있다. 당신이 다음세대 청년들에게 다가가기를 원한다면, 딱 알맞은 책을 고른 것이다.

— **캐리 뉴호프** 캐리 뉴호프 리더십 팟캐스트 진행자

우리의 메마르고 지루한 사역 모델들을 위한 실제적이고 탁월한 전략들을 제시해 준다. 당신을 위해 획기적인 사역을 소개해줄 믿을 만한 안내서로서 이 책을 강력 추천한다.

— **카디 콜** 리더십 컨설턴트, 《Developing Female Leaders》 저자

이 책은 가능성의 대양을 향해 모이는 두 강줄기처럼 현실성과 열정을 결속시킨다. 이 책을 읽고 당신 교회의 모든 잠재력을 실현하라.

— **웨인 프랜시스** 진정한교회 담임목사

지금 세대의 리더들을 위한 《목적이 이끄는 교회》(Purpose-Driven Church)인 듯하다. 이 책은 공동체에 영향을 미치기 위해 모든 교회 리더들의 필독서 목록에 포함되어야 한다.

— **리치 버치** unSeminary 팟캐스트 진행자, 《Church Growth Flywheel》 저자

이 책을 읽으면 앞으로 몇 년간 사람들에게 다가가는 것에 대한 당신의 관점이 바뀔 뿐만 아니라, 당장 이번 주에 그 사상들을 행동으로 옮기게 될 것이다.

— **마크 존스톤** 저니교회 담임목사

릭 워렌의 《목적이 이끄는 교회》는 한 세대 지도자들이 바라보는 전망을 바꾸어 놓았다. 이 책도 이 세대와 그 뒤 세대를 위해 동일한 일을 하고 있다고 본다.

— **톰 강** 뉴스토리교회 담임목사

당신의 초점이 영혼 구원에 맞춰져 있다면, 팀 루카스를 멘토로 삼아 오늘날의 문화를 효율적으로 사용하여 복음 전하는 법을 배워라.

— **데이비드 D. 아일랜드** 그리스도교회 지도목사, 《One in Christ》 저자

이 책에 담긴 6가지 원리는 뉴저지에서 효과를 나타냈다. 나는 지난 몇 년 동안 그중 다수를 사용하여 롱 아일랜드에서도 효과를 보았다. 그것들이 당신에게도 효과가 있을 거라고 확신한다.

— **브라이언 맥밀런** 센터포인트교회 담임목사

이 책은 당신에게 영감을 줄 뿐만 아니라 성령과 함께 깊은 곳으로 들어가도록 도전할 것이다. 그것은 참으로 현재의 부흥과 다음세대를 위한 열정, 소망, 믿음을 새롭게 해준다.

— **앤디 앤드류** 리버티교회 공동 설립자, "She Is Free" 설립자, 강사, 저술가

당신이 어떤 것을 배우려고 할 때는 반드시 그 일을 잘하고 있는 사람에게 배우도록 하라. 그것이 당신의 도시에 변화를 일으키는 일이라면, 팀 루카스는 그 일을 잘 해내고 있는 사람 중 하나일 것이다.

— **디노 리초** ARC(Association of Related Churches) 이사

서 문

# 리퀴드교회를 통해 '우리' 교회의 전략을 찾자

많은 교회 지도자들이 자기 교회가 성장하지 않는 이유를 주변환경 때문이라고 한다. 교회가 적절한 도시나 동네에 있지 않다거나 접근성이 좋지 않은 지역에 있는 것이 문제라며 청장년들에게 다가가기가 거의 불가능하다고 이야기한다. 그들에게 다가가더라도, 그들은 헌금이나 봉사를 하지 않고, 사실상 어떤 임무도 맡지 않으려 한다. 어느 순간에 대화는 사람들이 각종 스포츠, 휴가, 여행 등 교회를 제외한 거의 모든 것에 몰두하고 있다는 이야기로 흘러간다. 그리고 당신이 드디어 말할 기회를 잡았다고 생각하는 순간, 분위기가 달라진다.

"지난달에는 모든 주일이 너무 추워서/더워서/화창해서/흐려서/눈이 와서/비가 와서/바람이 불어서, 그 결과 출석률이 확 떨어졌어요"(농담이 아니고, 실제로 자기 교회 출석률이 저조했던 원인이 바람 때문이었다고 말한 교회 지도자가 있었다).

이 책은 교회에 다니지 않던 수많은 사람이 밀려들고 있는, 뉴저지의 한 교회에 관한 것이다. 구체적으로 말하면, 밀레니얼 세대, Z세대, 젊은 가족들이다. 제대로 들었는가? *뉴저지. 뉴저지의 수많은 밀레니얼 세대* 말이다.

뉴저지를 비난하려는 건 아니다. 그러나 만일 당신이 지역을 복음화하고 다음세대에게 그리스도를 전하기 위해 어디에 교회를 세울지 기도하며 전략 회의를 할 때, 어떤 사람이 뉴저지 팔시파니를 추천한다면 그는 아마 다음 회의에 초대받지 못할 것이다.

그런데 지난 10년 동안 뉴저지 팔시파니(와 리퀴드교회가 있는 다른 6개 지역)에서 종교가 없던 사람들, 자칭 영적이지만 그리스도인은 아니라고 했던 사람들, 또는 단순히 부모의 신앙을 거부했던 사람들이 예수님께 자신의 삶을 드리고 교회의 사명을 받아들였다.

나는 분명히 그것을 주목하고 있으며, 이 책에 매우 감사하는 이유가 그것이다. 나는 팀 루카스와 리퀴드교회의 여러 지도자들과 오랫동안 알고 지내왔고, 리퀴드교회를 거의 시작부터 지켜보았다. 이 책에서 팀은 특유의 재미있고 솔직한 화법으로 리퀴드교회의 이야기를 들려준다. 팀의 가르침과 리더십이 북동부 지역과 그 외의 지역에서 수많은 사람의 마음을 사로잡았던 것처럼, 이 책은 당신의 마음을 사로잡을 것이다.

**목마른 세대의 마음을 여는 침수 전략이 필요하다**

하지만 이 강력한 책은 단지 리퀴드교회의 이야기를 들려주는 데서 그치지 않고 당신의 교회에 대해 다시 생각해보도록 도울 것이다. 당신의 지역사회에는 목마른 사람들에게 예수님의 생명수를 전해주기 위해 직면해야 할 독특한 문제들이 있는 만큼 각 교회에 맞는 침수 전략이 필요하다. 다행히 이 책의 여러 장이 바로 그 일을 하기 위한 지침으로 마무리하고 있다.

팀 루카스와 워렌 버드는 오늘날의 세대들을 전도하고 훈련하기 위한 리퀴드의 성공적인 전략을 나누고자 아름다운 이야기들과 개인적인 사연들, 우리 문화에 관한 자료들을 잘 엮어 놓았다.

나는 설교에 관한 5장만으로도 이 책이 충분히 가치가 있다고 본다. 혹 그렇지 않더라도, 리퀴드교회는 사회 정의와 지역사회 전도에 대한 매력적인 접근법으로 젊은 세대에게 깊은 공감을 얻고 있는데, 그 깊이가 어느 정도냐면 자원봉사자 대기 명단이 있을 정도다. 리퀴드에서 봉사를 하려면 대기자 명단에 등록해야 한다는 것이다. 정말 말도 안 된다.

무엇보다도, 팀은 신선할 만큼 솔직하다. 이 책은 승리와 기적만을 이야기하지 않는다. 많은 손실과 실수도 함께 다룬다. 이 책은 당신과 나의 삶처럼, 실제 삶의 이야기다. 그러므로 당신이 다음세대 젊은 이들에게 다가가기를 원한다면, 책을 제대로 고른 것이다. 놀랍게도, 바람이 불든 안 불든 주말마다 수많은 사람이 리퀴드교회를 찾아오고 있다. 다음세대에게 다가가는 더 많은 교회에 도움이 되기를, 그 중에 당신의 교회도 있기를 바란다.

캐리 뉴호프

저술가, 컨넥서스교회 담임목사

## PART 1
## 힘차게 흐르는 생명수



## PART 2
## 거센 강을 이루는 여섯 개의 물줄기

## PART 3
# 성령과 함께 흘러가기

프 롤 로 그

# 사역의 작은 물줄기가 세상을 뒤덮는 생수의 강으로

나는 주일예배 도중에 구급차가 왔던 그때를 기억한다. 리퀴드교회가 세워진 지 1년밖에 안 됐을 때였는데, 강대상 뒤에 서서 구급대원들이 중앙 통로로 들것을 밀고 들어오는 것을 보며 '아, 우리 교회는 이제 큰일났구나'라고 생각했다.

조금 전에, 나는 피로 흠뻑 젖은 것처럼 보이는 양말 한 짝을 들어 올렸다. 과로하고 하나님의 안식 명령을 무시하는 것의 위험성을 설교하면서 야구 투수인 커트 실링이 양키스(Yankees)와의 주요 경기에서 발목 힘줄이 파열된 채 경기했던 예화를 들고 있었다. 실링은 팀 주치의들에게 자신의 파열된 힘줄을 스테이플러로 복사뼈에 고정시키고 진통제를 최대한 놔달라고 했고 의사들은 그의 요청대로 해주었다. 레드삭스(Red Sox)의 강속구 투수는 최대 라이벌과 맞서기 위해 마운드에 섰고 그는 그날 전설이 되었다. 공을 던질 때마다 발목의 봉합 부분이 벌어지면서 서서히 힘줄이 뼈에서 떨어져 갔다. 양말로 피가 스며들기 시작해 공을 던질 때마다 선홍색 혈흔이 점점 더 커졌다.

지금 생각해보니, 이 이야기를 아내에게 먼저 들려줄 걸 그랬다. 그것은 조금 불쾌할 정도로 생생했다. 하지만 나는 스포츠 팬이었고,

우리 문화가 자신의 한계를 극복하고 밀어붙이는 사람들을 얼마나 칭송하는지를 성도들에게 알려주고 싶었다(팩트 : 실링의 피에 젖은 양말은 현재 야구 명예의 전당에 있다).[1]

나는 설교의 예화를 위해 아주 절묘한 아이디어를 떠올렸다(고 생각했다)! 메시지를 전하기 전날 밤, 옷장에서 흰색 운동 양말 한 짝을 꺼내와 선홍색 물감을 칠했다. 정말 진짜처럼 보여서 그 양말을 들어 올리면 확실한 효과가 있겠다 싶었다. 과연 그랬다. 주일날 내가 설교를 할 때 교회 영상팀은 강대상 위 거대한 화면으로 그 '피 묻은' 양말을 보여주었다. 그 양말을 들어 올렸을 때(확대해서 보여준 덕에 열 배는 더 크게 보였다) 실로 엄청난 파급효과가 나타났다.

끔찍하게 파열된 힘줄을 생생하게 묘사하던 나는 맨 앞줄에 앉은 사람이 앞뒤로 흔들흔들하더니 바닥으로 쿵 쓰러져 기절하는 것을 보았지만, 성령께서 그를 넘어뜨리셨다고 생각해서 설교를 계속했다. 잠시 후, 뒤에 있던 한 여성이 비명을 질렀다. 그녀 뒤에 앉아 있던 남성이 그녀의 머리에 토한 것이다. 나의 예화가 사람들을 감동시키길 바랐지, 그런 것을 원한 건 아니었다! 사람들이 웅성거리기 시작했다. 성령께서 감동을 주고 계시거나 뭔가 불길한 일이 일어나고 있는 게 틀림없었다. 한 여성이 소리쳤다.

"유독가스가 퍼지고 있어요! 911에 전화해요!"

구급대원들은 우리 중 아무도 짐작하지 못했던 것을 확인시켜 주었다. 맨 앞줄에서 쓰러진 남성은 혈관미주신경발작이라고 했다. 큰 화면에 등장한 피(선홍색 물감) 때문에 실신한 거였다. 뒷자리에서 토했던 사람도 맥을 못 추었다. 나의 설교가 구토하게 만든 것이다. 경험 없는 설교자와 1년차 개척교회의 시작은 그랬다. 나의 주일 설교는 두 사람을 병원으로 실어 보냈다(감사하게도, 그들은 다음 주에 완전히 회복되어 돌아왔다).

10년 넘게 흐른 지금은 악명 높은 그 날의 예배를 '피 묻은 양말의 주일'이라고 웃으며 회상한다. 우리가 '보여주고 나서 말하는' 소통방식, 영상물, 확대 화면, 시각적 설교의 힘을 발견한 것도 그 주말이었다. 이것이 오늘날 리퀴드교회의 주춧돌인 미디어 사역의 탄생 비화였다(5장에서 이야기하겠다).

시각적 스토리텔링을 활용하는 사역은 우연히 시작되었다. 처음에는 사람들이 토하고 의식을 잃기도 했지만, 우리는 과감하게 실패를 딛고 나아가면서 많은 것을 배웠다. 리퀴드교회의 모든 이야기는 그와 같다. 즉 하나님께서 어떻게든 구원하셔서 미국에서 가장 빠르게 성장하는 100개 교회 중 하나로 만들어주신 일련의 행복한 사건들이다.[2] 더 중요하게는, 하나님께서 이런 서툰 노력들을 사용하여, 오늘날 '보여주고 말하는' 문화에 다가가는 일에 강력한 무언가를 가르쳐주셨고 그것을 다른 교회들에도 전할 수 있게 해주셨다고 믿는다.

### 목마른 세대들에게 어떻게 다가갈까?

아마 당신에게도 당신만의 전쟁 체험기, 즉 당신을 웃고 울게 만든 사역의 순간들이 있을 것이다. 이 책에는 그 두 가지가 다 담겨 있다. 당신이 섬기는 교회가 새로 개척한 교회든 재탄생을 준비하는 오래된 교회든, 우리는 리더십이 실패했어도 하나님이 일하신다는 고무적인 이야기들로 당신을 격려하고, 빠르게 변하는 세상에서 새로운 세대들에게 복음을 전하는 참신하고 독창적인 방법들을 알려주고 싶다.

이 책에서는 우리 지역뿐 아니라 미국 전체에 걸쳐 형태와 규모가 각기 다른 교회들 안에서 성령께서 축복하시는 6가지 사역의 흐름을 집중 조명한다. 이러한 흐름에는 특별한 필요(특수장애), 창의적 커뮤니케이션, 집중적인 긍휼 사역, 사역 합병, 놀랍도록 풍성한 나눔, 아직 개발되지 않은 리더십 능력이 포함된다. 무엇보다도, 우리가 조명하는 이 흐름들이 성령께서 당신의 도시를 복음으로 적시기 위해 당신의 교회를 이끌어 가시는 방향과 일치하는지 생각해보기를 바란다. 만일 그렇지 않더라도, 당신의 도시와 환경에 더 적합한 흐름을 찾아내도록 도와줄 것이다.

6가지 흐름을 통합하고 그것들이 오늘날의 문화와 연관된 이유를 설명해주는 주제가 있다면, 아마도 당신이 유치원에서 배웠을(그리고 사랑했을!) 어떤 것과 밀접하게 엮여 있을 것이다. 바로 보여주고 말하는 방식이다. 기억나는가? 나는 어렸을 때 교실에서 했던 활동, 즉 아이들이 먼저 어떤 물건을 보여주고 나서 그것에 대해 이야기하는 활동을 아주 좋아했던 기억이 난다.

한번은 내가 발표를 하기 위해 새로 나온 장난감 소방차를 학교에 가져갔다. 반 친구들 앞에서 작은 빨간색 트럭을 들어올려 극적으로 긴 사다리를 빼고 호스를 풀자 아이들은 초집중했다. 호스에서 어떻게 물이 나오는지 보여주니 아이들은 깜짝 놀라 눈이 휘둥그레졌다. 그때까지 나는 한마디도 하지 않다가 비로소 소방관들에 관해 몇 가지 사실을 이야기했는데 아이들이 마구 손을 들고 질문을 쏟아냈다. 참여도는 말할 것도 없었다. 그것이 '보여주고 나서 말하기'의 힘이다.

지난 500년 동안 교회는 대부분 먼저 복음을 전하고, 즉 하나님 말씀의 진리를 선언하고 설명한 다음, 행동으로 그 말씀의 능력을 보여주고 증명하는 쪽이었다. 하지만 점점 더 탈근대적이고 회의적(또는 냉소적)으로 변해가는 오늘날의 문화에 다가가려면 지도자들이 보여주고 말하는 법을 배우는 것이 중요하다. 즉 말로 복음을 설명하기 전에 먼저 행위로 복음의 진리를 보여주는 것이다. 이 책에서 말하는 각각의 흐름은 먼저 신뢰를 얻는 방법으로 복음을 보여주고(또는 적어도 호기심을 일으키고) 그다음에 복음을 전하는 방식이다(우리도 각 흐름을 소개할 때 보여준 다음에 말할 것이다. 어쩌면 그것은 당신이 이 흐름들을 당신의 교회에 소개할 때 본보기로 삼을 수도 있겠다).

우리는 리퀴드교회의 이야기 속으로 뛰어들어, 새로운 세대들에게 다가가고 그리스도를 위해 그들의 도시에 영향을 미치려 하는 크고 작은 모든 교회에 그 이야기를 적용할 것이다. 하나님은 당신이 섬기는 도시에 영향을 미치기 위해 그분의 교회를 통해 파도를 일으키고 계시며, 우리는 그 파도 중 하나를 확인하고 올라타려는 당신의 열망에 힘을 실어줄 수 있기를 기도한다.

물론 안다. 당신이 사는 마을, 교외 지역, 혹은 도시가 매우 독특하다는 것을. 하지만 그곳은 아마도 목마른 사람들로 가득할 것이다. 교회(또는 일반적인 종교)는 떠났으나 하나님을 떠나지는 않은 남녀노소가 있다. 예수님이 우물가에서 사마리아 여인과 대화하기 위해 인종, 성별, 종교적 경계선들을 넘으실 때(요 4장), 그분은 단지 구원이 필요한 악명 높은 죄인만을 보신 게 아니라 사랑할 가치가 있는, 영적으로 목마른 사람을 보셨다. 그 뒤에 이어진 그녀의 구원은 도시 전체를 전도하는 파급효과가 있었다.

사역의 가속도는 하나님께서 한 도시를 적시려 사용하시는 보이지 않는 물줄기들이 일으키는 파도와도 같다. 우리는 하나님께서 잃어버린 사람들을 구원하는 일에 그 어느 때보다 더 큰 영향을 미칠 새로운 방법으로 당신의 교회를 사용하기 원하신다고 믿는다.

**경고 : 이 책은 흠뻑 적실 것이다!**

리퀴드교회의 비전은 뉴저지주를 예수 그리스도의 복음으로 적시는 것이다. 우리 주는 영적으로 메마른 동시에 빽빽하다. 9백만 명이 넘는 사람들이 작은 곳에 밀집해 있고, 그들 대부분은 교회 다니는 일에 전혀 관심이 없다.[3]

침수시킨다, 적신다는 것이 어떤 것을 액체로 완전히 젖게 하는 것을 뜻한다면, 우리는 모든 사람이 예수님의 은혜의 생수에 감동하여 그들의 영혼이 하나님에 의해 새롭게 회복될 기회를 거듭거듭 얻게 되기를 바란다. 사람들은 대개 마음이 부드러워지기 전에 복음에 여러 번 노출될 필요가 있다. 침수의 개념에 마음이 끌리는 이유도 바로 그 때문이다. 미 북동부지역에서 우리의 침수 전략은 매우 독특할지 모르나, 우리는 어느 지역, 어느 크기의 교회에나 적용할 수 있는 원리들을 따랐다.

이 책의 첫 장에서는 리퀴드교회를 묘사하는 에스겔의 감동적인 환상을 함께 나눌 것이다(겔 47:1-12). 구약의 선지자는 하나님의 성전에서 물이 흘러나오는 생생한 환상을 보았다. 작은 물줄기는 거센 물살이 되었고, 성령께 부여받은 힘은 그와 접촉하는 모든 것에 새 생명을 부여하며 흠뻑 적셨다.

그 예언적인 묘사를 기반으로, '물'의 비유는 이 책 전체에 강하게 흐르고 있다. 강물은 힘이 있고, 그분의 교회를 통해 흐르는 주의 성령을 나타낸다. 그러니 구명조끼를 입어라. 곧 급류를 만날 것이다! 우리는 작은 사역의 물줄기들이 어떻게 강한 물살이 되는지, 영적으로 목마른 사람들이 어떻게 원기를 회복하는지, 메마른 신앙이 어떻게 예수님의 생명수로 흠뻑 젖게 되는지 등을 보여줄 것이다. 여러 면에서, 우리의 아이디어들을 당신의 사역에 적용하도록 도와줄 것이다.

찰스 피니는 한때 자신의 성령 체험을 '물 같은 사랑의 파도들'에 휩쓸리는 것에 비유했다.[4] 우리는 그 비유를 좋아한다. 물 같은 사랑의 파도. 친구들이여, 어서 올라타라. 함께 성령의 파도를 타자!

### 이 책의 흐름

그런 구성으로, 이 책은 다음과 같이 흘러간다. 1부는 '힘차게 흐르는 생명수'라는 제목으로, 담임목사인 팀 루카스와 리퀴드교회 이야기, 그리고 이 책의 주된 비유를 소개한다. 에스겔의 환상에 영감을 받은 1장은 하나님께서 당신이 섬기는 도시에 당신의 교회를 사용하여, 복음을 조금씩 뿌리거나 흘리는 정도가 아니라 그 도시가 멈출 수 없는 소망의 강에 잠기게 하실 수 있다는 상상을 하게끔 도전한다. 2장은 리퀴드교회가 '우연히' 탄생하게 된 배경을 나누고, 어떻게 그 교회가 12년 만에 2,400명 넘게 세례를 주어 미국에서 가장 빠르게 성장하는 교회 중 하나가 되었는지 이야기한다. 3장은 많은 사람이 교회는 떠났으나 하나님은 떠나지 않은 상황에서 리퀴드교회의 침수 전략을 설명한다.

2부 '거센 강을 이루는 6개의 물줄기'는 책의 중심이다. 각 장은 한 가지씩 사역 아이디어를 조명하는데 이들은 처음에 작은 물줄기로 시작했으나 지역사회 내에서 복음 전도, 긍휼의 섬김, 폭발적인 교회 성장을 이끄는 강한 물살이 되었다. 이 6개의 물줄기를 기억하는 한 가지 방법이 LIQUID라는 두문자어(단어의 머리글자로 만든 말)로, 이것은 탈기독교 문화에서 다음과 같은 우리의 전략적 접근법을 빠르게 요약해준다.

4장 **L**ove the overlooked 소외된 사람들을 사랑하라

5장 **I**gnite the imagination 상상력에 불을 붙여라

6장 **Q**uench their thirst 갈증을 해소해주어라

7장 **U**nite the generations 세대를 통합하라

8장 **I**nspire generosity 나눔을 격려하라

9장 **D**evelop untapped talent 숨겨진 재능을 개발하라

이 6개의 LIQUD 물줄기는 함께 결합하여, 급변하고 회의적인 21세기 문화 속에서 어마어마한 사역의 가속도를 만들어낸다. 각 항목은 오늘날 효과적인 소통방식으로 보이는 '보여주고 말하는' 방법을 이야기한다.

2부의 각 장에는 **모든 강은 작은 물줄기로 시작된다**라는 항목이 포함되어 리퀴드교회가 믿음으로 한정된 자원을 가지고 소규모로 시작했던 걸음마 단계의 일들을 보여준다. 그것이 성령에 이끌린 가속도의 좋은 점인데, 즉 당신은 영향을 미치기 위해 막대한 현금이나 복잡한

전략을 마련할 필요가 없다. 단지 문화적 흐름을 읽으려는 마음을 갖고, 그리스도를 따르기 위해 당신의 배에서 내려 믿음의 걸음을 내디디고, 결과는 성령님께 맡기면 된다.

더 깊은 단계로 들어가기 원하는가? 이 책의 각 장은 참여를 위한 세 단계의 토론 질문으로 끝맺는다. 몇 사람이 이 책의 초안을 읽어보았는데, 다들 책에서 가장 마음에 드는 점으로 이 **더 깊이 들어가기** 부분을 꼽았다. 그러므로 개인적으로든 그룹 토론을 하든 이 질문들을 깊이 생각해보기 위한 계획을 세우라. 2부의 각 장 마지막에는 또한 **더 깊이 들어가기**와 **파도를 일으키고 있는 다른 교회들**이라는 항목을 넣어, 지역사회에 영향을 미치기 위해 최고의 사역 행위와 아이디어들을 개척하고 있는 훌륭한 교회들을 소개한다.

마지막 3부에서는 그리스도 안에서 영적 생명을 가져다주는 강에 대한 또 다른 성경적 기반을 보여줄 것이다(10장). 이어지는 11장과 12장은 하나님께서 당신이 어떤 물줄기를 따르기 원하실지 기도하고 나아가야 할 다음 단계들을 안내해줄 것이다. 그 강물 속에서 당신의 여정을 시작하기 위해 가장 쉽게 다가갈 수 있는 출발점을 발견할 수 있을 것이다.

### 팀의 목소리로 말하다

이 책의 모든 문장과 단락은 리퀴드교회를 창립한 팀 루카스 목사와 교회 임원이자 국가 연구원인 워렌 버드, 두 사람이 팀을 이루어 노력한 결과물이다. 그러나 한목소리를 고수하는 것이 이 책의 메시지를 더 명확히 전달하리라고 믿기에, 본문에서는 대부분 팀의 목소리로 말할 것이다.

팀의 이야기들이 워렌의 통계자료보다 더 재미있지만, 독자들이 획기적인 사역 아이디어들뿐 아니라 전국적인 조사 자료들에 의해 영감을 받고 배울 수 있도록 이야기와 통계자료를 다 포함할 것이다.

통계학의 아이디어를 소개했으니, 여기서부터 시작하자. 당신의 도시는 예수님에게서 오는 생수를 갈망하는 사람들로 가득하다. 구체적으로 말하자면, 교회에 다니지 않는 미국 성인 중 51퍼센트는 영적으로 지금껏 자신들이 경험한 것보다 더 좋은 것을 찾고 있다고 말한다.[5] 그들은 교회는 떠났을지 모르나(시도한 적이 있든 없든) 하나님을 떠나지는 않았다.[6]

한 걸음 더 나아가, 전도 가능성이 있는 가족들, 친구들, 이웃들, 사업 동료들은 대부분의 그리스도인이 알고 있는 것보다 훨씬 더 영적 문제들에 관해 이야기할 준비가 되어 있다. 그들에게 필요한 것은 오직 성령으로 가득한 이야기들을 삶으로 보여주는, 즉 씨를 뿌리고, 신뢰를 쌓고, 우리가 따르는 예수님에 관한 호기심을 일으키는 사람들이다.

우리는 하나님께서 리퀴드교회에 특별한 일을 이루고 계신다는 것을 처음부터 확신해 왔으며, 당신이 사는 도시나 지역이 얼마나 메말랐든 그곳이 예수 그리스도의 생명수로 흠뻑 젖는 것을 보기 원한다. 많은 사람이 미 북동부지역은 영적으로 메마른 지역이라고 말하고 그곳을 교회의 묘지라고 묘사한다(어쩌면 당신도 당신이 사는 지역을 그렇게 느낄 것이다). 하지만 부활의 증인이 되기를 원한다면 묘지는 최적의 장소라고 믿는다.

뛰어들 준비가 되었는가?

# Living Water Running Wild

PART 1

# 힘차게 흐르는 생명수

chapter 1

# 더 깊은 곳으로 뛰어들라

물이 내가 건너지 못할 강이 된 지라 그 물이 가득하여 헤엄칠 만한 물이요

에스겔서 47장 5절

시작은 아주 적은 물이었다. 물줄기가 너무 작아서 에스겔이 거의 보지 못할 정도였다. 천사가 그것을 가리키자 나이 많은 선지자는 더 자세히 보려고 몸을 굽혔다. 아니나 다를까, 무언가가 있었다. 작지만 확실한 물줄기가 성전 문지방 밑에서 새어나오고 있었다. 에스겔은 생각했다. '이상하군. 누가 물을 흘려보냈나? 예배당 안에 수도관이 터졌나? 아니면 정결의식 욕조가 넘쳤나?'

천사는 에스겔을 데려가 물이 흐르고 있는 곳을 보여주었다. 물은 성전 안에서 문밖으로, 계단으로 흘러갔다. 에스겔은 하나님이 언젠가 성전을 회복시키실 것을 믿고, 그 성전에 대한 환상을 보기를 늘 소망해 왔다. 하지만 물이 계단으로 흘러내려 도시의 거리로 흘러가는 그런 교회를 보게 될 줄은 예상하지 못했다.

성전을 나와, 천사는 에스겔을 그 물속으로 인도했다. 에스겔이 물로 들어가자 소량의 물은 그의 발목까지 오는 얕은 시내가 되었다. 에

스겔이 긴 옷을 들어 올리고 발을 끌며 걸어가자 물은 그의 무릎까지 차올랐다. 조금 더 갔더니, 급속히 차오르는 물에 허리까지 잠겼다.

도대체 이해가 안 되는 일이었다. 강물은 성전에서 흘러나오지 않으며, 분명 작게 시작해서 갈수록 더 깊고 넓어지지도 않는다. 그러나 처음 시작은 소량의 물이었는데 이제는 그 길에 있는 모든 것을 적시는 거센 강물이 되었다. 소용돌이치는 물결이 에스겔의 몸을 휘감았다. 강한 물살에 발이 움직이지 않고 휩쓸려갈 것 같아 선지자는 공포를 느끼기 시작했다. 속으로 '주님, 도와주세요'라고 외칠 수밖에 없었을 것이다.

천사가 다가와 에스겔을 물에서 끌어내어 무사히 강가로 돌아오게 해주고는 "네가 이것을 보았느냐?"라고 물었다(겔 47:6). 선지자가 혼돈의 물속에서 하나님의 메시지를 제대로 이해했는지 알아보려는 것이었다. 에스겔은 눈을 가늘게 뜨고 먼 곳을 바라보다가 보이는 광경에 깜짝 놀랐다. 그 강은 마주치는 모든 것을 변화시키고 있었다. 강가를 따라 과일나무들이 번성했고 물속에서는 물고기 떼가 헤엄쳤다.

에스겔은 눈이 휘둥그레졌다. 저 멀리, 소용돌이치는 강물이 사해로 흘러들었다. 그곳은 아무것도 자라거나 살지 못하는 곳이었는데 사해에서 물 흐르는 소리가 났고, 소금기 있는 물은 깨끗하고 맑고 새 생명이 가득한 신선한 물로 변하고 있었다!

강물이 도시와 주변 지역들을 적시는 것을 보면서 에스겔은 가슴이 뛰었다. 물이 닿는 것마다 살아났다! 물 같은 교회에서 흘러나온 물이 닿는 곳마다 하나님의 치유와 축복이 따라온다.

### 당신의 도시는 영적으로 메말랐는가?

목사로서 나는 전에 이 강력한 구약의 예언을 읽은 적이 있지만, 21세기 교회들을 향한 에스겔 환상의 힘을 미처 깨닫지 못했다. 탈기독교 시대에 내가 섬기는 북동부지역은 미국에서 영적으로 가장 메마른 지역 중 하나로 꼽힌다.[1] 우리 방송 캠퍼스는 뉴욕에서 약 40킬로미터 떨어져 있다. 1700년대와 1800년대에 이곳에서 역사적인 부흥들이 일어났지만, 그 샘들은 다 말라버렸다. 젊은 세대와 도시에 사는 바쁜 가족들은 조직적인 신앙생활이나 정기적인 교회 출석에서 아주 멀어졌다.

슬프지만, 이렇게 영적으로 쇠퇴하고 있는 곳은 북동부만이 아니다. 미국의 전반적인 현실이 이러하다. 아마 가장 눈에 띄는 예는 '무종교'인 사람들, 즉 소속된 종교가 없다고 말하는 사람들의 증가다. 그런 사람들은 최근 몇 년간 급속히 증가하여 미국 인구의 23퍼센트에 이르렀다. 어떤 통계에 따르면 개신교나 가톨릭교도의 수를 능가하기도 한다.[2] 그중 다수는 정확히 말해서 '관계를 끊은 사람들'(여전히 하나님을 믿지만 교회를 떠난 이들)이며, 종교적 소속이 없는 미국인 중 무신론자와 불가지론자는 약 4분의 1(전국적으로 27퍼센트)이다.[3] 미국 무신론자들의 전국 본부가 우리 교회 캠퍼스 중 한 곳에서 겨우 10분 거리인 뉴저지 크랜포드에 있다.

두 번째 예는 주류 교회들의 급격한 쇠퇴다. 1960년대만 해도 미국 성인의 절반 이상이 장로교, 감리교, 루터교, 성공회, 연합그리스도교회, 사도 교회, 미국 침례교 같은 소수의 주류 개신교 교파에 속해 있었다. 대통령, 국회의원, 판사, 기업주, 그 외 엘리트 집단이 압도적으로 그런 배경에서 나왔다. 그러나 2010년에는 미국 성인 중 주류 개신교회에 속한 사람은 13퍼센트가 못 된다.[4]

다행히 교회를 떠난 사람 중 다수가 아직 하나님을 떠나지는 않았다. 나의 고국은 영적으로 메말랐지만, 교회는 활력을 주는 곳이어야 한다고 믿는다. 무더운 여름날 차가운 물 한 잔처럼 기운을 북돋우고, 생생하고, 에너지를 다시 채워주는 곳이어야 한다. 예수님의 극단적 은혜가 바로 그러한 것이고, 사람들은 그것을 간절히 원한다.

우리 교회의 핵심 그룹은 아주 작게 시작했다. 콘크리트 블록으로 된 교회 지하실에서 20대 친구들 십여 명이 각기 다른 접이식 의자에 앉아 있었다. 그러나 우리가 목마른 사람들의 필요를 채워주기 위해 다가갈 때 성령님이 여러 도시와 마을에 새 생명을 부어주시는 것을 보았다. 우리는 그들에게 여과되지 않은 복음, 즉 예수 그리스도의 생명수를 전한다. 그것은 유행을 좇는 사람들, 월가의 증권 중개인들, 전 마약 밀매자들, 자녀 교육에 열성적인 엄마들, 대학생들, 자폐증을 앓는 10대들, 장래가 유망한 사람부터 노숙자까지, 모두의 마음속에 있는 갈증을 해소해준다.

자원봉사자 300명으로 구성된 핵심 그룹을 조성한 후 독립적인 초교파 교회로서 리퀴드교회를 시작했고, 시작한 지 십여 년 만에 리퀴드의 캠퍼스가 있는 도시들에서 에스겔의 환상이 살아나는 것을 보았다. 작은 물줄기에서 시작하여, 단 하나의 비전에 헌신하며 매주 예배를 드리는 5천 명 넘는 사람들의 힘찬 강물이 되었다. 그 비전은 예수 그리스도의 복음으로 우리나라를 적시고 잠기게 하는 것이다!

### 에스겔 환상은 교회와 도시를 위한 하나님의 비전

눈을 감고 에스겔이 처음 보았던 사해를 상상해보라. 짠 바닷물이 가득 고여 있던 그곳을. 이제 그곳이 당신의 지역사회 안에서 죽어 있는 무언가를 나타낸다고 상상해보라. 하나님이 그것을 다시 살리고 회복시키기 위해 당신의 교회를 택하셨다.

주위를 둘러보라. 당신의 도시 안에서 죽었거나 죽어가는 것, 새로운 활력이 필요한 것은 무엇인가? 당신의 지역사회 안에서 치유가 필요한 것은 무엇인가? 메말라서 성령의 새로운 부으심이 필요한 것은 무엇인가? 하나님께서 특별히 당신의 교회를 부르셔서 다가가게 하신, 영적으로 목마른 사람들은 어떤 부류인가?

뉴저지는 전국에서 자폐증 환자의 비율이 가장 높은 곳이다. 이것이 특수장애를 가진 가족들을 향한 리퀴드의 최첨단 사역을 촉발시킨 단서였다(4장에서 설명하겠다). 우리가 자폐증, 아스퍼거증후군, 주의력결핍 과잉행동장애(ADHD), 다운증후군 등을 가진 아이들을 섬기기 위해 다가갔을 때 특수장애를 가진 가족들이 우리 교회로 쏟아져 들어왔다. 그들은 거절이나 오해를 경험하는 대신, 쉼과 소망, 수용, 예수님의 극단적인 은혜로 가득한 집을 발견했다!

에스겔서 47장은 하나님이 택하신 미래를 묘사한다. 즉 신약시대에 오늘날의 교회들이 성령의 능력 안에서 흘러나가 그리스도의 생명수로 지역사회를 흠뻑 적시는 것이다. 그 47장이 바로 당신이 섬기는 교회에 대한 예언이라고 믿는가? 당신의 교회는 성령 하나님의 강력한 물줄기들 속에서 흘러나가 영적으로 목마른 그 도시의 신세대들에게 생명과 소망을 가져다주는 물 같은 교회가 될 수 있겠는가?

하나님께서 이 책을 읽는 당신을 통해 당신의 교회를 물처럼 만드시고, 당신의 지역사회와 주변 도시들에 예수님의 사랑의 강물을 흘려보내게 하시기를 기도한다. 더 읽기 전에, 에스겔의 환상이 또한 당신의 현실이 될 수 있다는 것을 볼 수 있게 해달라고 성령님께 간구하겠는가?

**침수의 세 단계**

우리 아이들은 어릴 때 무더운 여름이면 토요일마다 집 뒤편의 작은 시내에서 가재를 잡곤 했다. 일곱 살짜리 딸 체이스(Chase)는 내 손을 꼭 잡고 천천히 함께 걸어 내려갔고, 다섯 살짜리 남동생 델(Del)은 더 모험을 즐겨서 일명 '미친 가재들'을 쫓아 과감하게 더 깊은 물로 첨벙거리며 들어갔다!

어느 주말, 마치 노아 시대처럼 밤새 비가 쏟아졌다. 폭풍우가 지나간 후에 아이들을 그 시냇가로 데려갔는데 시냇물이 굉장히 많이 불어나서 흰 거품이 소용돌이치며 흘러내려 가는 것을 볼 수 있었다. 물에 들어가니 차가운 물줄기들이 잔물결을 일으키며 발목을 스쳤고, 천천히 앞으로 걸어갈수록 물살은 더 세졌다.

평소처럼 겁 없이 앞서가던 아들이 코너를 돌자마자 "아빠!" 하고 소리쳤다. 얼른 달려가 보니 아들의 목까지 물이 차 있었다. 개울의 물살에 서서히 하류로 휩쓸려가면서, 아들은 식식대며 발버둥을 쳤다. 나는 허리까지 오는 물속으로 들어가며 들고 있던 가재잡이 그물을 내밀었다. 아들이 그물에 달린 긴 장대 손잡이를 잡았고, 나는 그 작은 아이를 무사히 끌어냈다.

냇가로 돌아온 아이는 훌쩍거리며 말했다.

"물이 너무 깊어요, 아빠. 내 머리 말고 발까지만 잠기면 좋겠어요!"

우리 가족의 운치 있는 개울은 물이 불어나, 다섯 살 아이의 마음 속에선 거센 강이 되어버렸다.

에스겔서 47장 1-12절을 공부해보면(강력하게 권한다) 특이한 사실을 발견할 것이다. 물이 성전에서 나와 더 멀리 흘러갈수록 더 깊어진다는 것이다! 마찬가지로, 하나님의 생명의 강은 그분의 교회로부터 더 멀리 흘러갈수록 더 깊어지고 넓어진다. 그 강이 점점 더 깊어지는 것을 천사가 에스겔에게 어떻게 알려주는지 보라.

> 그 사람이 손에 줄을 잡고 동쪽으로 나아가며 천 척을 측량한 후에 내게 그 물을 건너게 하시니 물이 발목에 오르더니 다시 천 척을 측량하고 내게 물을 건너게 하시니 물이 무릎에 오르고 다시 천 척을 측량하고 내게 물을 건너게 하시니 물이 허리에 오르고 다시 천 척을 측량하시니 물이 내가 건너지 못할 강이 된지라 그 물이 가득하여 헤엄칠 만한 물이요 사람이 능히 건너지 못할 강이더라 겔 47:3–5

보라. 하나님의 생명수 강은 발목 깊이 - 무릎 깊이 - 허리 깊이의 세 단계로 차오르고, 결국 강은 건너지 못할 만큼 깊어진다. 에스겔에게는 선택권이 있다. 물에 가라앉거나, 헤엄치거나, 아니면 휩쓸려 가는 것이다!

이 세 단계가 성령의 침수와 복음의 영향력의 다양한 정도를 나타낸다고 상상해보자. 어떤 교회는 현재 사역에 발목 깊이까지만 들어가 있다. 그들은 더 많은 반응을 얻고 싶겠지만 아마도 그들의 지역 사회에 조금만 침투하고 있을 것이다. 다른 교회는 성령 안에 무릎까지 잠겨 있다. 그들의 도시에서 영적으로 목마르고 상심한 사람들에게 많은 영향을 미치는 사역에 가담하여 그 안에서 활기를 띠며 흘러가고 있다. 더 깊이 들어간 교회는 허리까지 또는 머리 위까지 잠겨 있다. 그리스도의 부활 능력을 통해, 그들은 사역의 새로운 흐름을 개척하고 심지어 죽은 것도 다시 살리고 있다.

당신이 다음 단계로 나아가 당신의 발을 적시고, 이미 공동체 안에서 일하고 계신 성령의 더 깊은 흐름을 발견하도록 초청하고 싶다. 우리의 여정을 통해, 전도에 앞장서고 자신이 사역하는 도시와 지역을 변화시키는 활력 있고 혁신적인 교회들을 살펴볼 텐데 이러한 사례들이 당신을 감화시켜서 당신이 이끄는 강물로 담대히 더 깊이 들어가기를 바란다.

당신의 다음 단계를 확인하도록 돕기 위해, 각 장의 마지막에는 **더 깊이 들어가기**라는 항목을 두어서 당신의 사역에서 해볼 수 있는 실제적인 조치들을 제시하겠다. 에스겔의 환상을 발판 삼아, 당신의 지역사회 안에서 영향력을 점점 더 키워가기 위한 성령 침수의 세 단계를 제시할 것이다.

발목 깊이 이 시작 단계는 단지 발만 적시고 있는 사람들을 위한 것이다. 당신은 특수장애를 가진 가족들을 찾아내어 섬기는 법(4장), 예수님의 이름으로 냉수 한 잔을 대접하는 법(6장), 또는 당신의 이웃에게 넉넉하고 관대하게 나누는 법(8장)을 모를 수도 있다.

그래도 괜찮다. 우리도 그랬다. 이제 우리가 배운 것을 당신에게 가르쳐주려 한다.

무릎 깊이 이 중간 단계는 물속으로 더 깊이 들어갈 준비가 된 사람들을 위한 것이다. 4장의 특수장애 사역에서는, 교회에서 특수장애 아동들이 주일날 그들을 보살펴줄 훈련된 자원봉사자와 짝이 되어 어린이와 학생을 위한 프로그램에 참여할 수 있도록 짝꿍 시스템을 개발하는 방법을 알려줄 것이다. 리더십에 관한 9장에서는 각 사역 부서에서 권한을 부여받기를 기다리는 숨은 자원봉사자의 활용 방안을 나누겠다.

허리 깊이 이 상급 단계는 더 깊이 들어가 성령의 흐름을 따라갈 준비가 된 사람들을 위한 것이다. 긍휼을 기반으로 복음 전도훈련을 받은 팀들을 파송할 지속적인 해외 선교 파트너십을 갖고 있지 않다면, 깊이 잠수하여 어떤 일이 가능할지 꿈꿔보자!

### 작게 시작하여 영향력을 키워가라

오늘날 당신의 믿음과 사역은 어떤 깊이로 묘사하겠는가? 새롭고 혁신적인 방법으로 그리스도를 위해 당신의 도시를 적시고 있는가? 아니면 유효기간이 지난 프로그램이나 반복하고 있는가? 당신의 교회는 새 신자들이 꾸준히 유입되며, 지속적으로 새 신자들에게 세례를 주고 있는가? 그들은 사역에 동참하고 있는가, 아니면 회중 속에서 가만히 앉아만 있는가? 당신의 교회는 상처받고 깨진 삶들을 치유하고 있는가?

낙심하지 말라. 하나님의 경제에서, 강력한 운동들은 종종 작게 시작된다. 에스겔의 환상에 나오는 물은 거센 강이 되기 전에 작은 물줄기에 불과했다. 스가랴는 "작은 일의 날이라고 멸시하는 자가 누구냐 사람들이 스룹바벨의 손에 다림줄이 있음을 보고 기뻐하리라 이 일곱은 온 세상에 두루 다니는 여호와의 눈이라"(슥 4:10)라고 우리를 격려해준다. 그러니 당신의 발을 적셔라!

### 두려움 때문에 머뭇거리지 말라

실험을 두려워하지 말라. 리퀴드교회가 많은 사람에게 다가가기 위해 캠퍼스를 세우기 전, 우리는 아주 작고 살아남기에 급급했다. 리더들은 두려움이 무척 컸고 어찌할 바를 모를 때가 많았다(지금도 가끔 그렇다!). 현 상태를 벗어나는 것은 매우 두려울 수 있다. 하지만 두려움 때문에 하나님이 하실 수 있는 일을 제한하지 말라.

- 2,416번째[5] 사람에게 세례를 주기 전, 첫 세례식을 행해야 할 때가 있었다. 나는 사람들에게 회중 앞에서 자신을 예수님과 동일시하겠느냐고 담대히 물었고 세 사람이 그렇다고 대답했다.
- 특수장애 가족들을 위한 활기찬 사역을 개척하기 전, 나는 우리의 2인 1조 짝꿍 시스템이 몇 안 되는 자원봉사자들을 더 감소시킬까 봐 걱정했다.
- 5백만 달러가량 되는 교회 건물과 부동산을 기부받기 전, 우리는 빌린 연회장을 간신히 채우고 썩 좋지 않은 음악과 잡음이 가득한 이동식 음향시스템으로 예배를 드렸다.
- 컴퓨터와 인터넷에 의존하는 다음세대를 시각적으로 사로잡기 위한

역동적 커뮤니케이션 계획을 수립하기 전, 나는 주일 설교 준비를 위해 형편없는 파워포인트 슬라이드를 만드느라 새벽 2시까지 일했다.

- 아프리카와 중앙아메리카의 목마른 사람들을 위해 280개 넘는 깨끗한 우물을 파기 전, 나는 우리가 단 하나의 우물이라도 팔 수 있을까 진지하게 고민했다!
- 주일 출석 교인이 5천 명에 도달하기 전, 나는 5명의 친구에게 교회 지하실에 의자를 설치하고 맛없는 커피를 내려달라고 부탁했다.
- 우리 도시와 이웃들을 섬길 재능 있는 자원봉사자들이 엄청나게 밀려들기 전, 나는 단지 교회 정문으로 걸어 들어오는 사람들에게 인사만이라도 해줄 사람들을 미친 듯이 찾았다.

요컨대 큰 규모가 아니라 큰 믿음을 강조하려는 것이다. 시작이 보잘것없어도 그것이 큰 영향력을 갖게 하시는 크신 하나님을 위해 큰 위험을 감수하라. 수문이 열리기 전, 하나님은 종종 가는 물줄기와 함께 작게 시작하신다. 지금 생각해보면, 이것은 저주도 아니고 시험도 아니었다. 그보다 우리 아버지께서 우리가 그분의 초자연적인 공급에 더욱 의존하게 만드시는 축복이다. 마침내 돌파구가 나타나면 우리는 그 모든 것이 하나님의 역사임을 알 수밖에 없다!

교회가 어떤 형태를 갖추든, 예수님은 언제나 그분의 제자들에게 "깊은 데로 가서 그물을 내려 고기를 잡으라"(눅 5:4)라고, 더 깊이 들어갈 것을 권유하신다. 그 생명의 강을 채우는 것이 우리에게는 여러 캠퍼스를 가진 한 교회지만, 당신에게는 새 교회를 개척하는 것일 수도 있고, 도시의 선교사들을 동원하는 것, 도시 빈민가에 드림센터를 설립하는 것, 또는 이웃에게 새 일자리와 새로운 소망, 삶을 변화시키는 복음의 영향력이 넘쳐나게 하는 시장 사역을 확장하는 것일 수도 있다.

당신의 교회가 정체된 것처럼 느껴지더라도 낙심하지 말라. 하나님은 다시 흐르게 하실 수 있다. 당신이 그리스도를 위해 도시를 적시려고 점점 더 큰 위험을 감수할 때 그 사역의 내면에는 이미 성령의 물줄기가 강하게 흐르고 있다. 어느 날 하나님의 은혜로 그 작은 시내가 거센 강물로 변하고, 그로 인해 오직 하나님만 영광을 받으실 것이다.

### 그 물결이 당신을 이끌어갈 수 있다

나는 〈니모를 찾아서〉라는 픽사 애니메이션을 아주 좋아한다. 그것은 해류의 힘을 생생하게 보여준다. 작고 재미있는 흰동가리 물고기 니모가 행방불명이 되자, 그를 과보호하는 아빠와 건망증이 있는 친구 도리가 니모를 찾기 위해 바다를 수색한다. 니모가 남쪽으로 헤엄치는 모습이 마지막으로 발견되었다고 들은 그들은 무엇을 해야 할지 모르다가, 급기야 바다거북 크러쉬를 우연히 만난다. 크러쉬는 처진 눈으로 서퍼들의 속어를 사용하며 비밀 한 가지를 알려준다.

"너희는 호주 동부 해류(East Austrailian Current, EAC)를 타야 해!"

호주 동부 해류는 바닷속 고속도로와도 같다. 영화 속에서 바다 생물들은 초고속으로 세차게 흐르는 바닷물의 이 보이지 않는 관을 들락날락한다. 거북이들도 급속 해류를 타고 빠르게 움직인다. 호주 동부 해류는 헐리우드에서 지어낸 것이 아니다.[6] 실제로 이 해류는 그레이트 배리어 리프(Great Barrier Reef)에서 남쪽 오스트레일리아동해안을 따라 흐른다. 그 해류는 실로 거대하여, 넓이가 약 99킬로미터, 깊이가 약 1.6킬로미터에 달한다. 〈니모를 찾아서〉가 묘사하듯 수중 생물을 위한 고속도로까지는 아니더라도, 호주 동부 해류는 시속 7킬로미터까지 속도를 높일 수 있다. 거북이에게는 꽤 빠른 속도다!

이 강력한 해류는 초당 4천만 세제곱미터의 물을 움직인다. 올림픽 경기가 열리는 수영장 크기를 상상해보라. 이제 바닷속 보이지 않는 해류에 의해 1분마다 이 수영장 96만 개(거의 100만 개)가 움직이고 있다고 상상해보라. 얼마나 강한 물살인가! 비록 당신이 볼 순 없어도, 그것은 엄청난 힘을 가진 해류다.

성령도 그와 같다. 예수님은 니고데모에게 "바람이 임의로 불매 네가 그 소리는 들어도 어디서 와서 어디로 가는지 알지 못하나니 성령으로 난 사람도 다 그러하니라"(요 3:8)라고 말씀하셨다. 바람이 물결을 일으키듯 성령은 예수님의 교회 안에서 탄력을 일으켜 사역의 속도를 높이고 사역에 힘을 주며 증인들을 담대하게 하신다. 그분은 전 지역의 부흥을 준비하시며, 도시나 주의 방향을 전환할 수 있는 거대한 파도를 일으키신다.

범죄의 극적 감소와 자발적 선행의 증가를 일으킨 영적 부흥을 묘사하는 소셜미디어 게시글을 볼 때 당신 안에 있는 회의론자는 의심할 테지만, 나는 그 이야기들의 일부가 사실이라고 말할 수 있어 기쁘다! 미국의 부흥들을 분석하는 한 박사학위 논문에 따르면, 그것들은 항상 주변 문화에 긍정적인 영향을 끼쳤다.

"2차 대각성운동(약 1790년~1820년)은 노예제 폐지, 아동 노동 금지, 페미니스트 운동의 시작, 전 세계 문맹률을 낮추기 위한 움직임, 교도소 개혁을 가져왔다."[7]

그것은 또한 믿음이 동기가 되어 자신이 사는 도시 안에서 선한 일을 하는 그리스도인들에 의해 생겨난 병원, 대학교, 지역사회 봉사 조직들(굿윌에서 구세군까지)의 수를 세어보게 한다.

하버드의 어느 학자는 자칭 그리스도인들이 행하는 자원봉사(이를테면 곤경에 처한 이웃을 돕는 것 같은 일)의 양을 다른 사람들과 비교해보았는데 그 차이는 밤과 낮처럼 명백했다. 그리스도인들이 확실하게 앞서 있었다![8] 당신이 본을 보이는 가치들, 당신의 시간과 재능과 물질을 투자하기로 선택하는 우선순위들, 심지어 당신이 다른 사람들에게 하는 축복의 말들까지, 그 모든 것이 예수님이 제자들에게 하신 말씀을 이행하는 것이다.

> 이같이 너희 빛이 사람 앞에 비치게 하여 그들로 너희 착한 행실을 보고 하늘에 계신 너희 아버지께 영광을 돌리게 하라 마 5:16

가끔 내가 교회 지도자들에게 도시의 흐름을 따라가라고 코치하면 그들은 내 말을 오해한다. 내 의도는 바다거북 크러쉬처럼 "이봐, 그냥 가만히 앉아서 편안하게 문화적으로 적절한 것을 따라가기만 해"라고 말하려는 것이 아니다. 그들의 도시에서 성령께서 이미 일하고 계신 곳을 찾아내라고 도전하는 것이다. 사람들의 깊은 필요는 무엇인가? 하나님이 이미 축복하고 계신 것은 무엇인가? 이미 성령의 기류가 흐르고 있는 곳은 어디인가?

당신의 도시를 적시는 물 같은 교회를 이끌려면 담대한 질문과 모험이 필요하다. 그것은 경고등을 켜고 끝 차선에서 살살 운전하고 싶은 리더들을 위한 것이 아니라 종종 급커브와 가파른 하락이 있는, 스릴 있는 길이다. 그러나 나를 믿어라. 그것은 분명 그만한 가치가 있다. 당신이 성령의 흐름을 따라갈 때, 니모의 아빠가 호주 동부 해류를 타고 시드니까지 가서 잃어버린 아들을 찾은 것처럼, 아버지께서 사랑하시는 잃어버린 자들을 구할 것이다!

### 가장 좋은 것은 아직 오지 않았다

어떤 이들은 베드로가 오순절에 설교했을 때(행 2:14-41) 그가 에스겔의 환상 속에서 물이 흘러나간 성전의 남쪽 계단에 서 있었을지도 모른다고 믿는다. 정결의식 욕조(mikveh, 미크베)가 있는 이 공적인 장소에서 그날 3천 명이 예수님의 이름으로 세례를 받았다. 말도 안 되는 그 세례식의 실행 계획을 상상할 수 있겠는가?

그렇게 예수님의 교회가 탄생했다. 성령이 임했고, 물이 흘렀고, 적대적인 1세기 문화 속에서 교회가 발버둥 치며 태어났다. 그것은 가장 먼저 자신들이 사는 도시에서 담대히 복음을 전한 극소수의 오합지졸 추종자들로부터 시작되어 먼저 수백 명에게, 그리고 수천 명에게 전해졌다. 그들의 사역은 급성장했다. 주변 도시와 나라, 결국 세상 끝까지 그 메시지가 전해지면서 물줄기는 급속히 발목에서 무릎으로, 허리까지 차올랐다. 파급효과에 관해 이야기해보라!

리더들에게 들려줄 좋은 소식이 있다. 하나님은 당신이 생각하는 것보다 더 많은 사람이 당신이 하는 사역의 흐름을 통해 변화되도록 준비해 놓으셨다. 당신은 정체되어 있다고 느끼더라도, 성령께서 당신의 사역에 시동을 거셔서 당신이 사는 도시나 마을에서 완전히 새로운 사역을 하게 하실 수 있다. 당신은 성령의 흐름을 따라 더 깊은 영향력을 미치는 곳으로 나아가기 위해 옛 관례들을 버려야 할지도 모른다. 그러나 내 말을 믿어라. 그리스도께 가장 좋은 것은 아직 오지 않았다!

그러므로 나는 다시 묻겠다. 당신은 지금 강의 어느 깊이까지 들어와 있는가? 하나님께서 당신의 교회를 어느 깊이까지 부르고 계신다고 믿는가? 성령의 흐름을 따라가 그리스도를 위해 당신의 도시를 적시려면 다음에 어떤 조치를 해야 할 것인가?

## Dive Deeper 더 깊이 들어가기

당신의 공동체 안에서 영적 물줄기들을 찾기 위한 이 여행을 시작할 때 당신 자신이 하나님의 말씀에 잠기도록 하라.

**발목 깊이** 에스겔서 47장 1-12절을 다시 읽고 당신의 교회와 도시의 상태를 가장 잘 나타내는 듯한 부분을 적어보라. 성전에서 흘러나와 주변 지역으로 흘러가는 생명수의 영향력을 묘사해보라. 차오르는 강물에서 비롯되는 축복을 서너 가지 나열해보라. 여기서 하나님의 어떤 약속들이 보이는가? 하나님이 당신의 교회 안에서 이 약속들을 이루어주시도록, 두세 사람에게 당신과 함께 매일 기도하자고 권유하라.

**무릎 깊이** 당신과 함께 기도하며 이 책을 같이 읽을 파트너를 찾아라. 읽은 내용을 생각하면서, 주기적으로 서로 이렇게 질문하라. "성령께서 당신에게 무엇을 말씀하고 계시는가? 나에게는? 그것에 대해 하나님은 우리 각 사람에게 무엇을 하라고 하시는가?" 각 장을 마칠 때 본이 되는 교회들의 링크를 살펴보고 **더 깊이 들어가기** 항목을 통해 이야기를 나누며 그것을 당신의 독특한 상황에 적용해보라.

**허리 깊이** 서너 명의 사역 지도자들과 함께 물가에서 리트릿을 계획해보라. 모두에게 이 책을 읽게 하고, 당신의 사역이 어디에서 정체되어 있는지 솔직하게 기록하고, 당신의 지역사회에 그리스도를 전하기 위해 어떤 새로운 모험을 할지 소리 내어 이야기해보라. 정기적인 휴식을 취하며, 함께 물가에서 놀고 기도하며 에스겔서 47장의 영에 푹 잠겨보라.

chapter 2

# 리퀴드교회의 우연한 탄생

예수께서 서서 외쳐 이르시되 누구든지 목마르거든 내게로 와서 마시라
나를 믿는 자는 성경에 이름과 같이 그 배에서 생수의 강이 흘러나오리라 하시니

요한복음 7장 37,38절

리퀴드교회라는 이름을 들으면 사람들은 우리를 사이비 종교집단이나 음주 클럽인 줄 안다. 하지만 우리가 교회 이름을 리퀴드(liquid, 액체)로 지은 이유는 단순하다. 요한복음에서 예수님이 목마른 사람들에게 생수를 주셨기 때문이다. 그리고 우리는 교회가 활력을 북돋아 주어야 한다고 믿는다.

불행히도 '활력'은 우리 지역 사람들이 교회와 연관해 떠올리는 단어가 아니다. 메마른 곳. 지루한 곳. 나와 무관한 곳. 많은 이들이 기껏해야 회의적인 반응을 보이는 정도다. 사람들은 시대에 뒤처진 원칙, 속 빈 의식, 따분한 설교라고 여기는 것에 환멸을 느끼고 다 같이 믿음을 버리고 도망친다. 내 아내는 교구 학교를 다니며 종교적인 교사에게 배웠는데 그 교사는 지옥에 대해 말할 때, 마치 거기서 태어나고 자란 사람 같았다. 다른 친구들처럼 내 아내도 10대가 되자 그곳을 떠났다.

좋은 소식은 예수님이 새 종교를 창시하기 위해 돌아가시지 않았다는 것이다. 그것은 그분의 목적이 아니었다. 예수님은 활기차고 은혜에 기반을 둔 하나님과의 관계 속으로 우리를 초청하기 위해 오셨다. 그것은 개인적이고, 진실하며, 대부분의 그리스도인이 인정하는 것보다 훨씬 더 복잡하다. 그러나 우리가 영적으로 목마른 사람들과 관계를 맺기 위해 기꺼이 안전지대에서 나와 그리스도를 따를 의향이 있다면 놀라운 일들이 일어날 수 있다.

### 잠깐만, 여기 교회였어?

태미(Tammy)와 바네사(Vanessa)는 놀기 좋아하는 20대 여성이다. 그들은 우리 교회 안의 바(bar)에 앉아 있었다(당신이 지금 '교회 안에 바가 있다고? 왜 리퀴드라고 부르는지 알겠네!'라고 생각할지도 모르겠다). 그 당시에 우리는 시내 호텔의 연회장을 빌려서 모임을 했다. 호텔 로비에는 라운지가 있었고, 거기서 사람들은 칵테일을 마시며 평면 TV로 축구 경기를 보았다.

그날은 주일이었고, 태미와 바네사는 마가리타(Margarita, 테킬라를 베이스로 하여 만든 칵테일)를 마시고 있었다. 우리가 예배를 드리는 위층에서 밴드가 연주를 시작하자 한 사람이 바텐더에게 어디서 음악 소리가 나는 건지 물어보았고, 옆에서 주보를 나눠주던 교회 자원봉사자가 "위층 리퀴드의 밴드입니다"라고 대답했다. 태미가 "리퀴드가 뭐예요? 클럽?" 하고 묻자 자원봉사자는 웃으며 "한번 와보세요"라고 권했다. 태미와 바네사는 마가리타를 손에 든 채 위층으로 올라가 빼곡히 모여 있는 사람들을 둘러보았다. 평범한 모습이었다.

어떤 이는 반바지에 슬리퍼 차림이었고 청바지나 여름용 드레스를 입은 사람들도 있었다. 다들 콘서트에 온 사람들처럼 보였다.

밴드 소리는 점점 더 커졌고, 사람들이 연회장으로 밀려들자 두 사람도 따라 들어가 뒷줄로 갔다. 밴드가 오프닝 연주를 마치자, 목사가 기도하려고 무대로 나왔다. 그제서야 그녀들은 깨달았다.

"잠깐만! 여기 교회였어?"

바네사가 당황스런 표정으로 속삭였고 태미는 빨대를 떨어뜨렸다. 하지만 너무 늦었다. 우리는 문을 닫았고 그들은 갇혀 버렸다! 농담이다. 자원봉사자는 그들이 우리 교회에 온 것을 진심으로 환영하니 앉아서 편하게 예배를 즐기라고 말해주었다. 내가 설교를 하려고 일어섰을 때 뒷줄에 있던 그녀들의 불안한 표정이 눈에 띄었다. 주일 미사로 추정되는 곳에서 마가리타를 마시고 있는 20대 여성들.

### "반가웠어요, 신부님"

리퀴드교회는 예배를 미사라고 부르지 않는다. 우리 교회에는 각종 신앙적 배경을 가진 사람들이 모여 있다. 어떤 사람들은 처음으로 영적 신앙을 꼼꼼히 점검한다. 사람들이 개신교, 가톨릭, 유대교 출신인지는 중요하지 않다. 우리는 예수님을 만나러 온 모든 사람을 환영하며, 오직 그리스도만이 우리 모두가 갈망하는 목적과 의미를 주실 능력이 있다고 믿는다.

예배를 마친 후, 나는 나가는 길에 두 사람과 악수하며 와줘서 고맙다고 인사했다. 태미는 "정말로, 너무나 놀라웠어요!"라고 말했다. 나는 성경 말씀을 근거로 결혼에 대한 하나님의 계획을 가르쳐 오고 있었다. 바네사는 "제 남자친구가 바로 당신이 말하는 그런 사람이었으면 좋겠네요. 절 위해 기도해주세요, 신부님"이라고 덧붙였다. 나는 사제가 아니었지만, 기꺼이 그녀를 위해 기도하겠다고 웃으며 말하고 실제로 기도했다. 기도를 마치자 바네사는 눈물을 훔쳤다.

"정말 이상해요. 마치 하나님이 직접 제게 말씀하시는 것 같았어요."

"저도요"라며 태미가 맞장구를 치고 빈 마가리타 잔을 공중으로 들어올리며 말했다.

"반가웠어요, 신부님! 또 올게요!"

나는 그녀들이 인간관계에서 하나님의 역할에 관해 이야기하며 아래층 바로 돌아가는 것을 지켜보면서 미소를 지었다. 참신하고 기분 좋은 일이었다. 바의 손님들을 예배로 초대하는 것이 어떤 이들에게는 무리수인 것을 알지만, 예수님도 새롭고 기분 좋은 일로 여기시리라 생각한다.

### 많은 바네사와 태미가 그곳에 있다

바네사와 태미처럼 생명을 주는 교회의 초청을 받아들일 의향이 있다고 하는 사람이 얼마나 많은지 알게 되면 활력이 생긴다. 보수적으로 추정해보아도, 미국인의 3분의 1(3천만 명 이상)은 적극적으로 교회 생활을 하지 않지만,[1] 그들 중 대부분은 적절한 방식으로 초대를 받는다면 가겠다고 말한다.

어느 연구 결과에 의하면, 미국인의 67퍼센트는 가족의 개인적인 초대가 그들을 교회에 가게 하는 데 매우 또는 어느 정도 효과가 있을 거라고 말한다. 친구나 이웃의 개인적인 초대는 63퍼센트의 사람들에게 효과가 있을 것이다. 약 3분의 2(63퍼센트)는 가족으로부터 지역 교회나 신앙공동체에 대한 정보를 받아들일 의향이 있으며, 56퍼센트는 친구나 이웃으로부터 그런 정보를 받아들일 의향이 있다.[2]

당연히, 사람들이 교회에 자주 갈수록 누군가를 초대할 가능성이 더 커진다. 조사 결과에 따르면 개신교도의 약 3분의 2는 지난 6개월 동안 적어도 한 사람은 자기 교회로 초대해본 적이 있다고 말한다. 흥미롭게도 지역에 따른 차이는 매우 커서, 교회에 누군가를 초대한 적이 있다고 응답한 비율은 북동부가 58퍼센트, 중서부가 63퍼센트인 반면, 남부 지방은 76퍼센트, 서부는 74퍼센트였다.[3] 결론은 이렇다. 많은 사람이 당신의 교회와 당신이 나타내는 예수님에 관한 대화를 나눌 마음이 있다!

그러나 먼저 몇 가지 고정관념을 극복해야 할 것이다. 다음세대(밀레니얼 세대와 Z세대)에게는 자동차 앞유리에 소책자나 전단지를 남겨놓는 것 같은 구식 마케팅 기법은 잘 통하지 않는 것 같다. 그렇게 비개인적 초대 방식은 진정성이 없고 성가시게만 여겨진다. 젊은이들과 유기적인 관계를 맺고 싶다면 반드시 진정성과 관계 형성이 필요하다. 이 말은 당신이 교회로 초청하기에 앞서 단순히 저녁식사를 함께하거나 같이 경기를 관람하자고 하는 것이 자연스러우면서도 매우 효과적인 다리 역할을 할 수 있다는 뜻이다.

### 누가 목말라하는가?

사람들은 예수님이 대부분의 시간을 교회나 성전에서 보내지 않으셨다는 사실을 깨닫고는 깜짝 놀란다. 그보다 예수님은 목마른 사람들이 반드시 모이게 되어 있는 우물가 같은 곳에 가셨다. 예수님이 사마리아 사람들이 많이 가는 우물에 들르신 때를 기억하는가? 그때는 정오였고, 예수님은 한참을 다니시느라 목이 말라서 그 우물가에 있던 여인에게 물을 달라고 하셨다.

> 사마리아 여자가 이르되 당신은 유대인으로서 어찌하여 사마리아 여자인 나에게 물을 달라 하나이까 하니 이는 유대인이 사마리아인과 상종하지 아니함이러라 요 4:9

유대인이 사마리아인과 상종하지 않았다는 말은 그나마 정중하게 표현한 것이다. 사마리아인은 하나님을 두려워하는 유대인에게 멸시받는 혼혈 인종이었다. 유대인들은 그들과 마주치지 않으려고 애썼다. 그러나 예수님은 그러지 않으셨다. 예수님의 삶은 그런 제약을 받지 않았다. 대신 예수님은 영적으로 풍성한 대화를 나누며 그녀와 관계를 맺으셨다.

> 예수께서 대답하여 이르시되 네가 만일 하나님의 선물과 또 네게 물 좀 달라 하는 이가 누구인 줄 알았더라면 네가 그에게 구하였을 것이요 그가 생수를 네게 주었으리라 여자가 이르되 주여 물 길을 그릇도 없고 이 우물은 깊은데 어디서 당신이 그 생수를 얻겠사옵나이까 … 예수께서 대답하여 이르시되 이 물을 마시는 자마다 다시 목마르려니와 내가 주는 물을 마시는 자는 영원히 목마르지 아니하리니 내가 주는 물은 그 속에서 영생하도록 솟아나는 샘물이 되리라 요 4:10–14

모든 사람은 무언가에 목마르다. 예수님이 실제 물에 대해 말씀하지 않으셨듯이, 나도 마가리타를 이야기하는 것이 아니다. 그것을 의미, 목적, 수용이라 하자. 즉 우리는 하늘에 계신 우리 아버지와 무조건적인 사랑의 관계를 맺기 위해 창조된 영적 존재들이다. 슬프게도 사람들은 대개 물질적인 추구로 이 영적 갈증을 해소하려 한다. 사람들은 돈, 섹스, 관계, 여행, 취미 등을 좇는다. 모두 자신의 영혼의 갈증을 만족시키려는 시도다. 어떤 사람들은 종교를 가져보기도 한다.

### 얼음 같은 선민들

많은 사람이 그렇듯 나는 뼈처럼 메마른 교회에서 성장했다. 우리는 절대 태미나 바네사 같은 사람들이 교회 안으로 들어오게 하지 않았을 것이다. 우리에겐 기준과 규정이 있었다. 남자들은 양복에 타이를 맸고, 여자들은 긴 치마를 입었다. 모든 것이 정확히 시간을 맞춰 진행되었다. 각 예배는 정확히 75분 동안 드렸고, 순서는 설교마다 동반되는 빈칸 채우기 노트처럼 예측 가능했다.

어릴 때 나는 모든 성경 구절에 세 가지 요점이 있다는 걸 발견했다. 그래서 항상 마법처럼 운을 맞추거나 철자를 재치있게 맞추는 것 같았다(joy는 어떻게 쓰는가? Jesus[예수]-Others[다른 사람들]-You[당신]이다!). 믿음은 주로 지적 활동이었다. 우리는 성경 구절을 암송하고 교리에 관한 토론을 했다.

그리고 나는 그것을 싫어했다. 단지 10대로서 타이 매는 것을 두려워한 것이 아니었다(그것이 잔인하고 특이한 형벌이긴 했지만). 문제는 다른 것이었다. 전체적인 분위기가 생명이 없어 보였다. 마치 장례식 같았다. "주 예수 사랑 기쁨, 내 마음속에" 하고 노래했지만, 신도석에 있는 사람들은 생명이 고갈된 듯했다.

우리는 얼음 같은 선민들이었다. 우리의 보수적인 교회에서는 아무도 감정을 드러내거나 예배 중에 손을 들지 않았다. 마치 벨트 부분에 보이지 않는 힘이 작용하여 모든 사람의 팔을 꼭 붙잡고 있는 듯했다. 예배드리는 동안 다들 자리에 얼어붙은 듯 앉아 있었고, 예배가 끝나면 어른들은 로비를 서성이며 조용한 소리로 이야기를 나눴다. 모두 서로를 "형제님"이라고 부르고 다른 종교적인 용어를 사용한다. 아이들은 밖으로 뛰어나가 타이를 풀어버리고 주차장에서 숨바꼭질을 했다.

예외도 있었다. 나는 빌리라는 젊은 신학생을 기억한다. 그는 교회에 생명의 불꽃을 일으켰다. 어느 눈 오는 주일에 빌리는 중등부 남학생들을 데리고 나가 눈 속에서 노는 모험을 했다. 마치 다시 태어난 듯, 우리는 플란넬그래프(플란넬 천으로 덮인 보드를 사용하는 스토리텔링 시스템)와 설교 노트라는 단조로운 세상에서 해방되어 서로 눈뭉치를 던지며 신나게 놀았다. 그 빛나는 주일 아침에 우리는 자유를 맛보았다! 하지만 몇 주 뒤에 주일학교 선생님이 새로 오셨다는 공지를 받았고 우리는 빌리를 다시 보지 못했다.

지금 생각해보면, 우리 교회를 새로 방문하는 사람이 거의 없었던 것이 당연했다. 우리는 우리만의 사마리아인 명단을 갖고 있었다. 그들은 우리가 가까이하지 말아야 할 사람들이었다.

- 술 마시는 사람들

- 욕하는 사람들
- 이혼한 사람들
- 동거하는 사람들
- 세속적인 음악을 좋아하는 사람들
- 그 외에 거의 모든 사람들

우리는 영적으로 목마른 사람들을 위해 다리를 놓는 대신 전통을 보호하는 데 초점을 두었다. 14살 때 나는 바싹 메말라 있었다. 토요일 밤이면 주일날 온종일 교회에 있을 생각에 머리가 아프고 지루해서 죽을 것 같았다. 나는 절대 목사는 되지 않겠다고 맹세했다.

물론 내가 어린 시절에 다닌 교회는 그렇게 나쁘지만은 않았다. 나는 최고의 성경 강습을 받는 축복을 누렸고, 신학에 대한 탄탄한 이해를 기반으로 전국에서 가장 좋은 기독교 학교 중 하나인 휘튼대학에 다닐 수 있었다. 그러나 얼음 같은 선민의 분위기는 내 영혼에 해로운 영향을 주었다. 지적으로는 정확했으나 관계 면에서는 아무 유익이 없었다. 우리 교회에는 열린 문 대신 닫힌 정문이 있었다. 우리는 머릿속으로 하나님을 사랑했지만, 상처받은 사람들에 대한 예수님의 마음을 알지 못했다. 태미, 바네사, 그리고 우물가의 여인 같은 사람들 말이다.

### 정오

원칙적으로, 예수님은 우물가의 여인과 이야기를 나누면 안 되는 것이었다. 일단, 그녀는 사마리아인이었다. 원 스트라이크. 둘째, 그녀는 여성이었다. 가부장제 문화 속에서 힘없는 소수자였다. 투 스트라이크. 그러나 그녀의 가장 큰 결점은 물을 주시겠다는 예수님의 제안을 받아들였을 때 드러났다.

> 여자가 이르되 주여 그런 물을 내게 주사 목마르지도 않고 또 여기 물 길으러 오지도 않게 하옵소서 이르시되 가서 네 남편을 불러 오라 여자가 대답하여 이르되 나는 남편이 없나이다 예수께서 이르시되 네가 남편이 없다 하는 말이 옳도다 너에게 남편 다섯이 있었고 지금 있는 자도 네 남편이 아니니 네 말이 참되도다 요 4:15-18

쓰리, 포, 파이브 스트라이크! 선지자적 통찰의 순간, 예수님은 갑자기 가장 불편한 주제를 끄집어내셨다. 바로 그녀의 실패한 관계들이었다. 그분은 어떻게 아셨을까?

요한복음 4장 6절은 "때가 여섯 시쯤(낮 12시경) 되었더라"라고 말씀한다. 즉 하루 중 가장 뜨거울 때다. 중동 지방의 뙤약볕 아래서 굳이 한낮에 물을 길으러 나오는 사람은 없다. 이 여인을 빼고는. 아마도 그녀는 다른 사람들을 피하려고 했을 것이다. 그녀는 다섯 번 결혼 실패의 꼬리표가 따라오는 것에 진저리가 났을 것이고, 그래서 이웃 사람들에게 망신당하느니 차라리 뜨거운 햇볕을 택했을 것이다.

그러나 예수님은 그녀의 취약점을 건드리신다. 그녀의 가장 큰 필요이자 갈망을. 이 여인은 남자에게 참으로 사랑받기를 갈망했다. 그러나 그녀의 물동이에는 구멍이 나 있었다. 예수님은 이렇게 물으시는 듯하다.

"네가 잘못된 우물에서 물을 긷는 것이 가능하냐?"

여인은 관계에서 신앙으로 주제를 전환하려 한다. 주로 대화가 너무 개인적으로 흘러갈 때 많이 쓰는 연막이다. 그러나 이 엉망진창인 단계, 즉 사람들의 가장 큰 고통과 실패, 도덕적 혼란의 지점에서 하나님은 마음속에서 더 깊은 일을 하신다.

### 기쁘게 손뼉 치는 사람들

나는 얼어붙은 선민들의 감정적으로 메마른 세상에서 자랐기 때문에 대학에 다니는 동안 거의 교회에 나가지 않았다. 이것은 보기보다 쉽지 않았다. 휘튼대학에서는 매주 채플 예배가 있었고, 출결 담당자가 매 학기 내 이름에 체크하도록 설득하려면 그를 특별히 구슬려야 했다. 주일이면 나는 종종 해가 중천에 뜰 때까지 잤다. 부모님이 전화를 걸어 교회에 다녀왔는지 물으시면 때때로 거짓말을 했다. 침대 옆 침례교회나 베개 장로교회에 다니는 상상을 하며 그렇다고 대답했다. 솔직히 나는 교회를 그리워하지 않았는데 그것은 상처받은 사람들에 대한 하나님의 깊은 연민의 마음을 체험하지 못했기 때문이었다.

내 미래의 아내, 콜린을 만났을 때 모든 것이 달라졌다. 신입생 작문 수업에서 그녀를 처음 보고 나는 한눈에 반했다. 내가 그녀에게 끌린 것은 순전히 영적인 것이었다고 말하고 싶지만, 햇볕에 그을린 그녀의 다리와 길고 풍성한 금발을 보았을 때 이 뉴저지의 소년은 오로지 한 가지 생각뿐이었다. '무조건 직진!'

나는 모든 용기를 끌어모아 그녀에게 금요일 밤 데이트 신청을 했는데 그녀의 반응이 충격적이었다.

“나도 가고 싶지만, 안 돼. 금요일 밤에는 교도소에 갈 거거든.”

그동안 이런저런 핑계를 들어보았지만, 이건 정말 참신한 핑계였다!

콜린은 웃으며 자신이 갈등하는 이유를 명확히 밝혔다.

“아니, 내가 교도소에 감금되는 건 아니고, 청소년 교도소에 있는 빈민가 출신 소녀들을 가르치거든.”

나는 믿을 수가 없었다.

“채플이나 뭐 그런 걸 빼먹다가 걸린 거야? 수업에 필요한 건가? 아니면 지역사회 봉사?”

그녀는 다시 웃었다.

“아니. 그 애들이 수학이랑 읽기를 잘 못 해서 애먹고 있거든. 그 애들을 도와주고 싶어서.”

그들은 주로 자동차 절도, 마약 복용, 기타 범죄들로 감금된 젊은 여자들이었다. 나는 오랫동안 그리스도인으로 살아왔지만, 자발적으로 금요일 밤을 포기하고 죄수들과 함께 시간을 보내는 사람은 본 적이 없었다. 나는 신학적인 사회 정의의 개념을 익히 알고 있었고 성경에서 그것에 대해 읽어도 보았지만 실제로 그것을 삶에서 실천하는 사람은 본 적이 없었다. 콜린의 연민은 나의 호기심을 자극했고, 우리는 사귀기 시작했다. 그녀는 휘튼대학에 다니는 4년 동안 매주 금요일 밤이면 그 교도소에서 어린 소녀들을 가르쳤다.

추수감사절 연휴 때 콜린이 나를 뉴욕에 있는 자신의 모교회로 초대했다. 브롱크스(Bronx)에 있는 가게 앞에 딸린 오순절파 교회였다. 그곳에선 마치 도시의 거리 축제가 열린 것 같았다. 우리가 얼어붙은 선민이었다면, 이들은 기쁘게 손뼉 치는 사람들이었다! 예배당으로 들어갈 때, 신발을 벗은 두 여자가 나를 맞아주었다. 그들은 예배당 뒤에서 탬버린을 들고 춤을 추며 깃발을 흔들고 있었다. 교회는 온갖 소리와 색채와 감정이 넘쳐났다. 사람들은 작은 무대 앞에서 두 손을 들고 손뼉을 치며 춤을 추고 있었고, 어떤 이들은 바닥에 드러누워 울면서 예수님을 찬양했다.

콜린은 나를 보며 미소 지었다. 나도 희미하게 미소를 지어 보였지만 궁금했다. '이 미친 사람들이 뭘 하고 있는 거지?' 모든 것이 혼란스럽고 종잡을 수 없어 보였다.

앞에서 기타를 치며 예배를 인도하던 사람이 갑자기 분명치 않은 이유로 후렴 부분을 바꾸어 불렀다. 나는 콜린에게 귓속말로 "가사를 즉흥적으로 바꾸는 거야?"라고 물었다. 그녀는 웃으며 "성령의 인도를 받고 있다고 말하지"라고 말했고 나는 "우리 교회에선 준비되지 않은 거라고 말해"라고 대답했다.

모든 감정과 즉흥적인 것들은 나의 안전지대에서 한참 벗어난 것이었다. 하지만 주위를 둘러보니 진정성과 다양성이 느껴졌다. 라틴계 사람, 아시아 사람, 흑인, 백인, 노숙자들, 마약 밀매자들, 기업 경영인들, 전문직 종사자들, 젊은이들과 늙은이들을 보았다. 그들은 나란히 앉아 함께 하나님을 예배하며 찬양하고 있었다. 그들 모두 하나님을 예배할 때 이 인간적인 무리 안에서 뚜렷한 온기와 진심이 느껴졌다. 나는 예수님이 사마리아 여인에게 하신 말씀이 생각났다.

"하나님은 영이시니 예배하는 자가 영과 진리로 예배할지니라"(요 4:24).

한 시간 동안(무려 한 시간이나!) 찬양한 후 드디어 목사님이 일어나 설교를 시작했다. 놀랍게도 세 가지 요점이 담긴 개요와 빈칸 채우기 노트는 프로그램에 없었다. 그보다 그는 자신의 삶을 망쳐서 두 번째 기회가 필요한 사람들을 위해 하나님의 사랑과 용서에 관한 여러 구절을 이어 붙였고, 진심으로 말했다.

"새로운 시작이 필요하다면, 오늘은 바로 여러분의 날입니다! 우리는 두 번째 기회를 주시는 하나님을 예배합니다!"

회중이 크게 소리쳤고, 어떤 사람들은 손을 높이 들어 올렸다. 그는 계속해서 "두 번째 기회만이 아니라, 하나님은 여러분에게 세 번째, 네 번째, 다섯 번째 기회까지도 주실 수 있습니다!"라고 말했다. 회중은 고개를 끄덕였고 나는 사마리아 여인이 여기 있었다면 아주 편안했겠다고 생각했다.

"두 번째 기회를 원하시는 분이 계십니까?"

그는 예배당을 살피며 물었다. '강단으로 부르는 시간이군.' 나는 냉소적으로 생각했다. 얼음 같은 선민들의 자녀로서, 나는 거기 앉아 잘난 체하며 그의 노력을 판단하고 있었다. 분명 아무도 이 즉흥적인 호소에 응답하지 않을 거라 생각하면서.

그런데 예고도 없이, 여섯 명이 즉시 강단으로 걸어 나왔다. 기타를 든 사람이 연주를 시작했고, 누군가가 탬버린을 흔들며 "예수님을 찬양합시다!"라고 했다. 목사님이 외쳤다.

"하나님의 가족이 되신 것을 환영합니다!"

나는 믿을 수가 없었다. 내가 어렸을 때 다니던 교회에서는 20년 동안 자신의 죄를 공적으로 선언하며, 버리기 위해 앞으로 나오는 것은 물론 자리를 옮기는 사람도 본 기억이 없다.

목사님이 한 사람에게 마이크를 넘겼다. 자신을 루이스라고 소개한 그는 눈물을 흘리며 말했다.

"저는 10년 동안 마약과 싸워 왔고, 중독 때문에 직장도, 결혼생활과 가정도 잃었습니다. 저는 더 이상 그렇게 살고 싶지 않습니다. 하지만 여러 번 시도해봐도, 희망이 없는 것 같았어요."

그는 잠시 멈추었다가 다시 말했다.

"저는 여기 온 지 한 달밖에 안 되지만, 여러분 모두 저에게 친절했어요. 예수님께 기회를 드리는 게 좋겠다는 생각이 들었습니다."

그는 고개를 들고 마이크를 내려놓았다. 떨리는 목소리로 "하나님, 제가 여기 있습니다"라고 말했다. 기쁘게 손뼉 치는 사람들의 감정이 폭발했다. 사람들이 루이스에게 몰려들어 그를 끌어안고, 그에게 손을 얹고 기도했다. 루이스는 고개를 숙이고 울었다.

나는 서서 지켜보다가 시계를 힐끗 보았다. 예배는 거의 두 시간째 이어지고 있었다! 하지만 나는 인정할 수밖에 없었다. 그것이 내가 들어본 기도 중 가장 아름다운 기도였다는 것을. 하나님의 은혜의 강이 복도를 통해 흘러 루이스를 적시는 것을 보면서 마음이 따뜻해졌다.

예수님이 소외된 곳에서 살아가는 사람들에게 다가가신 이야기들을 보면, 어쩌면 그것이 오늘날 교회의 모습이어야 하지 않을까 싶다. 이 모든 복음의 내용이 정말 참이었던가? 오늘날의 세리들과 창녀들은 세 곡의 찬송가와 설교 개요가 없어도 교회 안에서 하나님의 사랑과 자유와 용서를 경험할 수 있을까?

그 경험은 비록 불편하긴 했어도 내 마음에 감동을 주었다. 나는 신학적 진부함 속에서 말라버린 내 영혼의 사막 같은 바닥에서 기쁨과 경이로움이 끓어오르는 것을 느낄 수 있었다. 복음이 검은색과 흰색에서 생생한 총천연색으로 변하는 것을 눈앞에서 보았고, 마침내 상처받은 사람들을 향한 하나님의 은혜가 얼마나 놀라운지 알게 되었다. 나같이 독선적인 죄인들에게도.

이것이 리퀴드교회에 대한 비전의 시작이었다. 그때는 알지 못했지만.

### 말씀과 문화를 연결하라

휘튼대학을 졸업한 후, 콜린과 나는 뉴저지로 돌아와 결혼했다 (《You Married the Wrong Person》[4]라는 책에 우리의 신혼생활에 있었던 재미있는 에피소드를 많이 기록해두었다). 우리는 생긴 지 얼마 안 되는 맨해튼의 리디머장로교회(Redeemer Presbyterian)에 다니게 되었다. 팀 켈러(Tim Keller) 목사님이 담임이었고, 당시 교인은 200명 정도였는데 대부분 젊은 싱글과 신혼부부들이었다.

팀 켈러 목사님이 성경보다 뉴욕타임즈에서 더 많은 연관성을 찾아내는 문화 설교를 하시는 것을 보면서 깨달음을 얻는 순간이 있었다. 옛말처럼, 켈러 목사님은 "한 손에는 성경을, 다른 한 손에는 신문을" 들고 설교하셨다. 현재 일어나는 사건들을 이용하여, 성경을 희석시키지 않으면서 무감각한 회의론자들에게 다가가는 다리를 놓았다. 그는 옥스퍼드 도서관에서 가장 편안함을 느끼는 듯했다. 종종 유명한 문학작품들을 거론했다. 하지만 〈섹스 앤 더 시티〉(Sex and the City)에서 이야기를 가져와, 세계적인 뉴요커들의 성생활을 성경적으로 연관지어 이야기하기도 했다. 뭐든 그런 식이었다.

나는 신학적으로 탄탄하고 뿌리가 깊으면서도 외적으로는 그리스도와 멀리 떨어진 사람들에게 다가가기 위해 불타는 열정을 가지고 밖을 향하는 교회를 발견하고서 매주 감탄했다. 리디머교회에서 나는 우리가 주일 아침마다 배운 것이 언제나 월요일 아침 우리의 삶과 일에 적용된다는 것을 새롭게 깨달았다. 하나님의 변치 않는 진리는 언제나 변화하는 문화와 관련이 있었다. 리디머교회를 다닌 3년 동안, 팀 켈러가 세상 문화와 독창적인 관계를 맺는 것을 보면서 멀리서도 가르침을 받았다.

나는 오늘날 세대에게 그리스도를 전하기 위해 문 앞에서 뇌를 검사할 필요가 없다는 것을 발견했다. 콜린은 노숙인 여성들을 돕기 위해 신앙에 기반을 둔 회복 프로그램에 자원봉사자로 참여했다. 나는 투자 은행가부터 창의적인 감독과 브로드웨이 배우까지 많은 전문가와 대화했다. 그들은 그들의 신앙을 다시 시장에 내놓으라는 요구를 매우 진지하게 받아들였다.

콜린이 다니던 오순절교회와 우리가 리디머교회에서 보낸 시간은 내 마음속에서 합쳐진 두 줄기의 활기찬 믿음을 나타냈다. 이 두 물줄기가 만나서 결국 리퀴드교회가 탄생하게 되었다.

## 전투적인 침례교도?

리디머교회에서 3년을 보낸 후에는 집과 직장에서 더 가까운 교외의 한 교회에 다니기 시작했다. 밀링턴침례교회(Millington Baptist Church)라는 150년 된 교회였는데, 대학 친구 두 명이 그곳을 추천해주었다. 담임목사인 피터 펜델(Peter Pendell) 박사님은 목자의 마음으로, 새로운 사람들이 연결되도록 도왔다. 특히 궁핍한 청년들에게 마음을 썼다. 오래지 않아 그는 우리에게 20대들을 위한 주일 모임을 이끌어달라고 했다. 우리는 나이 많은 성도들을 둘러보며 "여기에 다른 20대들이 있습니까?"라고 물었다. 그는 웃으면서 열심히 살펴보면 목사님의 딸을 포함하여 8명이 있을 거라고 말씀하셨다.

피터 목사님이 우리에게 20대들을 위한 모임을 이끌어달라고 했을 때 우리는 하나님이 무엇을 계획하고 계시는지 몰랐다. 얼마나 비전이 없었는지는 내가 "상황을 봐야겠네요. 우리가 얼마나 일찍 와야 할까요?"라고 대답한 것만 봐도 알 수 있다.

피터 목사님의 축복과 함께 주일 모임은 오전 9시 30분에 시작했다. 우리는 주일학교 프로그램에 전형적으로 포함되던 빈칸 채우기 커리큘럼을 제외했다. 사람들이 믿지 않는 친구와 동료들을 편안하게 초대할 수 있도록 좀 더 문화적으로 관심을 끌 만한 프로그램을 만들어도 되는지 목사님께 여쭤보고 허락을 받았다. 우리는 인간관계, 성(性), 직업, 그리고 인생의 목적 발견하기 등을 성경적 관점에서 이야기해보기로 계획을 세웠다.

모임 첫날, 콜린과 나는 굉장히 긴장했다. 우리는 누가 올지 알지 못했다. 12명이 왔고, 그중에는 피터 목사님의 딸인 에이미도 있었다. 교회 지하실에서, 우리는 서로 어울리지 않는 의자에 어색하게 앉아서 맛없는 커피를 마시며 자기소개를 했다.

그 당시 나는 공립고등학교에서 영어를 가르치면서 몇 가지 묘수를 배운 터였다. 신입교사였던 나는 셰익스피어에 관심 없는 위험한 상급생들을 위한 '모터헤드(motorhead, 영국 록밴드 이름) 영어' 수업을 맡고 있었는데, 시각적 보조자료(영화, 비디오 클립, 디지털 미디어, 현대적인 일러스트 등)를 사용하여 본문을 가르칠 때 더 활력이 생기고 학생들의 참여도가 높다는 것을 알게 됐다. 5학년 학생들에게 햄릿을 가르치면서는 효과적인 커뮤니케이션의 비결을 알아냈는데. 어떤 본문과 감정적으로 연관된 시각적 자료를 함께 사용하면 그것이 사람의 두뇌에 각인되어 영원히 기억에 남는다는 것이다.

그것을 작은 주일 모임에 적용했다. 섹스, 돈, 목적, 연애, 결혼 등 사람들이 관심을 보이는 주제부터 시작하되 끝에 가서는 각 주제에 대해 적절하고도 삶을 변화시키는 말씀이 성경에 있다는 것을 극적으로 보여주었다. 매주 나는 관심을 끌기 위해 비디오 클립이나 이야기로 시작한 다음, 조심스럽게 그날의 하나님 말씀으로 대화를 이끌어 갔다. 청년들은 그것을 좋아했다. 웃음, 대화, 비디오 클립 효과음, 음악 소리가 교실에서 흘러나왔다.

12명의 20대 청년들로 구성된 작은 모임은 순식간에 배로 늘어났다. 사람들이 친구들을 초대하면서 인원은 40명, 70명까지 늘었다. 나는 "내가 주일마다 20대들을 위한 성경공부 모임을 이끌고 있거든. 한번 와 볼래?"라며 동료 영어교사를 초대했다. 그게 어디냐기에 밀링턴(Millington)침례교회라고 하자, 그는 "밀리턴트(militant, 전투적인) 침례교회? 됐어. 난 정치에 관심 없어"라고 대답했다. 우리 지역에서 교회에 대한 사람들의 인식을 변화시키려면 한참 멀었다는 것을 깨달았다.

우리는 흰 뾰족탑이 있는 전통적인 교회에서 모임을 했고, 하나님께서 이 그룹을 통해 새로운 교회를 탄생시키려고 계획 중이신 것을 전혀 몰랐다.

## 선술집 안의 교회

피터 목사님은 나에게 훌륭한 멘토셨다. 지하 회의실에 다 모이지 못할 만큼 모임이 커져서 다른 사람들을 위한 공간을 만들 방도를 논의할 때 목사님은 "우리가 하나님과 멀어진 청년들에게 다가가기 위해 어떤 장애물들을 제거할 수 있을까요?" 하고 물으셨다. 그는 다음 세대를 위한 넓은 마음을 가진 담임목사님이었다.

목사님의 축복과 장로님들의 허락 아래 우리는 약 2킬로미터 떨어진 킹 조지 여관이라는 곳으로 모임 장소를 옮겼다. 나중에 알게 되었는데 그곳은 바로 미국의 제일 초기 부흥운동이 일어났던 자리였다. 역사적인 술집이었지만, 우리는 술을 마시지 않았다. 나는 단지 성경을 가르쳤고, 함께 성경 말씀을 놓고 활발한 대화를 나누었다. 새로운 장소가 침례교회 지하실보다 덜 위협적이라는 것을 알게 된 사람들은 믿지 않는 친구와 동료들을 데려오기 시작했다.

선술집에서의 첫 모임에서 나는 예수님이 우물가에서 사마리아 여인을 만나주신 일을 나누고, 하나님께서 목마르고 상처받은 사람들을 그들이 가장 갈망하는 곳에서 만나주기를 얼마나 원하시는지 이야기했다. 내가 대화의 문을 열자, 청년들 수십 명이 자신의 어려움과 그동안 이런 공동체와 종교적이지 않은 하나님과의 관계에 얼마나 목말랐는지를 솔직하게 털어놓기 시작했다.

요한복음 4장에서 영감을 받은 우리는 그 사역을 '리퀴드'라 칭하고 사람들에게 "와서 보라"라며 초대했다. 성경에 보면, 예수님이 사마리아 여인에게 자신이 그녀의 죄를 용서하고 삶을 변화시킬 수 있는 약속된 메시아임을 보여주신 후 그녀는 물동이를 버려두고 동네로 들어가서 사람들에게 "내가 행한 모든 일을 내게 말한 사람을 와서 보라 이는 그리스도가 아니냐"(요 4:29)라고 했고, 이에 사람들이 동네에서 나와 예수께로 갔다.

사람들이 계속해서 믿지 않는 친구들을 리쿼드로 초대하자, 그 술집은 우리 세대를 위한 현대의 우물 같은 곳이 되었다! 우리는 목마른 사람들이 그들 삶의 부서진 부분들을 이야기하도록 이끌고 그 혼돈의 한가운데 예수님의 사랑을 소개했다. 많은 방문자가 처음으로 복음을 들었고 온전한 그리스도의 제자가 되어갔다. 초기의 모임들은 매우 활기차고 열정적이었으며, 수백 명의 20대가 모여 메시지를 듣고 충분히 납득되는 방식으로 토론을 하니 에너지가 넘쳤다.

그들 대부분이 모르는 사이에, 콜린과 나는 매주 11시면 본교회에 가기 위해 그 술집에서 나와 다시 밀링턴침례교회로 향했다. 우리는 여전히 전통적인 예배에 참석해야 했고, 심지어 우리의 의무를 수행하기 위해 돌아가는 길에 나는 타이를 매고 재킷을 입었다. 그러나 격차는 점점 더 커져만 갔다. 점점 더 우리의 비기독교인 친구들은 그 술집에 남아 브런치를 주문하고 그날 아침 나눈 주제에 대해 계속 대화하고 싶어 했다. 우리의 마음은 그들과 함께 있고 싶었고 갈등을 느꼈다.

어느 주일날 밀링턴침례교회로 돌아오는 길에 나는 길 한쪽에 차를 세우고 콜린에게 "내가 느끼는 걸 당신도 똑같이 느끼고 있어?"라고 물었다. 그녀는 웃으며 고개를 끄덕였다. 우리는 차를 돌려 술집으로 돌아왔고, 우리 친구들과 함께 브런치를 즐겼다. 그날 아침에 우리는 본교회에 가지 않았고, 주중에 나는 목사님을 찾아갔다.

"목사님, 저희는 수많은 사람이 예수님을 만나는 모습을 보고 있습니다. 정말 가슴 뛰는 일입니다! 생명수는 실제로 있고, 사람들은 그것을 갈망하고 있어요. 우리 세대는 전통적인 교회를 버렸을지 모르지만, 하나님은 버리지 않았어요."

목사님은 다시 한번 비전과 목자의 마음을 가지고 물으셨다.

"그들에게 다가가기 위해 우리가 제거할 수 있는 다음 장애물은 뭘까요?"

나는 술집의 위치는 더없이 좋으나 이른 아침 시간대는 좋지 않다며 "우리 친구들은 대부분 토요일 밤에 늦게까지 깨어있어요. 시간을 주일 밤으로 옮기면 어떨까요?"라고 대답했다. 그리고 담임목사님과 장로님들의 배려로, 리퀴드를 다시 교회로 옮겨 주일 밤에 본당에서 모임을 시작했다.

다만 한 가지 문제가 있었다. 성전 특유의 신도석, 파이프 오르간, 세례용 물통, 전통적인 교회 환경의 과시적인 요소들이었다. 우리 자원봉사자 팀은 그 공간을 바꾸려고 계속 노력했다. 조명을 어둡게 하고, 촛불을 켜고, 무대 위에 긴 소파를 놓고, 콜드플레이(Coldplay) 같은 락밴드 연주를 연습했다.

곧바로 오전에 예배를 드리는, 정장에 타이를 맨 사람들로부터 불평이 들려왔다. "밤에 모이는 리퀴드는 마치 교령회(산 사람들이 죽은 이의 혼령과 교류를 시도하는 모임) 같다. 그들은 촛불을 켜놓고 기괴한 음악을 연주한다"라거나 "차를 타고 지나가다가 오토바이들을 봤다. 사람들이 주차장에서 담배를 피우고 있었다"라는 소문이 퍼지기 시작했다.

우리에게 피터 목사님을 주신 하나님께 감사드린다. 목사님은 우리를 지지해주셨고 우리를 비난하는 사람들에게 "우리가 드디어 다음 세대를 전도하고 있는데 하나님을 찬양해야 하지 않겠습니까?"라고 말씀하셨다. 그리고 리퀴드의 리더십팀을 다른 나라에 가서 그 부족들의 언어로 복음을 전하는 선교사들에 비유하여 반대하는 사람들의 이해를 도왔다.

"우리 교회는 전 세계로 선교사들을 보내고 있습니다. 하지만 바로 길 건너에도 미전도 종족이 있죠. 그들에게 다가가려면, 그들의 언어로 말하고, 그들 스타일의 노래를 부르고, 그들의 문화에 맞는 옷을 입어야 합니다. 팀은 바로 그 일을 하고 있고, 저는 하나님께서 그의 팀을 사용하시는 것이 너무나 기쁩니다. 리퀴드에 필요한 것은 비판이 아닙니다. 우리는 그것을 칭찬하고 지원해주어야 합니다."

나는 피터 목사님의 선교사 사고방식에 너무나 감사했다. 그의 신뢰는 젊은 리더인 나에게 큰 선물이었다.

그 초기 시절에, 우리는 카펫에 촛농을 떨어뜨리는 등, 많은 실수를 했다. 우리의 아이디어 중 일부는 논란거리가 되기도 했다. 예를 들면 뉴욕타임즈의 한 기사에서 집중 조명했듯이 동성애 퍼레이드 행사에서 사람들에게 생수병을 나눠주었던 것이 그랬다.[5] 감사하게도 목사님은 항상 나에게 혁신의 기회를 주셨지만, 완전히 내 멋대로 하도록 내버려 두지는 않으셨다. 지금은 은퇴하셨지만, 그는 여전히 나의 가장 친한 친구이자 영적 멘토로 남아 계신다. 나는 그를 사랑하고, 목사님 덕분에 리퀴드교회를 시작할 수 있었다고 말하고 싶다.

### 우연한 교회 개척

수많은 청년이 주일 밤마다 리퀴드에 모이기 시작하자, 예배를 두 번으로 늘렸다. 피터 목사님과 나는 계속 "우리가 목마른 사람들에게 그리스도를 전하기 위해 제거할 수 있는 다음 장애물은 무엇일까?"라는 질문을 던졌다. 우리의 이야기는 단순히 목마른 사람들에게 예수님의 생명수를 전해주기 위한 새로운 방법을 함께 꿈꾼 두 세대의 이야기다.

나는 장기적인 비전도, 멋진 전도여행을 떠날 돈도 없었다. 그러나 밀링턴침례교회를 주신 하나님께 감사드린다. 그곳은 리퀴드 같은 초보 사역을 품기에 완벽한 환경이었다. 우리 팀이 상처받은 사람들에게 예수님의 끝없는 은혜를 전하는 데 집중할 때 우리 모교회는 우리를 지원해주었다. 우리가 주일 밤에 드럼을 망가뜨리면 주중에 드럼 요정이 와서 감쪽같이 고쳐 놓았다. 그들의 지원과 희생에 나는 보답할 길이 없다.

여러 면에서, 리퀴드는 우연한 교회 개척이라 할 수 있다. 그리고 나는 우연히 목사가 되었다. 만일 누군가 하나님께서 우리를 위해 계획하신 일을 내게 말해주었다면 나는 몹시 흥분해서 모두 엉망으로 만들어버렸을 것이다. 그러나 하나님은 그분의 주권적인 자비와 은혜로, 새로운 일을 계획하고 계셨다. 그 150년 된 교회에서 6년을 보낸 후, 리퀴드는 날개를 펴고 날아갈 준비가 되었다.

2007년에 피터 목사님과 장로님들, 성도들의 도움으로 리퀴드는 독립된 교회로서 새로운 일을 시작했다. 우리는 처음에 20킬로미터 떨어진 시내 호텔의 연회장을 빌려서 모임을 했다. 300명의 자원봉사자로 구성된 핵심 그룹과 함께 시작했고, 겨우 3개월 버틸 예산이 있었다. 모교회라는 안전한 둥지를 떠나는 것은 정말 큰 믿음의 도약이었고, 몇몇 사람들은 우리가 실패하리라 생각했을 것이다.

확실히 우리는 많은 실수를 저질렀지만(그중 많은 이야기를 앞으로 나눌 것이다) 용감한 자원봉사자들은 신실했고, 더 중요한 것은 우리 하나님이 매우 신실하셨다는 것이다! 리퀴드는 첫 출발을 잘 해냈고, 막 시작한 우리 교회는 하나님의 사랑과 수용을 갈망하는 새 신자들로 넘쳐났다.

지금까지 우리는 2,400여 명의 새 신자에게 예수님의 이름으로 세례를 주었다. 새 신자에게 세례를 주기 위해 온수 욕조 안에 서 있을 때마다 나는 우물가의 사마리아 여인을 생각하며, 예수님이 그날 그의 놀라운 은혜로 그녀의 죄책감과 수치심을 어떻게 씻겨주셨는지를 생각한다.

오늘날 우리는 감사하게도 모든 나이와 지위, 영적 배경을 가진 사람들에게 다가가는 교회를 갖게 되었다. 우리 교회는 캠퍼스라고 칭하는 7개의 예배 처소를 갖고 있는데 학교 강당, 호텔 연회장, 영화관, 최신식 방송 캠퍼스로 개조한 월마트 크기의 창고 등 상상할 수 있는 거의 모든 종류의 시설에서 모임을 한다. 정기적으로 출석하는 5천 명의 다양한 우리 가족 중에는 다음과 같은 이들이 포함되어 있다.

- 이혼한 사람들
- 중독과 싸우고 있는 사람들
- 율법적인 종교에서 회복 중인 사람들
- 스스로 어찌해야 할지 모르는 성적 욕구와 싸우는 사람들
- 도덕적으로 문제가 있었던 사람들
- 그 외 모든 사람들

흔히 말하듯이, 믿음은 죄책감이 아니라 한 여정이다. 우리는 사람들이 얼음 같은 선민으로 자라왔든, 기쁘게 손뼉 치는 사람들로 살아왔든, 아니면 교회를 다녀본 경험이 아예 없든 상관하지 않는다. 회의론자들은 특별히 환영받는다. 리퀴드는 모든 사람이 예수님을 만나고 그분의 놀라운 은혜를 충분히 맛보도록 초청한다! 다양한 도시에 사는 성도들(그리고 앞으로 올 더 많은 이들)과 함께, 우리는 이 지역을 예수 그리스도의 복음으로 적시는 비전을 품고 있다.

그리고 그 모두는 더 많은 것을 갈망하며 지하실에 모였던 12명으로 시작되었다.

## Dive Deeper 더 깊이 들어가기

오늘날의 세대에게 다가가기 위해 하나님께서 사용하고 계시는 사역의 물결로 뛰어들기 전, 다음과 같은 토론 질문들을 묵상해보라.

발목 깊이 당신이 어릴 때 다닌 교회의 경험과 내 경험의 유사점은 무엇인가? 당신은 얼음 같은 선민과 열정적으로 손뼉 치며 찬양하는 사람 중 어느 쪽에 더 가까운가? 예수님이 우물가 여인의 영적 필요들을 알아보고 채워주심같이, 당신과 예수님의 관계로 해소된 가장 큰 영적 갈등은 무엇인가(요 4:1-30)?

무릎 깊이 믿음은 곧 모험이라고 했다. 교회는 떠났지만 하나님은 떠나지 않은 사람들에게 다가가기 위한 사역에서 당신이 감행한 가장 큰 모험은 무엇인가? 그것은 어떻게 되었는가, 또는 어떻게 되고 있는가? 하나님이 놀라운 방법으로 나타나시는 것을 어떻게 보았는가? 하나님은 당신에게 무엇을 가르쳐주셨는가?

허리 깊이 나의 멘토인 피터 펜델은 주기적으로 내게 "우리가 하나님으로부터 멀어진 사람들에게 다가가기 위해 제거할 수 있는 다음 장애물은 무엇인가?"라고 질문했다. 당신의 사역에서 그 답은 무엇인가? 당신의 교회 밖에 있는 목마른 사람들에게 생수가 흘러가지 못하게 막고 있는 장애물들은 무엇인가?

chapter 3

# 리퀴드교회의 침수 전략

하나님이여 주는 나의 하나님이시라 내가 간절히 주를 찾되 물이 없어 마르고
황폐한 땅에서 내 영혼이 주를 갈망하며 내 육체가 주를 앙모하나이다

시편 63편 1절

너무 목이 말라서 '당장 뭘 좀 마시지 않으면 죽을 것 같다'라고 생각한 적이 있는가? 콜린과 내가 그랜드캐니언의 바닥까지 가는 하이킹을 시작한 지 4시간이 지났을 때 딱 그런 생각이 들었다. 그때는 7월이었고, 우리는 미국의 가장 웅장한 자연의 경이로움을 경험하기 위해 여행을 떠났는데 한심하게도 뜨거운 열기에 대비하지 않았다.

우리는 뉴저지에서 온 초보 여행자였고, 에어컨 바람이 나오는 쇼핑몰을 걸어다니는 것에나 익숙한 사람들이었다. 애리조나주에 '건조한 열기'가 있다는 것을 들었고, 우리가 도착했을 때 그늘 온도가 섭씨 38도가 넘었다. 그러나 건조하다는 것은 실제로 그렇게 뜨겁지 않다는 뜻이 아닐까 생각했다.

하이킹을 떠나던 날 아침, 우리는 느지막이 일어났다. 여유롭게 호텔 조식 뷔페를 먹으러 가서 베이컨과 시럽을 뿌린 팬케이크로 배를 채웠다. 정오 즈음에 흰 면 셔츠에 스니커즈 차림으로 별 생각 없이

사우스 카이밥 트레일(South Kaibab Trail) 코스로 들어섰는데 아무도 없는 유령도시 같았다. 콜린이 큰소리로 물었다.

"다른 사람들은 다 어디 갔지?"

경험 많은 여행자들은 이미 해가 뜨기 전에 떠나서 가장 시원한 오전 시간에 트래킹을 시작했다는 사실을 바보같이 우리는 몰랐던 것이다. 그래서 우리는 타는 듯한 한낮의 애리조나 햇빛 아래서 내리막길 여행을 시작했다. 행복한 두 왕초보는 앞에 놓인 위험을 전혀 인지하지 못하고, 그저 좋아서 폴짝폴짝 뛰면서 붉은 흙길을 따라 내려갔다.

한 시간쯤 걸었을 때 놀라운 붉은 바위층과 사암을 지나며 거기서 정신이 번쩍 들게 하는 표지판을 보았다. 두개골과 X자로 놓인 대퇴골 그림 아래 크고 붉은 글씨로 '살인적인 열기'라고 쓰여 있고, 그 아래 있는 온도계는 섭씨 47.8도를 나타내고 있었다. 우리는 공용 물통에 든 물을 벌컥벌컥 마셨고, 벌써 반밖에 남지 않은 것이 보였다. 걷기 시작한 지 3시간 만에 물이 다 떨어졌다. 콜린은 너무 목마르고 어지럽기도 해서 휘청였다.

"여보, 우리 거의 다 온 거야?"

"멀지 않아. 조금만 더 가면 곧 도착할 거야."

아내는 헉헉거렸고 우리는 계속 걸어갔다.

코너를 돌자 보이는 광경에 숨이 턱 막혔다. 마치 밝은 청색 캔버스에 목화송이 같은 구름이 점점이 찍혀 있는 듯한 하늘이 넓게 펼쳐져 있었다. 큰 새가 머리 위에서 빙빙 돌았고, 나는 그게 독수리가 아니기를 바랐다. 협곡의 벽들은 오렌지색으로 빛났고, 조금씩 해가 지기 시작하자 색깔이 변해갔다. 그때 협곡 바닥 위에 푸른 리본처럼 구불구불하게 흐르는 콜로라도강이 보였다.

"봐, 내가 거의 다 왔다고 했지!"

확신에 차서 말했지만, 이제 나도 다리가 후들거렸다. 우리는 두 시간 동안 물을 한 방울도 마시지 못해 위험할 정도로 탈수 상태였다. 입 안에는 먼지가 가득했다. 우리는 땀에 흠뻑 젖었고(나중에 알았는데 면옷은 특히 잘못된 선택이었다), 피부는 햇볕에 타서 빨갛게 되었다. 중간에 매점이나 기념품점 같은 게 있을 줄 알았는데 오판이었다. 그랜드캐니언은 참으로 훼손되지 않은 보석 같은 곳이었다. 가는 길에 어떤 가게도, 그늘도, 화장실도, 파는 물도 없었다.

콜로라도강의 전경을 보니 기운이 났다. 바닥에 이르면 차가운 강물에 발과 머리를 담그고, 그곳에 사는 나바호족 가이드들이 주는 물을 마시며 수분을 흡수할 수 있겠다 싶었다. 그러나 바로 그때 나의 두 번째 착각을 깨달았다. 강은 우리가 닿을 수 없는 곳에 있었다. 아래를 내려다보니, 적어도 열 개는 넘는 지그재그식 도로들이 계속 이어져 있었다. 협곡 바닥까지 지그재그형 길로 3킬로미터는 더 가야 했다. 우리는 도저히 갈 수 없었다. 물도 없고, 에너지도 없고, 이제는 희망도 없었다. 콜린은 바위 위에 앉아 울음을 터뜨렸다.

바로 이것이 뉴저지의 두 바보가 물이 생명의 필수요소라는 인간 생존의 기본 원칙을 무시할 때 일어나는 일이다.

## 생수

물은 생명의 필수요소일 뿐만 아니라 물이 곧 생명이다. 과학이 그것을 확인해준다. 성인의 몸은 거의 60퍼센트가 물이다(유아는 거의 75퍼센트다). 당신의 뇌와 심장은 73퍼센트가 물로 구성되었고, 폐는 약 83퍼센트가 물이다.[1] 그것은 인간이 기본적으로 물과 약 2달러어치의 무기질로 가득 찬, 걸어다니는 가방이라는 뜻이다. 우리의 행성도 동일한 유동성을 갖고 있다. 즉 지구 표면의 약 71퍼센트가 물로 덮여 있다.[2]

영적 유사점은 더없이 명백해서, 당신의 영혼 또한 규율이나 규제가 아닌 생명을 주는 믿음이 적절히 주입되지 않으면, 영혼 또한 말라비틀어지고 생수가 없어 죽고 말 것이다.

예수님이 가장 좋아하시는 비유 중 하나가 목마른 사람들에게 생수를 주는 것이었던 이유가 거기에 있다. 요한복음 7장에 보면, 초막절에 유대인들이 하나님께 비를 내려달라고 기도하며 간구할 때 예수님은 서서 "누구든지 목마르거든 내게로 와서 마시라 나를 믿는 자는 성경에 이름과 같이 그 배에서 생수의 강이 흘러나오리라"라고 외치셨고 이는 그를 믿는 자들이 받을 성령을 가리켜 말씀하신 것이었다(요 7:37-39).

고대 히브리인들에게는 생수를 뜻하는 아름다운 말이 있었다. 그들은 그것을 마임 카임(mayim chaim), 또는 하늘에서 내려온 물이라 불렀다. 그것은 하나님이 그의 백성에게 복을 주시고, 양분을 공급해주시고, 살아가게 하시려고 주시는 선물이었다.[3] 중동 지방에는 물이 부족했다. 그 땅은 대조를 보여주는 본보기다. 즉 물이 없고 언덕은 황량하고 메말랐으나, 강들이 흐르는 곳에는 무성한 초목이 자라고 꽃이 핀다.

사도 요한에 따르면, 생수는 성령을 나타낸다. 에스겔은 "이 강이 이르는 각처에 모든 것이 살 것"(겔 47:9)이라고 예언했다. 우리는 물 같은 교회가 되어야 한다. 우리의 성전에서 흘러나온 물이 갈라지고 메마른 도시의 거리로 흘러들어 황량한 곳들과 목마른 사람들에게 생명을 주어야 한다.

**침수 전략**

나는 실제로 천사를 만난 적이 없지만, 찰리와 그의 아내는 거의 천사에 가까웠다. 콜린과 내가 지치고 목이 말라서 협곡으로 가는 길가에 앉아 꼼짝도 못 하고 있을 때, 우리 앞에 어느 쾌활한 커플이 나타났다.

"괜찮으세요? 탈수 상태인 것 같아요."

찰리가 묻자 콜린이 힘없이 고개를 끄덕였다. 그러자 찰리의 아내가 무릎을 굽히고 쪼그려 앉았다. 그녀는 찬물을 많이 담을 수 있는 배낭을 메고 있었는데 물병 하나를 꺼내 콜린에게 내밀었다. 그녀가 주는 물을 마시자, 콜린의 흐릿한 눈이 생기를 띠며 깜박거리기 시작했다.

찰리는 자기 배낭에서 얼음물이 담긴 병을 꺼내 내게 건네며 "이걸 드세요. 우리는 많이 있어요"라고 했다. 나는 꿈을 꾸듯 받아들고 마치 한 달 동안 사하라 사막에 발이 묶여 있던 사람처럼 정신없이 물을 마셔댔다. 내 삶에서 물이 그렇게 맛있고 상쾌했던 적이 없었다. 찰리와 그의 아내에게 감사 인사를 하면서, 나는 이 낯선 이들이 정말 하나님께서 우리를 구하시려고 보내신 변장한 천사들이 아닐까 궁금

해졌다.[4]

수분을 채우고 힘을 얻은 콜린과 나는 해질녘에 무거운 몸을 이끌고 협곡 바닥으로 내려갔다. 떨리는 다리와 감사하는 마음으로, 퉁퉁 붓고 물집 생긴 발을 콜로라도강에 담그고 우리를 살려주신 하나님께 감사드렸다.

그날 밤 우리는 그랜드캐니언 바닥에 자리 잡은 소박한 숙소, 팬텀 랜치(Phantom Ranch)에서 잤다. 그곳은 캐니언 협곡 아래에 있는 유일한 숙소이며, 브라이트 엔젤 크릭(Bright Angel Creek) 옆에 있다. 그곳은 마치 오아시스처럼 느껴졌다. 밤에 잠자리에 들기 전에 우리는 다음 날 아침 돌아가는 길을 대비해 여러 개의 물병과 소금 알약(수분 보존을 위해), 육포(단백질 섭취를 위해), 탄수화물 식품을 구입했다.

우리의 끔찍했던 여행 경험에 대해 들은 숙소 관리자들이 찾아와 "당신들은 돌아가는 길에 대비하여 침수 전략이 필요합니다"라고 말했다. 한 사람이 새벽 4시에 알람을 맞추어 아직 어두울 때 출발하라고 조언했다.

"그리고 하이킹을 시작하기 전에, 옷을 강물에 담그세요. 셔츠와 바지, 모자까지. 다 담근 다음 옷이 완전히 젖었는지 확인하세요."

나는 그러면 무겁지 않을까 걱정했으나 그는 "몸은 금방 마를 겁니다. 하지만 물에 완전히 적시면 피부에 수분이 남아 있고 체온이 낮아집니다"라고 설명했다. 그것은 우리가 살아남기 위해 필요한 침수 전략이었다.

다음 날 아침, 콜린과 나는 그 말대로 얼음처럼 차가운 개울에 옷을 적시고 동트기 전 어두울 때 하이킹을 시작했다. 아니나 다를까, 두 시간이 지나 해가 떠오르기 시작하자 옷이 바싹 말랐다. 우리는 브라이트 앤젤 트레일(Bright Angel Trail)을 따라갔다. 그 길에는 그늘이 있었고, 우리의 옷을 다시 적실 두 개의 개울이 있었다. 이번에는 물병 하나가 아니라 여덟 개로 무장했다.

꼭대기까지 올라오는 데 5시간이 걸렸다. 가는 내내 목이 마르지 않아도 주기적으로 멈춰서 일정량의 물을 마셨다. 캐니언 가장자리에 이르렀을 때 우리에게는 물병 하나가 남아 있었다. 그리고 절대 잊지 못할 인생의 교훈을 얻었다. 물은 생존에 꼭 필요하며, 침수 전략이 없으면 생명이 시들어 죽는다는 것이다.

### 우리의 목적이 침수인 이유

오늘날 리퀴드교회가 품은 비전은 예수 그리스도의 복음으로 우리가 있는 지역을 적시는 것이다. 적신다는 것은 어떤 것을 액체 안에 완전히 담그는 것을 뜻한다. 우리는 하나님의 은혜로 언젠가 뉴저지의 모든 주요 지역에 적어도 하나의 리퀴드교회 캠퍼스가 생겨서, 인구가 밀집한 우리 주의 9백만 명의 사람들이 예수님의 생수를 직접 맛보는 기회를 얻기를 바란다.

뉴저지가 있는 미 북동부지역은 미국에서 영적으로 가장 메마른 지역 중 하나로,[5] 우리가 초점을 두고 집중하는 곳이다. 그러나 하나님은 전 세계 모든 도시가 예수님의 사랑과 은혜로 흠뻑 젖는 날을 꿈꾸고 계시리라고 믿는다.

## 모든 강은 작은 물줄기로 시작된다

Starts with a Trickle

독자들을 위한 메모 : 2부의 각 장에서 이 항목을 보게 될 것이다. 그것은 우리의 기원을 설명하고, 믿음에 하나님의 인도와 축복이 더해질 때 상상을 초월하는 효과가 나타날 수 있다는 사실로 당신을 격려하기 위한 것이다.

에스겔서 47장의 환상은 생명을 주는 강을 묘사한다. 그 강은 매우 강력하여 사해를 되살릴 수 있다. 그리고 그 모든 것은 작은 물줄기로 시작된다. 나는 리퀴드교회를 시작할 때 사해의 염분을 제거할 믿음이 없었지만 하나님께서 작은 물줄기가 개울 되기를 원하신다고 믿었다. 그래서 우리가 세워온 핵심 그룹에게 물속으로 더 깊이 들어가도록 도전했다.

다음세대 사역으로서 다음 주에 새로운 교회로 바뀌기 전, 밀링턴 침례교회에서의 마지막 주일 저녁을 생생하게 기억한다. 솔직히, 우리는 다음 주일 아침에 무슨 일이 일어날지 전혀 몰랐다. 우리는 교회 건물에서 임대한 호텔 연회장으로 옮겨갈 뿐만 아니라, 그곳은 20분 정도 차를 타고 가야 하는 거리였다. 우리 교회 사람들이 우리와 함께 남을까? 그들은 정말로 새 지역에서 친구를 많이 사귀어서, 실제로 그들을 초대하여 데려올까? 우리는 교회 지하실에서 각기 다른 의자 열두 개를 놓고 시작하여 6년 동안 비전을 품어 왔다(2장에서 전체 이야기를 보라). 이제 7일 후면 알게 될 것이다.

그날 밤 나의 메시지는 사람들에게 모두 함께 우리의 새 교회를 시작하자고 외치는 구호였다. 성경적인 도전 후에, 나는 교회를 세워가려면 모두의 도움이 필요하다고 말했다. 누구도 구경만 하고 있을 수 없었다. 모든 성인은 팀에 들어가도록 했다. 장비 설치 돕기, 새로 오는 사람들 환영하기, 미디어 운영, 어린이 사역 등 수많은 일이 있었다. 그것으로도 부족해서 모든 사람에게 부업을 주었다. 친구나 동료, 또는 이웃을 데려오는 일로, 복음이 우리 도시를 적시려면 꼭 필요한 일이었다. 그러나 그렇게 하려면 예배를 드린 후, 초대한 손님과 한 번 더 예배에 참석해야만 했다. 우리는 핵심 멤버인 300명의 자원봉사자들이 지치지 않기를, 그리고 새로운 사람들이 다시 예배에 참석하기를 기도했다.

첫날, 하나님께서 놀랍게 역사하셔서 뉴저지의 모리스타운 시내에 있는 하얏트리젠시호텔 연회장이 사람들로 가득 찼다. 놀랍게도, 많은 손님이 다음 주에 다시 왔고, 그들의 친구들까지 데려왔다! 가속도가 붙기 시작했고, 2년 뒤에 우리는 이동식 환경에서 주일마다 천 명이 출석하는 교회로 성장했다. 우리가 꾸는 침수의 꿈은 올바른 방향으로 움직이고 있었다.

그즈음, 황금 시간대인 오전 예배 때 좌석이 부족하여 호텔 로비에 의자들을 배치해야만 하는 새로운 문제가 생겼다. 참으로 많은 사람이 모였다. 우리는 도대체 이 모든 사람이 어디서 오는 건지 궁금했는데 리더 중 한 명이 구글을 사용해 '히트 맵'(heat map)을 만들어서 사람들이 어디서 왔는지를 보여주었다. 덕분에, 많은 사람이 호텔에서 남쪽으로 30분 거리인 곳에서 온다는 것을 알게 되었다. 170명이 30분 또는 그 이상 운전을 하고 온다는 것이다.

내 친구 마이크 리히(Mike Leahy, 그에 대해 나중에 더 자세히 이야기하겠다)는 "거기에 우리 캠퍼스가 있다면 어떨까?"라고 말했다. 매우 그럴듯하게 들렸으나, 그것이 어떻게 가능할까. 우리는 최근 여러 지역에서 예배를 진행하는 멀티사이트 운동에 대한 경험이 없었다.

그래서 파도를 일으키고 있는 다른 교회들을 살펴보았다. 특별히 우리는 애틀랜타로 가서 노스포인트교회(North Point Community Church)를 방문했다. 그곳에서는 앤디 스탠리(Andy Stanley)가 영상 기반 수업을 개척하고 있었다. 나는 그것이 뉴저지에서는 효과가 없을 거라고 예측했지만, 우리는 하나님께서 모험하고 그것을 시도해보라고 도전하시는 것을 느꼈다.

럿거스대학교(Rutgers University)의 본거지인 뉴저지 뉴브런즈윅의 하얏트호텔에서 두 번째 캠퍼스가 시작됐다. 주일예배에 관한 모든 것이 라이브였다. 라이브 예배, 라이브 현장 목사들, 라이브 어린이 사역. 거대한 화면으로 나가는 설교만 빼고 다 그랬다. 놀랍게도, 영상 수업은 잘 받아들여졌고, 마이크의 탁월한 리더십 덕분에 두 번째 캠퍼스는 매우 빠르게 성장하여 700명이 되었다.

그러나 거의 교회를 망가뜨릴 만큼 중요한 오판이 있었다. 즉 우리는 새로 오는 사람들이 그전에 온 사람들만큼 빠르게, 또 그와 같은 수준으로 관계를 맺고, 십일조 헌금을 하고, 봉사할 거라고 생각한 것이다. 뉴스 속보 : 대학생들은 십일조를 내지 않는다. 새 신자들도 마찬가지다. 적어도 지금 당장은 그렇다.

교회를 세운 지 3년째 되던 해에 우리는 배에 구멍이 난 듯 두려웠다. 우리 리더십팀은 무릎을 꿇고 간절히 기도했다.

"주여, 우리가 뭘 한 걸까요? 우리는 배에서 나왔지만 곧 가라앉을 것 같습니다. 제발 우리를 구해주세요!"

살아남기 위해 빠듯하게 예산을 수정해서 다시 탄력을 얻었고, 세 번째 캠퍼스를 시작할 때는 비용을 절감했다. 공립학교에서 시작했는데 비용이 시내 호텔의 3분의 1 정도였다. 캠퍼스들이 이제 북부 중앙 뉴저지에서 삼각형을 그리게 되었다. 그다음에 너무나 놀랍게도, '마운틴사이드의 기적'이 일어나 우리는 첫 번째 영구적 건물을 갖게 되었다(7장 참조). 하나님은 이 놀라운 네 번째 캠퍼스를 다른 세 캠퍼스의 정중앙에 세우셨다. 이로써 안정적인 핵심 봉사자들과 십일조를 내는 가정들이 새로운 영구적 시설을 가득 채웠다. 더 중요한 것은 우리가 계속 앞으로 나아갈 소망을 얻었다는 것이다.

불안하게 시작한 첫 2년 동안 하나님께서 얼마나 신실하게 우리를 인도하셨는지 지난날을 돌아보면 정말 놀랍다. 어쨌든 우리는 살아남았고, 그뿐 아니라 배가했다. 그것은 침수를 위해 꼭 필요한 것이다. 그 과정에서 우리는 사역에 대한 게릴라적 사고방식을 갖게 되었다. 즉 보잘것없는 사람들이 예수님을 위해 기꺼이 모험하고 결과를 그분께 맡길 때 무엇이든 가능하다는 것이다. 지금도 우리는 교회가 건물에 관한 것이 아니라고 굳게 믿는다. 교회는 사람들을 세우는 것이다!

본 교회의 개척지로 모리스타운(인구 1만 9천 명)이라는 도시를 선택한 것은 젊고 창의적인 전문직 종사자들이 중앙아메리카에서 온 지

얼마 안 된 이민자 가족들과 이웃해서 사는 곳이었기 때문이다. 이것은 여러 면에서 자연스럽게 다가갈 전도 기회들을 주었다. 새로 시작한 교회의 자원봉사자들은 아침 열차를 타려고 걸어가는 출근자들에게 인사하며 "하나님은 당신을 사랑하시고, 리퀴드교회도 그렇습니다!"라고 손수 쓴 쪽지와 함께 생수병과 그래놀라 바를 건넸다.

설거지 담당이나 정원사로 일하는 이민자들을 위해서는 그들의 가족을 축복하기 위한 '프리마켓'(free market, 무료시장)을 열었다. 플리마켓(flea market, 벼룩시장)이 무엇인지는 알 것이다. 사람들이 돈을 벌기 위해 안 쓰는 물건을 파는 것이다. 그러나 리퀴드의 프리마켓은 정반대였다. 우리는 젊은 성도들에게 자기가 가진 가장 좋은 것을 가져오라고 했다. 조금 사용한 옷과 가구, 아기 침대, 자전거 등 기증품들을 일일이 닦고 정성스럽게 재포장하여 싱글맘과 어려운 가정들을 위해 무료로 나누어주었다.

"Muchas Gracias(정말 감사합니다)!"

어린아이 세 명을 데려온 라틴계 어머니가 스페인어로 말했다. 그녀의 쇼핑백은 새 신발, 작업복, 겨울 점퍼 등으로 가득했다. 리퀴드의 자원봉사자는 "Dios te bendiga(하나님의 축복이 함께하길 바랍니다)"라고 대답하고, 그녀를 포옹해주었다. 우리는 빈곤선이나 그 이하에서 살고 있는 가정들을 확인하여 그들이 장만하기 어려운 생필품들을 우리 프리마켓에서 살 수 있게 해주려고 지역 사회복지단체와 함께 일했다. 수익은 없다. 모든 것이 공짜다. 하나님의 사랑처럼!

우리 도시 사람들을 위한 봉사활동이 깊어질수록(8장에 더 실제적인 사례들이 나온다) 비전은 점점 더 넓어졌다. 우리는 더 많은 캠퍼스를 추가했고, 리퀴드가 단지 지역 교회가 아니라 더 넓은 지방의 교회라는 것을 알게 되었다. 모리스타운은 모리스 카운티에 있고, 우리는 영향력을 더 확장할 기회를 살피기 시작했다. 그 시점에서, 우리는 리퀴드의 범위를 북부 중앙 뉴저지로 묘사하기 시작한다.

리퀴드가 그 지역의 네 캠퍼스로 확장할 때 나는 하나님께 성장하는 우리 교회에 대한 그분의 'BHAG'[6]가 무엇인지 묻기 시작했다. 나는 모든 교회에 오직 하나님만이 달성하실 수 있는 '크고 스릴 있고 대담한 목표'(Big Hairy Audacious Goal)가 필요하다고 생각한다.

어느 날 나는 기도 일기를 쓰면서 "리퀴드가 그 주의 모든 카운티에 캠퍼스를 갖게 된다면 정말 놀랍지 않을까?"라고 혼잣말을 했고 나중에 그 아이디어를 교회 리더십팀과 나누었다. 뉴저지에 총 21개의 카운티가 있다는 것을 알고는 1년 동안 그것을 붙들고 숙고하며 기도했다. 21개의 다양한 지부가 생길 것이고, 만일 가장 인구가 많거나 넓은 카운티에 캠퍼스를 여러 개 세운다면 그보다 더 많아질 것이다. 크고 스릴 있고 대담한 목표(또는 더 좋은 것은 '크고 거룩하고 대담한 목표'[Big Holy Audacious Goal]다)에 대해 이야기해보라. 그때 우리는 예수 그리스도의 복음으로 그 주 전체를 적시는 계획을 표명하기 시작했다.

그것은 매우 터무니없어 보이지만, 뉴저지에 거주하는 9백만 명 중에 교회 다니지 않는 사람들의 비율은 심히 충격적이다. 그들 대다수는 자신을 도와주고 예수님에 관한 복음을 나눌 수 있는 진정한 그리스도의 제자를 알지 못한다. 우리 주는 전국에서 가장 인구가 밀집한 지역이지만, 많은 지역사회에 생명을 주는 교회가 없거나 부족하다.

그래서 우리 리더십팀은 기도하면서 매우 중요한 결정을 내렸다. 하나님이 나타나지 않으시면 실패할 수밖에 없는, 큰일을 시도하자는 것이었다.

### 티핑 포인트

당신이 사는 마을, 도시, 또는 주를 적시기 위해 무엇이 필요할까? 팀 켈러는 이렇게 말한다.

"한 도시에 다가가기 위한 운동이 필요하다. … 그것은 성령께서 온 도시를 다니시고 그 결과 그리스도의 몸 전체가 인구보다 더 빠르게 성장하는 것, 그리고 그 도시에 복음이 전해지는 것이다. 그리고 그리스도의 영향력이 온 도시에 미친다."[7]

말콤 글래드웰(Malcolm Gladwell)은 그의 베스트셀러인 《티핑 포인트 : 작은 아이디어는 어떻게 빅트렌드가 되는가》(The Tipping Point : How Little Things Can Make a Big Difference)에서 티핑 포인트를 '임계 질량의 순간, 한계점, 끓는점'으로 정의한다.[8] 도시를 복음화하는 것과 관련해 말하자면, 예수님의 메시지가 바이러스처럼 퍼져서 지역사회에 깊고 넓게 침투하여 그 영향력을 부인할 수 없을 만큼 명백해질 때 티핑 포인트에 도달하는 것이다.

팀 켈러는 또한 이렇게 말한다.

"복음 운동이 진행 중일 때 그리스도의 몸이 성장하여 온 도시가 티핑 포인트에 도달하는 지점에 이를지도 모른다. 그 말은 한 도시 안에서 복음의 영향을 받은 그리스도인의 수가 임계질량에 도달하는 순간을 의미한다. 그리스도인들이 그 도시의 시민 생활과 사회생활, 즉 문화 자체에 미치는 영향력이 눈에 보이고 인정을 받는다. 그 영향력은 도시 인구의 10-20퍼센트 사이에서 일어난다."[9]

만일 당신의 마을 사람 중 20퍼센트가 그리스도의 제자가 된다면 어떻게 될까? 당신이 마음속에 상상할 수 있는 이미지로 좁히는 것이 도움이 될 것이다. 즉 당신의 이웃 또는 같은 아파트 주민의 20퍼센트가 당신과 같은 믿음을 갖고 있다면 어떨까? 그것이 당신의 지역사회와 그곳의 학교들, 기업, 더 나아가 광범위한 도시를 어떻게 변화시킬 것인가?

우리 도시를 적시는 것에 관해 생각할 때 나는 린다, 미스터 Z, 마리, 토머스 박사 같은 영적으로 목마른 사람들을 떠올린다. 그들은 우리 교회의 삶을 통해 예수님께 이끌렸다. 각 사람은 우리 가족의 친구이며, 마찬가지로 이웃에게 복음을 전하고 있는 리퀴드의 수많은 다른 사람들을 대변한다. 지난 여름, 나는 우리 지역의 작은 식당, 딸아이의 학교, 편의점, 병원에서 하나님의 영향력을 보았을 때 리퀴드가 우리 지역사회에서 티핑 포인트에 다가가고 있다는 것을 깨달았다.

- 린다는 마을 중심에 있는 작은 식당의 종업원이다. 그녀는 민첩하게 커피를 내오며 재치 있는 농담을 하곤 한다. 몇 년 전, 그녀는 내가 목사라는 이야기를 듣고 "한 손님이 '당신들의 그 이상한 교회'로 나를 초대했어요"라고 말했다. 그녀가 내 커피잔을 채워줄 때 "그래서 오실 건가요?"라고 묻자 그녀는 웃으며 "그럴 리가 있겠어요?"라고 대답했다.

  린다는 힘겨운 삶을 살아왔다. 그녀의 가족은 중독 문제와 싸워 왔다. 하지만 어느 주일날 그 기적 같은 일이 일어났다. 나는 린다가 주보를 꼭 쥐고 성전에서 자리를 찾고 있는 것을 보았다. 그녀는 워십 밴드를 좋아했고, 정기적으로 교회에 오기 시작했으며, 자신과 같은 평범한 사람들을 발견했고, 금세 그들과 친구가 되었다. 상담은 그녀가 평정을 찾는 데 도움이 되었고, 한 달 뒤에는 상처받은 사람들에게 하나님이 거저 주시는 용서와 은혜가 그녀의 마음을 꿰뚫었다. 린다는 자기 삶을 그리스도께 드리고 세례를 받았다.

나의 사마리아인 자매는 여전히 식당에서 일하며, 돼지고기 롤 샌드위치(뉴저지의 특별식)[10]와 커피를 내오지만, 지금은 있는 자리에서 자기가 아는 모든 사람을 교회로 초대하고 있다. 그녀는 그들에게 "믿음은 하나의 여정이고, 죄의식에 사로잡혀 있는 것이 아니에요!"라고 말한다.

- 우리 딸이 5학년이 된 첫날, 집에 와서 새 담임 선생님인 미스터 Z가 "리퀴드라는 곳"에서 드린 9.11 추모 예배를 묘사하며 수업을 시작했다고 이야기했을 때 나는 정말 놀랐다.

한 친구가 그를 초대했고, 그는 우리의 생명을 구원하기 위한 예수님의 희생에 대해 들으며 어떤 결론을 도출해냈다. 그는 이탈리아인 가정에서 자랐고 다른 사람들처럼 미사에 참석했지만 그것이 현대의 삶과 연관성이 없어 보여서 그만 다녔다고 한다.

"그런데 리퀴드에서는 성경이 이해되기 시작했고, 믿음이 실제적인 문제들과 연관지어졌습니다."

미스터 Z는 우리 교회에서 예수님을 만났을 뿐만 아니라, 그해 가을에 아내를 만났다. 나는 그들의 결혼식 주례를 섰고, 그들은 함께 두 자녀도 주님께 드렸다. 이제는 5학년 교실에도 믿음의 영향력이 있다.

• 마리의 아들은 20대에 자살했다. 그러나 그녀의 쾌활한 성격을 볼 때 당신은 그런 사실을 전혀 알아차리지 못할 것이다. 그녀는 편의점 직원이고 친구의 초대로 우리 교회를 방문했는데 처음에는 줄곧 골초로 살아왔던 자신이 '열광적인 신자들'과 어울리지 못할까 봐 걱정했다. 그러나 대신 그녀는 자원봉사자 티셔츠 정리를 도와달라는 요청을 받았고, 사무실에서 다른 여성들과 함께 봉사하면서 가족을 찾았다. 그리스도를 구세주로 영접한 후, 그녀는 자신의 삶 속에서 겪었던 상처와 아픔을 털어놓기 시작했다. 그녀의 동료 자원봉사자들(우리가 그들을 드림팀원들이라고 부르는 이유를 나중에 말해주겠다)은 그녀와 함께 기도하며 그녀를 지지해주는 자매들이 되었다.
마리는 교회에서 배우는 것을 빠르게 실천한다. 어느 날 아침에 나는 붐비는 계산줄에 서서 커피값을 계산하려고 기다리고 있었다. 점원들이 고장 난 결제단말기를 고치려고 서두르며 스트레스를 받고 있을 때 마리가 그들에게 "여러분, 하나님은 아무것도 걱정하지 말라고 하세요! 팀 목사님, 그렇죠?"라고 말했다. 나는 마리가 빌립보서 성경공부 때 배운 염려에 관한 하나님의 진리를 편의점 계산줄의 혼돈에 적용하는 것을 보며 미소를 지었다!

• 토머스 박사는 우리 두 아이가 아기 때부터 10대로 성장하는 것을 지켜본 소아과 의사다. 그는 정말 따뜻하고 배려심 많은 사람이지만 종

교는 갖지 않았다. 그의 어머니가 그를 휴머니스트에 더 가깝게 키웠기 때문이다. 하지만 토머스 박사는 영화광인데, 내 아내가 위험을 무릅쓰고 그를 교회로 초청하여 헐리우드 블록버스터들과 복음의 주제들을 서로 연관지어 전하는 메시지를 들어보라고 하자 놀랍게도 자신의 가족을 다 데리고 왔다.

그들은 교회를 사랑하게 되었고, 굶주리고 집 없는 자들을 돕는 교회의 사역에 동참하기 시작했다. 그는 가난한 사람들에 대한 그리스도의 긍휼을 행동으로 옮기는 우리 팀에게 진심 어린 편지로 감사를 전했다. 우리는 이 의사가 예수님의 손이 되어 망가진 삶들을 치유하는 일을 돕게 된 것을 축하했다.

최근에 콜린과 내가 우리 아이들의 여름 캠프 신청서 작성을 위해 그의 사무실을 찾아갔을 때 토머스 박사는 "두 분에게 보여주고 싶은 게 있어요"라며 우리를 그의 검사실로 데려가 캐비닛 서랍을 열었다. 서랍에는 새로 온 손님들에게 나눠주는 리퀴드교회 펜들로 가득했다. 그가 윙크하며 우리에게 말했다.

"자백할게요. 제가 당신들의 펜을 훔쳐 왔습니다."

그는 환자와 그 가족들을 알아갈 때 종종 영성과 가족의 믿음이 대화의 주제가 된다고 설명했다. 그러다 적절하다고 생각되면, 리퀴드의 펜들을 그 가족들에게 건네준다. 나는 그의 비밀을 지켜주겠다고 했고, 우리의 성경도 마음 놓고 훔쳐가라고 했다!

식당 종업원, 교사, 점원, 의사(모두 우리 집에서 8킬로미터 이내에 있다) 이들은 우리 교회에서 흘러나가는 생수에 의해 삶이 완전히 변화되었다. 그것이 침수다. 그들은 단지 그들의 삶을 그리스도께 드릴 뿐만 아니라 다른 사람들까지 전도하고 있다! 이것이 당신의 도시를 적시는 것에 대한 핵심적인 통찰이다. 이것은 교회에 다니지 않는 사람들에게 복음을 전하는 데 꼭 필요하다. 새 신자들은 대체로 가장 열정적인 증인들이기 때문이다. 그들은 생수를 맛보았고 자신들이 경험한 것을 다른 사람들에게 전할 생각에 들떠 있다. 그것이 최선의 유기적인 복음 전도다.

### 리퀴드는 사랑으로 시작한다

어떻게 생수가 잔물결을 일으키며 우리 도시를 적시기 시작했을까? 리퀴드(LIQUID)라는 두문자어는 하나님께서 영적으로 목마른 우리 지역에서 무종교인과 탈종교인들에게 다가가도록 돕기 위해 사용하시는 다음의 여섯 가지 사역의 실천을 나타낸다.

- **L**ove the overlooked 소외된 사람들을 사랑하라(4장)
- **I**gnite the imagination 상상력에 불을 붙여라(5장)
- **Q**uench their thirst 갈증을 해소해주어라(6장)
- **U**nite the generations 세대를 통합하라(7장)
- **I**nspire generosity 나눔을 격려하라(8장)
- **D**evelop untapped talent 숨겨진 재능을 개발하라(9장)

각 장을 읽는 동안 각각의 흐름(특수장애 사역, 창의적 커뮤니케이션, 긍휼 사역, 사역 합병, 놀랍도록 풍성한 나눔, 리더십 문화)을 생각하면서 성령께 구하라. 그 각각의 것들이 어떻게 전략적으로 당신의 영향권을 통과하여 흘러갈 것인지 보여달라고 구하라.

이것들은 작은 물줄기로 시작했으나 하나님께서 점점 더 깊어지게 하여 거센 강물이 되게 하셨다. 그래서 영적으로 갈급한 사람들에게 생명을 주고 그리스도를 위해 우리의 도시를 적시는 것이다. 앞으로 읽을 장들은 당신 교회의 작은 물줄기와 개울들을 발견하도록 도와줄 것이다. 그러나 리쿼드 강의 상류수에서 시작하자. 그것은 소외된 자들을 사랑하라는 예수님의 명령에서 시작된다.

Dive Deeper

# 더 깊이 들어가기

하나님께서 오늘날의 세대에 다가가기 위해 사용하시는 사역의 물결에 뛰어들기 전에, 이 토론 질문들을 깊이 생각해보고 그분이 당신 주위에 두신 영적으로 목마른 사람들에 대해 생각해보라.

발목 깊이 전도 활동에서 가장 큰 도약은 성경의 긴급한 명령을 인식하는 데서 시작된다. 성경은 하나님의 거룩한 생수 공급에 대한 묘사로 가득하다. 성경을 살펴보자(사 35:5-7, 44:3,4 ; 욜 2:23, 27-29 ; 요 4:13,14, 7:37-39). 하나님께서 왜 물을 사용하여 성령의 흐름을 묘사하신다고 생각하는가? 당신의 영향권 안에 있는 영적으로 목마른 친구들이나 이웃들의 이름을 적어보라. 현재 교회를 떠났으나 하나님은 떠나지 않은 사람들에게 다가가기 위해 당신의 교회는 어떤 일들을 하고 있는가?

무릎 깊이 침수는 강렬한 이미지다. 물을 잔뜩 머금은 스펀지를 상상해보라. 그것은 더 이상의 액체를 흡수할 수 없다. 그 정의에 따라 당신의 교회를 둘러싼 지역이 침수된다면 어떤 모습으로 나타날 것인가? 어떤 성경의 예들이 당신의 도시가 변화될 모습을 묘사하는 데 도움이 될 수 있을까? 당신의 도시가 예수님에 대한 가르침으로 가득하다면 어떻게 될 것인가?(행 5:28)

허리 깊이 당신의 교회나 사역에는 BHAG(크고 거룩하고 대담한 목표)가 있는가? 우리 주 전체를 침수시키겠다는 비전을 갖기 전에 리퀴드의 목표는 3개월 동안 살아남겠다는 단순한 것이었고, 우리는 그동안 몇 사람이라도 그리스도께 나아오길 소망하며 기도했다. 그러나 우리 지역의 목마른 사람들에게 다가가기 위해 모험했을 때 하나님은 우리의 비전을 넓혀주셨다. 당신의 리더십팀과 함께 만나 이 문구를 잘 생각해 보라.

"하나님이 나타나지 않으시면 실패할 수밖에 없는, 큰일을 시도하자."

하나님의 도우심으로, 당신의 도시 풍경을 변화시킬 어떤 일을 시도하겠는가? 꿈꾸고, 생각하고, 기도하라!

Six Currents That Form a Powerful River

PART
2

# 거센 강을 이루는 여섯 개의 물줄기

chapter 4

# 소외된 사람들을 사랑하라 : 특수장애 사역

너는 말 못 하는 자와 모든 고독한 자의 송사를 위하여 입을 열지니라

잠언 31장 8절

에단(ethan)은 생일을 맞아 무척 들떠 있었다. 이제 일곱 살이 된 데다가, 부모님이 반 친구 몇 명을 생일 파티에 초대하게 해주었기 때문이다. 자기 생일을 꿈꾸는 모든 남자아이가 그렇듯이, 에단은 아이스크림 케이크를 먹고, 촛불을 불고, 친구들과 함께 장난감 총을 갖고 노는 즐거운 상상을 하며 어서 그날이 오기만을 손꼽아 기다렸다.

그러나 파티 전날 밤, 부모님은 파티를 취소해야만 했다. 오직 한 아이만 초대에 응했던 것이다. 무엇이 문제였을까? 일정이 겹쳤기 때문이었을까? 이메일이 제대로 전송되지 않았을까? 에단의 아버지가 이렇게 설명했다.

“정말 안타깝지만 당연한 일이에요. 우리 아들이 자폐증 진단을 받았을 때부터 늘 이래 왔으니까요.”

미국의 어린이 59명 중 1명이 그렇듯이, 에단은 신경 생물학적 장애를 앓고 있어서 또래들과 명확하게 의사소통을 하고 사회적 상호작

용을 하기 어려웠다. 7세 때는 말을 이해하기 어렵고 친구들도 마찬가지다. 그의 부모님은 선택의 여지가 없었고, 실망한 채 파티를 취소했다. 그의 아버지는 그때 마치 칼로 심장을 찌르는 것 같았다고 말했다. 에단은 학교에서 줄곧 거절을 당해 왔지만, 이 아픔은 훨씬 더 개인적으로 느껴졌다.

그러나 바로 그때 하나님이 개입하셨다. 그리고 에단의 교회가 개입했다. 에단의 부모님은 교회 사무실로 전화해서 파티가 취소되었다는 안타까운 소식을 전해주었다. 우리 교회의 특수장애 자원봉사자들이 잠깐 들를 계획이었기 때문이다. 우리 교회의 특수장애 사역을 담당하는 수지 소아레스(Suzi Soares)는 아무도 에단의 파티에 오고 싶어 하지 않았다는 얘기를 듣고는 마음이 너무 아팠다.

"우리 자원봉사자들과 이야기해봤는데, 절대 받아들일 수 없다고 결론을 내렸어요. 모든 일곱 살 아이들은 하나님이 특별하게 그를 만드신 것을 축하하는 생일 파티를 할 자격이 있어요."

그날 오후, 교회는 재빨리 행동을 취했다. 자원봉사자들은 가게로 달려가 풍선과 색테이프를 사 와서 교회를 장식했고, 에단이 관심받는 것을 좋아한다는 걸 알기에 팡파르를 계획했다. 소식을 들은 한 소그룹에서는 멤버들에게 재빨리 문자메시지를 보냈고, 몇몇 젊은 엄마들이 쇼핑몰에 가서 장난감, 게임기, 트럭 등 에단이 좋아하는 물건들로 카트를 가득 채웠다. 그들은 그 생일선물 하나하나를 손수 포장해서 교회에 전달했다.

그 금요일 밤, 에단이 부모님과 함께 조용히 교회로 걸어 들어오자 수십 명의 친구들이 손뼉을 치면서 그의 이름을 크게 외치고 웃는 얼굴로 그를 맞아주었다. 호른을 불고 색종이 조각들을 뿌리자 에단은 마치 록스타처럼 함박웃음을 지었다. 자원봉사자들은 노래를 부르고, 무릎을 꿇고 장난감 총으로 전쟁놀이를 하고, 너무도 행복해하는 한 아이와 함께 컵케이크를 게걸스럽게 먹었다. 그 빛나는 저녁에, 자폐증이 만들어낸 사회적 도전들은 남은 아이스크림 케이크처럼 녹아 없어졌다. 일곱 살짜리 아들이 자부심을 느끼며 축하받는 모습을 보던 에단의 아버지는 눈물을 글썽이며 페이스북에 포스팅했다.

> "나는 어떤 말로든, 교회가 참으로 어떤 곳인지 세상에 알려야겠다. … 정말 믿기 어려운 일이다. 예수님의 사랑이 이보다 더 분명하게 나타날 수 있을까? 에단은 생일날 파티를 하기로 되어 있었으나 안타깝게도 취소해야만 했다. 그러나 그때 우리 교회에서 그 아이를 위한 특별한 파티를 열어주기로 했다. 우리는 이 놀라운 가족의 일원이 되는 복을 받았다! 에단은 너무나 많은 선물을 받았다. … 저 미소를 보라! 팀 전체에게, 특수장애를 가진 아이들을 사랑하는 모든 자원봉사자에게, 주일날 항상 우리 아이를 보살펴주는 짝꿍 가비에게 감사를 전한다. 하나님께서 여러분이 씨 뿌리고 보여준 것을 반드시 갚아주실 것이다! #진짜 축복받은 삶 #감당하기 어려움 #리퀴드교회"

생각해보라. 에단 같은 아이들을 위해 생일 파티를 열어주는 교회에 가고 싶지 않을 사람이 누가 있겠는가?

### 특권과 열정

우리는 리퀴드에서 자폐증, 아스퍼거증후군, 다운증후군, 과잉행동장애를 비롯하여 광범위한 특수장애를 가진 아이들을 섬기는 것이 특권이자 열정이라고 믿는다. 우리는 이 아이들을 장애인이나 제 기능을 하지 못하는 아이들로 보지 않는다. 그보다 아이들은 각각 사랑의 하나님의 형상으로 특별하게 지음받았고, 그들의 한계에 의해 규정되는 것이 아니라 하나님이 주신 은사와 능력에 대해 축하를 받아야 한다고 믿는다.

그리고 우리에게 좋은 기회가 있다. 자폐 범주성 장애로 확인된 아이들의 비율은 전국 평균이 59명 중 1명인데 뉴저지는 34명 중 1명이다. 미국 질병통제예방센터(CDC)에 따르면 전국에서 가장 높은 비율이다.[1] 우리 교회가 그리스도의 긍휼을 나타내기에 얼마나 좋은 기회인가! 자폐증을 가진 사람들은 다른 사람들과 상호작용을 하고 관계를 형성하고 언어를 사용하는 데 어려움을 겪기도 한다. 감정을 조절하거나 다른 사람들의 관점을 이해하는 것을 어려워하기도 한다.

이러한 문제를 안고 있는 가족들에게는 학교와 사회적 상황들만 어려운 것이 아니라 교회도 악몽이 될 수 있다. 최근 조사에 따르면 "자폐증을 앓는 아이가 종교적 예식에 참석하지 않을 확률은 만성 건강 문제가 없는 아이들보다 거의 두 배 정도 높았다. 발달장애, ADD/ADHD, 학습 장애와 행동장애를 가진 아이들 또한 예배에 참석하지 않을 확률이 훨씬 더 높았다."[2]

학습이나 적응에 어려움을 가진 가족이 있는가? 전반적으로, 미국

어린이 6명 중 1명은 적어도 한 가지 발달장애를 가진 것으로 알려져 있고,[3] 우리는 이 특별한 아이들을 섬기는 것을 축복이라 생각한다.

예수님이 행하신 기적 중 68퍼센트가 특별한 필요를 가진 사람들과 관련되었다는 사실이 놀랍지 않은가? 그 필요를 어떤 사람들은 장애라 불렀다.[4] 다음에 마가복음을 읽을 때는 예수님이 환영해주신 사람들의 모든 만성적 건강 문제에 밑줄을 그어보라. 중풍(2:1-12)부터 손 마름(3:1-6), 혈루증(5:25-34), 시각장애(10:46-52)까지 다양하다. 예수님이 각 사람을 받아주시고 만져주셨을 때 "예수의 소문이 온 시리아에 퍼졌다. 그리하여 사람들이, 갖가지 질병과 고통으로 앓는 모든 환자들과 귀신 들린 사람들과 간질병 환자들과 중풍병 환자들을 예수께로 데리고 왔다. 예수께서는 그들을 고쳐주셨다"(마 4:24 새번역).

예수님은 병든 어른들만 도와주신 것이 아니라 아이들에 대한 애정이 남다르셨다. 간질성 발작으로 고통받던 아이를 생각해보라(눅 9:37-43). 우리 교회는 예수님이 죽음에서 살려주신 아이들을 최소 두 명 알고 있다(그 사건에 대해서는 뒤에서 더 이야기하겠다)! 예수님이 가장 많이 반복하신 말씀 중 하나는 "어린아이들이 내게 오는 것을 용납하고 금하지 말라"(눅 18:16)라는 말씀이다. 하나님께서 특별한 필요를 가진 사람들을 그렇게 각별히 생각하셨다면 우리도 그래야 하지 않겠는가?

교회에 대해 예수님이 가지신 비전의 일부는 사랑의 공동체를 만드는 것이었다. 그것은 육체적, 감정적, 지적 제약이 있는 사람들의 특별한 아름다움을 옹호하고, 어쩌면 그들이 온전히 사랑받고 받아들여

지며 누군가의 친구가 되고 거룩한 가치를 지닌 영광스러운 사람들로 칭송받는 유일한 장소를 제공해준다.

### 식탁의 한 자리

일상적으로 세상에서 소외되는 사람들을 향한 하나님의 긍휼은 예수님의 사역에서 시작되지 않았다. 사무엘하 9장 1-11절에 나오는 다윗과 므비보셋의 이야기에서 아버지의 마음을 살짝 엿볼 수 있다.

다윗 왕은 이스라엘의 영광스러운 시절에 통치하였고, 그의 통치는 "모든 백성에게 정의와 공의를 행함"이 특징이었다(삼하 8:15). 하나님은 다윗이 "어디로 가든지 이기게" 해주셨다(14절). 이스라엘의 원수들을 정복한 후, 다윗은 중동지역에서 가장 강력한 군주가 되었다. 그러나 그는 막상 이스라엘의 왕위에 오르자 색다른 요구를 했다. 그의 능력을 기리기 위한 연회를 열라고 하거나 그의 궁전을 금으로 장식하라고 요구하지 않았다. 그보다 "사울의 집에 아직도 남은 사람이 없느냐 내가 그 사람에게 하나님의 은총을 베풀고자 하노라"(삼하 9:3)라고 했다.

나는 왕의 질문에 온 궁정이 충격을 받았으리라 확신한다. 사울이 이스라엘의 이전 왕이었고, 하나님이 그를 대신할 자로 다윗에게 기름부으셨다는 이유로 다윗을 비정상적으로 시기했던 자였음을 기억하라. 사울은 다윗의 머리에 창을 던지고 사막의 개처럼 그를 찾아다녔다. 그러나 후한 은혜의 행위로, 다윗 왕은 사울의 친척 중에 남은 자가 있는지 물으며 그에게 친절을 베풀겠다고 했다.

한 신하가 "요나단의 아들 하나가 있는데 다리 저는 자니이다"(삼하 9:3)라고 말했다. 그 청년의 이름이 므비보셋이었다. 그의 아버지인 요나단은 다윗의 가장 친한 친구였고, 그 요나단의 아들은 장애가 있었다. 므비보셋은 다리를 절었다. 5살 때 유모가 그를 떨어뜨린 이후로 계속 안고 살아온 장애였다(삼하 4:4). 아마 그가 21세기에 태어났다면 전동휠체어를 타고 다녔을 것이다.

생각해보라. 다윗은 므비보셋을 함부로 대할 이유가 충분했다. 그가 다윗의 원수인 사울의 손자였기 때문이다. 게다가 므비보셋은 장애 때문에 자신을 스스로 "죽은 개"(삼하 9:8)라 칭했다. 다윗 시대에는 신체적 장애와 연관된 영적 오명이 있었다. 만일 당신이 다리를 절거나 눈이 안 보이거나 그 외 다른 신체적 결함이 있었다면, 여호와께 제물을 바치는 성전에서 '제단에 가까이 가는 것'이 금지되었을 것이다(레 21:19-21). 사회적 거절뿐 아니라 영적 고립도 느꼈을 것이다.

구약시대에는 휠체어도, 장애인이 이용할 수 있는 경사로도, 특별한 조력자도, 화장실 이용을 돕는 장치들도 없었다. 건강과 부를 가진 사람들이 하나님께 복을 받은 자들로 여겨졌다. 만일 당신에게 장애가 있었다면, 영적으로 저주받은 자로 여겨졌을 것이다. 따라서 므비보셋이 다윗 앞에 나타났을 때 그는 다윗이 묵은 원한을 풀고 그를 죽일 거라고 생각했다.

그러나 여기서 우리는 하나님이 다윗을 "그의 마음에 맞는 사람"(삼상 13:14)이라고 부르신 이유를 알게 된다. 은혜로운 왕은 악을 악으로 갚지 않았다. 오히려 므비보셋이 예상했던 것과 정반대의 선언을 했다.

무서워하지 말라 내가 반드시 네 아버지 요나단으로 말미암아 네게 은총을 베풀리라 내가 네 할아버지 사울의 모든 밭을 다 네게 도로 주겠고 또 너는 항상 내 상에서 떡을 먹을지니라 **삼하 9:7**

궁정은 또다시 충격에 빠졌을 것이다. 모든 차원에서 사회가 거부했던 므비보셋이 지금 왕의 식탁이라는 영광스러운 자리에 초대받은 것이다! 근본적으로 다윗은 이렇게 말했다.

"므비보셋, 너는 세상의 눈으로 볼 때 하찮은 사람일지 모르지만, 내 집에서 너는 왕 같은 대접을 받을 것이다. 너는 이제 왕의 보호 아래 있다. 내가 너를 내 아들처럼 대하고 네게 필요한 것들을 제공해줄 것이다. 내가 왕위에 있는 한, 너는 언제나 나의 식탁에 앉을 것이다."

하나님 아버지의 마음을 보여주는 얼마나 아름다운 장면인가. 성경은 다윗이 그 약속을 끝까지 지켰다고 말한다.

므비보셋은 왕자 중 하나처럼 왕의 상에서 먹으니라 **삼하 9:11**

## 왕 같은 대접

이 사무치는 구절이 처음 내 마음에 와닿았을 때 나는 한 베이커리 카페에서 점심 경건의 시간을 즐기고 있었다. 성령께서 나에게 한 장면을 각인시키셨을 때 눈에 눈물이 차올랐다. 가장 강한 전사이자 왕이며 고대에 기름부음 받은 통치자였던 다윗 왕이 소외된 자에게 은총을 베풀기 위해 자신의 왕권을 행사했다. 마치 전능하신 하나님이 나의 마음속에 수류탄을 떨어뜨리신 것 같았다.

베이커리 카페 한가운데서, 나는 토마토 스프를 먹다가 울기 시작했다. 그때 그 자리에서, 나는 담임목사로서 나의 지위와 힘을 사용하여 장애아이들에게 왕 같은 대접을 해주겠노라고 맹세했다. 하나님께서 이렇게 말씀하시는 것을 느꼈다.

*내 집에서는 항상 식탁에*
*특수장애를 가진 사람들을 위한 자리가*
*마련되어 있으면 좋겠다.*
*특히 어린아이들.*
*팀, 그들을 왕같이 대접해주어라.*
*그러면 네 평생에 나의 은총이 너와 함께할 것이다.*

그때가 8년 전이었다. 지금 우리 교회가 하나님의 특별한 자녀들에게 아버지의 사랑을 나눠주는 걸 보는 것만큼 나를 떨리게 하는 것이 없다. 리퀴드는 피난처, 쉼터, 온 가족을 위한 치유의 장소가 되었다. 부모, 형제자매, 특수장애 아동을 보살피는 일에 관여하는 사람들까지 모두.

### 집에 온 걸 환영한다, 앤디

조세와 카이라는 뉴저지로 이사 올 계획이 전혀 없었다. 푸에르토리코에서 태어나고 자란 그들은 자신들의 고향 섬을 사랑했고 거기서 둘 다 변호사로서 성공적인 경력을 쌓아갔다. 그러나 아들 앤디가 다운증후군(대략 미국에서 태어나는 아기 700명 중 1명이 갖고 있는 유전적 장애)[5]을 갖고 태어났을 때 모든 것이 달라졌다. 처음에는 엄청난 충격을 받았다. 카이라는 그때 자녀에 대한 모든 꿈이 순식간에 바뀌었다고 회상했다.

"우린 아들을 갖게 되어 너무 행복했지만 또한 큰 슬픔과 고통을 느꼈어요. 그 아이의 삶에 대한 하나님의 계획이 우리가 꿈꿔왔던 것과 매우 다를 거라는 사실을 깨달았죠."

사람들은 대체로 특수장애를 가진 자녀를 키우면서 겪는 매일의 압박감들을 이해하지 못한다.

- 의료비, 특수 장비, 작업 치료 등 가족들에게 부과되는 추가 비용 - 카이라와 조세는 두 생애를 위한 저축을 하고 있다. 그들의 일생과 앤디의 일생이다. 그는 아마 어른이 되어도 부모에게 의존할 것이기 때문이다.
- 개별화 교육 프로그램들과 교실 지원을 위한 학교 전쟁
- 아이의 형제자매들에게 미치는 영향 - 종종 특수장애를 가진 아이에게 각별한 주의를 기울이게 되기 때문이다.
- 가족을 둘러싼 사회적 고립감 - 쇼핑이나 외식 같은 일상의 활동들이 논리적으로 아예 불가능하진 않더라도 복잡하다.
- 부모를 불안하게 만드는 장기적인 질문들 - 우리 아이가 우리보다 오래 살 것인가? 그러면 그때는 누가 우리 아이를 보살필 것인가? 대학교는 어떻게 하나? 우리 아이가 장차 결혼하게 될까? 직장에서 일할 수 있을까? 이 아이가 할 수 있을 만한 일을 우리가 찾아줄 수 있을까? …

특수장애아가 한 가정의 삶에 미치는 영향은 과장해서 말할 수가 없다. 카이라는 앤디가 행복한 아기였고, 유아기 때는 재미있는 것을 좋아하고 다정한 아이였으며 먹는 것과 음악에 맞춰 춤추는 것을 좋아했다고 한다. 동시에, 카이라와 조세는 푸에르토리코의 학제가 특수장애를 지원해주기에는 자원이 한정되어 있다는 것을 일찍이 깨달았다. 그들은 그곳에 계속 있으면 아들이 잠재력을 최대한 발휘하지 못할 거라는 두려움을 느꼈다.

그래서 모든 것을 두고 떠났다. 집과 법조계 경력, 친구들, 가족, 교회, 심지어 모국어인 스페인어까지 정말 모든 것을 버리고 미국으로 이주했다. 그들은 특수장애를 가진 가족들에게 전국에서 가장 탄탄한 교육적, 사회적 서비스를 제공해주는 뉴저지로 왔다. 이사를 하면 매우 힘들 것을 알았지만, 그들은 아들을 돕기로 결심한 것이다.

그 젊은 가족은 도착하자마자 새 교회를 찾기 시작했고, 제일 처음 방문한 곳 중 하나가 리퀴드였다. 우리 교회는 그 당시 호텔을 빌려서 모임을 하고 있었는데 그들 부부는 들어올 때 이제 무슨 일이 일어날지 전혀 몰랐고 '앤디에게 너무 힘든 경험이 되지 않을까? 교회가 우리를 환영해줄까?' 하는 두려움도 느꼈다. 그러나 그들의 의문은 강당에 들어가기도 전에 해결되었다.

그들이 제일 처음 만난 사람은 로비 브룩스, 즉 문 앞에서 인사를 하며 안내자로 섬기는 다운증후군 청년이었다. 조세와 카이라는 로비가 주보를 나눠주고 일그러진 미소로 손님들을 맞는 모습을 보며 경이로움을 느꼈다. 둘은 손을 맞잡았고 카이라는 남편의 손을 꼭 쥐면서 "여긴 대체 어떤 곳인데 첫인상을 주는 자리에 다운증후군 청년을 세우는 걸까?"라고 속삭였다. 한 줄기 희망이 그들의 마음을 밝혀 주었다.

## 모든 강은 작은 물줄기로 시작된다

Starts with a Trickle

다운증후군을 가진 안내요원으로서 카이라와 조세, 그리고 그들의 어린 아들 앤디를 처음으로 환영해준 로비 브룩스는 데이브와 로이스의 아들이다. 이들 브룩스 가족은 리퀴드교회와 인연을 맺은 첫 특수장애 가정 중 하나였다.

브룩스 가족 중 대학생인 큰딸이 여름방학 동안 리퀴드교회에 출석했고, 남은 가족은 몇 달 후에 그 물(리퀴드)을 시험해보았다. 데이브는 처음 방문했을 때 발코니에 앉아 있었다고 기억한다.

"우리가 어떻게 어울릴 수 있을지 몰랐어요. 나처럼 머리가 센 사람들도, 로비 같은 10대 아이들도 별로 없어 보였거든요."

그 후 교회가 호텔로 장소를 옮기고 새로운 자원봉사팀들을 만들 때 데이브 부부와 아들 로비가 나섰다. 처음에 데이브와 로비는 매주 리퀴드 가족 구역을 설치하는 일을 도왔지만 몇 달 뒤에 데이브가 실직하자 다른 자원봉사자 한 명이 주일 오전 내내 로비와 함께하며 일을 도왔다. 중간에 베이글을 굽기도 했다. 이들 부부는 낯선 이에게 아들을 맡기는 것이 조금 걱정되었지만, 로비는 그때 자라난 독립심과 우정을 매우 사랑했다. 그 자원봉사자는 "저는 로비와 함께 이 일을 하는 게 좋아요"라며 그들을 안심시켜주었다.

한편 로비가 다니는 고등학교는 특수장애를 가진 학생들에게 지역 단체들과 함께 자원봉사하는 것을 권장했다. 우리 교회는 아주 작은 사무실을 빌려서 일하고 있었지만 리퀴드교회도 그 단체 중 하나가 되게 해달라고 요청했다. 곧 로비와 그의 학교 친구 몇 명이 매주 예배 프로그램과 관련된 일을 했다. 지난주 주보에서 다시 사용할 부분들을 추려내어 다음 주일을 위한 새 주보를 준비했다.

그다음에 로비는 그의 어머니가 이미 봉사하고 있는 주일예배 안내팀으로 이동했다. 이것은 선례를 만드는 일이었는데, 괜찮았을까? 데이브는 "팀 목사님과 리더분들은 특수장애를 가진 우리 봉사자들이 맨 앞에 서도록 항상 엄청난 지원을 해주셨습니다. 그것은 실제로 오늘날 우리가 선호하는 인사 방식이 되었어요"라고 말한다.

하나님께서 브룩스 가족을 데려와 대담하게 우리 교회를 이끌어가게 하신 것이 너무나 감사하다. 로비는 사람들이 함께 봉사하고 특수장애를 가진 사람과 어울리는 것을 편안하게 느끼도록 도왔다. 로비와 그의 가족이 리퀴드에 꼭 필요한 부분이 된 것은 우리 교회와 브룩스 가족에게 큰 축복이었고, 참으로 모두에게 좋은 일이었다. 그는 자기 집 외에 소속감을 느끼는 곳과 자기 가족 외에 그를 사랑해주는 다른 사람들을 찾았다.

중요한 사실이 있다. 특수장애를 가진 사람들이 우리에게 바라는 것은 '이해'지 '동정'이 아니다. ABC 시트콤 〈스피치리스〉(Speechless)에서 뇌성마비를 앓는 10대 등장인물이 설명했듯, 장애를 가진 사람들은 "몸이 건강한 사람들의 마음을 따뜻하게 하고 마음을 열기 위해 존재하는 1차원적인 성인들이 아니다."[6] 우리는 각 사람이 특별히 하나님의 형상으로 지음받았고, 그리스도의 몸에 기여할 독특한 은사들을 갖고 있다고 믿는다. 다운증후군을 앓는 한 아이가 모든 아이를 대표하지 않으며, 그들의 병명은 그들의 정체성이 아니다. 우리가 항상 사람들의 상태보다 그 사람들 자체를 더 우선시하고 '사람을 우선시하는' 언어를 사용하도록 훈련해야 하는 이유가 그것이다.

로비가 처음 리퀴드에 왔을 때는 교인 수가 약 300명 정도였다. 로비가 봉사를 시작한 후 우리의 특수장애 사역은 자연스럽고 유기적으로 성장했다. 오늘날 우리 교회의 일상생활에 연루된 특수장애 가정은 300곳이 넘는다!

그다음 급성장은 소아레스 가족이 교회 일에 관여했을 때 일어났다. 수지와 알렉스는 예전에 교회에서 봉사자로 활발히 활동했으나 셋째 아이 에단이 자폐증과 간질 진단을 받자 모든 것이 달라졌다. 그 가정이 조정해야 할 일 중 하나가 새 교회를 찾는 것이었다. 리퀴드교회를 방문하기 전에 수지가 이메일을 보냈으나 안타깝게도 우리 실수로 답장을 보내지 않았다. 그녀는 리퀴드를 선택에서 배제하려고 했지만 남편이 그래도 한번 가보자고 아내를 설득했다.

그들은 교회에 와서 큰아이들을 등록시키고 네 살짜리 에단을 위한 반을 찾았다. 수지는 그 팀에 간단한 설명을 하며 "아이는 기차를 좋아하고요, 잘 맞춰주지 않으면 달아나려고 할 거예요. 혹시 아이가 감당이 안 되면 전화해주세요!"라고 말했다.

수지는 예배 후에 느꼈던 감정을 마치 어제 일처럼 기억한다. 그녀는 사역팀 봉사자들이 다시는 에단을 봐줄 수 없다고 말할까 봐 두려웠다. 그런데 오히려 어린이 사역 담당 목사가 그들 부부에게 어떻게 하면 리퀴드교회가 에단을 가장 잘 도울 수 있을지 알려줄 수 있겠냐고 물었다. 수지는 에단 같은 아이들이 의미 있는 교회 경험을 할 수 있는 안전한 곳, 그리고 부모와 형제자매들이 쉴 수 있는 곳을 만드는 자신의 꿈을 이야기했다.

몇 달 뒤 수지는 어린이 사역팀에서 봉사하기 시작했고, 곧 새로운 사역을 시작할 기회를 얻었다. 처음에는 자원봉사자로, 나중에는 직원으로 일했다. 그 팀은 특수장애 아동들을 위해 일대일 짝꿍을 지원해주고, 자원봉사 훈련을 시키고, 부모들을 위해 지원단과 한 달에 한 번 쉴 수 있는 밤을 제공해주었다.

수지는 "에단과 관련된 사람들은 모두 돈을 받고 일했어요. 치료사들, 도우미들, 그 외 사람들 모두 다요. 그런데 리퀴드는 예외였어요. 친척들 외에, 그곳은 사람들이 단지 그를 사랑한다는 이유로 에단에게 와주는, 우리의 세상에서 유일한 곳이었어요. 여기서 만난 에단의 짝꿍 한 명은 여전히 에단의 삶에서 큰 부분을 차지하고 있고, 주말마다 그와 함께 시간을 보내요. 이 사실로 교회는 놀라운 증인을 갖게 된 거예요"라고 말했다.

나는 하나님께 우리의 번성하는 특수장애 사역의 설계자와 대변자로 수지보다 더 좋은 리더를 요청할 수 없다. 오늘날 그녀는 이렇게 말한다.

"우리 아들 에단은 여기서 마치 록스타가 된 기분을 느껴요. 모두가 그를 사랑한다는 걸 알고 있죠. 그래서 우린 다른 사람들도 그렇게 느꼈으면 좋겠어요."

앤디는 즉시 어린이 사역팀의 환영을 받았고 훈련된 봉사자 친구와 짝꿍이 되었다. 그는 앤디가 음악과 춤을 좋아하는 것을 활용해 성경 이야기들을 가르쳤다. 부모가 데리러 왔는데도 앤디가 떠나기 싫어할 정도였다.

"몇 달 뒤에 팀 목사님이 크리스마스 설교를 하시면서, 특수장애 가족들을 섬기는 리퀴드의 비전을 설명하셨어요. 목사님은 리퀴드가 세상에서 특수장애를 가진 사람들이 왕의 식탁에 앉는 곳으로 알려지길 원한다고 하셨어요. 그때 우리가 잘 찾아왔다는 걸 알게 됐죠."

리퀴드교회는 그 이후로 늘 그들의 영적 가족이 되어주었다.

"우리는 완전히 빠졌어요. 하루빨리 리퀴드가 특수장애 가정들을 위한 사역으로 북동부에서 가장 좋은 곳으로 알려지길 바랄 뿐이에요."

### 무지하고 무감각한 교회들의 실수

안타깝지만 나는 수용과 포용을 바라는 특수장애 가족들에게 교회들이 항상 적절한 신호를 보내지는 않았다는 것을 처음으로 인정해야 할 것 같다. 종종 이것은 단순한 무지와 경험 부족에서 온다. 많은 성인이 사회적 기술이나 언어적 기술이 부족한 자폐증이나 뇌성마비 환자들을 어떻게 대하고 상호작용을 해야 하는지 모른다.

어느 교회든 특수장애 사역을 시작하는 것을 고려하기 전에, 먼저 기존 어린이 사역을 위한 탁월한 안전수칙이 있어야 한다. 이 수칙들은 꼭 필요하며, 개요를 설명하고 가르쳐야 하고, 시험과 연습을 거쳐야 한다. 그렇지 않으면 그 결과가 잠재적 아동 학대가 될 수 있고, 그 후에 그들이 다가가려 하는 사람들에게 교회의 평판이 심각하게 훼손될 수 있다.

그러나 안전은 시작점에 불과하다. 부모들은 교회가 그들의 자녀를 어떻게 대하는지(또는 학대하는지) 재빨리 알아차리며, 미디어도 마찬가지다. 몇 년 전, 어느 전국적인 사역 단체가 대대적으로 보도된 적이 있다. 뇌성마비를 앓는 12세 남자아이가 주일예배를 드리는 동안 시끄럽게 한다는 이유로 그를 예배당에서 데리고 나왔던 것이다. 그날은 부활절이었다.

> "그 아이의 어머니는 이렇게 말했다. '부활주일에 그 아이는 옷을 잘 차려입고 갈 준비를 했어요. 그런 아이에게는 결코 간단한 일이 아니었어요.' 하지만… 성전 안에서 시작 기도를 드린 후 아이가 특유의 '아멘'을 소리내어 말했다."[7]

그 아이의 찬양 소리는 다른 사람들보다 더 컸고, 다른 사람들의 찬양과 똑같이 끝나지 않았다.

> "'우린 매우 갑작스럽게 끌려 나왔어요'라고 어머니는 말했다. 그 사건 후 아이의 어머니는 교회 지도자들을 만나 특수장애 아동들을 위한 사역을 시작해볼 것을 제안했다. 그런데 그 아이디어는 '거절당했다'라고 그녀가 기자들에게 말했다."

교회 지도자들이 그들의 무감각함에 대해 사과하는 대신 "예배에서 '방해 요소가 없는 환경'을 조성하는 데 높은 가치를 두었다"라고 설명했다니 너무 안타깝다. 그 말은 그들이 특수장애 가정들의 필요에 귀를 기울이지 않는다는 것을 확인해줄 뿐이었다.

그 기사를 보고 솔직히 몹시 화가 났다. 몸이 불편한 친구를 너무나 사랑하여 예수님이 설교하고 계신 곳의 지붕을 뜯어낸 네 사람을 떠올리지 않을 수 없었다(막 2:1-12). 만일 예수님이 그것을 방해 요소로 여기셨다면 어떻게 됐을까? 예수님은 보안요원을 부르는 대신 설교를 중단하고 그 자리에서 그 사람을 고쳐주셨으며, 그곳에선 찬양이 터져 나왔다. 그것은 실물 교훈으로, 좋은 본보기였다!

이 소년의 경험을 국가적 관점에서 보면, 특수장애 가정의 32퍼센트는 자신들의 아이가 "포용되거나 환영받지 못했다"라는 이유로 예배 장소를 바꾸었다. 전체적으로 중증 장애를 갖고 있다고 밝힌 미국인들의 45퍼센트만이 매달 예배당에 간다고 말한다. 모든 미국인의 57퍼센트와 비교되는 수치다.[8]

어린이들과 그 가족들이 교회에 오는 것을 방해하는 건강 상태에 관해 연구한 어느 연구원은 "여러 가지 면에서 이 사람들이 보이지 않는 것은 그들이 모습을 드러내지 않기 때문이며, 오더라도 부정적인 경험을 하고 나서 다시 오지 않기 때문"이라고 말했다.[9]

어린 소년의 독특한 아멘에 잘못 대처한 교회를 비난하기는 쉬울 것이다. 하지만 예수님의 제자들도 그 빛을 보기 전에 자비를 나타내는 법을 배우고 훈련받아야 했음을 기억하자. 사람들이 어린아이들을 예수님께 데려왔을 때 제자들은 처음에 그들을 쫓아냈다. 그러자 예수님이 화가 나서 "이 아이들을 쫓아내지 마라"라고 하셨다(막 10:14 메시지성경). "그러고 나서 예수께서 아이들을 품에 안으시고,

손을 얹어 축복하셨다"(16절 메시지성경).

리퀴드는 훈련과 준비를 통해 그 가족들을 돕는다. 주일이면 특수장애아와 일명 '짝꿍'이라고 하는 훈련된 봉사자가 짝이 된다. 그는 특별한 학습 스타일로 일하기 위해 특별히 준비된 사람이다. 목적은 각 아이가 주된 학급 활동들에 참여하게 하는 것이다. 우리 아이들의 구역에는 'chill spaces'(차가운 공간들)라는 장소를 마련해 아이들이 지나치게 흥분했을 때 마음을 가라앉히거나, 집중력을 향상시키고 방향을 전환하는 데 도움이 되는 불안 해소용 장난감들을 갖고 놀 수 있게 했다. 봉사자들은 전환을 용이하게 하는 시각적 일과표와 타이머, 그리고 청각적 과부하를 완화하기 위한 헤드폰 같은 도구들을 사용하도록 훈련받는다.

십일조를 통해 우리 교회는 가족들이 주말에 안전한 환경에서 동적인 놀이를 즐기고 아이의 운동기능을 향상시킬 기회를 제공하는 다감각 체육관도 지었다. 한 어머니는 그와 비슷한 영리 목적의 지역사회 운동 시설을 이용하는데 가족이 한 번 방문할 때마다 100달러가 넘게 든다고 말했다. 그러나 우리 교회 체육관은 우리 지역사회에 사는 가족들을 축복하기 위해 여름 동안 대중에게 무료로 개방한다.

흥미롭게도, 우리 특수장애 사역 진행자의 3분의 2는 청년들이다. 우리는 젊은 세대들이 본능적으로 이런 전문적인 구호 사역에 더 마음이 끌리며 다음세대에 투자하고 싶어한다는 것을 발견한다. 오늘날 우리를 둘러싼 문화도 포용을 지지하는 분위기다. '타겟'(Target) 같은 회사와 몇몇 의류 브랜드들은 요즘 장애가 있는 모델들을 내세운다. 2018년에 처음으로 거버(Gerber)는 다운증후군을 앓는 아이

를 그해의 아기로 뽑았다.[10]

지금 특수장애를 가진 사람들을 포용하고 축하하는 것을 옹호하는 문화적 각성이 일어나고 있다. 이것은 여러 형태와 크기의 교회들에 얼마나 좋은 기회인가! 부당한 대우를 받고 있는 전국의 수많은 특수장애 가정에 우리가 앞장서서 소외된 자들을 사랑하라는 우리 주님의 명령을 실행할 기회가 있는 것이다.

### 그래디는 교회에 간다

최근 어느 부부가 아들 그래디에 관한 이메일을 보냈다. 그래디는 놀기 좋아하는 여덟 살 남자아이인데 다운증후군이 있다. 그 아이는 레슬링을 하고 어느 방 안에서든 뛰어다니는 것을 좋아한다. 예전 교회에서는 그 넘치는 에너지가 교사들에게 행동상의 문제로 취급받았다. 몇 개 교회에서 거절당하는 아픔을 겪은 후, 그의 가족은 약 3년 동안 함께 교회 가는 것을 그만두었다.

그러다 한 친구로부터 리퀴드의 포용적인 분위기에 대해 듣고는 한 시간이 넘는 거리를 달려왔다. 그들은 그 이후로 줄곧 우리 교회에 나왔고, 그 먼 거리를 오는 것이 “우리 가족에게는 전적으로 그만한 가치가 있는 일”이라고 말한다.

그래디는 발어 실행증(verbal apraxia)도 있다고 한다. 그 말은 뇌에서 입까지 언어 메시지가 이어지는 데 어려움이 있다는 뜻이고, 그래서 그래디는 자기가 무엇을 전달하고자 하는지 알아도 완전한 문장을 구성할 수가 없다. 하지만 그의 어머니는 아이가 많이 좋아졌다며 자랑스러워했다. 어느 토요일, 저녁을 먹던 그래디가 “내일 교회 가고 싫어요!"라고 말했다는 것이다. 그녀는 정말 흥분해서 말했다.

"7년 동안 그 아이가 온전한 문장으로 말한 것은 그때가 처음이었어요! 정말 기적이고 하나님의 선하심을 보여주는 증거가 아니겠어요? 아침마다 잠에서 깨면 간절하게 '교회에 가고 싶어요!'라고 말해요. 그래디가 행복해하니까 다른 자녀들도 자기들 모두 환영받는다고 느끼는 곳에 간다는 기대에 차 있어요. 남편과 저는 주일 오전 예배가 정말 필요했어요. 믿음의 공동체가 없으니 우리는 갈팡질팡하고 결혼생활에 금이 가기 시작한다고 느꼈거든요. 지난 몇 달 동안 우리는 다시 시작하고 함께 예배드릴 수 있는 회복의 시간을 얻었어요.

감사합니다. 한 주가 끝날 때 우리가 안전하게 착륙할 수 있는 곳이 되어주셔서, 인내하며 받아주셔서, 우리 아들을 따뜻하게 대해주셔서요…. 우리 같은 가족을 위한 곳을 찾으려는 오랜 노력 끝에 이런 교회로 이끌어주신 하나님께 감사드립니다. 우리가 늘 말하듯이 '살아 있는 교회는 오래 운전해서 갈 가치가 있습니다!'"

### 쉼이 절실하게 필요한 부모들

특수장애아의 부모에게는 숨 돌릴 시간이 절실히 필요하다. 끊임없이 아이를, 또는 그의 형제자매까지 여러 아이를 보살피는 고된 일상에서 벗어나 쉴 곳이 필요하다. 여기서 당신의 교회는 매 주일 가족들에게 선물을 줄 놀라운 기회를 얻는다. 그들의 자녀가 전문적인 봉사자에게 사랑과 보살핌을 받는 동안 엄마와 아빠는 함께 앉아서 예배드릴 수 있다. 아마도 한 주 동안 유일하게 혼자 있는 시간일 것이다. 단순하게 예배를 드리고, 두 손을 맞잡고, 하나님 말씀에 집중하며 영적으로 생기를 얻는다. 이것은 지친 부모들에게 값을 매길 수 없는 선물이다. 자신들의 자녀가 사랑받고 있고 아버지의 사랑에 대해 배우며 왕 같은 대접을 받고 있다는 것을 알고, 편안하게 쉬면서 새 힘을 얻는 것이다.

우리 교회는 매달 '부모들의 밤 외출'이라는 행사를 열고 있는데 부모들의 반응이 엄청나다. 그 금요일 밤에 우리는 우리 지역에서 특수장애아를 키우는 가족들에게 우리 건물을 개방하여 무료로 아이를 돌봐주며 가족들이 쉬게 해주고 있다. 부모들은 저녁 6시 30분에 모든 자녀(특수장애 아동뿐만 아니라 그의 형제자매들까지)를 맡기고 외출하여 조용히 저녁 식사를 하고, 쇼핑하거나 영화를 본다. 어떤 부모는 집에 돌아가서 3시간 동안 푹 잔 후에 밤 10시에 아이들을 데리러 온다고 했다.

그들을 축복하라! 부모들이 쉬지 않고 달리는 것보다 육체적으로 쉬고 감정적으로 충전될 때 더 좋은 부모가 된다고 믿는다. 특수장애를 가진 가정들은 이런 개인적 보살핌이 너무도 절실히 필요하며, 그것은 그들을 하나님의 사랑과 자비로 다시 일어나게 해주는 데 효과적인 방법이다.

### 빛나는 밤의 왕과 왕비

특수장애를 가진 사람들을 왕처럼 대접하는 것이 우리의 기쁨이라는 말은 말 그대로 우리의 진심이다. 교회의 포용적인 분위기에 대한 소문이 퍼지면서, 우리는 교회의 담을 넘어 우리 도시에 있는 특수장애 커뮤니티로 나아갈 독창적인 방법을 찾아냈다.

나는 누가복음 14장을 읽고 있었다. 예수님이 그분을 따르는 자들에게 힘 있고 영향력 있는 사람들을 특별 대우하지 말라고 명령하시는(한 번도 아니고 두 번이나!) 부분이었다. 예수님은 대신 어떤 제약을 가진 사람들을 후하게 대접하라고 말씀하신다.

> 잔치를 베풀거든 차라리 가난한 자들과 몸 불편한 자들과 저는 자들과 맹인들을 청하라 그리하면 그들이 갚을 것이 없으므로 네게 복이 되리니 이는 의인들의 부활시에 네가 갚음을 받겠음이라 눅 14:13

그다음에 잔치를 열고 하인들에게 "빨리 시내의 거리와 골목으로 나가서 가난한 자들과 몸 불편한 자들과 맹인들과 저는 자들을 데려오라"(21절) 말하는 주인에 관한 예화를 말씀하신다.

이 가난한 자들을 위한 잔치들은 하나님나라의 두드러진 모습을 묘사한다. 아버지의 마음은 명백하다. 즉 우리는 특수장애를 가진 사람들을 하나님의 귀한 아들과 딸들로 대접해야 한다. 그들은 하나님 보시기에 귀한 왕의 자녀이며 미래의 왕과 왕비들이다. 그들을 위해 성대한 잔치를 베풀지 않겠는가?

바깥 지역사회를 위해 이 일을 할 방법을 계획하기 시작할 때 '빛나는 밤'이라는 행사에 대해 들었다. 팀 티보우 재단(Tim Tebow Foundation)에서 주최하는 장애인들을 위한 파티였다. 그들의 비전은 전 세계 교회들과 협력하여, 14세 이상의 특수장애인들을 향한 하나님의 사랑에 초점을 맞추고 잊을 수 없는 밤 파티를 경험하게 해주는 것이다. 재단 웹사이트에서 설명하듯이, '빛나는 밤'은 "교회들이 빛나고, 자원봉사자들이 빛나고, 우리의 귀한 손님들이 빛나고, 가장 중요한 것은 하나님이 빛나시는 밤"이다![11]

2015년에 시작된 그 운동은 처음 3년 동안 1,150퍼센트 성장해서, 2018년까지 전 세계 537개 교회가 '빛나는 밤' 행사를 개최하여 특수장애를 가진 손님 약 9만 명을 섬기고 17만 5천여 자원봉사자들의 지원을 받았다. 각 주최 교회가 이 행사의 자금을 대지만 몇몇 교회, 특히 처음 후원하는 교회에는 팀 티보우 재단이 자금을 제공한다.

리퀴드교회는 2015년에 처음 이 행사를 개최했는데, 정말 대단했다! 왕 같은 대접에 대해 말하자면, 실제 붉은 카펫을 깔아서 우리의 왕과 왕비들을 환영해주었다. 특수장애를 가진 손님들이 그 길을 따라 자랑스럽게 걸어들어오면 자원봉사자들이 환호성을 지르며 응원했다. 젊은 여성들을 위해 마련한 뷰티 코너에서 미용사들이 자원하여 무료로 소녀들의 머리를 손질하고 화장도 해주었다. 남자들을 위해서는 목사들이 그들의 구두를 닦아주는 서비스 구역을 만들었다. 현대판 세족식이었다!

우리는 고급 리무진까지 대여하여 손님들을 태우고 교회 주차장을 돌았다. 특수장애를 가진 각 손님은 주최 측의 한 친구와 짝꿍이 되었고, 그 짝꿍은 손님이 맛있는 저녁 식사를 하고, 밤새 춤을 추고, 행사 내내 왕 같은 대접을 받도록 해주었다.

아들, 딸들이 인생 최고의 시간을 보내는 것을 지켜보는 부모들에게도 특별한 식사를 대접했다. 많은 이들이 자신의 자녀가 참으로 하나님의 귀한 자녀로 대접받는 것을 보면서 눈물을 흘렸다. 아마도 그 자녀는 한 번도 놀이 약속이나 파자마 파티, 스카우트 소풍, 학교 댄

스파티, 그 외 일반적인 통과의례 행사에 초대받지 못했을 것이다. 아이들을 돌보는 간병인들도 초대받아 이 특별한 식사를 즐기고 멋진 행사를 지켜볼 수 있었다.

영광스러운 그 밤 동안, 하나님나라가 하늘에서처럼 땅에도 임하였다! 세상 기준에서는 주로 맨 뒤에 있던 사람들이 맨 앞으로 왔다. 휠체어들이 붉은 카펫을 지나는 동안 수백 명이 손뼉 치고 환호하며 그들을 맞아주었다. 그것은 참석한 모든 사람, 즉 손님과 봉사자, 부모 모두에게 황홀한 경험이었고, 그것을 보며 눈물을 흘리지 않는 사람이 없었다.

파티 참석자들은 저녁 내내 춤을 추었다. 그다음에 왕관을 씌워주는 시간이 왔다. 부모들과 간병인들은 무도회장으로 들어가, 각 손님이 무대에 올라 스포트라이트를 받으며 그 파티의 왕 또는 왕비로 왕관을 쓰는 모습을 지켜보았다. 소녀들의 머리에 작고 예쁜 왕관이, 소년들의 머리에는 멋진 금 왕관이 씌워졌다. 부모들과 리더들은 하나님의 긍휼한 마음이 온전히 나타나는 것을 보며 눈물을 흘렸다. 지금까지도 '빛나는 밤'은 우리 교회에서 그해 최고의 밤으로 기억되고 있다.

우리는 그 후로 해마다 '빛나는 밤'을 개최했고, 다른 교회들이 특수장애 사역을 시작하도록 돕고 싶다.[12]

수지 소아레스의 말이다.

"그리스도의 긍휼이 드러나는 것을 볼 때 생기가 돌고 그 밤의 끝에는 마음이 충만해져요. 매년 '빛나는 밤'의 영향으로 우리 교회는 더 철저하게 포용적인 공동체로 성장해왔어요."

### 더 넓은 물줄기

더 흥미로운 점은 특수장애 사역의 물결이 우리 공동체 안에서 그 흐름에 가속도를 붙였다는 사실이다. 2017년에 우리 캠퍼스가 있는 도시들에서 특수장애인을 위한 파티를 5번 열었고 거기 참여한 손님과 봉사자는 천 명이 넘었다. 그런데 놀랍게도 수백 개의 자원봉사자 역할들이 24시간도 안 되어 지원 '마감'이 되었다. 2018년에는 봉사자들이 꽉 차서 우리 교회에서 사람들을 보내어 다른 지역들의 빛나는 밤을 섬기도록 해야 했다. 지금도 섬기고 싶어 하는 자원봉사자들의 대기 명단이 있다!

2017년에 팀 티보우가 개인적으로 우리 교회를 방문하여 특수장애를 가진 이들에게 복음을 나누고 격려해주었다. 두 번의 미식축구 전국 챔피언, 1라운드 NFL 드래프트 지명, 하이즈만 트로피 수상자, 그리고 당시 프로야구선수였던 그는 세계적 유명인사지만, 주일 아침에 '티미'는 매우 털털했고 왕의 자녀들을 향한 넓은 마음을 보여주었다.

예배 사이사이에 티미는 특수장애를 가진 사람들을 자신이 있는 무대 뒤로 초대했다. 우리는 그렇게 많은 사람이 몰려오는 상황에 대처할 준비가 되어 있지 않았다. 보행 보조기와 휠체어를 이용하는 아이들이 휴게실로 몰려들었다. 자폐증과 다운증후군 아이들이 다가와 그를 끌어안았다. 그것은 대혼란이었다. 혼돈의 한가운데서, 누군가가 딸기 밀크쉐이크를 티미의 흰색 새 스니커즈에 쏟았다. 하지만 이 스포츠 슈퍼스타는 "괜찮아요"라며 스니커즈를 벗고 아이들과 놀아주었다. 그것은 겸손하고 자신을 내어주는 예수님의 마음이었고, 모두에게 큰 감동을 주었다.

리퀴드에서 특수장애 사역은 강력한 사역의 물줄기가 되었다. 그것은 당신에게도 큰 기회가 될 수 있다. 지금 미국에는 기동성, 자기관리, 언어, 사회성, 학습, 또는 독립적인 삶과 관련해 발달장애를 가진 어린이와 성인이 400만-600만 명에 이른다.[13] 하지만 그들이 영적인 면에 관심이 부족하다고 생각하지 말라. 한 연구 결과에 의하면, 장애를 가진 성인 84퍼센트와 장애가 없는 성인 84퍼센트(같은 비율이다)가 자신의 종교적 믿음을 중요하게 생각했다. 따라서, 특수장애를 가진 사람들이 교회 생활에 참여하는 것을 방해하는 것이 관심 부족 때문이 아니라는 것은 확실하다.[14]

뉴저지는 전국에서 자폐증 환자 비율이 가장 높기 때문에 특수장애 사역은 우리 주를 적시려는 전략에서 중요한 부분이 되었다. 물론 우리는 여전히 더 성장하고 더 배울 것이 너무나 많다. 우리는 특수장애를 가진 10대와 성인들을 교회의 소그룹 체계로 흡수하고 봉사팀에서 그들만의 은사를 활용하기 위해 장기적인 계획을 세우고 있다.[15] 언젠가는 주일 카페를 특수장애를 가진 성인들이 직원으로 일하는 커피숍으로 만들어서, 그들에게 직업 훈련을 시킬 수 있기를 희망한다.

그러나 당신 교회의 소명은 다를 수 있다. 하나님께서 당신의 지역에서 어떤 소외된 그룹을 사랑하고 섬기라고 하시는가? 노숙자? 노인들? 위험에 노출된 10대들? 성매매 피해자들? 가정위탁 명단에 올라 있는 사람들? 성경 말씀을 살펴보고 그다음에 당신의 마음을 살펴라.

눈물은 종종 단서가 된다. 나는 최고의 사역은 지도자의 삶 속에서 겪는 개인적인 아픔에서 탄생한다고 믿는다. 당신의 마음을 아프게 하는 것이 또한 하나님의 마음을 아프게 하는가? 주위를 보라. 소외되어 하나님의 은혜의 부드러운 손길이 필요한 사람은 누구인가? 하나님은 종종 지도자인 당신이 어떤 사람들과 긴밀하게 접촉하게 하실 것이다. 하나님의 계획은 당신이 그들을 섬기는 것이다.

작게 시작하는 것을 두려워하지 말고 그 일을 잘하라. 그렇게 작은 연민의 물결이 거센 강으로 변하여 당신의 교회에서 흘러나와 도시의 거리로 들어가, 그리스도의 사랑과 말과 행동으로 복음을 선포할 풍성한 기회들이 당신의 지역사회에 넘쳐날 수 있다.

## Dive Deeper 더 깊이 들어가기

스톤브라이어커뮤니티교회(*stonebriar.org*)는 리쿼드의 특수장애 사역에 영향을 미친 많은 사역기관 중 하나다. 포용적인 주일예배 외에도, 그들은 특별한 필요를 가진 사람들의 신앙과 실생활의 기능을 향상시키기 위한 미술 수업, 집에서 하는 기술 훈련, 신체 단련 수업을 제공한다. 다른 멘토들 덕분에, 우리는 계속해서 더 깊이 들어가고 있다.

당신은 어떤가? 당신의 교회가 특수장애 가정들을 섬기려는 마음이 있다면 다음 단계들을 생각해보라.

**발목 깊이** 가장 먼저 이미 당신의 교회에 출석하고 있는 특수장애 가정들부터 시작해서 관심 있는 다른 사람들에게 다가가라. 첫걸음을 뗄 때는 맛있는 음식과 보육을 제공하는 '경청하는 점심 식사'에 그들을 초대하라. 이 장에서 특별한 필요를 가진 사람들에 대한 예수님의 보살핌으로 당신의 마음을 감동시킨 성경 말씀 한 구절을 함께 나눠라. 그들 가정이 지금 주일마다 겪고 있는 경험들을 솔직히 이야기하게 하라. 무엇이 도움이 되고 있는가? 무엇이 불만스러운가? 어떻게 하면 그들을 더 잘 도와줄 수 있는가? 말하기는 천천히 하고 듣기는 속히 하라. 지키지 못할 약속을 하지 말고(이것은 현실 파악 단계에 불과하다) 메모할 준비를 하라. 당신이 물으면 사람들이 이야기해줄 것이다!

다음 단계로, 팀 티보우 재단을 통해 '빛나는 밤' 파티를 주최하는 다른 교회에 자원봉사자로 지원하는 것을 생각해보라. 이것은 당신의 교인들에게 특수장애인을 위한 사역의 힘을 보여주는 한 방편이다. 또는 다른 교회와 협력하여 이런 행사를 함께 주최하라.

**무릎 깊이** 교회에 비전을 더 폭넓게 제시하기 위해, 장애인들에 대한 예수님의 긍휼 사역을 기록한 마가복음을 본문으로 시리즈 설교를 하는 것을 생각해볼 수 있다.

전체적인 가정 사역(단지 개인에 대한 사역이 아니라)을 향한 다음 단계로, '부모들의 밤 외출'을 추진하는 것을 고려해보라. 분기별로, 또는 한 달에 한 번도 괜찮다. 그것은 당신의 지역사회에서 특수장애 아동을 키우는 부모들에게 무료 보육과 휴식을 제공해주는 것이다. 금요일 밤에 교회를 개방하여 부모들이 아이들(장애아동과 그의 형제자매들)을 맡기고 저녁 식사를 하러 가거나 쇼핑을 하거나 영화를 보거나 잠깐 잠을 잘 수 있게 해주어라. 당신의 지역사회에서 온 새 손님들을 맞을 준비를 하라. 안전하고, 숙련된 보육을 무료로 제공한다는 소문은 빨리 퍼진다!

**허리 깊이** 당신의 교회에서 짝꿍 제도를 만들어 시행하라. 즉 특수장애 아이들이 주일마다 숙련된 보육교사와 짝을 지어 그들의 주된 수업에 참여할 수 있게 해주는 것이다. 이 사역을 이끌도록 부름받았다고 느끼는 봉사자들을 위해 개인의 요구에 맞춘 특수장애 훈련을 제공하라.

특수장애 사역의 더 깊은 물 속으로 들어가는 자들을 위해, 당신 지역의 한 교회나 다음에 나열된 교회에서 진행하는 회의에 당신의 팀을 데려가라. 거기서 당신의 교회가 특수장애 가정에 아낌없이 사랑을 베풀 수 있는 획기적인 방법들을 보여달라고 하나님께 구하라.

## 파도를 일으키고 있는 다른 교회들

Other Churches Making Waves

**우드멘밸리채플**Woodmen Valley Chapel, *woodmenvalley.org*은 특수장애인들에게 다가가는 사역을 홈페이지의 '돌봄과 교육' 항목 아래 선택사항으로 게시하고, 새 가족을 위해 준비된 것들을 강조하고, 순조로운 첫 방문에 도움이 되도록 부모들에게 자녀의 프로필을 제공해달라고 요청한다. 우드멘은 다양한 교회 생활 프로그램을 통해 어린이, 학생, 성인들에게 개별 수업, 일대일 짝꿍, 감각적 지원, 행동 전략들을 제공하여 그들과 예수 그리스도의 관계가 더 성장하도록 이끌려 한다. '다가가는 사역'(Access Ministry) 또한 1년 내내 임시 돌봄 지원을 하여, 간병인에게 마음을 가다듬을 시간을, 형제자매들에게 특별히 사랑받는다고 느낄 시간을, 특수장애를 가진 참석자들에게는 느끼고 자신을 드러낼 시간을 제공한다.

**프레스톤우드침례교회**Prestonwood Baptist Church, *prestonwood.org*는 특수장애를 장애라기보다는 다른 능력들로 간주한다. 이 교회는 특수장애 가정들에 후원 단체를 제안하고, 15개월에서 69세까지 특수장애를 가진 이들을 위해 특별히 설계된 스위트룸을 제공한다! 매주 열리는 성경 모임, 세계 청소년 선교기관 어와나(Awana) 특별판, 두 달에 한 번 있는 휴식의 밤, 특별한 청소년과 성인 친구들을 위해 10월마다 열리는 '특별한 친구들' 리트릿, 팀 티보우 재단과 함께하는 '빛나는 밤' 파티, 또 그들 지역에 있는 특수장애 공동체를 위한 특별한 크리스마스 저녁 식사도 제공한다.

**매클린성경교회**McLean Bible Church, *mcleanbible.org*에는 매년 워싱턴 D.C. 지역에서 700여 특수장애 가정들을 섬기는 아주 탄탄한 프로그램이 있다. 주일을 포함한 특수장애 사역 프로그램 'Access' 외에 특수장애 아동과 10대 청소년들을 위해 특별히 고안된 'Soaring Over Seven' 여름 캠프를 진행한다. 또한 지적장애 아동의 가족들을 위해 하룻밤의 휴식을 제공하는 질스하우스(*jillshous.org*)를 세웠다.

레이크우드교회 Lakewood Church, *ladewood.cc*는 2009년에 챔피언스 클럽(*championsclub.org*)을 시작했다. 이 발달 프로그램은 특수장애를 가진 어린이, 청소년, 성인들을 위한 영적, 지적, 정신적, 신체적 도구들을 제공해준다. 챔피언스 클럽에서 당신의 지역에서 프로그램을 시작하기 위한 단계적 계획들 및 성경에 기반한 커리큘럼을 구매할 수 있다. 챔피언스 클럽은 또한 모든 연령의 특수장애인들을 위해 만찬(연 1회), 휴식의 밤, 자료 전시회 같은 여러 가지 무료 가족 행사를 연다.

반석교회Rock Church, *sdrock.com*는 "나를 지으심이 심히 기묘하심이라"(시 139:4)라는 말씀에 근거, 프로그램 이름을 '기적139'라고 지었다. '기적139'의 사명은 모든 어린이가 예수님에 대해 배울 수 있는 안전하고 사랑 넘치는 환경을 제공하는 것이다. 주일마다 어린이 사역의 환경을 지원하고, 격주로 부모들의 성경 공부와 협력 단체 모임을 연다(아동 보육 제공). 매년 휴식과 데이트를 위한 밤, 애완동물과의 만남을 통한 치료, 교육 세미나, 연례행사인 여름 스포츠 쇼와 해변 행사 같은 더 큰 지역사회 행사 등 다양한 행사가 열린다. '기적 139'는 자신들만의 특수장애 사역을 시작하려는 교회(타 지역과 해외 포함)에 맞춤 상담과 훈련도 제공한다.

chapter 5

# 상상력에 불을 붙여라 : 창의적 커뮤니케이션

예수께서 이 모든 것을 무리에게 비유로 말씀하시고
비유가 아니면 아무것도 말씀하지 아니하셨으니

마태복음 13장 34절

실내조명은 희미해지고 거대한 영화 스크린이 깜박이며 살아난다. 쿵쿵 울리는 테크노 사운드트랙이 영화 예고편의 시작을 알리고, 큰 화면 위로 검은 헬멧을 쓰고 레이싱 재킷을 입은 사람이 오토바이를 타고 복잡한 도시의 거리를 부르릉거리며 달린다. 경찰 사이렌 소리가 점점 커질수록 그의 엔진 회전 속도가 올라간다. 고속 추격전이 펼쳐진다. 화면은 공중에서 드론으로 찍은 고층 건물들과 시계탑으로 급전환된다. 흐릿하게 유럽처럼 보인다. 터키 이스탄불이 배경인가? 속단하기엔 이르다.

다시 장면이 바뀌어 노트북 컴퓨터에 초조하게 암호를 입력하는 손가락이 클로즈업된다. 어떤 비밀 메시지가 전송되고 있다. '7개의 편지'라는 수수께끼 같은 말이 화면에 나타난다. 메시지가 업로드되고, 정체를 알 수 없는 남자가 급히 복도를 걸어가며 그를 뒤쫓는 사람들이 가까이 따라붙는다.

이 가슴 뛰는 영화 예고편의 그다음 몇 초는 〈미션 임파서블〉(Mission : Impossible)이나 〈제이스 본〉(Jason Bourne) 최신작 예고편에 나올 법한 장면이다. 속도를 낸 오토바이가 미로 같은 도시의 거리를 질주하는 동안 '7개의 도시'라는 또 다른 불길한 단서가 화면 위에 깜박인다. 분명히 누군가가 극비 메시지를 전하려는 것이다. 긴장감이 고조되고, 타이어가 미끄러지며, 음악이 점점 커지면서, 마침내 이 눈을 못 떼게 하는 스릴러물의 제목이 나온다. 〈계시록의 일곱 교회〉.

알고 보니, 그것은 본(Bourne) 영화가 아니었다. 리퀴드교회에서 이제 7주간 진행될 메시지를 소개하는 설교 예고편이었다.

내 성향을 솔직히 말하자면, 나는 교회에서 지루하게 만드는 것은 죄라고 믿는다. 리퀴드에서는, 가장 위대한 이야기는 우리가 상상할 수 있는 가장 역동적인 소통방식으로 전달할 가치가 있다고 생각한다. 예배 프로그래밍에 대한 우리의 '보여주고 말하는' 접근 방식은 디지털 기기에 의존하여 자란 새 세대에게 하나님의 영원한 진리를 효과적으로 전달하는 데 중요하다고 믿는다.

내가 우리의 크리에이티브팀에게 앞으로 7주 연속으로 요한계시록을 설교하겠다고 말하자 몇 사람의 눈빛이 흔들렸다. 어떤 이는 세상의 종말에 관한 여러 가지 예측을 내놓은 크리스마스 방송 진행자를 떠올렸고, 어떤 이는 환각을 유발하는 이상한 상징들과 쿠엔틴 타란티노(Quentin Tarantino) 감독의 과장된 영화를 닮은 기괴한 이미지들의 혼합을 상상했다.

그러나 사도 요한이 펜을 들고 성경의 마지막 책을 쓸 때 그는 로마의 대적들을 유배시키는 밧모섬에 있었다. 동굴 속에 웅크리고 있던 요한에게 주님이 직접 찾아오셨고, 그는 세계의 미래를 예언하는 거룩한 메시지를 받게 되었다. 늙은 선지자는 떨리는 손으로 자기가 보고 들은 것을 기록했고 에베소, 서머나, 버가모, 두아디라, 사데, 빌라델비아, 라오디게아 이 일곱 도시에 있는 일곱 교회에 일곱 통의 편지를 보냈다. 이 도시들은 고대 소아시아의 우편 항로를 따라 늘어서 있었고, 현재 터키에 있다.

설교 예고편이 나온 후 불이 켜졌을 때 나는 커다란 철제 우편함을 들고 단상에 서 있었다. 천천히 뚜껑을 열고 첫 번째 편지를 꺼냈다. 에베소에 보낸 편지였다. 그것을 청중에게 연극하듯 소리 내어 읽어주고는, 매주 계시록에 나오는 요한의 편지들을 한 편씩 읽고 "예수님이 이 고대 교회에 무엇을 말씀하셨나요?"라고 물을 거라고 설명해주었다. 그러나 그다음에는 더 무서운 질문을 할 것이었다. "예수님은 오늘날 우리 교회에 무엇을 말씀하고 계십니까?"라고.

사람들은 몰입했다. 손에 땀을 쥐게 하는 예고 영상과 철제 우편함, 요한의 환상에 등장하는 7개의 빛나는 큰 별이 포함된 창의적인 무대의 조합은 매우 강렬했다. 7주 동안 우리는 성경에서 가장 도전적인 본문에 속하는 요한계시록 2장과 3장을 한 줄 한 줄 꼼꼼히 읽었다.

그리고 중요한 것은 참석자 수가 늘었다는 것이다. 사람들은 동료나 이웃과 함께 나누기 위해 교회가 준비한 엽서 크기의 초대장을 사용해 친구들을 초대했다. 뉴저지에서! 우리는 새로운 참석자들을 기재했고, 고해상도 사진과 소그룹 모임을 위한 토론 질문들을 담아 주문 제작한 요한계시록 스터디 가이드를 그들에게 제공했다.

### 지루하고 창의적이지 않았다면?

이 시리즈 설교를 옛날 방식으로, 그저 강단에서 말로 선언하는 방식으로 홍보했다면 어땠을까? "다음 주부터 7주간 팀 목사님이 고대 묵시문학에 관한 공부를 시작하실 것입니다. 여러분의 친구들을 초대하세요" 했다면 아마 아무도 오지 않았을 것이다. 적어도 나는 그랬을 것 같다.

미국의 성경 문맹률은 지난 세기보다 더 높다.[1] 특히 교회에 다니지 않는 사람들 사이에서 더 그렇다. 동료나 이웃 사람에게 요나와 노아를 구분할 수 있는지 물어보라(누군가 노아의 아내가 잔 다르크라고 말해도 킥킥대지 말라). 그래서 창의적인 이미지, 극적인 스토리텔링, 역동적 영상은 '보여주고 말하기'로서, 사람들이 새로운 방식으로 하나님의 말씀을 접하고 삶을 변화시키는 메시지를 경험하게 하는 데 강력한 도구가 된다.

'요한계시록의 일곱 교회'를 위해 우리는 설교 예고편을 유튜브에 올렸고, 사람들은 SNS로 그 영상을 친구들과 공유했다. 두 달간 우리는 문화적 타협, 성적 우상숭배, 박해받는 교회, 미지근한 그리스도인의 삶 같은 어려운 주제들을 다루었다. 그리고 사람들은 계속 다시 찾아왔다. 우리는 영상, 독창적 무대, 기억에 남을 만한 소품들이 하나님의 말씀을 희석시키지 않으며, 말씀의 힘을 더 증폭시킨다는 것을 새롭게 배웠다.

### 킬러 콘텐츠는 왕이다

최근 갤럽 여론조사는 '설교 내용은 교인들에게 가장 호소력 있는 것'임을 확인해주었다.[2] 갤럽에 따르면, 적어도 한 달에 한 번은 교회에 나가는 일반적인 미국인에게 출석의 동기가 뭔지 물어보면 75퍼센트는 "성경을 가르치고 믿음과 일상생활을 연결해주는 설교"라고 말할 것이다. 그것이 좋은 음악, 성가대, 또는 찬양팀이 주된 출석 이유라는 답변보다 두 배 이상 많다.

교회에 다니지 않는 사람들에게 다가가고 싶다면, 또 가끔 오는 사람들이 주일마다 정기적으로 출석하기를 원한다면, 킬러 콘텐츠(killer contents, 미디어 시장에 큰 영향을 미치는 핵심 콘텐츠)는 왕이다. 리퀴드에서 성장을 위한 주요 엔진은 역동적이고 의미있는 가르침이다. 그것은 사람들이 정문으로 들어오게 만든다(들어온 그들을 머물게 하는 것은 가정 사역, 소그룹, 자원봉사팀, 지역사회 전도의 조합이다. 우리는 모든 손님이 처음 4회 방문하는 동안 어떤 역할을 맡고 관계를 형성하길 바란다. 그것이 바로 우리의 뒷문을 닫는 것이다).

하지만 정말 강조하는데, 영적으로 목마른 사람들이 매주 정문으로 들어오도록 당신이 할 수 있는 가장 큰 일은 주말마다 킬러 콘텐츠를 만드는 것이다.

리퀴드에서는 가르침이 사람들을 이끌어간다. 그것이 우리의 '캐러멜 마끼아또'(Caramel Macchiato)다. 스타벅스가 긴요하고 기본적인 음료를 중심으로 전체 메뉴를 구성하듯이 우리는 연간 설교 일정을 중심으로 전체 사역을 구성하는데, 이 연간 설교 일정은 감정적 욕구와 깊은 제자도, 둘 다 균형 있게 다루면서 문화적으로도 밀접하게 관련된 성경의 가르침을 양 떼에게 먹이기 위해 계획한 것이다.

그러면 가르침과 설교는 어떻게 다를까? 내 친구 캐리 뉴호프

(Carey Nieuwhof, 이 책의 서문을 쓴 사람)는 이렇게 구별한다.

"그 둘의 정확한 차이를 정의하는 것은 늘 어렵지만, 간단히 말해서, 설교는 마음을 향해 하는 말이 더 많고, 가르침은 머리를 향해 하는 말이 더 많다. 설교자는 경험을 용이하게 하고, 교사는 정보를 전달한다. 가장 좋은 목사는 두 가지를 다 잘하는 사람이라고 생각한다. 설교는 사람들이 '맞아. 난 변화가 필요해'라고 말하도록 이끌고, 가르침은 사람들이 '그의 말이 옳아. 좋은 지적이야'라고 말하도록 이끌 수 있다."[3]

나는 설교자가 되기 전에 고등학교 영어 교사였다. 그래서 내 안에는 두 가지 다 조금씩 있다. 나는 사람들에게 새로운 것들을 가르쳐주고 하나님 말씀에 대한 통찰을 보여주고 싶다. 하지만 어쩔 수 없이 선택해야 한다면, 사람들이 "그의 말이 옳아. 좋은 지적이야"보다는 "맞아. 난 변화가 필요해"라고 반응하게 하고 싶다. 삶의 변화는 한 사람 전체, 즉 마음과 영혼과 뜻을 변화시키는 성령 충만한 가르침의 궁극적 목표다.

### TGIF 세상

여기 도전 과제가 있다. 우리는 트위터(Twitter), 구글(Google), 인스타그램(Instagram), 페이스북(Facebook)이 지배하는 TGIF 세상에 살고 있다. 사람들은 화면에 틀어박혀 살며, 끊임없이 트윗, 문자메시지, 채팅, 음악 다운로드, 게임, 밈(meme), 유튜브 영상 등에 의해 사방으로 끌려다닌다. 이것은 의사소통에 깊은 영향을 끼쳐 장시간 집중하고 복잡한 정보를 흡수하는 능력을 약화시켰다.

좋은 측면에서 보면, 다음세대는 동시에 여러 가지 일을 하는 데 능숙하고 시각적 문해력(이미지, 사진, 영상의 세계에 대한 이해)이 뛰어나다. 옛 아날로그 세계는 언어를 기반으로 하지만, 디지털 세계는 이미지가 주도한다. 많은 젊은이의 첫 번째 본능은 문자메시지, 이모티콘, 사진, 영상, 소셜미디어를 통해 소통하는 것이다(그리고 많은 사람이 심지어 이메일도 신경 쓰지 않는다).

오늘날 고도의 시각적 커뮤니케이션 스타일은 1세기에 예수님이 소통하신 방식과 상당히 비슷한 것 같다. 산상수훈(마 5-7장)을 들어보자. 소리 내어 읽는 데 12분 정도 걸린다(헬라어로 113구절, 1997단어). 예수님은 청중의 관심을 끌기 위해 “너희가 어찌 의복을 위하여 염려하느냐”(6:28)와 같은 방식으로 19번이나 질문을 던지셨다. “염려하지 말라”(6:25), “가서 형제와 화목하라”(5:24)와 같이 특정한 행동을 명하신 것은 50번이 넘는다. “들의 백합화가 어떻게 자라는가 생각하여 보라”(6:28)와 같이 묘사하는 말과 비유적 표현도 사용하셨다. 듣는 사람이 그분의 말씀 속에서 용서, 위선, 분노, 정욕, 원수를 사랑함 등에 대한 직접적인 연관성을 발견하지 못하는 것은 상상하기 어렵다.

그러나 오늘날 서양의 설교 방식은 산상수훈보다는 16세기 종교개혁에 기원을 두고 있으며, 하나의 기술 형식으로서 그때 이후로 거의 변한 것이 없다. 18세기 식민지 시대의 뉴잉글랜드에서는 설교가 너무 길어서(두 시간은 보통이었다) 교구민들이 조는 경우도 많았다. 어떤 사람들은 말 그대로 ‘안식일’을 보냈다!

사람들이 깨어 있도록 좀 더 흥미로운 설교를 해야 한다는 생각은 아무도 하지 않았다. 대신, 십일조 반장이라 부르는 교회 임원이 긴 막대기를 가지고 통로를 돌아다녔다. 한쪽 끝에는 동그랗고 단단한 손잡이, 다른 한쪽 끝에는 깃털이나 털 같은 것이 달린 막대기였다. 이 십일조 반장(그는 또한 사람들이 재정적 헌금을 계속하게 했다)은 졸고 있는 남자의 머리를 때리고, 조는 여자들은 깃털이나 털로 살짝 간지럽혔다.[4]

설교는 시간이 지나면서 조금씩 짧아졌을지 모르나, 전통적인 개신교 설교는 여전히 대학 강의에 더 가까웠다. 즉 마땅히 집중해야 하는 수동적인 청중 앞에서 성경적 주제들을 설명하는 것이다. 오늘날 교회의 의미 있는 고령화는 과거의 방식이 지금 세대에 통하지 않는다는 것을 보여준다.

오늘날 사람들은 주의를 집중하는 시간이 벌처럼 짧아서, 40분 동안 가만히 앉아 일방적인 이야기를 듣지 않는다. 소셜미디어를 접하며 자란 세대는 언어적, 시각적, 감정적, 활동적으로 그들의 관심을 끄는 다양한 경험을 기대한다. 그것은 확성기와 전화기의 차이와 같다. 전통적인 설교는 확성기와 같이 사람들을 향한 일방적 커뮤니케이션이다. 그러나 소셜미디어는 전화기와 같아서, 사람들 간의 쌍방 대화이며, 관련 콘텐츠로 연결되는 하이퍼링크를 포함한다. 나는 사진을 올리고 당신은 댓글을 단다. 당신은 영상을 보내고 나는 그것을 내 계정에 올려 다른 사람들과 공유한다.

이미지를 떠올리게 하는 생생한 언어와 현대 생활에 대한 적용이 결여된 전통적 설교는 죽어가는 듯하다. 그 대신, 새로운 세대의 우뇌형 전달자들이 떠오르고 있다. 지금 내가 보는 것은 사람들의 삶과 밀접한 설교의 새로운 미래에 큰 희망을 준다.

### 좌뇌의 논리와 우뇌의 창의성을 결합하라

오늘날의 디지털 혁명은 이 떠오르는 세대의 집단 지능을 다시 연결하고 있다. 그들은 이 장의 내용을 영상 콘텐츠로 만들거나 적어도 멀티미디어에 의해 강조된 정보를 보는 것을 선호한다. 당신도 그렇게 느낀다면 그것은 당신의 뇌가 그런 방식으로 연결되어 있기 때문이다.

다들 알다시피 뇌는 우뇌와 좌뇌로 나뉘어 있다. 그 둘은 정보를 동시에, 그러나 다른 방식으로 처리한다. 해변을 걸으면서 발가락 사이로 들어오는 모래의 촉감을 느낄 때는 창의적인 부분을 담당하는 우뇌가 작동한다. 빈 캔버스에 물감을 쏟아붓거나 배우자를 위해 시를 쓰도록 영감을 주는 것은 당신의 열정과 창의성이다. 반면, 좌뇌는 더 직선적이고 분석적이며, 질서정연하고 논리적이다. 돈을 지불하거나 양말 서랍을 정돈할 때 좌뇌가 활발하게 작동한다.

창의력과 논리의 균형을 이루기 위해 우뇌와 좌뇌가 함께 일한다. 목사이자 작가인 내 친구 마크 배터슨(Mark Batterson)은 이렇게 설명한다.

"뇌의 두 반구를 병렬 프로세서로 생각하라. 그 둘은 기능상 서로 겹친다. … 뇌의 지형을 마태복음 22장 37절과 나란히 놓고 보자. '네 마음을 다하고 목숨을 다하고 뜻을 다하여 주 너의 하나님을 사랑하라.' 절반의 뜻만으로 하나님을 사랑하는 것은 좋지 않다. 뜻을 다하지 않는 것은 마음을 다하지 않는 것과 마찬가지다. 그럼에도 많은 설교자가 뇌의 반절은 사용하지 않고 설교하려 한다. 이것은 한쪽 다리로 달리는 것, 한쪽 손으로 손뼉을 치는 것만큼 비효율적이다."[5]

나는 다음세대의 전달자들에게 뇌 전체의 혁명을 요청한다. 서구 교회사에서 지난 400년간의 설교는 균형을 이루지 못하고 좌뇌의 논리에만 초점을 맞추었다. 신학교들은 조직신학과 세 가지 요점으로 된 설교 작성법을 가르쳤다. 물론 이것은 성경의 사상이나 주제의 순서, 구조, 논리적 전개를 배울 필요가 있는 젊은 설교자들에게 유익한 틀이다. 그 자체에는 잘못이 없다. 모든 초보 클래식 피아노 연주자는 음계 연습을 해야 한다. 그러나 만일 Z세대를 위해 EDM(일렉트로닉 댄스 음악)을 연주하기 원한다면 좌뇌의 논리와 함께 우뇌의 창의성을 갖추어야 한다.

휘튼대학에서 영어를 전공하며 나는 우뇌를 자극하는 온갖 소설, 희극, 시들을 읽어야 했다. 하지만 졸업하기 위해서는 각각의 본문을 분석하고 학문적 출처가 확실한 에세이, 잘 정돈된 설명문 형식의 글을 써야만 했다. 기말 리포트를 쓸 때는 좌뇌를 계속 깨어있게 하려고 밤늦게 도서관에서 커피를 마구 마셔대기도 했다. 하지만 내겐 비밀 무기가 있었으니 영국인 작가 C. S. 루이스였다. 실제로 휘튼대학은 루이스의 책과 서류들을 모아놓은 중요한 연구 자료를 소장하고 있다. 여기에는 옥스퍼드대 교수의 《사자와 마녀와 옷장》(The Lion, the Witch and the Wardrobe)이라는 작품에 영감을 준 그의 가족 옷장도 포함되어 있다.

이 역사적 연관성 덕분에, C. S, 루이스는 거의 영어 분야의 수호성인이었다. 당신이 에세이를 쓰다가 다른 할 말이 떠오르지 않고 막힐 때, 내가 학부 과정에서 배웠듯이 C. S. 루이스의 인용문과 함께 마무리하면 적어도 B+이상은 받을 것이다(완전히 정확하진 않겠지만, 나의 우뇌는 그렇게 기억하고 있다).

루이스는 두뇌의 모든 부분을 사용하는 전달자의 훌륭한 본보기다. 루이스의 신학적 고전들, 이를테면 《순전한 기독교》(Mere Christianity) 같은 책을 읽어보면 그가 좌뇌의 논리적인 사람이었다는 것을 즉시 알게 될 것이다. 하지만 루이스는 좌뇌의 논리와 우뇌의 창의성을 결합하여 그의 기독교 명작 《나니아 연대기》(Chronicles of Narnia)를 탄생시켰다. 그의 친한 친구이자 글벗인 J. R. R. 톨킨(또 한 명의 좌우뇌 통합형 전달자)처럼, 루이스는 상상력을 사용하여 마법에 걸린 생물들의 가상 세계를 만들었다. 그것은 지금도 계속해서 우리의 상상력을 자극한다.

나는 하나님께서 우리의 TGIF 세상에 다가가려 하는 새 세대의 좌우뇌 통합형 설교자들의 상상력에 세례를 주기 원하신다고 믿는다. 교회는 지구상에서 가장 창의적인 장소여야 한다. 그 이유는 우리가 세상의 창조자를 섬기기 때문이다! 여러 감각을 사용하는 설교는 이야기, 비유, 예술, 영상, 시, 다채로운 그래픽들이 넘쳐나야 한다. 이것은 단지 쓴 약을 삼키게 도와주는 약간의 설탕 같은 것이 아니다. 우뇌의 창의성은 이 TGIF 세대의 마음과 지성을 자극하고 그들의 신앙을 자기 것으로 만들도록 감화시키는 데 꼭 필요하다.

### 창의적인 과정

최근 연구에 의하면 뇌의 두 반구 사이의 연관성이 이전에 상상했던 것보다 더 강하다고 하며,[6] 이것은 내게 리퀴드의 창의적 과정을 더욱 입증해준다. 또한 사람들이 시각적 또는 청각적으로 학습한다고 널리 알려져 왔으나 이 개념은 힘을 잃고 있는 듯하고,[7] 사람들이 학습하는 방식은 우리의 생각보다 더 복잡하다는 견해로 바뀌고 있다. 청중, 맥락, 메시지의 내용에 따라 조정되는 다양성이 가장 좋고 단순한 해법인 것 같다.

그렇긴 하지만, 다음세대의 눈길을 사로잡고 울림을 주는 설교는 저절로 만들어지지 않는다! 그러려면 세심한 계획이 필요한데 리퀴드에서는 10단계의 과정을 따르고 있다.

### 1. 설교 시리즈를 계획하라

우리는 하나의 주제를 보통 4-5주 동안 풀어내는 시리즈 설교를 하면서 결혼, 인간관계, 불안 다스리기, 재정 관리, 자녀 교육 같은 감정적 필요들을 다루기도 하고, 기도와 금식, 영적 전쟁, 종말, 인종 간의 화해 등 더 깊은 제자도의 주제들을 분석하고 다루기도 한다.

주제별로 연속해서 가르치는 이유는 넷플릭스 세대에게 설교하고 있기 때문이다. 나는 넷플릭스 영화 DVD가 붉은 봉투에 담겨 우편으로 배달되던 때를 아직 기억한다(비디오 대여점에서 비디오를 빌려 보던 때를 기억하는 사람이 있는지?[8]). 그러나 지금 세대는 〈기묘한 이야기〉(Stranger Things) 시리즈, 〈디스 이즈 어스〉(This Is Us), 〈더 크라운〉(The Crown) 등, 자신이 좋아하는 프로그램을 언제든지 볼 수 있다. 그들은 주머니에 스크린을 넣고 다니며, 시즌 전체를 몰아서 보기도 한다. 청년들에게 "어느 시즌을 보고 있니?"라고 물으면 말해줄 것이다.

우리의 사고방식은 시리즈, 시즌, 에피소드의 관점에서 생각하도록 굳어지고 있다. 4주나 5주간의 시리즈 설교는 이런 청중이 즉시 이해할 수 있고, 더 중요한 것은 친구들에게도 흥미를 끌고 공감을 일으켜 초대할 수도 있다는 것이다. 우리는 대체로 매년 12개의 시리즈 설교를 계획하여 연간 설교 일정에 기록해둔다. 6주간의 소그룹 캠페인이 봄가을로 두 번 고정되어 있다(사람들이 몇 주간 연속해서 출석할 확률이 가장 높은 계절이다). 우리는 이 캠페인들을 위한 내부 커리큘럼을 발표하고 우리 소그룹들과 함께 견인력을 높인다.

설교 아이디어들은 대부분 성경에서 바로 얻지만, 영화, 음악, 뉴스, 문화적 트렌드 등 다양한 출처에서 얻기도 하는데 각각 성경에서 하나님의 관점을 찾으려 한다. 나는 그것을 '까치 절차'라고 부른다(까치는 끈, 호일, 그 외 발견한 물체들을 가져다 둥지를 짓는 것으로 유명하다). 그리고 미래에 사용할 잠재적 설교 아이디어로 가득한 열린 파일을 둔다. 매년 가을이면 우리 티칭팀은 계획 세우기 리트릿을 가서 기도하며 1년 동안 모아온 티칭 아이디어들을 함께 나눈다.

### 2. 창의적인 요약문을 기록하라

시리즈마다 티칭팀은 그 시리즈의 주제를 객관적이고 큰 그림의 관점에서 설명하는 2쪽 분량의 창의적 요약문을 작성한다. 거기에는 안내문, 짧은 설명(아마존의 도서 요약과 비슷하다), 다룰 주제나 성경말씀의 개요, 무대와 소품에 대한 제안도 들어 있다. 그러나 이 창의적 요약문의 가장 특별한 점은 광고용 사진집처럼 사진과 그림들이 담긴 페이지가 포함된다는 것이다. 이것은 해당 시리즈를 브랜드화할 시각적 아이디어들을 즉시 만들게끔 해준다.

2018년 1월에 우리는 사도행전에 나오는 바울의 선교여행을 바탕으로 '거룩한 방향'(Divine Direction)이라는 시리즈를 만들었다. 거대한 GPS 핀들을 사용해 구글 지도의 모습을 만들어서 이 시리즈를 브랜드화했고(https://youtu.be/7fRSfBTeFKY에서 무대 장치로 구현된 모습을 볼 수 있다), 개인적인 방향성에 관한 시리즈로 이렇게 홍보했다(실제 삶의 적용에 중점을 둔다는 것을 주목하라).

> "인생에 대한 GPS가 있다면 멋지지 않을까요? 어느 학교에 다닐지, 누구와 사귀거나 결혼할지, 어디에 살지, 어떤 진로를 따라갈지 알려주는 길 안내가 있다면? 올 1월에 '거룩한 방향'을 들으며 당신의 삶에서 중요한 영역에 관한 하나님의 뜻 분별하는 법을 배우세요! 누구를 신뢰할지 알게 되면 당신의 이야기에서 빈 페이지를 어떻게 채울지 더 쉽게 알 수 있습니다. 올해, 당신의 거룩한 방향을 발견하세요!"

이것은 새해를 시작하기에 아주 매력적인 시리즈였다. 분명한 방향과 목적을 가지고 한 해를 시작하고 싶은 사람들의 감정적 욕구를 자극했기 때문이다. 바울이 여러 장애물을 극복하고 성령의 인도를 따라 소아시아에서 로마로 가는 그의 여행과 도전을 보여주었고 이를 통해 쉽게 삶에 적용할 수 있었다.

### 3. 포도주를 담을 부대를 선택하라

다음으로, 각 설교 시리즈를 브랜드화하기 위한 '스킨'(skin)을 생각해낸다. 종종 마케팅에서 상품을 포장하는 포장지를 나타내는 이 단어는 포도주 부대에 대한 예수님의 비유를 떠올리게 한다. 예수님은 은혜에 관한 그분의 혁명적인 메시지를 언급하며 "새 포도주를 낡은 가죽 부대에 넣지 아니하나니 그렇게 하면 부대가 터져 포도주도 쏟아지고 부대도 버리게 됨이라 새 포도주는 새 부대에 넣어야 둘이 다 보전되느니라"(마 9:17)라고 말씀하셨다. 복음의 새 포도주를 목마른 사람들에게 가져다주려면 새로운 용기에 담아야 한다고 말씀하신 것이다.

메시지 내용을 포도주로 생각하라. 각 시리즈에는 시대를 초월해 영원히 변치 않는 성경의 진리가 담겨 있지만, 우리는 그 진리를 문화적으로 적절하게 만들기 위해 용기를 자주 업데이트한다. 설교 시리즈를 포장하고 영적인 문제를 다루기 위해 인기 있는 TV 프로, 영화, 음악을 자주 활용할 것이다. 우리는 느헤미야에 관한 설교 시리즈(성벽 재건)를 브랜드화하기 위해 〈픽서 어퍼〉(Fixer Upper, 칩과 조안나 게인즈 부부가 진행한 인기 있는 집 수리 프로그램)를 '스킨'으로 사용했다.

관계에 관한 시리즈를 포장하기 위해 NBC 가족 드라마 〈디스 이즈 어스〉(This Is Us)를 활용했는데 그 프로를 좋아하는 팬들이 자기 동료와 친구들을 초대했다. 우리는 그 프로의 가슴 아픈 순간들을 담은 영상 클립들을 보여주며, 가정의 결손, 중독과 비밀 유지, 입양, 용서를 포함한 민감한 주제들에 관해 강력한 성경의 진리들을 전했다. 그것은 시리즈의 독창적인 포장의 힘이었다. 새 가죽부대는 우리 문화 및 현대적 사고와 연관성 있게 복음을 전하여 사람들이 복음을 새롭게 들을 수 있게 해주었다.

리퀴드에서는 음악과 미디어가 소통방식의 큰 부분을 차지하며, 세속적인 노래와 영화들을 구원의 목적을 위해 사용하는 것을 주저하지 않는다. 우리는 대부분의 교회가 주변 문화에 다가가는 방법이 거부, 환영, 또는 구원, 이 셋 중 하나라는 것을 발견했다. 어떤 교회는 세속적인 문화를 거부한다(판단과 함께). 어떤 교회는 두 팔 벌려 환영한다(그러나 분별은 없다). 리퀴드에서는 세 번째 방법을 선택한다. 즉, 복음의 목적에 맞게 문화를 구원한다.

매년 여름에 우리는 '영화관에서'(At the Movies)라는 특별 시리즈를 진행하여 할리우드의 빅히트작 뒤에 감춰진 성경의 진리를 탐색한다. 이 시리즈를 시작하기 3주 전, 성도들에게 구원받지 못한 친구와 이웃을 교회로 초대하라고 도전하며 그들을 준비시킨다. 그것은 쉬운 요구다. 여름에 교회에서 영화를 상영하고 무료로 팝콘도 준다는데 싫어할 사람이 누가 있겠는가?(정말 우리는 그렇게 하고 있다.)

하지만 우리의 반짝거리는 포장지에 속지 말라. 이것은 청중을 무장해제하고 어려운 성경적 주제들을 다루는 강력한 복음 시리즈다. 최근 몇 년 동안 우리는 〈핵소 고지〉(Hacksaw Ridge) : "원수를 용서하기", 〈원더 우먼〉(Wonder Woman) : "여성들을 리더로 성장시키기", 〈오두막〉(The Shack) : "왜 하나님은 이루 말할 수 없는 악을 허용하시는가?", 〈위대한 쇼맨〉(The Greatest Showman) : "교회는 하나님이 모으신 부적응자들의 무리"의 클립(clip, 필름 중 일부만 따로 떼어서 보여주는 부분)을 상연했다.

우리는 정기적으로 '영화관에서' 시리즈를 진행하면서 수많은 사람을 구원한다. 사람들은 큰 화면으로 복음을 언뜻언뜻 보게 된다. 우리가 검토하는 영화를 모두 지지하지는 않지만, 우리는 이 세상의 망가진 모습과 희망의 절실한 필요성을 강렬하게 극적으로 보여주는 장면들을 찾아내기 위해 각 영화를 꼼꼼히 살핀다. 사람들이 보고 들을 때, 잘 전해진 이야기들 덕분에 그들의 마음밭이 경작되어 그곳에 복음의 씨앗들이 심길 수 있다.

우리는 '팝 하나님'(Pop God)이라는 시리즈에서 음악도 그와 같이 사용한다. 브루노 마스(Bruno Mars), 마룬5(Maroon 5), 아델(Adele) 같은 가수들의 인기곡 가사를 살펴보는 것이다. 우리는 현대적 노래 가사들이 구약성경 소선지서들을 한 장 한 장 설교하는 데 강력한 사운드트랙을 제공한다는 것을 발견했다.

교회 안에서 세속적인 음악이나 영화 장면들을 내보내는 것을 반대하는 사람들도 있을 줄 안다. 하지만 사실상 우리 문화는 우리가 말하는 이야기와 우리가 듣는 음악에 깊이 영향받는다. 언뜻 보기에는 그것들이 성경적 가치들을 나타내지 않는 것 같으나, 종종 위축되지 않고 인간의 상처를 묘사하며 하나님의 구원의 해답을 제시할 무대를 마련해준다. 설교자들이 성경을 해석하듯이, 좌우뇌를 사용하는 전달자들은 문화를 해석해야 한다. 그래야 문화를 구원할 수 있다.

중세시대의 교회들은 문자를 모르는 사람들에게 복음 이야기를 시각적으로 전달하기 위해 스테인드글라스를 사용했다. 문자에 의존하지 않고 컴퓨터와 인터넷에 매달려 있는 세상을 향해 설교하는 지금, 마크 배터슨이 종종 하는 말처럼, 영화 스크린은 교회의 새로운 스테인드글라스다. 리퀴드의 각 캠퍼스에는 극장 크기의 스크린이 갖춰져 있어, 주일 설교를 실시간 방송으로 보여줄 수 있다.

처음에는 영상을 통해 메시지를 경험하는 것에 회의적인 사람들도 있지만, 너무나 선명한 고화질 화면에 그들은 종종 처음 몇 분이 지나면 그것이 영상이라는 걸 잊어버린다. 우리 방송 캠퍼스에서도, 처음엔 세 번째나 네 번째 줄부터 시작해서 단상을 직접 보기보다 옆에 있는 대형 화면으로 보는 사람이 많아졌다. 누가 알았겠는가? 성령이 화면을 통해 움직이신다는 것을!

### 4. 외형과 로고를 디자인하라

한 시리즈를 포장한 후, 그래픽팀은 그 시리즈를 위한 외형과 로고를 디자인한다. 우리 문화는 점점 더 아이콘들과 애플, 스타벅스, 구글처럼 기억하기 쉬운 브랜드명으로 말하고, 그래서 우리는 짧고 기억하기 쉬운 설교 브랜드와 로고들을 선호하는 경향이 있다. 이를테면 이런 것이다.

- 금식(FAST) : 금식과 기도의 능력에 관한 40일 설교 시리즈. 신선한 과일과 채소들을 나타낸 밝고 다채로운 로고는 마치 요리책 표지에 등장할 것처럼 보였다. 우리는 다니엘서 1장 8-14절에 나오는 '다니엘 금식'에서 힌트를 얻었다.

- 스와트(SWAT) : 영적 전쟁과 전술(SWAT, spiritual warfare and tactics)에 관한 6주 시리즈. 에베소서에 나오는 하나님의 전신갑주를 기반으로 했다. 이 시리즈를 위해, 붉은 깃털이 달린 투구(구원)부터 철판으로 된 흉배(의)까지, 빛나는 로마 갑옷 모형 조각들을 고해상도 사진

으로 찍고, 에베소서 6장 11-18절의 신학적 개념들을 각각 체계적으로 가르쳤다.

- 빛남(LIT) : 예수님이 어떻게 성육신을 통해 죄로 어두워진 세상의 희미한 빛이 되셨는지 이야기한 성탄절 특별 설교 시리즈. 수천 개의 눈부신 조명으로 반짝이는 검정색과 금색 로고의 테를 둘러서 성탄절을 새롭고 현대적인 모습으로 표현했다.

다시 말하지만, 설교의 로고와 외형은 어떤 사람들이 생각하는 것같이 겉치레가 아니다. 그것은 시각 정보를 빨리 처리하는 두뇌의 성향을 존중하는 것이다. 사람들은 종종 "백문(百聞)이 불여일견(不如一見)"이라고 한다. 한번 보는 것이 글로 쓴 묘사보다 더 강력하게 메시지를 전할 수 있다. 하지만 현실은 천 마디 말보다 좋은 로고는 더 큰 가치가 있다. 더그 오스(Doug Oss)와 마크 배터슨이 지적한 바와 같다.

"신경학적 연구에 따르면, 뇌는 대략 초당 100비트의 속도로 한 페이지의 활자를 처리할 수 있다. 그러나 뇌는 대략 1초당 10억 비트의 속도로 한 그림을 처리할 수 있다. 수학적으로 말해서, 그림 하나가 1천만 개의 단어만큼 가치가 있는 것이다.

로고가 중요한 이유는 뇌가 정보를 처리하는 방식 때문이다. 뇌는 제일 먼저 모양을, 두 번째는 색깔을, 세 번째 내용을 인식하고 기억한다. 이것이 인식의 순서다. 만일 사람들이 당신이 하는 말의 내용을 듣기 원한다면, 당신은 형태와 색깔에 대해 생각해야 한다. 색채 조합을 선택하는 것이 영적인 의미가 없어 보인다면, 출애굽기를 읽어보라. 무려 열두 장이 디자인에 할애되었다. 하나님은 색깔과 향기에 대해 구체적으로 지시하신다.

미학은 중요한 것이다."[9]

오늘날 리퀴드의 크리에이티브팀은 그래픽 디자이너, 영상 제작자, 사진작가로 구성되어 있다. 직원도 있지만 많은 사람이 자원봉사자다. 가장 창의적인 예술가 중 몇몇은 10대와 청년들이다. 그들은 시각적으로 사고하는 것이 자연스럽다.

나는 종종 그들에게 브살렐에 대해 말해준다. 그는 성막 건축의 책임자로 언약궤 만드는 일을 담당했다. 출애굽기 31장에서 하나님이 모세에게 이렇게 말씀하셨다.

> 내가 브살렐을 지명하여… 하나님의 영을 그에게 충만하게 하여 지혜와 총명과 지식과 여러 가지 재주로 정교한 일을 연구하여 금과 은과 놋으로 만들게 하며 보석을 깎아 물리며 여러 가지 기술로 나무를 새겨 만들게 하리라 출 31:2-5

브살렐은 멀티미디어 디자이너였다. 하나님은 색채, 질감, 디자인을 통해 그분의 영광을 시각적으로 전달하는 예술적 비전이 있으셨기에 브살렐이 이끄는 예술가들에게 거룩한 은사를 주셨다. 얼마나 큰 영광인가!

그러나 중요한 사실을 기억해야 한다. 브살렐은 성경에서 "하나님의 영을… 충만하게 한" 자로 언급된 첫 번째 사람이다. 그리고 그는 제사장이 아니라 예술가였다. 창의성은 하나님의 영감을 받은 은사다. 나는 당신의 교회 안에도 쓰임받기를 기다리고 있는 성령 충만한 창의적 작가들이 반드시 있을 거라 장담한다.

## 모든 강은 작은 물줄기로 시작된다

Starts with a Trickle

내가 처음 설교를 시작했을 때는 어떻게 설교를 구조화해야 하는지 몰랐다. 밤에 신학교 수업을 듣고 있었지만, 나의 설교 개요는 상상력이 부족하고, 변변찮은 두운법과 지루한 글자 수수께끼로 가득했다. 게다가 나는 자신이 없어서 많은 젊은 설교자들이 범하는 실수를 저질렀다. 당시 나의 우상이었던 팀 켈러를 따라 하려 한 것이다. 그것은 큰 실수였다. 나는 결코 팀만큼 똑똑하지 않다. 내가 그를 따라 하려 할 때 나는 너무나 바보 같아 보인다.

게다가 나는 요점을 설명하는 데 너무 오래 걸렸다. 만일 성경 본문에 두 개의 요점이 있다면 나는 열 개를 설교하고 성경의 세세한 부분까지 빠짐없이 이야기했다. 최근에 초기 설교 원고들을 살펴보니, 20페이지 이상에 무려 한 시간이 넘는 분량이었다(주여, 저를 용서하소서). 나는 아주 긴 설교로 사람들을 하나님나라로 들여보냈다가 다시 내보냈다!

그렇지만 한 가지는 잘하고 있었다. 첫날부터 나는 성경이 오늘날의 삶에 어떻게 적용되는지 보여주면서 현대 문화와 연관성을 유지하려 했다. 청년들을 위한 주일학교처럼, 처음 몇 주 동안 영화의 장면들을 사용했다. 다행히 우리의 초보 성도들은 내가 그들과 함께 성장하고 성숙하는 동안 인내해주었다. 시간이 지나면서 나는 대학에서 영어를 전공하고 영화를 공부하면서 배웠던 것을 적용하기 시작했다.

즉, 적을수록 좋다는 것이다.

휘튼대학을 다닐 때 나는 4학년의 절반을 남부 캘리포니아의 로스앤젤레스 영화 연구 센터에서 공부하며 보냈다. 운 좋게 할리우드 스튜디오에서 인턴십을 했고, 영문학을 공부한 배경 덕분에 스토리 창작 부서에 배치되어 각본 읽는 일을 했다. 첫날 나의 상관은 나를 구석에 있는 작은 책상에 앉히고, 읽어야 할 원고들을 책상 위에 산더미처럼 얹어놓았다.

"자, 여기. 각 원고의 첫 20페이지를 읽어."

나는 영화가 되기를 갈망하는 그 산더미 같은 이야기들을 보면서, 작가가 시나리오 하나하나에 투자한 시간들을 생각했다. 나의 상관은 각본 하나를 들더니 처음 몇 페이지를 대충 훑어보고는 원고를 내 책상 옆에 있는 쓰레기통에 넣으며 말했다.

"10분 안에 웃음이 나거나 뭔가 느껴지지 않으면 여기에 넣도록."

할리우드에 온 것을 환영한다.

나는 처음 10분 안에 관심을 끌고 감정을 불러일으키는 것의 중요성을 빨리 배웠다. 그래서 설교를 시작했을 때 관심을 끌고 즉시 마음을 사로잡기 위해 〈매트릭스〉(The Matrix)와 〈브레이브하트〉(Braveheart) 같은 옛날 영화의 영상을 사용했다. 첫 주일학교 수업에서는 구식 플란넬그래프를 사용했으나, 그것을 TV로 대체하고 각 성경 공부를 시작할 때 DVD를 사용했다.

시간이 지나면서, 영화나 비디오 자체에 힘이 있는 것이 아님을 알았다. 중요한 것은 이야기의 힘, 그리고 현재 내 삶과 연관시키기 위해 상징물들을 사용하는 것이었다. 이야기와 상징주의는 성경을 삶에 적용하는 것을 도울 수 있고 종종 나의 청중을 감화시켜 행동하게끔 한다. 그래서 그런 요소들을 사용하여 설교를 구성하기 시작했고, 지금 리퀴드에서도 계속 사용하고 있다.

### 성경, 상징, 이야기

내 사무실에는 목사와 커뮤니케이터 지망생들을 지도할 때 사용하는 선홍색 계단식 의자가 있다. 그 의자에는 다리가 세 개 있는데, 나는 그들에게 그 의자가 그들의 설교를 나타낸다고 상상해보라고 한다. 나는 세 다리의 구조가 효과적인 설교를 뒷받침해준다고 믿는데, 그것은 성경, 상징, 그리고 이야기이다.

#### 성경

하나님의 말씀인 성경의 가르침을 기반으로 하는 교회로서, 우리는 모든 메시지의 첫 번째 기초가 되는 다리인 성경으로 시작한다. 첫 단계는 우리가 가르칠 주요 성경 본문을 선택하는 것이다.

#### 상징

의자의 두 번째 다리는 상징을 나타낸다. 종종 성경 본문이 우리가 전달하려는 진리를 설명하기 위한 상징을 시사할 것이다. '요한계시록의 일곱 교회'라는 시리즈 설교에서는 내가 말로 전하는 것을 청중이 볼 수 있도록 돕기 위해 매주 기억에 남을 만한 소도구나 시각적 장치를 사용했다.

첫 주에 에베소교회(잊어버린 교회)를 살펴보면서, 얼음덩어리 안에 얼어붙은 빨간 플라스틱 심장을 보여주었다. 이것은 시각적으로 하나님에 대한 사랑이 차갑게 식어버린 그리스도인들을 나타냈다. 나는 메시지를 전하면서, 얼음 깨는 송곳으로 얼음을 조금씩 깎아냈고, 하나님을 향한 열정을 되찾는 법을 가르쳐주었다.

둘째 주에 서머나교회(고난받는 교회)를 살펴볼 때는 착즙기와 오렌지들이 담긴 그릇을 들고 강단에 올라갔다. 서머나교회 신자들은 황제 숭배를 거부하여 도미티아누스 황제에게 핍박받고 있었다. 예수님은 그들에게 "내가 네 환난을 안다"(계 2:9)라고 말씀하셨다.

원어로 환난이라는 단어는 두 개의 판 사이에서 눌리거나 으깨지는 것을 의미했다. 나는 서머나에서 이 초기 그리스도인들이 어떻게 고통당했는지 설명하면서, 오렌지들을 착즙기에 넣어 즙을 짜냈다. 납작한 껍질밖에 남지 않을 때까지 꽉 짜냈다. 듣고 있던 사람들은 그 상징을 금방 이해했고, 그들의 재정이나 신앙, 건강, 관계 문제에서 느끼는 압박감을 인지했다. 그 메시지는 북한, 중국, 이라크, 시리아에서 핍박받으며 살아가는 그리스도인들을 위해 뜨겁게 기도하는 시간으로 우리를 이끌었다.

마지막 주에는 미지근한 라오디게아교회에 관해 설교하면서 아무도 잊지 못할 재미있는 순간을 연출했다. 라오디게아의 미지근한 그리스도인들을 향한 이 대립적인 편지에서, 예수님은 그들에게 이렇게 말씀하신다.

“내가 네 행위를 아노니 네가 차지도 아니하고 뜨겁지도 아니하도다 네가 차든지 뜨겁든지 하기를 원하노라 네가 이같이 미지근하여 뜨겁지도 아니하고 차지도 아니하니 내 입에서 너를 토하여 버리리라”(계 3:15,16).

여기서 예수님이 주신 심판의 말씀은 매우 강하다. 주님은 라오디게아 교인들에게 그들의 미지근한 신앙이 토하고 싶게 만든다고 말씀하신다! 예수님이 말씀하시는 요점을 설명하기 위해, 청중 중에 자원하여 한 사람만 나와달라고 했다. 맨 앞줄에 있던 10대가 크게 손을 흔들었고, 나는 그를 단상 위로 불렀다. 그에게 우비를 입히고 스키 고글을 쓰게 한 다음, 나는 미지근한 수돗물을 꿀꺽꿀꺽 마시고 입안에 물을 머금었다. 그리고 성도들에게 예수님의 말씀을 다시 한번 큰소리로 읽어달라고 했다. 그들이 “내 입에서 너를 토하여 버리리라”라는 말씀을 읽을 때 나는 그 소년의 머리부터 발끝까지 물이 튀도록 물을 내뿜었다! 청중은 매우 놀랐으나, 그 자원자는 좋아했다. 자기 자리로 돌아가 친구들과 하이파이브를 하며 말했다.

“목사님께 침 뱉음을 당했다고!”

이런 상징, 예화, 시각적 보조자료, 실시간 설명은 모두 청중의 마음을 사로잡고 분명한 반응을 일으켜 기억에 남을 만한 순간들을 만들어냄으로써 성경 말씀에 생기를 불어넣는다. 예수님은 일상의 평범한 대상들을 가르침에 사용하는 것을 좋아하셨다. 그분은 공중에 나는 새들, 들의 백합화, 한 줌의 씨앗, 양 떼, 물고기로 가득한 그물을 가리키셨고, 이런 것들을 상징으로 사용하여 깊은 영적 진리들을 설명하셨다.

이야기

성경에 나오는 주요 이미지 또는 아이디어에서 유래한 두 번째 상징을 발견한 후, 한 이야기로 통합시킬 방법을 생각해낸다. 흥미진진한 이야기는 성경의 영적 진리를 듣는 이의 감정 및 느낌의 세계와 연결할 것이다. 개인적인 이야기들은 매우 힘이 있고 연민, 슬픔, 웃음, 분노 등 다양한 감정을 일으키면서 청중이 배우는 진리에 공감하도록 이끌어간다.

관계에 관한 시리즈 설교에서, 나는 종종 결혼 초기에 남편으로서 저지른 실수들을 이야기했다. 갈팡질팡하며 로맨스를 시도한 얘기, 또는 좌절했던 순간이나 갈등으로 잘못된 길에 들어선 얘기 등 청중이 공감할 만한 이야기들을 하는 것이다. 여기에 비밀이 하나 있는데, 사람들은 당신의 성공에 감명받기보다 당신의 실수로부터 배울 것이다. 더 젊은 세대들에게 진실성은 신뢰 관계의 화폐다. 자신의 바보 같은 실수들을 털어놓고 하나님이 어떻게 은혜로 응답해주셨는지 나눌 때 그들이 보기에 당신의 수준이 한 단계 더 올라가는 것이다.

나의 가장 좋은 일화들 가운데 몇 개는 유머를 사용하여 논지를 입증한다. 프롤로그에서 나눈 '피 묻은 양말'에 관한 나의 기괴한 이야기를 기억하는가? 나는 논지를 입증하고 당신을 웃게 하기 위해 상징과 재미있는 추억을 사용했다. 나는 웃음이 건강한 교회의 특징 중 하나라고 믿는다("마음의 즐거움은 양약이라"라는 잠언 17장 22절을 반복하며). 유머는 또한 새 신자들과의 다리를 건설하는 훌륭한 방법이다. 부활절이나 성탄절 같은 중요한 전도 시즌에는 새 손님이 많이 찾아올 것이다. 그때 나는 어색한 분위기를 깨고 방문자들을 편안하게 해주기 위해 재미있는 이야기로 메시지를 시작할 것이다. 정말이지 웃음은 처음 보는 두 사람 사이를 가장 가깝게 해준다.

성경의 진리를 보여주는 이야기들은 어디서든 찾을 수 있다. 우리 교회 초창기 시절, 나는 뉴스에서나 쇼핑몰, 체육관, 또는 사무실에서 어떤 이야기를 들을 때마다 핸드폰 음성 메모로 녹음해놓곤 했다. 나는 이야기들을 순차적으로 수집하며, 오늘날 우리 교회에는 스토리 큐레이터팀이 있어서 성도들을 샅샅이 찾아다니며 치유된 결혼생활, 중독에서 회복된 이야기, 빚에서 벗어난 이야기, 기도의 능력에 대한 간증 등 삶이 변화된 이야기들을 모은다. 오늘날에는 자주 영상팀을 보내 하나님이 만져주신 사람들을 인터뷰함으로써 이런 이야기들을 기록하고, 나는 이 이야기들을 설교에 통합한다.

병든 자를 치유하시는 하나님의 능력에 관한 메시지를 전하기 위해, 우리는 리아(9세)라는 소녀의 강력한 이야기를 함께 나누었다. 그 아이는 우리 교회 가족인데 2018년 3월에 척추 손상으로 갑자기 몸이 마비되었다. 리아의 부모인 피터와 애비는 말도 못 할 충격을 받았고 우리 온 교회는 어린 리아를 위해 무릎 꿇고 기도했다. 기도하고 금식하며 하나님께 기적을 일으켜 달라고 간구했다.

어느 특별한 밤에 예배와 치유 기도를 드리던 우리는 그 가족에게 손을 얹고 예수님께 마가복음 5장 41절에 기록된 대로 "달리다굼(소녀야 일어나라)!"이라 말씀해달라고 간구했다. 놀랍게도, 그다음 몇 주 동안 리아는 발가락을, 그다음엔 손가락을 움직일 수 있게 되었고. 그다음엔 일어나 앉을 수 있었다. 의사들은 용기를 얻어 그녀의 인공호흡기를 제거했다. 마침내 리아는 집으로 돌아왔고 사지를 다시 사용하기 위한 재활치료를 시작했다. 그것은 진행 중인 기적이었다.

이듬해 봄, 우리 영상팀이 그 가족을 방문하여 아름다운 장면을 담았다. 리아가 걷고, 행복하게 놀이터의 놀이기구에 올라가고, 잘 회복하고 있는 모습이었다. 우리는 피터와 애비를 인터뷰했다. 그들은 눈물을 흘리며 그들의 딸을 치유해주신 하나님의 놀라운 섭리를 이야기해주었다. 우리는 '기적의 하나님'이라는 주일 설교에서 그 가족의 강력한 간증 영상을 보여주었고, 성도들에게서 박수와 눈물, 웃음, 찬양의 외침이 터져 나왔다.

기적에 관해 이야기하는 것과 실제 기적을 보여주는 것은 완전히 다르다! 정확히 1년 후인 2019년 3월, 리아는 우리 방송 캠퍼스의 무대 위를 걸어다녔고 우리 교회 식구들은 천장이 떠나갈 듯 환호하며 예수님의 자비와 선하심을 찬양했다. 그것이 이야기의 힘이다. 그리고 능력의 하나님에 관한 이야기다.

바로 그것이다. 리퀴드의 설교는 바로 성경, 상징, 그리고 이야기의 세 요소로 구성되어 있다. 그것은 계단식 의자의 세 다리와 같다. 또는 그것을 비밀 소스의 구성 재료들로 생각할 수도 있다. 토마토, 마늘, 올리브오일의 결합처럼, 음식을 더 맛있게 하는 데 필요한 세 가지 요소다. 이 세 가지 재료는 어느 주제든지 맛있게 만들 수 있다(미안하지만 나는 이탈리아인과 결혼했다).

그것들은 리퀴드에서 우리의 커뮤니케이션 방식을 기억에 남게 만들며, 특히 시각적이고 이야기에 이끌리는 세대에 동기를 부여하고 그들의 마음을 사로잡도록 도와준다. 리퀴드는 어린아이부터 학생, 어른까지 모든 가르치는 환경에 이 레시피를 이용한다.

우리는 이 모든 것의 원조가 아니다. 그것은 수석교사이신 예수님으로부터 훔쳐온 것이다. 아니나 다를까, 우리 주님은 인간 역사상 가장 강력한 전달자셨다. 그분이 설교하고 가르치실 때 청중은 그 가르침을 듣고 보고 느낄 수 있었다. 예수님은 소스 재료로 성경 말씀을 인용하셨다. 그는 기억에 남을 만한 짧은 이야기(탕자, 선한 사마리아인, 열 처녀, 잃어버린 양 이야기 같은 비유)들을 말씀하셨다. 그리고 더 깊은 영적 진리를 설명하기 위해 눈에 띄는 상징들(씨앗과 밭, 빵과 포도주)을 사용하셨다. 예수님의 교수 방식을 따르기 위해, 요령 있는 전달자들은 성경, 상징, 이야기의 세 요소를 모두 결합하여 듣는 자들이 그리스도를 향해 또 한 걸음 나아가도록 도전한다.

### 당신의 다음 단계는 무엇인가?

이 사실을 잊지 말라. 결국 사람들이 예수님을 향해 다음 단계로 나아가도록 도와주지 못하면 이런 것들은 아무 의미도 없다. 계단식 의자는 그것을 위한 것이다. 그렇지 않은가? 사람들이 앞으로 나아가 이전에 닿지 않았던 것을 붙잡았으면 좋겠다. 처음부터 우리는 사람들을 감화하여 예수님께 더 가까이 나아가게 하는 것을 모든 메시지의 목표로 삼았다.

이런 행동 단계들은 어떤 모습으로 나타나는가? 한 설교에서, 우리는 사람들에게 예수님을 구주로 영접하고, 죄나 은밀한 싸움을 고백하며, 성찬에 참여하고, 세례를 받고, 소그룹에 참여하고, 자원봉사자로 섬기고, 가난한 자들을 먹이며, 원수를 용서하고, 하나님께 십일조와 헌금을 드리고, 치유를 위해 기도하고, 상담을 받고, 친구를 교회로 초대하라고 말할 것이다.

예배에서 가장 강력한 순간 중에 사람들이 기도하고 회개하며 앞으로 나아갔을 때 자발적이고 성령에 이끌린 반응들이 나타난 적이 있었다. 나는 한 소녀가 자신의 약물 중독을 고백하기 위해 앞으로 나아와 약이 가득 든 가방을 성찬식 테이블에 내려놓았던 어느 예배를 기억한다. 우리는 그 소녀를 위해 기도했으며 그녀가 재활 프로그램에 참여하도록 도와주었다.

영적 단계는 사람들이 믿음의 여정에서 앞으로 나아가는 것이다. 매주 조금씩 나아가다 보면 극적인 삶의 변화가 이루어질 수 있다. 우리 교회는 주일예배 때 성령 충만하고 죄를 깨닫게 하며 그들의 삶에 적용되는 메시지에 반응하여 첫걸음을 내디딘 사람들로 가득하다. 그들은 예수님께 한 걸음 더 가까이 가고, 공동체 안으로 한 걸음 들어갔으며, 상담을 받으러 가고, 분노나 두려움 또는 중독의 문제를 하나님께 맡기고 지금은 자유롭게 살고 있다. 시간이 지날수록 이 걸음들은 변화된 삶, 변화된 가정, 변화된 결혼생활, 그리고 그리스도께 내어드린 변화된 마음을 낳았다.

이제 우리 비법 소스를 알았다면, 한 가지 물어보겠다. 당신의 가르치는 사역에서 다음 단계는 무엇인가?

### 5. 시리즈 예고편을 내보내라

설교 시리즈의 외관과 로고를 디자인한 후에, 영상팀은 홍보를 위한 예고편을 스토리보드로 만들어 내보낸다. 예고편은 보통 60-90초 정도 되는 짧은 영상으로, 시리즈를 홍보하는 데 사용되었다. 어떤 예고편들은 흥미진진하고('일곱 교회'의 시작 영상처럼), 어떤 것들은 주제(결혼이나 육아)에 그것이 필요하다면 가슴 저미도록 슬프다. 어떤 것들은 재미있고 소셜미디어에서 공유할 만하다. 간혹 예고편에 배우들이 필요하면 우리 성도들을 출연시켜 청중이 스크린에서 그들과 같은 사람을 보게 한다.

만일 당신이 '우리는 자체 영상을 제작할 돈도 시간도 없다'라고 생각하고 있다면 교회 청년들에게 만들어달라고 부탁해보라. 그들은 아마 스마트폰으로 그것을 할 수 있을 것이다. 라이프교회 웹사이트(life.church)를 방문하여 그들의 오픈 네트워크에 가입하면 설교 시리즈 예고편과 그래픽을 무료로 내려받을 수 있다.

### 6. 입소문을 내라

오늘날의 TGIF 세상에서, 아이디어는 온라인을 통해 가장 잘 퍼진다. 우리는 각 설교 시리즈를 홍보하기 위해 함께 나누고 퍼뜨릴 수 있는 디지털 자산을 만든다. 소셜미디어 그래픽을 만들고 때로는 영상도 만들어 성도들이 인스타그램과 페이스북에 올리게 한다. 친구 초대용 카드도 만들고 인쇄하여 성도들이 사용할 수 있게 지원해준다. 입으로 전달되는 간증과 온라인 기술을 이렇게 결합하는 것은 복잡하고 시끄러운 디지털 아이디어 시장에서 당신의 사역을 입소문 낼 가장 좋은 방법이다.

### 7. 소품과 무대장치를 추가하라

예수님은 단순히 그분의 설교를 돋보이게 하려고 이야기를 들려주신 게 아니었다. 설교 내용을 힘있게 보여주려고 일상생활의 소품들을 선택하신 것이다. 가이사의 동전을 들어 보이든, 땅에 씨앗을 뿌리든, 물고기 잡는 그물을 가리키든, 예수님은 종종 시각 도구들을 사용해 그분의 메시지를 잘 알아듣게끔 해주셨다. 이것은 보여주고 말하는 효과적인 교수법이다.

우리 티칭팀은 영적 진리를 전달하기 위해 일상의 소재들을 자주 사용했다. 어느 부활절에는 부활 메시지를 전하려 실제 관을 무대에 올렸다(스포일러 주의 : 텅 빈 관이었다!). 위선에 관한 설교에서는 목사가 설교할 때 이모티콘 마스크들을 보여주었다. 하나는 노란색 웃는 얼굴, 하나는 우는 눈, 또 하나는 위선의 해로운 영향을 보여주기 위한 악명 높은 똥 이모티콘이었다.

금식의 능력에 대해 가르치는 제자도 시리즈에서는 다니엘 선지자가 거부한 바벨론 왕의 고급 음식을 표현하기 위해 수퍼마켓에서 가져온 식료품 카트를 단상에 올렸다. 카트는 치즈버거, 치킨, 피자, 케이크, 초콜릿칩쿠키, 짭짤한 감자칩, 달콤한 탄산음료, 6개들이 캔맥주로 가득 차 있었다! 이것은 세상이 우리에게 우리 육신을 먹이라고 권유하는 방식이고, 이 요점은 모두에게 명확히 전달되었다.

그와 대조적으로, 다니엘의 금식을 표현하기 위해 간단한 과일과 채소를 담은 그릇과 물 한 컵을 놓은 작은 테이블에 스포트라이트를 비추었다. 이것은 다니엘이 영적으로 자신을 강화하기 위해 사용한 제한 식단이었다(단 1:5,16). 그 주말에 3천 명 넘게 40일 다니엘 금식에 참여하겠다고 신청했다. 6주 동안 빵, 고기, 단 것, 카페인, 술을 삼가고, 대신 "정결하게 먹고"(과일, 채소, 견과류, 물만 먹기) 성경 읽기와 기도로 식사를 보충하는 것이다.

금식 체험을 위해, 교회 카페에서는 보통 주일 아침에 제공하는 커피와 베이글 대신 레몬수와 컵 과일을 제공했다. '금식'은 시각, 청각, 후각, 미각까지 사용한 군침 도는 설교 시리즈였다. 사람들이 당신의 메시지를 기억하기 원한다면 여러 감각이 관여하도록 만들라!

### 8. 사람들을 깜짝 놀라게 하라

새로운 것을 시도하기 위해, 우리는 모든 시리즈에서 적어도 한 번은 깜짝 놀라게 할 요소를 추가하려 한다. 틀에 박힌 것은 우리의 적이다. 사람들은 항상 무엇이 진행될지 알고 교회에 들어온다. 찬송가 세 곡, 광고, 세 가지 요점이 있는 40분 설교, 봉헌. 그럼 금세 지루해져서 타성적으로 예배드리기 쉽다. 더 나쁜 것은 그들이 자신들의 신앙을 정형화된 의식으로 여기기 시작할 거라는 사실이다. 그러니 그들에게 변화구를 던져라!

탕자의 비유(눅 15:11-32)를 설교할 때의 일이다. 그 이야기는 건성으로 교회에 다니는 사람들도 잘 알고 있다. 티칭팀은 그 본문을 연구하면서, 탕자가 돌아왔을 때 아버지의 격한 반응에 감명을 받았다. 아버지는 그의 돈을 가지고 라스베이거스로 가서 춤추고 먹고 마시는 데 다 써버린 망나니 아들을 용서한다. 하지만 그것도 가장 좋은 부분은 아니다. 아낌없이 은혜를 베푸는 아버지는 하인들을 시켜 그 방탕한 아들을 위해 잔치를 열라고 한다.

아버지는 종들에게 이르되… 살진 송아지를 끌어다가 잡으라 우리가 먹고 즐기자 이 내 아들은 죽었다가 다시 살아났으며 내가 잃었다가 다시 얻었노라 하니 그들이 즐거워하더라 눅 15:22-24

그 즉흥적인 잔치는 실패하고 돌아온 자를 환영해주시는 하나님의 마음을 충격적으로 보여준다. 나는 모두가 그 이야기의 핵심 구절을 알고 있어서 그냥 읽고 넘어갈까 봐 두렵다.

우리는 예수님의 말씀을 직접 들은 사람들이 느꼈을 충격과 놀라움을 되살리기 위해, 잃어버린 자를 향한 아버지의 아낌없는 사랑을 누구도 예상하지 못한 어떤 행동으로 보여주기로 했다. 그렇다고 살진 송아지를 단상으로 끌어다가 잡지는 않았고, 차선책을 택했다. 설교 중간에 예배를 멈추고 잔치를 벌인 것이다.

본당 문이 벌컥 열리고, 자원봉사자들이 크리스피크림 도넛이 가득 담긴 파티 접시를 들고 들어와 사방으로 흩어졌다. 우리가 구할 수 있는 살진 송아지에 가장 가까운 것이었다. 파티 음악이 요란하게 흘러나왔다. 예배 음악이 아니라 '쿨 앤드 더 갱'(Kool and the Gang)의 '축하'(Celebration)라는 파티 축제곡이었다. 회중의 절반은 깜짝 놀랐고 나머지 절반은 바로 참여하여 노래를 따라부르기 시작했다.

"좋은 시절을 축하합시다, 어서! 바로 여기서 파티가 열리고 있으니, 축하 행사는 끊이지 않겠네!"

나는 젤리가 가득 박힌 도넛을 얼른 집어 들고, 예배팀이 청중에게 종이꽃가루를 뿌릴 때 무대 위에서 가볍게 춤을 추었다.

예배 후, 교회를 방문한 칠순 할머니 한 분은 "바로 그때 저는 이 교회가 내 가족이 될 거라는 사실을 알았어요"라고 말했다.

"저는 그 탕자에 대한 설교를 백 번은 들었지만, 잃어버린 자녀 한 명이 집으로 돌아올 때 하나님이 얼마나 행복해하시는지를 진정으로 이해하지 못했어요."

그 분은 아버지의 자비로운 마음에 울컥하며 말했다.

"이 교회에서 구원받은 모든 사람을 위해 하늘나라에서 잔치가 열리기를 바랍니다! 도넛은 충분한가요?"

우리의 역할은 독창적인 전달자로서, 각 세대를 위해 오래된 이야기를 새롭고 신선한 방식으로 전달하는 것이다. 그 이야기를 여러 번 들은 사람들은 그것의 능력을 잊어버렸기 때문이다. 그러니 당신의 예배에서 가끔은 깜짝 놀랄 요소를 계획하라. 드라마, 춤, 강렬한 음악, 또는 무대 위 인터뷰 같은 생생한 요소들은 익숙한 본문에 새 생명을 불어넣어, 잃어버린 자들과 다시 찾은 자들이 하나님의 놀라운 은혜를 새롭게 맛보도록 해준다.

### 9. 라이브 리허설을 주도하라

너무나 많은 설교자가 '토요일 밤 특별작전'에 만족한다. 그들은 설교할 주일 전날 밤에 설교 내용을 마무리한다. 하지만 그때는 이런 창의적인 선택사항 중 많은 것이 실행 불가능하다. 너무 늦은 것이다. 즉 외부의 피드백을 받기에 너무 늦고, 모호한 사상들을 날카롭게 다듬기에 너무 늦고, 설교의 개요나 길이를 변경하기에도 너무 늦고, 메시지에 활기를 불어넣을 소품과 창의적인 요소들을 생각해내기에도 너무 늦다.

개척 2년째 되었을 때 나는 틀에 박혀 있다는 것을 깨달았다. 나의 설교 준비는 뻔하고 예측 가능한 것이었고, 설교도 진부하게 느껴지기 시작했다. 나의 기술을 연마하기 위해 새로운 시각과 외부의 피드백이 필요하다는 것을 깨달았다. 그래서 지금은 획기적 전환점이 된 어떤 일을 하기 시작했다.

담임목사로서 나는 설교와 지원 요소들에 대해 목요일 밤이라는 가짜 데드라인을 도입했다. 원고, 그래픽, 영상, 소품 등 모든 것이 완료되어야 했다. 그리고 설교 비평을 위해 엄선된 사람들로 구성된 팀과 함께 라이브 리허설을 계획했다. 그것에 '목요일 밤의 복음'이라는 별명을 붙이고, 〈아메리칸 아이돌〉(American Idol)처럼 운영했다.

4-5명의 심사위원으로 구성된 피드백팀(직원들과 믿을 만한 성도들이 섞여 있다)이 내 메시지 원고를 가지고 탁자 뒤에 앉았고, 나는 그 방이 꽉 차 있는 것처럼 행동하며 처음부터 끝까지 그들에게 설교했다. 그들은 들으면서 여백에 메모하고, 좋은 부분이나 안 좋은 부분에 표시하고, 불쾌한 부분에는 빨간 줄을 그었다. 그래픽, 영상, 다른 독창적 요소들도 다 포함해 설교 전체를 라이브로 리허설했고, 초안 단계에서 메시지의 길이를 알 수 있도록 스톱워치를 사용했다.

일단 설교가 끝나면 '칼질'이 시작됐다. 나는 개선을 위한 제안을 원했다. 솔직한 피드백을 바랐기 때문에 그들에게 살살 하지 말라고 당부했고, 그들은 내가 칭찬받으려고 하는 게 아니라는 것을 바로 알아차렸다. 효과적인 발상을 강조하고 효과적인 예화를 짚어주었으며 명확하지 않거나 모호한 부분, 안 먹히는 농담을 지적해주었다. 한 페이지씩, 설교의 각 항목을 살펴보면서 각자 솔직한 피드백을 선물해주었다.

이런 작은 혁신(목요일 밤의 복음) 덕분에 나의 설교가 변화되었다(티칭팀에 속한 다른 사람들도 마찬가지였다). 피드백팀의 팀원들은 청중으로서 보여준 독특한 관점 때문에 선발되었는데, 이러한 사람들이 함께했다.

- 결혼에 관한 메시지에 통찰과 실생활의 전문지식을 부여해준 여성 카운슬러
- 인종 간의 화해라는 주제에 관해 이야기할 때 문화적 뉘앙스를 첨가하도록 도와준 인도인 목사
- 종교적인 용어를 도전적으로 묻고("대속이란 게 대체 무슨 말입니까?") 내가 신학적 개념들을 일상의 용어로 이야기하게 만든 새 신자
- 젊은 성도들과 더 가까워지도록 돕기 위해 힙합 음악 세계에서 본보기들을 제의해준 문신 새긴 20대
- 독신자들의 승리와 싸움을 들여다보게 해준 30대 독신 여성

메시지 전달은 45분 걸렸으나 피드백 시간은 무려 90분이었다! 그래도 그것은 금세 우리의 설교 절차에서 가장 중요한 부분이 되었다. 덕분에 청중이 어떤 부분을 어떻게 듣는지를, 또 그들이 종종 내 의도와 매우 다르게 받아들인다는 것을 깨닫는 데 큰 도움이 되어, 개선이 필요한 견해들, 다듬을 필요가 있는 항목들, 뉘앙스가 부족한 이야기들, 무엇보다 강조할 필요가 있는 성경적 진리들을 좀 더 잘 알게 되었다.

모든 전달자에게는 코치가 필요하다. 그러나 특히 우리에게는 귀를 빌려주고 피드백과 건설적인 비판을 해줄 수 있는 코치들의 팀이 필요하다. 성경은 지혜가 많은 조언자로부터 온다고 말씀한다(잠 15:22). 그러나 목사들은 대부분 매주 고립되어 설교를 준비한다. 서재에 들어가 몇 시간 동안 혼자 설교문을 작성하고, 머릿속에서 일방적으로 메시지를 듣고, 주일 아침에 설교할 때까지 다른 사람의 반응을 살피며 피드백을 받지 않는다. 그러면 그 결과는 어떠한가? 여러 번 예배를 드리는 교회에서 첫 예배는 주로 실험대상이 된다. 설교자는 그때에야 설교가 명확한지, 실질적인지, 적절한지 알게 된다. 내가 코치했던 한 목사는 주일날 여러 번 설교했는데 이렇게 시인했다.

"메시지가 1부 예배에서는 준비운동 같고, 2부 예배에서는 좀 더 나아지고, 3부쯤 되면 마침내 내가 뭘 말하려고 하는지 알게 됩니다!"

만일 당신의 교회가 예배를 한 번만 드린다면, 당신의 성도들은 매주 정제되지 않고 다듬어지지 않은 초안을 듣는 것이다. 만일 당신의 메시지를 수정하고, 어감을 살리고 다듬기 위해 주일예배 전에 피드백을 구하려 한다면 어떻게 달라질 수 있을까? 나는 설교가 개선되고 그로 인해 성도들이 당신을 축복할 거라고 장담할 수 있다.

왜 성도들을 차량 충돌 테스트용 인형처럼 취급하는가? 믿을 만한 비평가들로 구성된 팀을 직접 찾고 주일 전에 힘든 일을 하라. 틀에 박힌 당신의 일상에 변화를 주고 새로운 리듬과 패턴을 만들어내야 할지도 모른다. 하지만 그렇게 하여 주중 피드백의 고리를 만들어낸다면 분명 온 교회가 당신에게 감사할 것이다.

주간 라이브 리허설에는 다음과 같은 유익이 있다.

- 근육 기억(muscle memory, 반복을 통해 특정한 운동 과제를 기억으로 통합하는 절차적 기억의 한 형태)은 당신의 주일 설교를 향상시킨다(주일이 당신의 첫 무대가 아니다).
- 음성 변화를 위해 어조와 억양을 미리 연습할 수 있다.
- 소품과 다른 독창적인 요소들을 치밀하게 준비하려면 연습, 연습, 더 많은 연습이 필요하다.
- 더 분명하게 해야 할 중심 개념과 핵심 내용을 수정할 수 있다. 종종 팀원들은 뭔가를 더 간결하고 담백하게 말할 방법을 찾도록 도와줄 수 있다.
- 설교를 전자레인지가 아닌 도기 냄비에서처럼 계속 끓이면서 질감과 풍미가 더 깊어지게 할 기회를 얻는다.
- 당신의 설교가 영상으로 방송된다면(여러 지교회를 둔 교회처럼) 전달자는 카메라를 보고 설교하는 연습을 하게 될 텐데 그때 원고나 개요에서 자유로워지려면 청중과 더 자주 눈을 맞추고 무대를 역동적으로 구성해야 한다. 사람들이 잘 모르고 있는데 영상 설교는 큰 화면을 통해 청중이 계속 깨어서 집중할 수 있게 만들어야 하므로 가만히 서서 말하기보다는 훨씬 더 활동적으로 전달해야 한다.
- 리허설을 해보아야 막연한 추측을 없애고 설교 시간이 얼마나 될지 정확히 알 수 있다(그리고 그에 따라 줄이거나 늘릴 수 있다). 자원봉사자들이 당신에게 고마워할 것이다!
- 무엇보다, 주일 설교를 미리 해봄으로써 자신에게 여유를 선물할 수 있다. 이제 마지막 순간에 급히 모든 것을 처리하지 않고, 여유 있게 수정하고 반영할 시간이 있는 것이다.

이렇게 한 덕분에 우리 가족이 가장 큰 복을 받았다. 예전에 나는 거의 주말마다 다가오는 예배만 생각하며 스트레스를 받았는데 이렇게 '목요일 밤의 복음' 리허설을 시작한 후로는 가족과 온전히 함께할 수 있었다. 모든 것이 이미 시운전과 수정을 거쳤고, 신뢰하는 친구들과 비평가들 덕분에 훨씬 더 좋아졌다는 것을 알았기 때문이다. 이런 확신으로 나는 토요일에 쉴 수 있었고 주일날 성령께서 자유롭게 운행하시도록 할 수 있었다.

### 하나님 목격담 10. 사후평가를 실시하라

마지막으로, 당신의 팀과 함께 예배 후 '사후평가'를 실시할 것을 권한다.[10] 우리 팀은 월요일 아침마다 만나서 다음 주를 위한 계획을 세우기 전 30분 동안 '하나님 목격담'(God Sightings)을 함께 나누고, 다음과 같은 질문들에 답하며 찬양, 설교를 비롯해 예배의 모든 부분을 구석구석 논의하고 평가한다.

- 잘된 점은 무엇인가? (승리를 축하하라.)
- 하나님은 어디에서 나타나셨는가? (하나님 목격담을 확인하라.)
- 잘못한 것은 무엇인가? (왜 그렇게 되었는가? 앞으로 그 부분을 바로잡기 위해 무엇을 바꿀 것인가?)
- 혼란스럽거나 놀라운 일이 있었는가?
- 예배 후 성도들의 동향은 어떠했는가?

이 생생한 결과 보고에서는 배운 점들을 다루고 개선이 필요한 부분들을 밝힌 다음, 어떤 리더나 팀이 책임지고 수정할지 결정하고, 개선 작업을 완료하기 위해 일정을 조율한다. 우리 팀은 이러한 월요일 아침 사후평가가 한 주간 동안 가장 활력을 주는 순간 중 하나라는 사실을 알게 되었다. 우리 회중 가운데 일하시는 성령님을 목격하기 때문이다. 이것은 창의적인 과정에서 가장 큰 성취이며, 책임감을 안고 지속적으로 개선해가는 문화를 만드는 데 꼭 필요한 부분이다.

### 더 넓은 물줄기

하나님께서 당신의 지역사회를 향해 말하도록 당신과 당신의 팀, 그리고 회중에게 어떤 독창적인 언어를 선물로 주셨는가? 그 답은 당신이 처한 환경에 따라 다를 것이다. 플로리다주 탬파에 있는 크로스오버교회(Crossover Church)는 힙합 음악을 특징으로 삼아 다양한 다민족 군중에게 다가간다.

담임목사인 타미 "어반 디" 킬로넨(Tommy "Urban D." Kyllonen)은 8개의 앨범과 몇 차례 리믹스 프로젝트를 발표한, 세계적으로 유명한 힙합 아티스트다. 크로스오버교회의 주일예배 특징은 R&B, 가스펠, 힙합, 레게, 구어, 영상, 춤 등을 포함하는 광범위한 음악과 예술적 표현이다.

크로스오버와 리퀴드 같은 교회들이 좀 더 현대적인 사역 스타일을 구현하는 동안, 다른 주요 교회들은 고대-미래의 접근법을 사용하고 있다. 내슈빌에 있는 그리스도장로교회는 매주 예배 모임에 설명식 설교, 전례, 신조, 신앙고백, 성찬식을 행하는, 번성하는 공동체다. 점점 더 많은 청년이 역사적 뿌리내리기에 열망을 느끼고 있으며, 이를 제공해주는 것은 좀 더 전통적인 방식이다.

이 말을 하는 이유는 창의적이라는 것이 주로 겉만 번지르르하고 현대적인 것, 또는 최신 유행하는 스타일을 채택하는 것이 아님을 강조하기 위해서다.

사람들의 마음과 생각을 사로잡고자 하는 리더들은 하나님께서 그들에게 섬기라고 하신 공동체를 성령님이 어떻게 독특하게 만들어 놓으셨는지를 사려 깊게 분별해야 한다. 그다음에 용기와 독창성을 가지고, 아주 오래된 이야기를 새롭고 신선한 방식으로 전하기 위해 기도하며 새로운 시도를 해야 한다.

## Dive Deeper 더 깊이 들어가기

당신의 설교와 가르침을 좌우뇌를 사용한 커뮤니케이션으로 바꿀 준비가 되었는가? 나는 크레이그 그로쉘(Craig Groeschel), 토니 에반스(Tony Evans), 젠센 프랭클린(Jentezen Franklin), 프리실라 샤이어(Priscilla Shirer) 같은 독창적인 전달자들의 설교를 들으며 많은 것을 배웠다. 그들 같은 멘토 덕분에 나는 여전히 더 깊이 들어가고 있다. 다음은 당신의 좌우뇌로 소통하는 길을 늘리기 위한 몇 가지 단계다.

발목 깊이　복음서 중 하나를 택하여 읽으며 예수님의 설교에서 가장 중요한 주제인 '하나님나라'가 어떻게 전개되는지 추적해보라. 예수님이 그것을 묘사하실 때 사용하신 모든 시각적 상징, 은유, 직유, 이야기, 비유들을 적으며 목록을 만들라("하나님나라는 …와 같으니"). 어떻게 하면 예수님의 설교 스타일을 따르면서 당신의 성경 강해에 스토리텔링과 시각적 커뮤니케이션을 좀 더 많이 포함시킬 수 있을지 생각해보라.

리더(Leader)는 읽는 사람(reader)이다. 시각적인 세대를 위해 설교와 가르침을 바꿀 방법들을 생각할 때 카민 갤로(Carmine Gallo)의 《어떻게 말할 것인가》(Talk Like Ted : The Nine Public-Speaking Secrets of the World's Top Minds)라는 책을 참고하라. 또한 칩(Chip)과 댄 히스(Dan Heath) 형제가 쓴 베스트셀러 《스틱!》(Made to Stick : Why Some Ideas Survive and Others Die)은 전달자들을 위한 탁월한 통찰을 제공한다. 당신 교회의 전달자들과 함께 모여 책을 읽으며 장(章)마다 토론을 해보라.

무릎 깊이　창의성의 비결은 협업이다. 동역자들의 은사가 다양할수록 더 많은 창의력이 나타난다. 곧 있을 특별 시즌(강림절이나 사순절)이나 설교 시리즈들을 위해, 팀을 모아 함께 하루를 보내라. 기도하고,

생각을 나누고, 최대한 구체적으로 계획을 세워라.

팀에는 좌뇌형과 우뇌형 사람들을 다 포함시켜라. 그래픽 디자이너나 예술가, 상담가, 사업가, 회복 중인 중독자, 분위기를 살리는 이야기꾼 등 다른 목소리에도 귀를 기울여라. 마지막으로, 당신이 나이가 많다면 당신보다 젊은 사람, 당신이 비교적 젊다면 더 나이 많은 사람을 반드시 포함시켜라. 남성과 여성, 기혼자와 미혼자, 다른 인종, 민족성, 사회 계층도 마찬가지다.

허리 깊이 이 장에서 '목요일 밤의 복음'을 소개했다. 이렇게 곧 전할 메시지의 최종리허설로 표현한 '복음의 시간' 아이디어를 시행하라. 개선했으면 좋겠다고 제안된 사항들을 관련자들이 충분히 시간을 갖고 수정할 수 있도록 며칠 여유를 두고 하라. 또한 메시지를 전한 후에는 반드시 사후평가를 하라. 하나님께서 특별히 어디서 나타나셨는가? 무엇이 효과가 있었고, 그 이유는 무엇인가? 앞으로 수정하거나 개선해야 할 부분은 무엇인가?

지금부터 약 3개월 뒤를 시작으로 3개월에서 6개월 설교 일정을 계획하라. 이 장에 나오는 10단계 모델을 검토하고, 당신의 상황에 맞는 단계들을 적용하라.

## 파도를 일으키고 있는 다른 교회들

Other Churches Making Waves

잃어버린 자들에게 다가가고 제자들의 성장을 도우면서 빠르게 성장하는 교회들이 많이 있으며. 그 교회들을 통해 창의성의 물결이 강하게 흐르고 있다.

다음에 소개하는 다섯 개의 교회는 그리스도를 위해 문화를 구원하는 일을 탁월하게 감당하고 있는 창조적인 교회들이다.

**LCBC** *lcbcchurch.com*는 펜실베이니아주에 14곳의 지교회를 갖춘 멀티사이트 교회(multi-site church, 한 가지의 핵심 가치와 방향성을 가지고 '여러 장소에서의 동시 예배'를 추구하는 교회)로 이 교회는 여름마다 영화를 주제로 한 시리즈를 진행하며 할리우드의 대히트작 뒤에 감춰진 성경적 진리들을 살펴보고 있다.

이 시리즈의 진행을 위해 자원봉사자 성도들이 몇 주간에 걸쳐 실물 크기의 아름다운 세트장을 만들고 교회 로비를 영화 속 세상에 들어온 것 같이 변신시킨다. 손님들은 〈스타워즈〉에 나오는 엑스윙 전투기(X-wing fighter) 모형에 앉아보고, 〈이상한 나라의 앨리스〉에 나오는 마법의 토끼굴에서 뒹굴고, 〈인크레더블〉이나 〈어벤저스〉 복장을 한 자원봉사자들과 함께 사진을 찍을 수 있다.

교인들은 새로운 손님들에게 팝콘과 사탕을 대접한다. 사진을 찍고 SNS에 올려 교회 밖으로 소문을 내는 것도 권장한다. LCBC는 사람들이 이런 분위기를 만드는 데 많이 동참할수록 더 많은 사람과 나누고 교회로 초청한다는 사실을 발견했다. 본래 7월은 출석률이 가장 낮은 달이었는데 그 해에는 가장 높은 달이 되었다.

**열정교회**passion church, *passionchurch.com*는 미네소타주 트윈시티에 있으

며 그리스도를 멀리 떠난 사람들을 전도하기 위해 창조적인 모험을 하려는 열정을 갖고 있다. 휴일과 대중문화 트렌드를 활용하여, 교회에 다니지 않는 사람들을 끌어들이기 위한 독특한 봉사활동을 펼친다. 해마다 사탕을 채운 달걀 10만 개 이상을 가지고 달걀 찾기 행사를 진행하고, 대중문화 유명인들을 흉내 내는 연극을 제작하고, 여름마다 열리는 미네소타주 박람회에 처음 온 손님들에게 경품을 증정하는 등 지경을 넓혀가고 있다. 이런 방식으로 문화를 구원하려는 것 때문에 논란이 일기도 했지만, 그들이 전하는 부활의 메시지들은 영혼의 추수를 가져온다. 2018년에 교회는 40퍼센트 이상 성장했고, 〈아웃리치〉(Outreach) 잡지에 의해 미국에서 가장 빠르게 성장하는 교회 24위에 올랐다.

**라이프교회** Life.Church, *life.church*는 오픈 네트워크라는 플랫폼에서 창의적인 자료들을 무료로 제공하여 지역 교회들을 준비시키려 한다. 오픈 네트워크는 설교, 그래픽, 영상, 어린이 커리큘럼, 찬양, 훈련을 포함하여 수많은 자료를 갖추고 있다. 라이프교회는 또한 인기 있는 YouVersion 성경 앱을 만든 혁신가다. 그 앱은 3억 6천 5백만 개가 넘는 장치에 설치되었고 온라인(*Bible.com*)으로 이용할 수도 있다. 이 앱에서는 1,200개가 넘는 언어로 성경을 읽을 수 있고, '말씀 묵상 계획'(Bible Plans)이라는 매일묵상 글을 구독할 수 있으며, 성경 구절과 개인적인 사진들을 조합하여 소셜미디어에 공유할 수 있는 말씀 이미지를 만들 수도 있다.

**서브스턴스교회** Substance Church, *substancechurch.com* 미네소타주 트윈시티를 중심으로 여러 개의 캠퍼스를 둔 이 교회는 일렉트로닉 댄스 음악

(EDM)으로 수많은 젊은이에게 다가간다. 설립자이자 담임목사인 피터 하스(Peter Haas)는 나이트클럽에서 EDM 턴테이블리스트 디제이로 일하던 중 자신의 삶을 그리스도께 바쳤다. 그는 “그때 이후로 내게 활력을 주었던 클럽 문화와 댄스 음악을 되찾고 싶은 마음이 늘 있었다”라며 “몇 년간 우리 교회는 항상 예술가, 연주자, 영화 제작자들을 어렵지 않게 모을 수 있었다”라고 말한다. 2017년에는 최초의 전국적 워십밴드인 ‘Substance Input/Output’을 창단했는데 그 회중 예배 프로젝트는 아이튠즈(iTunes) 차트에서 24위까지 올랐다. 2018년에는 전적으로 턴테이블리스트, 래퍼와 컨트롤러리즘 디제이(controllerism DJ)가 이끄는 ‘Substance Variant’라는 춤과 랩음악 체험을 시작했다.

그들은 성경에서 영감을 받은 가사로 된 ‘새 노래’를 부르기 위해 턴테이블과 미디 컨트롤러(midi controller)의 지시에 따라 비디오 벽(여러 개의 비디오 화면을 쌓아 대형 화면을 형성하는 방식)을 사용한다. 교회는 DJ가 이끄는 예배가 어떤 모습으로 나타날 수 있는지 사람들에게 보여주기 위해 4편의 뮤직비디오를 촬영했고, EDM 문화를 활용해 전 세계의 젊은이들에게 다가가고 있다.

**셔우드침례교회**Sherwood Baptist, *sherwoodbaptist.net*는 영화의 힘을 통해 조지아주 올버니(Albany)에서 세계로 나아가고 있다. 담임목사 마이클 캣(Michael Catt)은 영화 제작에 열정을 가진 교회의 두 젊은 작가(알렉스와 스티븐 켄드릭)에게 권한을 주었고, 신예 영화제작자들에게 “대본과 예산안을 가져와 보세요. 하나님이 그 일에 관여하고 계신지 봅시다”라고 도전했다. 대체로 자원봉사자 출연진과 성도들로 시작하여, 지금까지 〈플라이휠〉(Flywheel), 〈믿음의 승부〉(Facing the Giants), 〈파이어프루프-사랑의 도전〉(Fireproof), 〈용기와 구원〉(Courageous)이라는 장편 영화 4편을 제작했다. 이 영화들은 전 세계로 배급되어 역사상 가장 성공한 신앙 기반의 영화들이 되었다.

셔우드침례교회는 단지 문화를 구원하고 있는 것이 아니라, 문화를 창조하고 있다! 교회의 영화 사역, 셔우드 픽처스(Sherwood Pictures, *sherwoodpictures.com*)는 모든 세대의 청중이 그리스도와 더 가까이 동행하도록 감화시키는 영화 제작 스토리를 들려주고 있다.

chapter 6

# 갈증을 해소해주어라 : 긍휼 사역

또 누구든지 제자의 이름으로 이 작은 자 중 하나에게 냉수 한 그릇이라도 주는 자는 내가 진실로 너희에게 이르노니 그 사람이 결단코 상을 잃지 아니하리라

마태복음 10장 42절

내가 마가리타(Margarita)를 처음 봤을 때 그 소녀는 큰 진흙 웅덩이에서 더러운 물을 뜨고 있었다. 나는 중앙 동부 아프리카에 있는 르완다의 시골 언덕에 있었는데, 내가 목격하는 것을 믿을 수 없었다. 아름답고 작고 마른 11세 소녀가 머리에 이고 온 노란 플라스틱 통을 조심스럽게 내려놓고 조용히 무릎을 꿇더니 그 통에 갈색 흙탕물을 채우기 시작했다. 그녀가 가족을 위해 물을 담을 때 모기와 물벌레들이 수면에 떠다녔다.

이것은 마가리타가 매일 하는 일이었다. 매일 아침 몇 킬로미터를 걸어가서 가족을 위해 물을 구해오고, 가정에서는 그 물을 마시고 그 물로 씻고 청소하고 요리도 한다. 그녀가 오염된 물을 퍼담는 것을 보면서 나는 더러운 웅덩이에 물 말고 또 뭐가 있을까 생각해보았다. 콜레라? 장티푸스? 설사? 또는 더 나쁜 것?

미국에 돌아가면 물이 마시고 싶을 때 얼마든지 마실 수 있다. 식

수대(食水臺)에서 물 한 모금 마실 수도 있고, 생수를 한 병 살 수도 있고, 집에서 깨끗한 수돗물을 한 컵 받아 마셔도 된다. 그런데 왜 마가리타는 진흙 웅덩이 물을 마시고 있었을까? 달리 선택지가 없었기 때문이다. 그녀가 사는 마을의 전통적인 수원은 근처 산에서 내려오는 질퍽한 빗물인데, 불행히도 농부들이 같은 수원에서 가져온 물을 소와 염소에게 먹이고, 거기서 나온 세균과 대변이 물을 유독하게 만든다.

아니나 다를까, 마가리타가 물을 채우고 있을 때 암소 한 마리가 한가롭게 돌아다니다 그 웅덩이 물을 핥아먹으면서 동시에 소변을 보기 시작했다. 나는 속이 뒤집혔고 당시 11살이던 내 아들이 생각났다. 이것이 마가리타의 일상이라는 사실이 너무 마음 아팠다. 이 유독한 수원이 그녀 가족의 유일한 선택사항이었다. 루앙고 지역의 그 마을 사람들은 수십 년 동안 이곳에 왔었다.

나와 통역사가 다가가 우리를 소개하자 마가리타는 수줍게 웃으며 그녀의 파랗고 노란 체크무늬 스카프를 벗었다. 조심스럽게 그 스카프를 손에 감아 꽉 묶어서 동그랗게 만들고, 머리 위에 올려 받침대로 삼았다. 조심스럽게 균형을 잡으며 노란 통을 받침대가 놓인 머리 위로 들어 올린 다음, 맨발의 미인대회 수상자처럼 더러운 길을 걸어가기 시작했다. 통역사가 그녀에게 도움을 원하는지 묻자 마가리타는 돌아서서 미소 짓고는, 내가 들고 가도록 머리 위의 통을 내려놓았다.

나는 그것을 머리 위에 올려 균형을 잡으려고 해봤으나 물이 철벅거리며 온 데 다 쏟아졌다. 다시 시도해봐도 통은 계속 떨어졌다. 그 지역 여인들 한 무리가 멈춰 서서 나의 헛된 시도를 지켜보았다. 그들은 나를 가리키며 "므중구(mzungu)!"라고 소리쳤다. 나는 "균형을 잡아요!"라며 나를 격려해주는 줄 알았는데 통역사는 그것이 "백인이다!"라는 뜻이라고 말해주었다.

그 모습은 웃겼을지 모르나 그 현실은 웃을 일이 아니다. 아프리카에서 사람들이 물을 얻는 데 1년에 거의 100억 시간이 든다.[1] 그 의무는 대개 여성과 어린 소녀들이 짊어지며, 마가리타가 학교에 다니지 않는 한 가지 이유다. 그녀는 하루에 5번 물을 길어오느라 교육을 받을 수 없는데, 잔인하게도 그 더러운 물은 그 가족을 계속 병들게 할 것이다.

세상에 있는 병원 침대의 절반이 물과 관련된 질병으로 고통받는 사람들로 가득 차 있다는 사실이 놀랍지 않은가? 어린이들은 특히 취약하다. 마가리타가 사는 곳의 일상에는 만성 설사, 이질, 콜레라, 벌레, 기생충 등이 만연해 있다. 당신이 이 책을 읽고 있는 지금도, 통계상 2,300명의 어린이가 안전하지 않은 물을 마신 것 때문에 24시간 안에 죽을 것이다. 그것은 매일 어린이를 가득 태운 점보제트기 5대가 추락하는 것과 같다. 그 죽음의 43퍼센트는 5살 이하의 아이들일 것이다.[2]

깨끗한 물의 위기를 균형 잡힌 시각으로 바라보자. 해마다 더러운 물 때문에 생기는 질병으로 죽는 사람이 전쟁과 테러로 죽는 수보다 더 많다. 그러므로 이것은 세계적인 전염병이라고 말해도 과언이 아니다.[3] 그런데 정말 비극은 그것이 완전히 예방할 수 있다는 사실이다. 마가리타가 사는 곳의 지하 90-180미터 지층에는 깨끗한 지하수가 있다. 하지만 그 마을에서 자급 농업으로 생존하는 가족들은 그 물을 이용할 수 있는 재정, 장비, 능력이 없다.

우리 교회는 마가리타 같은 아이들과 그 가족, 지역 교회, 그 외 르완다 사람들과 함께하기 위해 꿈을 꾸고 우리가 무엇을 할 수 있을까 묻기 시작했다. 르완다 정부는 깨끗한 식수를 100퍼센트 공급하는 목표를 세웠고,[4] 그러면 르완다는 아프리카 최초로 이 목표를 달성하는 나라가 될 것이다. 우리는 그 꿈을 실현하는 데 작은 역할이라도 하고 싶었다. 우리의 꿈은 예수님의 이름으로 '생명수'라는 단순한 선물을 주는 것이었다.

### 그녀의 입장이 되어보라

마가리타와 손을 잡고 구릉지를 오르내리며 그녀의 집으로 걸어가면서, 왜 르완다를 천 개의 언덕이 있는 땅이라고 하는지 알았다. 플라스틱 통에서 18킬로그램의 물이 철벅거리고, 종아리가 화끈거리기 시작했다.

내가 사는 곳이 나의 생사를 결정해선 안 된다는 것에 모두 동의할 것이다. 하지만 그것이 현실이다. 그렇지 않은가? 나는 동해안을 따라 대도시권에서 태어나고 자라는 복을 받았다. 식수가 어디에서 오는지 생각한 적이 한 번도 없었다. 그러나 마가리타 같은 소녀들에게는 물을 구하는 것이 매일의 도전이다.

마가리타와 내가 그녀의 가족 농장에 도착하자 그녀의 아버지가 우리를 맞아주었고, 우리는 그에게 노란 통을 건넸다. "무라코제(감사합니다)"라고 그가 말했다. 나는 통역사를 통해 "아닙니다" 하고는 나중에 다시 오겠다고 약속했다.

"여러분의 마을에 깨끗한 우물을 만들어주고 싶습니다. 예수님이 주시는 선물이에요."

그는 기뻐서 고개를 끄덕이며 "아멘. 감사합니다, 하나님" 하고 대답했다.

정확히 1년 뒤, 우리는 약속을 지켰다. 우리 교회는 기금을 모으고 〈리빙 워터 인터내셔널〉(Living Water International, water.cc)[5]과 협력해 마가리타가 사는 마을 중앙에 깨끗한 우물을 팠다. 그것은 우리가 예수님의 이름으로 개발도상국가들을 적시는 일을 도우면서 아프리카와 중앙아메리카의 목마른 가족들에게 제공해준 280개 이상의 우물 중 하나였다.[6]

### "하나님, 제 눈을 열어주소서"

"하나님, 제 눈을 열어주소서. 하나님의 마음을 아프게 하는 것이 제 마음도 아프게 하기를 원합니다. 하나님이 보시는 것을 제가 보도록 도와주옵소서."

르완다로 가는 비행기 안에서 나는 위험한 기도를 드렸었다. 착륙하기 전에, 하나님은 나를 창세기 21장으로 인도하셨다. 하나님께서 아브라함에게 많은 후손과 대가족을 약속하셨지만, 임신을 할 수 없었던 그의 아내 사라는 여종 하갈을 아브라함에게 주어 대리모로 삼았고 하갈은 이스마엘이라는 아들을 낳았다. 그러나 사라는 자기 아들 이삭을 낳은 후 하갈과 이스마엘을 경계하여 그 부족에서 쫓아내려 했다. 바로 그 부분에서 이 이야기가 내 마음에 강하게 다가왔다.

어린 소년과 그 어머니는 쫓겨나 광야에서 스스로 살아가야 했다. 성경은 이렇게 말씀한다.

> 아브라함이 아침에 일찍이 일어나 떡과 물 한 가죽부대를 가져다가 하갈의 어깨에 메워주고 그 아이를 데리고 가게 하니 하갈이 나가서 브엘세바 광야에서 방황하더니 가죽부대의 물이 떨어진지라 그 자식을 관목덤불 아래에 두고 이르되 아이가 죽는 것을 차마 보지 못하겠다 하고 화살 한 바탕 거리 떨어져 마주 앉아 바라보며 소리 내어 우니 **창 21:14–16**

이 절박한 상황을 마음에 그려볼 수 있겠는가? 어머니와 어린 아들이 마실 물도 없이 메마르고 황량한 곳에서 사는 모습을. 탈수증상이 오면 아이들은 가장 먼저 병이 난다. 그녀는 아들이 목말라 죽는 것을 차마 볼 수 없었다. 아들이 먼저 갈 것을 알고 있는 그 어머니의 심장박동을 느낄 수 있는가?

이제 당신의 아들이나 딸이 오늘날 세상에서 깨끗한 식수를 마실 수 없는 10분의 1에 속해서 죽어간다고 상상해보라.[7] 그것은 하갈의 마음을 아프게 했듯이 우리 마음을 아프게 하겠지만, 나는 이것이 하나님의 마음도 아프게 하는 것은 몰랐다!

> 하나님이 그 어린아이의 소리를 들으셨으므로 하나님의 사자가 하늘에서부터 하갈을 불러 이르시되 하갈아 무슨 일이냐 두려워하지 말라 하나님이 저기 있는 아이의 소리를 들으셨나니 일어나 아이를 일으켜 네 손으로 붙들라 그가 큰 민족을 이루게 하리라 하시니라 **창 21:17,18**

성경의 하나님은 무한한 긍휼과 사랑, 자비, 은혜의 하나님이시다. 그분은 사람들, 특히 어린아이들이 고통받는 것을 보실 때 마음이 동하여 행하신다. 오늘날 많은 사람이 하나님을 차갑고 멀리 계시며 냉정하고 감정이 없는 존재로 상상한다. 그러나 하나님은 이 어린 소년이 광야에서 목말라 죽어가는 것을 보시고 "내가 너의 눈물을 보았고 필요한 것을 주겠다" 하실 뿐만 아니라 "내가 너에게 미래, 곧 운명을 주겠다!"라고 말씀하신다.

하나님은 고통받는 사람들을 축복하시고, 비참한 가난으로 고통받는 자들에게 쓸 것을 공급해주신다. 비행기가 르완다에 착륙할 준비를 할 때 하나님께서 하갈의 눈을 열어주신 것처럼 내 눈을 열어주셨다.

> 하나님이 하갈의 눈을 밝히셨으므로 샘물을 보고 가서 가죽부대에 물을 채워다가 그 아이에게 마시게 하였더라 하나님이 그 아이와 함께 계시매 그가 장성하여 광야에서 거주하며 활 쏘는 자가 되었더니 창 21:19,20

하나님의 축복의 신호는 무엇이었을까? 하나님은 큰 자비와 맹렬한 사랑으로, 목마른 소년이 깨끗한 물을 마실 수 있도록 우물을 제공해주셨다. 이스마엘은 살아남았을 뿐만 아니라 번성하여 중동 여러 나라의 조상이 되었고 그 나라들은 지금도 여전히 번창하고 있다.

나는 르완다로 가는 도중에 하나님께서 내 눈을 열어주시기 위해 이 이야기를 특별히 고르셨다고 믿는다. 그것은 "하나님, 제 눈을 열어주소서. 하나님의 마음을 아프게 하는 것이 제 마음도 아프게 하기를 원합니다. 하나님이 보시는 것을 제가 보도록 도와주옵소서"라는 기도에 대한 응답이었다.

세상에서 가장 귀한 물질은 은이나 금, 또는 기름이 아니라 마실 물이다. 깨끗한 식수다. 물은 곧 생명이다. 아프리카에서 그것은 생사를 좌우하는 문제다. 그리고 창세기 21장의 배경과 마찬가지로, 사하라 사막 이남의 르완다는 건조한 곳이다. 그곳 주민들은 자기들에게는 세 계절이 있다고 웃으며 말했다.

"우기와 건기, 그리고 아주 심한 건기."

현재 르완다인의 25퍼센트는 안전하고 깨끗한 식수를 구하지 못한다.[8] 특히 시골 지역들이 그렇다. 그래서 나는 이렇게 기도했다.

"하나님, 제가 여기 있는 동안 하갈에게 하셨던 것처럼 제 눈을 열어주시겠습니까? 제가 목말라하는 한 아이의 얼굴을 보도록 도와주옵소서. 이스마엘처럼 마실 물이 필요한 어린아이, 하나님이 창조하시고, 사랑하시고, 구원하시려는 한 아이를 말입니다."

그로부터 3일 뒤, 마가리타를 만났다. 하나님께서 내 눈을 열어주셔서 내가 그녀를 본 것이다. 하지만 더 중요한 사실은, 하나님이 그녀를 보셨다는 것이다. 하나님은 또한 전 세계에서 깨끗한 식수를 얻지 못하는 6억 6천 3백만 명의 사람들을 하나하나 보고 계신다.[9] 모든 사람을. 하나하나. 빠짐없이.

### 제리캔에 도전하기

세계적인 물 위기가 너무나 엄청나게 보일 수도 있지만, 그것은 우리 세대가 해결할 수 있는 문제다. 중요한 것은 사람들이 그 문제를 인식하고 행동을 취하도록 돕는 것이다. 나는 르완다에서 돌아온 주말에 우리 성도들에게 창세기 21장 말씀을 가르쳤고 마가리타에 관해 이야기해주었다. 그러나 말로는 부족하다. 사람들은 종종 직접 경험을 해야만 온전히 받아들일 수 있다. 보여주고 말하는 아이디어의 강력한 변형이 필요하다. 그래서 우리는 이상해 보이는 일을 시도했다.

마가리타가 매일 들고 다니는 것과 비슷한 노란색 직사각형 플라스틱 통들을 주문했다. 당신도 본 적이 있는지 모르겠는데 아프리카에서는 그것을 제리캔(jerrycan)이라고 부른다.[10] 약 20리터짜리인 이 물통은 1930년대에 독일 사람들이 군사 작전을 위해 연료를 수송하려고 디자인한 것이다. 2차 세계대전 동안 독일인들은 아프리카 시골 지역에 폐기된 통들을 버려 지저분하게 만들었고, 그래서 제리캔이라는 별명이 붙었다('제리'는 전시에 독일인을 가리키는 속어였다).

오늘날 제리캔은 금속으로 만들거나 국방색으로 칠하는 일이 거의 없고 주로 플라스틱으로 제조된다. 그러나 고전적인 형태를 유지하고 있다. 옆면이 평평한 직사각형 모양에 움푹한 부분이 있어 구조적 견고성을 더하고 온도 변화에 따라 팽창과 수축이 가능하다. 아프리카 어디서나 물이 가득 찬 제리캔을 들고 다니는 여자와 아이들을 볼 수 있을 것이다. 그들은 그것을 머리에 이거나 등에 메거나 자전거에 부착한다.

그 주일에 안내위원들은 교회에 들어오는 사람들에게 주보 대신 물이 가득 든 20리터 제리캔을 건네주며 "이것을 당신이 앉을 좌석 줄까지 옮겨주시겠어요?"라고 말했다. 내가 마가리타를 위해 들어주려 했던 것과 똑같이 18킬로그램짜리였다. 사람들은 약간 놀란 표정이 되었고 많은 사람이 그것을 들 손이 없다고 대답했지만 안내위원은 "한 번 해보세요. 혹시 도전을 원하신다면 머리에 이고 가보세요"라고 권했다.

사람들이 강당으로 들어오는 모습을 보니 젊은 여자들은 한 손에 지갑을 든 채 다른 한 손으로 통을 들고 가느라 애를 썼고, 성인 남자들은 자리를 찾는 즉시 걸음을 멈추고 숨을 골랐다. 우리는 사람들이 마가리타의 입장에서 1.5킬로미터 정도는 걸어봤으면 했지만 사실상 그들은 자기 자리까지 겨우 15미터 정도를 걸었다. 1킬로미터는 근처에도 못 갔는데 대부분 그것도 힘들어했다. 생각해보라. 마가리타는 매일 다섯 번씩, 그것도 언덕을 오르며 물을 나른다.

세계의 물 위기에 관해 가르치기 시작하면서 나는 사람들에게 집에서 쓸 물을 직접 운반하느라 매일 5킬로미터씩 걸어야 했던 고충을 상상해보라고 도전했다. 바로 결론이 나오고 마가리타의 곤경에 공감하면서 사람들은 깨달았다. 예배가 끝날 때 모든 사람에게 '기도, 헌금, 또는 우리 교회와 함께 깨끗한 물을 공급하러 가는 것' 중 하나에 참여하도록 도전했다.

지난 10년 동안 우리의 기도는 전 세계 가난한 자들을 위해 자비의 강물을 흘려보냈다. 지금까지 리퀴드의 가족들은 예수님의 이름으로 깨끗한 물 운동에 310만 달러 이상을 기부했다(매년 우리 교회는 수입의 10퍼센트를 가난한 자들을 축복하는 구제 사역에 십일조로 드린다). 그리고 400명 넘는 단기 선교사(우리가 물의 전사들이라 부르는 자원봉사자들)를 파송했다. 그들은 자비량으로 휴가 기간에 아프리카와 중앙아메리카로 일주일간 선교여행을 가서 우물을 파고 마가리타 같은 목마른 아이들을 위해 깨끗한 물을 제공해준다.

### 예수님을 위해 더러워지다

어느 지역 교회든 선교의 항목을 여러 개 제시하기보다 한 가지 명분에 집중하는 것이 훨씬 더 강력할 수 있다. 그렇게 집중했을 때 교회는 긍휼의 군사들을 동원하고 한 가지 사명을 집중 공략하여 더 깊은 영향을 미칠 수 있다.

우리 '물의 전사들'(Water Warriors) 팀은 한 마을에 도착하면 소매를 걷어붙이고 예수님을 위해 더러워지는 것을 감수한다. 보통 팀원의 절반은 안전모를 쓰고 굴착 장비를 가지고 작업하러 가서 진흙, 바위, 암석을 뚫는다. 거대한 빨대처럼 길고 얇은 강철관을 땅에 삽입해 이틀 동안 땅을 파고 나면 붉은 아프리카 흙으로 뒤덮인다. 그러나 드디어 드릴이 물에 닿으면 조심하라! 간헐천이 공중으로 장엄하게 물을 뿜어낸다. 온 마을 사람들이 나와 그 물을 맞으며 축하하고 춤을 추곤 한다. 그들은 "꿀물이다!"라고 외친다. 깨끗한 물은 그들의 입에 달기 때문이다. 그들이 어쩔 수 없이 마셔 왔던 유독하고 불쾌한 물과는 아주 다르다.

어느 마을에서 우리의 굴착 장비가 대수층(지하수를 품고 있는 지층)에 부딪혔을 때 근처 교회 목사님이 수업하다 말고 눈이 휘둥그레진 어린 학생들과 함께 뛰어나온 적도 있었다. 깨끗한 물이 흐르는 시내를 보고 아이들은 하나님을 찬양한 후 셔츠를 벗어 던지고 드릴로 판 자리 주변에 고여 있는 붉은 진흙 강물에서 미끄러지며 놀았다.

나도 뛰어들어 그들과 함께 놀았다.

이 모든 일이 일어나는 동안 팀의 나머지 절반은 마을 사람들에게 위생 교육을 하느라 바쁜데 이것도 똑같이 중요한 일이다. 몇 년 동안 우리는 단순히 깨끗한 물을 제공하는 것만으로는 부족하다는 것을 알게 되었다. 정말로 마을 사람들의 건강을 증진시키려면 더 전체적인 접근이 필요하다. 즉 모든 사람은 손 씻기 같은 위생 습관을 기르도록 훈련을 받아야 한다.

보이지 않은 세균들이 어떻게 전염되는지 보여주기 위해 마을 어린이들의 손에 반짝이 가루를 뿌린 다음, 주변 사람들과 두루 악수하고 포옹하고 또 다른 사람들과 하이파이브를 하게 했다. 순식간에 반짝이는 사람들이 마을에 가득한 것을 보고 사람들은 웃으며 고개를 끄덕인다. 세균 감염과 손씻기에 대해 직접 경험을 통해 알게 된 것이다.

우리는 〈리빙 워터 인터내셔널〉과 협력해, 몇몇 '워시'(WASH) 지역들을 후원해 왔다. '워시'(WASH)는 물에 대한 접근(WAter access), 위생시설(Sanitation), 청결(Hygiene)을 의미하는데 각각 장기적인 공동체의 발전에 기여하는 것들이다.

그러면 마가리타의 마을 같은 곳이 깨끗한 우물을 얻게 될 때 무슨 일이 벌어질까? 적어도 5가지 면에서 삶이 극적으로 달라진다.

### 1. 복음의 침투

이제 물은 마셔도 안전하고, 질병은 감소하며, 사람들이 생명수이신 예수님에 대해 들을 수 있는 문이 열린다.

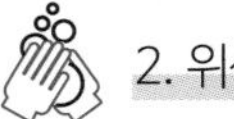

### 2. 위생

위생사들이 마을 사람들에게 위생에 관해 가르친다. 마을 사람들은 화장실과 손 씻는 곳을 만든다. 질병 발생률은 더 떨어진다. 2018년에 우리 팀이 마가리타의 마을을 다시 찾았을 때 세 아이의 어머니가 걸음을 멈추고 우리에게 고맙다고 인사했다. 그녀는 우리를 뚫어지게 쳐다보며 "우물이 있기 전에 아이들과 저는 늘 기생충과 복통과 설사에 시달렸어요. 하지만 지금은 아주 건강해요!"라고 말했다.

### 3. 여성들의 지위 향상

지역의 여성들이 새로운 수원을 책임지고 보호, 관리하는 위원회에 가담하고 있다. 개발도상국의 많은 여성에게, 이 일은 처음 가져보는 지역의 요직이다.

### 4. 교육

아이들은 이제 물을 길어오기 위해 먼 길을 걷는 대신 학교에서 시간을 더 많이 보낼 수 있다. 아파서 결석하는 날도 줄었다. 그들은 졸업해서 교사, 간호사, 또는 사업주가 된다.

### 5. 반향

종종 이웃 마을에서 물 때문에 옆 마을이 어떻게 달라졌는지 소문을 듣는다. 그들도 물 프로젝트를 요청하고, 순환이 다시 시작된다.

10년 전에 첫 번째 우물을 위한 기금을 모은 이래로 지금까지 우리는 9개 나라에서 280개 이상의 물 프로젝트를 완수했고 약 10만 명의 목마른 사람들에게 냉수 한 컵을 가져다주었다!

### 물과 말씀

우리의 꿈은 르완다의 모든 남자, 여자, 아이들이 평생 깨끗한 물을 얻는 것이며, 이 꿈은 언제나 "예수님의 이름으로"라는 문구를 포함한다. 이 말은 우리가 이 일을 하는 이유를 설명해주기 때문에 아주 중요하다. 즉 우리를 감화시켜 행동하게 하시는 분은 그리스도시다. 그 일을 하는 것은 일반적인 사회적 정의감이나 기본적인 인도주의 때문도 아니고, 우리가 선한 사람들이어서도 아니다. 우리가 하나님의 사람들이기 때문이다. 그리스도께서 제자들을 보내실 때 약속하신 대로 "이 작은 사람들 가운데 하나에게, 내 제자라고 해서 냉수 한 그릇이라도 주는 사람은, 절대로 자기가 받을 상을 잃지 않을 것이다"(마 10:42 새번역).

우리의 목표는 목마른 사람들에게 물과 말씀을 둘 다 가져다주는 것이다. 가능할 때마다 우리는 지역 교회와 협력하여 그들의 예배 처소 근처에 우물을 설치하려 한다. 그곳은 종종 마을의 중심이다. 지역 목회자들을 존중하고 물(몸을 구원하는 깨끗한 물)과 말씀(영혼을 구원하는 생명의 물)을 직접적으로 연결하는 것이 우리의 목표다. 그것은 행동과 말로 복음을 증거하고 선포하는 이중적인 접근법이다.

우물은 공동체의 모든 사람이 동등하게 이용할 수 있고, 그곳에 사는 각 사람을 향한 하나님의 큰 사랑과 긍휼을 만지고 눈으로 보듯 명백하게 나타내준다. 지역 목회자들의 도움으로, 우리는 성경 말씀에 생기를 불어넣기 위해 소품과 의상을 사용해 사람들에게 성경 이야기를 가르친다. 또한 〈리빙 워터 인터내셔널〉은 구술 훈련을 제공해 구전 문화에서 복음을 이야기로 전달하는 법을 리더들에게 가르친다.

우리 팀은 되도록 전면에 나서지 않으려 한다. 우리가 상황과 형편을 바꿔주러 미국에서 온 귀족 기사들처럼 보이지 않는 것이 중요하다. 그보다 우리는 현지 목회자와 교회 지도자들을 존경하고 높여드리는데 그들은 우리가 돌아간 후에 사람들을 돌보고 보살필 현지 지도자들이기 때문이다. 나는 그들이 자신들의 공동체 안에 있는 목사의 비전이 그들에게 깨끗한 물과 복음의 생수를 가져다주는 것임을 알았으면 좋겠다.

모든 프로젝트에서, 우리는 이렇게 육신의 갈증과 영적 필요를 직접적으로 연결하기 위해 할 수 있는 모든 일을 하고 있다. 신약성경에서 예수님은 하나님의 은혜에 관한 좋은 소식을 선포하신 후 병자를 치료하심으로 그것을 증명해 보이셨다. 우리도 그러려고 한다. 그리스도를 따르는 자로서 우리 구주의 본을 받아, 망가져서 구조가 필요한 세상을 구원하려는 예수님의 사명에 동참하려 한다.

우리 성도들 앞에서 이 일에 대한 비전을 제시하기 위해 우리의 특징적인 운동을 집중조명하는 '물의 주일'(Water Sunday) 행사를 매년 주최한다. 현지에서 활동하는 사역팀의 모습, 지역 목회자 인터뷰, 마가리타 같은 목마른 사람들에 관한 짧은 다큐멘터리를 보여준다. 그러는 한편, 이 열정을 신앙공동체에 새로 들어오는 사람들과 공유하기 위한 전략도 준비했다.

**봉사는 복음 전도의 새로운 진입차선이다**

"리퀴드에 오신 것을 환영합니다."

크레이그는 새로 온 손님에게 커피를 따라주며 말했다. 리퀴드교회의 바리스타, 크레이그 매시(Craig Massey)는 직원이 아니라 우리 클린워터 카페(Clean Water Cafe)의 자원봉사자다. 지갑을 찾는 손님에게 크레이그는 "아닙니다! 커피는 무료예요. 오늘 아침에 교회에 오셨으니, 마가리타 같은 아이들에게 깨끗한 식수를 제공하는 일에 우리가 당신의 이름으로 1달러를 기부할 겁니다"라고 대답하며 카페 벽에 붙어 있는 마가리타의 사진을 가리켰다. 누구냐는 질문에 크레이그는 마가리타 이야기를 해주고 또 다른 사진들을 가리켰다. 우리가 세계 여러 나라에서 완공한 우물들의 사진이다. 놀라워하는 손님에게 크레이그는 "이건 명분이 있는 커피예요. 무료 커피를 마시는 일로 리퀴드교회가 깨끗한 물을 공급하도록 도와주셔서 감사합니다!"라고 인사했다.

2017년에 첫 번째 클린워터 카페를 열어 대박이 났다. 우리는 모든 캠퍼스에 이 사역을 홍보하는 커피 구역을 마련해 거기에 샛노란 제리캔을 두고 물 공급 선교여행에 가서 찍은 대규모의 사진들을 붙였다. 심지어 방송 캠퍼스에는 바닥에 12미터의 '물 길어오는 길'(water walk)이 있고, 거기에는 세계적인 위기에 관한 통계자료(p190의 도표를 보라)를 인쇄했다. 처음 온 손님들은 커피를 받으러 계산대로 갈 때 물이 가득 든 제리캔을 들고 그 길을 걸어볼 기회를 얻는다. 그것은 새로 온 사람들에게 강한 인상을 남기며, 우리의 운동에 대한 인식을 높이는 데에도 효과적이다.

우리와 함께
**세계를** 섬깁시다.

예수님은 말씀하셨죠.
**작은 자 중 하나에게 물 한 잔을 주는 자는** 상을 받는다고.

리퀴드교회는 기금을 모으고 **9개국에 280여 개의** 우물을 파주었습니다.

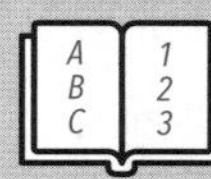


깨끗한 물은 **건강 & 교육 수준을** 높입니다.
-특히 소녀들을 위해

새 우물은 **450명에게 깨끗한 식수를** 제공할 수 있습니다.

중부아프리카 여성들은 물을 구하는 데 **1년에 약 60억 시간을** 쓰고 있습니다.

90초마다 **어린이 한 명이** 수인성 질병으로 **죽어갑니다.**

전 세계 병원 침상의 절반은 **더러운 물 때문에** 병에 걸린 사람들로 가득합니다.

그것은 **10명 중 1명**입니다.

지구상의 **6억 6천 3백만 명**은 **깨끗한 물**을 얻지 못하고 있습니다.

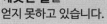

청년들은 특히 이렇게 가난한 자들에 대한 긍휼을 품게 하는 접근법에 열렬히 호응한다. 카페는 교회의 입구에 있으며 그것은 처음 온 사람들이 우리 교회에 들어오는 순간부터 우리의 선교에 동참하게 만드는 매력적인 방법이다. 심지어 예배에 발을 들여놓기도 전에 '물' 선교여행에 관해 묻는 손님들도 있었다!

다음세대에게 긍휼 사역은 복음 전도로 들어가는 가장 효율적인 진입차선이다. 우리는 회의적인 청년들이 믿음을 받아들이기 전에 믿음이 변화를 낳는 것을 알기 원한다는 사실을 발견했다(보여주고 나서 말하는 논리). 우리가 크레이그 같은 사람들을 최전방의 복음 전도자로 간주하는 이유가 그것이다. 크레이그는 엘살바도르로 세 번이나 물 선교여행을 다녀왔고, 새로 오는 사람들에게 커피를 대접하면서 우리가 어떻게 세상을 변화시키고 있는지 말해주는 것을 좋아한다.

크레이그는 이렇게 말한다.

"아내와 제가 리퀴드에서 가장 좋아하는 부분은 바로 이런 전도와 선교여행의 기회가 많다는 거예요. 그 기회들은 세상에서 정말 중요한 것이 뭔지 저의 관점을 재정비해주죠. 다른 사람들에게도 함께 참여해 변화를 일으키자고 초대하는 것이 저의 기쁨입니다."

2018년에 우리 클린워터 카페는 거의 6만 6천 잔의 커피를 대접했다. 그중 5천 잔은 처음 온 손님들에게 대접했는데, 이는 예수님의 이름으로 깨끗한 물을 제공하는 일에 5만 달러를 기부했다는 뜻이다. 이 새로 온 사람들에게는 어떠한 조건도 붙지 않는다. 우리는 단지 친교 시간에도 변화를 일으키고 싶어 하는, 복된 고카페인 교회다!

## 열방을 치유하기

세상에서 가장 가난한 이들을 위해 예수님의 이름으로 우물을 파는 일은 리퀴드라는 이름의 교회에 어울리는 일이다. 에스겔서 47장에서, 성전에서 흘러나가는 하나님 사랑의 강물은 치유하는 효과가 있었다. 에스겔은 강가에 자라는 나무들이 자라서 먹을 만한 열매를 맺고 그 잎사귀는 약재료가 될 것을 예언했다(겔 47:12). 손상된 열방을 치유하는 일은 세상을 구속하는 하나님의 꿈의 일부이며(계 22:2 참조, 10장에서 자세히 이야기하겠다), 우리는 우리가 사역하는 모든 나라에서 하나님이 그 일을 하시는 것을 보고 있다.

1994년 르완다에서는 100일간 약 100만 명을 죽이는 끔찍한 대량학살이 있었으나 우리의 형제자매들은 거기서 회복하여 용감하게 그들의 나라를 재건하고 있다. 그래서 2015년에 우리는 튼튼하고 어떤 지형에도 적응하는 굴착 장비를 구입하여 르완다에 있는 〈리빙 워터〉 팀에 선물했다. 그것은 25만 달러가 넘었으나, 우리 교인들은 회복력 있는 르완다의 다음세대를 위해 이 강력한 도구를 기부하는 것이 참으로 복되다고 느꼈다. 그들은 용감하게 평화와 화해의 새 길을 만들어가고 있다.

이 새 장비는 야수 같다. 산악 지대의 외딴 지역까지 가서 깨끗한 물의 대수층이 기다리고 있는 지하 180미터(축구장 두 개 길이)까지 땅을 팔 수 있다. 리빙 워터를 이끄는 굴착 기술자는 모세라는 점잖은 사람이었는데 새 장비에 열광하며 이렇게 말했다.

"이 장비를 가지고 르완다 전역의 더 많은 공동체에 다가갈 수 있을 겁니다. 그것은 곧 더 많은 사람이 깨끗한 물을 먹게 될 거라는 뜻이고, 현지 가족들의 삶을 변화시키는 일이에요. 깨끗한 물은 파급효과가 있습니다. 사람들이 더 건강해지고 아이들이 교육을 받기가 더 쉬워진다는 것이죠. 그러면 삶이 개선되고 공동체가 변화됩니다. 우리 함께 르완다를 흠뻑 적실 수 있습니다!"

지금까지 이 새 장비로 르완다에서 153개의 우물을 팠고, 계속해서 수백 개의 우물을 팔 것이며 앞으로 몇 년 동안 그 나라를 흠뻑 적실 것이다. 마가리타 같은 어린이 수천 명이 예수님의 이름으로 깨끗한 물을 얻게 될 것이다.

## 모든 강은 작은 물줄기로 시작된다

Starts with a Trickle

리퀴드교회를 시작할 때부터 나는 우리가 뉴저지라는 우리만의 세계에 살고 있다는 것을 알았다. 그것은 교외에 사는 부모들이 SUV를 타고서 학교를 오가고 스포츠나 쇼핑을 하러 바쁘게 다니며 빠르게 돌아가는 문화다. 도시는 대개 편안함과 편리함을 주도록 설계되었고, 뉴욕시와 대형 쇼핑몰들이 가까이 있다 보니 수천 킬로미터 떨어진 곳에 사는 세계 빈곤층의 곤경에 대해서는 잊고 지내기 쉽다.

리퀴드교회를 시작하기 직전에 나는 스코트 해리슨(Scott Harrison)을 소개받았다. 그는 〈채리티 : 워터〉(charity:water)[11]라는 비영리단체를 설립했는데 지금까지 8백만 명 넘는 사람들에게 깨끗한 물을 공급하며 성공적으로 사역하고 있다. '자비의 배'(Mercy Ships)와 함께하는 사역을 이제 막 마무리한 스코트는 끔찍한 안면 종양으로 고통받는 아프리카 빈곤층 아이들을 보고 마음 아파했다. 종양의 주원인은 대개 수인성 전염병이었다.

스코트와 나는 금방 친구가 되었고, 나는 어느 주말에 리퀴드교회의 예배에 참석하여 현장에서 찍은 그의 감동적인 사진들을 보여달라고 요청했다. 그가 우리 초신자들에게 물의 위기와 5천 달러짜리 우물이 줄 수 있는 해결책을 이야기한 후에, 나는 사람들에게 도전했다. "리퀴드교회에서 올해 한 우물의 기금을 마련할 수 있다면 정말 멋지지 않을까요? 여러분, 그것에 대해 기도하시고 하나님이 말씀해주시는 대로 행하십시오."

그 주 월요일에 한 남자가 허름한 우리 교회 사무실을 찾아와 "여기요" 하며 프런트에 수표 한 장을 턱 올려놓더니 무뚝뚝하게 말했다.

"원래 할리 데이비슨 소프테일을 계약하려던 돈이었어요."

그는 잠시 말을 멈추었고 목이 메는 듯했다.

"어린아이들이 더러운 물을 마시고 있는데 제가 새 오토바이를 타는 건 상상할 수도 없습니다."

그의 5천 달러 선물은 한 우물을 위한 기금이 되었다. 나는 그의 허락을 받고 다음 주일에 그 이야기를 나누며, 덕분에 온 마을의 아이들이 앞으로 20년 동안 매일 깨끗한 물을 마시게 되었다고 설명했다(20년은 당시 우물의 평균 수명이었다).

사람들이 그의 후한 마음 씀씀이에 감동하는 것이 보였고, 성령님이 계속해서 대대적인 변화를 일으키셨다. 한 부부가 재정 지원에 나섰다. 지하실에 홈시어터 시스템을 설치하려고 돈을 모았는데 양심상 도저히 평면 TV와 보스(Bose) 스피커를 살 수가 없더라고 말했다. "온 가족이 투표해서, 두 번째 우물 만들기를 돕는 게 좋겠다는 결론을 내렸습니다. 여기 2,500달러입니다."

또 다른 사람은 그 일을 위해 자기의 야구 수집품들을 팔겠다고 했다. 그는 뉴욕 양키즈 유니폼 셔츠, 컬렉터 카드, 사인볼 등을 팔아 그 돈을 세 번째 우물을 위해 기부했다. 자발적인 기부가 매주 쏟아져 나왔고, 우리 성도들은 평상시 드리던 십일조보다 더 많은 기부를 하고 깨끗한 물을 위해 헌금했다.

나는 긍휼이 입소문으로 퍼지는 순간을 사랑한다. 이런 헌신적인 기부들은 분명 성령의 감화를 받은 것이었고, 그것은 사도행전에 나오는 초대 교회를 떠올리게 했다.

> 믿는 사람이 다 함께 있어 모든 물건을 서로 통용하고 또 재산과 소유를 팔아 각 사람의 필요를 따라 나눠 주며 행 2:44,45

당신이 어디 사는지 모르겠지만, 뉴저지에서는 한 남자가 스포츠 수집품들을 팔거나 할리 데이비슨을 사려고 했던 돈을 기부할 때 그것을 부흥이라 부른다. 6주 만에 우리의 어린 교회는 하나가 아니라 열 개의 우물을 팔 수 있는 돈을 모았다!

그 당시 리퀴드는 임대된 시설에서 매주 장비를 설치했다 치웠다 하며 최소 인원과 빠듯한 재정으로 간신히 운영해가는 교회였다. 그러나 하나님을 향한 사랑이 우리 작은 교회에서 쏟아져 나오기 시작했다. 그것은 에스겔서 47장에 나오는 생수의 강처럼 흘러나가, 우리의 첫 우물 10개가 설치되었던 에티오피아까지 수천 킬로미터를 가는 동안 더 깊어졌다.

이듬해, 콜린과 나는 스코트 부부와 함께 리퀴드의 우물들을 직접 보기 위해 비행기를 탔다. 4륜구동 SUV를 타고 위아래로 들썩거리면서 티그라이주의 외딴 마을들을 방문해, 우리가 준 선물의 효과를 가까이서 직접 보았다. 각 우물 앞에서 마을 사람들은 노래를 부르며 흥겹게 춤을 추었고, 깨끗한 물을 얻을 수 있다는 사실에 황홀해하며 직접 만든 악기들을 연주했다.

그 순간, 깨끗한 물이 영원히 우리 교회의 대표 사역이 될 것을 깨달았다. 그 모든 경험이 성령님이 인도하신 것이었고, 우리는 하나님의 손이 분명히 역사하시는 것을 깨달았다. 당신이 어떤 명분을 선택하는 것과 그 명분이 당신을 선택하는 것은 전혀 다른 것이다.

깨끗한 물에 대한 열정이 커질수록 우리 성도들은 재정적 지원을 할 뿐만 아니라 직접 가서 사람들을 섬기고자 하는 마음이 생겼다. 그 시점에서 〈리빙 워터 인터내셔널〉이라는 기독교 비영리단체를 소개받았고, 그들 덕분에 깨끗한 물에 대한 우리의 참여가 한 걸음 더 나아갈 수 있었다.

그들은 우물을 파는 자원봉사자팀들을 위해 단기 선교여행을 제안했고, 그래서 우리는 중앙아메리카로 가는 첫 번째 여행을 계획했는데 곧 신청이 마감되었다. 자원봉사자들은 기도와 재정적 후원을 일으켰고, 그들의 신앙을 행동으로 옮기는 일에 불타는 열정으로 선교여행을 하고 돌아왔다. 그들은 매우 들떠서 자신들이 섬긴 아름다운 가족과 목마른 아이들 이야기를 들려주었고, 우리가 세계의 빈곤층에 깨끗한 물을 가져다줄 때 사실은 변장한 예수님을 섬기고 있었다는 것을 깨달았다. 예수님은 마태복음 25장에서 그분의 제자들에게 "내가 목마를 때에 너희가 마시게 하였다"(마 25:35)라고 칭찬하셨기 때문이다.

물 사역에 대한 헌신이 깊어지면서 우리는 외부인들의 의식을 높일 창의적인 방법들을 생각해냈다. 가장 큰 봉사활동 중 하나는 우리 시 중심부에서 주최했던 '5K 즐거운 달리기' 대회였다. 등록비부터 후원금까지 모든 수익금은 아프리카에서 새 우물을 파는 데 바로 보냈다. 첫 달리기 행사는 우리가 매주 연회장을 대여했던 그 호텔 바로 앞의 도시공원에서 시작해서 끝이 났다.

나는 우리 교회와 관련 없는 참가자 수에 어안이 벙벙했다. 많은 사람이 우리에 대해 들어본 적도 없었는데 우리 성도들이 입소문을 내고, 동료와 이웃들, 또 그들과 함께 세상을 변화시키는 일을 도와주리라 생각되는 사람들을 초대했다. 리퀴드교회에 와본 적이 없는 사람들이 갑자기 목마른 사람들을 섬기기 위해 5킬로미터를 달렸다.

모니카와 그렉 부부도 그랬다. 그들은 바로 그 도시에 살았고 달리기에 열정을 갖고 있었다. 마침 모니카의 사무실에서 일하던 우리 교인이 우리의 5K에 관해 이야기했고, 그들은 그 운동에 즉각 응답했다.

"당연히 우리는 목적을 갖고 달리는 걸 좋아하죠. 그런데 리퀴드가 대체 뭐죠? 클럽인가요?"

그들의 친구는 그들에게 우리 교회와 사역에 관해 말해주었다(보여주고 말하는 복음 전도의 강력한 모델이 아닐 수 없다!).

모니카는 "나는 세계에 물이 부족한 곳이 있다는 것도 몰랐어요. 아프리카에서 질병으로 죽어가는 목마른 사람들에 대해 아무것도 몰랐죠"라고 회상했다. 5K 이후에 그녀의 친구는 그들을 교회로도 초청했고 모니카는 친구에게 "어떤 교회가 이역만리 떨어진 곳에 사는 모르는 사람들을 돕기 위해 5K를 후원하려고 이렇게 애쓴다면, 분명히 거기에 뭔가 있을 거야"라고 말했다. 게다가 그녀와 그렉은 결승선에서 사회를 보던 목사들의 유머 감각이 마음에 들어서 다음 주에 리퀴드를 방문하기로 했다. 그리고 모니카는 말했다.

"우리가 교회에 간 첫 주일에, 아프리카 어린이들에게 깨끗한 물을 공급하는 것은 그저 선한 일이 아니라 하나님의 일이라고 했어요. 우리는 푹 빠져서 계속 가지 않을 수 없었죠. 마치 성령이 우리를 끌어

당기고 계신 것 같았어요.”

그들은 어릴 때 교회에 다녔지만, 둘 다 리퀴드교회에서 새롭게 자신의 삶을 예수님께 드리고 봉사를 시작했다. 1년 뒤, 우리는 모니카에게 지금 오픈 중인 새 캠퍼스에서 클린워터 카페를 맡아 운영해줄 수 있는지 물었다. 그녀는 “정말요? 저는 그런 기회를 달라고 기도해 왔어요!”라고 대답했다. 모니카 부부는 깨끗한 물 사역을 위해 함께 니카라과로 갔는데 그녀는 그들이 남편과 아내로서 함께한 여행 중 가장 놀라운 여행이었다고 말했다.

“우리의 마음을 완전히 변화시켰어요. 우린 예수님이 어떻게 인간으로 오셔서 우리처럼 사시고, 흙을 밟고 걸으시며, 우리처럼 목마른 자들을 섬기시고, 우리를 참된 생명수로 인도하셨는지를 경험했어요. 이제 우리가 할 일은 예수님의 본을 따르고 그 생명수를 다른 사람들과 함께 나누는 것입니다.”

모니카와 그렉은 목마른 자들을 섬김으로써 예수님의 마음과 접촉한 수많은 사람을 대표한다. 우리는 긍휼·구제 사역이 외부인들에게 강력한 진입점인 것을 발견했다. 그들은 단지 믿어야 할 명분만이 아니라 그들이 믿어야 할 하나님을 발견한다.

그러나 단지 아프리카만이 아니다. 우리는 중앙아메리카에서도 일하며, 모든 재능있는 사람들이 세계적인 영향력을 미칠 수 있도록 전략적으로 여행을 계획했다. 그래서 해마다 참여하는 사람들을 위해 세 단계의 물 여행을 제공한다.

### 1. 초급 단계

엘살바도르처럼 접근하기 쉬운 나라들로 가는 물 여행이 여기에 해당한다. 그래서 사람들이 일주일 동안 좀 더 쉽게 현장에서 섬길 수 있도록 학교 방학과 휴일을 중심으로 일정을 짠다.

### 2. 중급 단계

부모와 10대가 함께 세계적인 빈곤층을 섬기는 경험을 할 수 있도록 여름에 니카라과와 과테말라로 가는 여행을 계획한다. 아내와 나는 우리 10대 딸을 이 여행에 데려갔고, 세계의 많은 사람이 어떻게 살고 있는지 경험한 것이 그 아이의 세계관에 큰 영향을 주었다. 이것이 중급 단계인 이유는 마을들이 더 외딴 곳에 있고 자원봉사자들이 신체적으로 상태가 좋아야 하기 때문이다(5K 달리기와 비슷하다).

### 3. 고급 단계

르완다로 가는 고급 단계의 여행은 오직 숙련된 자원봉사자들과 여행자들을 위한 것이다. 동아프리카 여행은 몹시 힘들고(비행기를 15시간 이상 타야 한다), 매일 몇 시간 동안 트럭을 타고 산악 지형을 횡단해야 한다. 외딴 마을에서 굴착 장비의 가동을 도우려면 힘과 체력이 필요하다(아이언맨이나 크로스핏 대회를 생각하라).

우리 물의 전사들이 배치될 때마다 우리는 그들이 예수님의 이름으로 깨끗한 물을 가져다주려고 현장에 가기 전에 (논리적, 영적, 감정적, 문화적으로) 그들을 훈련하고 준비시킨다.

### 당신의 긍휼 사역은 무엇인가?

"사람들에게 모든 것에 관심을 가지라고 하면 아무것에도 관심 갖지 않을 것이다"라는 말이 있다. 당신의 교회가 관심을 가질 만한 사역은 수없이 많으나 우리처럼 한 가지를 선택할 것을 권한다. 오늘날 세상에서 동정심의 감퇴는 매우 실제적인 위험이다. 우리는 영향을 미치고자 한 가지 사역에 집중하여 깊이 파고 들어가는 데 엄청난 힘이 있다는 것을 발견했다. 어느 교회가 한 가지 사역에 모든 에너지와 재정과 인력을 집중적으로 쏟을 때 그것은 열방을 변화시킬 수 있다. 반면, 동시에 여러 사역을 증진시키려 애쓰며 선교적 힘을 쏟는다면 영향력은 매우 약해진다.

분명, 리퀴드교회의 소명은 깨끗한 물이다. 내 친구 스코트 해리슨처럼, 우리는 우리 평생에 이 세계적 위기를 해결할 수 있다고 믿을 만큼 미쳐 있다. 지구상의 모든 사람이 깨끗한 물을 마시는 날을 상상할 수 있는가? 천국이 기뻐할 것이다!

그러면 당신의 사역은 무엇인가? 예수님의 이름으로 사람들의 삶이 변화되는 것을 보기 위해 힘을 어디에 쓸 것인가? 신중하게 생각해보라. 하나님이 당신 교회의 길과 열정을 어디로 이끌어가고 계시는가? 어떤 세계적 필요들이 간과되고 있는가? 우리에게 이것은 레이저의 초점을 깨끗한 물에 맞춰두는 것을 의미한다. 이렇게 집중하는 것은 우리가 더 많은 일을 할 수 있음을 뜻한다. 하나의 우물에서 시작된 것이 이제는 수백 개로 확장되었고, 일관되고 지속적인 영향력을 갖고 있다. 하나님은 당신의 에너지를 어디에 쏟으라고 하시는가?

### 더 넓은 물줄기

하나님이 작은 물줄기를 시내로, 궁극에는 영적으로 목마른 자들에게 생명을 가져다주는 강으로 바꾸기 위해 당신과 당신의 교회를 사용하실 수 있는 방법은 매우 광범위하다. 어쩌면 당신의 도시에는 참전군인, 과부, 또는 한부모를 도울 필요가 있을 것이다. 어쩌면 하나님은 당신이 인신매매의 피해자들과 약물 중독자들을 돕기 원하실지도 모른다. 그 필요가 가까운 곳에 있을 수도 있고 해외에 있을 수도 있다.

성경을 통독하며 하나님께 당신의 눈과 마음을 열어달라고 기도하라. 하나님은 더처치앳(The Church At, thechurch.at)의 담임목사 알렉스 히마야(Alex Himaya)를 위해 그렇게 해주셨다. 그 교회는 고아를 돌보는 일에 마음을 쏟는 오클라호마의 멀티사이트 교회다. 알렉스는 3개월 동안 성경을 처음부터 끝까지 통독하면서, 고아에 대한 보살핌이 언급될 때마다 메모했다. 그는 "나는 하나님 말씀의 중요한 측면을 도외시했다는 것을 깨달았습니다. 나는 그것이 예수님 안에서 우리의 구원을 가장 분명하게 보여주는 그림이라고 믿습니다"라면서 입양을 언급했다.[12]

마음에 찔림을 느낀 알렉스와 그의 아내는 해외에서 5세 아이를 입양했고 다른 부모들에게도 가정위탁과 입양을 생각해보라고 권면했다. 그 후로 그 교회는 그 도시에 있는 위탁 보호소가 텅 비는 것을 목표로, 수많은 가정을 동원하여 가정위탁과 입양을 하게 했다. 더처치앳은 예비 부모들을 입양과 가정위탁이라는 도전적인 길로 안내하기 위해 ADOPT(ED)라는 고아 돌봄 사역을 하고 있다.

하나님의 말씀을 펼치고 당신의 마음을 열어달라고 기도하라. 하나님께서 당신을 어떤 긍휼의 사역으로 부르시든, 이것은 당신에 관한 말씀일 것이다.

그는 가난한 자와 궁핍한 자를 변호하고 형통하였나니 이것이 나를 앎이 아니냐 여호와의 말씀이니라 렘 22:16

## Dive Deeper 더 깊이 들어가기

운동의 경험적인 힘을 통해 새로운 세대를 끌어들이기 원하는가? 나는 개인적으로 '10일'(*10days.cc*)이라는 운동에서 힘을 얻었다. 그것은 대학생들에게 가을에 10일 동안 음료 대신 물만 마시고 그렇게 아낀 돈을 아프리카 여러 지역사회에 깨끗한 식수를 공급하는 데 사용하도록 도전하는 전국적 운동이다. 해마다 열리는 캠페인은 세계적인 물 위기에 대한 의식을 높이고 어떻게 단순한 선택들이 복잡한 변화로 이어지는지를 보여준다. 그리스도인과 비그리스도인 학생들이 똑같이 그들의 이웃이 진정 누구인지 배우며 그에 따라 헌신한다.

다음은 긍휼 사역을 위해 당신의 마음을 일깨우기 위한 몇 가지 아이디어들이다.

**발목 깊이** 마태복음 25장 31-46절을 읽고 예수님이 언급하시는 육체적 필요들을 나열해보라. 우리가 긍휼을 품고 우리 가운데 있는 가난한 자들의 필요를 채워줄 때 그리스도께서 임재하신다는 것을 신비로운 방법으로 보여주신다. 당신의 도시나 마을 어디에서 변장한 예수님을 보았는가?

물병에 흙탕물을 가득 채우고 그것을 개수대 옆에 눈에 띄게 두어라. 그것을 일주일 동안 그곳에 둔 채 손을 씻고, 이를 닦고, 물을 마셔라. 그 탁한 물을 볼 때마다 멈추고 기도하라. 하나님께서 적절한 물과 음식, 또는 주거지가 없는 사람들을 돕기 위해 당신의 가족이나 교회가 어떤 역할을 하기 원하시는지 질문하라. 특정 지역에 가거나 당신이 해결해야겠다고 느껴지는 필요를 찾아 나서보라.

또는 지역사회의 파트너를 찾아서 리더들이나 직원들과 오후 동안 봉사하라. 사후에 보고를 들어라. 무엇이 당신의 마음을 감동시켰는가? 하나님께서 변화를 일으키기 위해 당신이 무엇을 하도록 인도하고 계시는가?

무릎 깊이 하나님이 당신의 마음에 두신 그 필요를 바라보라. 당신의 교회와 협력할 기관을 찾아보라. 소속 교단을 통해도 되고, 다양한 운동에 헌신하는 여러 양질의 비영리단체 중 하나를 통해도 된다.[13] 당신의 교회에 있는 하나님의 사람들의 마음을 감동시키도록 그 필요를 전달할 강력한 영상이나 이야기를 찾아라. 주말 예배 시간에 긍휼·구제 사역에 초점을 맞추고 성경 말씀으로 그것을 가르쳐라. 기도하고 헌신적으로 후원하도록 사람들에게 도전하라. 그런 식으로 리퀴드교회는 처음에 5천 달러짜리 우물의 기금을 마련하려 했다. 특정 날짜를 정하여 진행 상황을 보고하고 공개적으로 그 결과를 축하하라. 보상을 받는 일은 반복된다!

허리 깊이 몰입 여행을 계획하고, 핵심 리더들과 자원봉사자들을 같이 데려가라. 그 여행에서 당신은 궁핍한 세상에 몰입하고 당신이 섬기는 사람들의 일상생활을 함께해야 한다. 당신의 사역 운동이 세계적인 것이라면 비행기에 올라타라. 만일 그것이 지역적인 것이라면 당신 주변의 궁핍한 사람들의 세계에 자신을 몰입시킬 창의적인 방법을 생각해 내라.

리퀴드에서 깨끗한 물은 우리의 세계적인 사역 운동이다. 그것은 중앙아메리카나 아프리카로 단기 물 여행을 떠난다는 뜻이다. 그러나 국지적으로는 우리 도시의 여러 거리에서 생활하는 노숙자들을 돕고 싶은 마음이 있다. 어느 겨울밤, 노숙자 사역을 하는 친구들의 초대로 노숙자 같은 옷을 입고 밤새 뉴저지 뉴어크(Newark)의 거리에서 잔 적이 있다. 그 경험은 정말 놀라웠다. 나는 가정폭력의 피해자인 여성, 마약성 진통제에 중독된 퇴역 군인, 정신병에 시달리는 수많은 사람을 만났고, 펜 역(Penn Station) 밖에 있는 보도에서 노숙자 친구들과 함께 골판지를 깔고 누워 밤을 보냈다. 뼈까지 시려오는 추위와 고립감은 노숙자의 개념을 나의 머리에서 가슴으로 옮겼다.

그 주일날, 나는 똑같은 노숙자 차림을 하고 옷에 달린 모자를 쓴 채 우리 교회 입구 밖에 앉아 있었다. 사람들이 교회로 걸어 들어갔다. 대부분은 나를 무시하고 지나쳤으나 몇 사람은 발걸음을 멈췄고 모자 아래로 살짝 보이는 목사의 얼굴을 보고 깜짝 놀랐다. 그날 예배 시간에 나는 똑같은 옷을 입고 말씀을 전하며 마태복음 25장을 가르쳤다. 내가 직접적인 경험을 나눈 후에 수백 명이 자원하여 그 자리에서 우리 도시의 노숙자들을 위해 기도하고, 헌금하고, 봉사하러 가기로 서명했다.

## 파도를 일으키고 있는 다른 교회들

*Other Churches Making Waves*

당신의 교회를 위한 긍휼·구제 사역을 생각하면서, 당신이 열의를 갖도록 도와줄 수 있는 많은 선구자와 파트너들이 있다는 사실을 자각하라.

**에클레시아** Ecclesia, 텍사스주 휴스턴의 크리스 세이(Chris Seay) 목사, **더크로싱**The Crossing, 미주리주 세인트루이스의 그렉 홀더(Greg Holder) 목사, **이마고데이**Imago Dei, 오리건주 포틀랜드 릭 매킨리(Rick McKinley) 목사는 성탄절이 쇼핑과 스트레스와 빚의 시즌이 되어버린 것을 한탄하고 있었다. 그들은 성도들이 다시 예수님의 겸허한 탄생의 기적에 집중하고, 궁핍한 사람들을 향한 그리스도의 긍휼로 나아가기를 원했다. 그래서 함께 '강림절의 공모'(Advent Conspiracy, *adventconspiracy.org*)를 시작했다. 이 운동은 온전히 예배하고, 소비를 줄이고, 더 많이 나누고, 모두를 사랑하는 것을 기반으로 한다.

그들 교회의 성도들은 선물비를 줄이고 그 돈으로, 목마른 자들에게 물을 주듯, 예수님이 부탁하신 생일선물을 드림으로써 그리스도를 다시 크리스마스의 중심으로 모셨다. 또한 〈리빙 워터 인터내셔널〉과 협력하여 아프리카 전역에 수십 개의 우물을 팠으며, 크리스마스에 예수님의 이름으로 목마르고 굶주린 사람들을 섬기려는 세계적인 운동에 불을 붙였다.

**윌로데일채플**Willowdale Chapel, *willowdalechapel.org* 펜실베이니아주의 이 교회는 인신매매를 종결하기 위해 긍휼 사역을 하고 있으며, 이 문제를 집중 조명하기 위해 해마다 '자유 주일'(Freedom Sunday)을 주최한다. 선교 예산에서 상당한 금액을 인도에서의 활동에 쓰고 있다. 매주 어린이들이 동전을 가져오는데, 그것이 모이면 매해 수천 달러가 된다. 한 가족이 시작한 레모네이드 판매대는 몇 년 동안 5만 달러를 모았다. 그들의 협력기관은 〈봄베이 틴 챌린지〉(Bombay Teen Challenge)와 세계에서 가장 큰 국제적 노예제도 반대 단체인 〈인터내셔널 저스티스 미션〉(International Justice Mission, *ijm.org*)이다. 지금까지 IJM은 4만 5천 명이 넘는 사람들을 노예제도에서 구출하도록 도왔고, 지방 당국과 협력하여 3천 5백 명 이상의 미심쩍은 노예 주인들과 다른 범죄자들을 체포했다. 이곳은 그리스도인들이 운영하고 있지만 인종과 종교, 신념, 또는 다른 지위와 상관없이 모든 사람을 위한 정의를 추구한다.

**호프펠로우십**Hope Fellowship, *hopefellowship.net* 텍사스에 있으나 뉴욕시의 거리에 있는 노숙자들을 섬기기 위해 정기적으로 팀들을 보낸다. 〈뉴욕시티 릴리프〉(New York City Relief, *newyorkcityrelief.org*)와 협력하여 구호버스의 자금 마련과 운영을 돕고 있다. 구호 버스는 자원봉사자들이 노숙자들에게 수프와 빵을 대접하는 이동식 돌봄센터다. 위생 키트를 나눠주고, 거리에서 생활하는 노숙자들의 필요를 위해 기도하며, 인도에 테이블과 의자를 설치해 손님들을 맞이하고 음식을 함께 나누며 친교를 맺는 공간을 만든다. 그 교회의 선교 목사인 라우나 본(Launa Vaughn)은 "우리 교인들은 휴대폰을 내려놓고, 다른 곳에서라면 피해갔을 사람들과 따뜻한 말을 나눔으로써 상처받은 세상에 눈뜨게 된다. 다른 사람들을 섬기고, 매일 다른 사람들과 함께 하나님의 말씀을 읽고 복음을 삶으로 실천하며 그들의 신앙이 성장하는 모습을 보는 것은 아름다운 일이다"라고 말한다. 〈뉴욕시티 릴리프〉를 통해 수천 명의 자원봉사자가 긍휼의 마음으로 노숙자들을 섬겼다. 그들은 희망과 기도와 자원들을 제공함으로 삶의 변화를 유도하고 있다.

**처치오브더킹**Church of the King, *churchoftheking.com* 뉴올리언스의 이 교회는 '사람들에게 다가가기, 삶을 구축하기'라는 비전을 갖고 있다. 허리케인 카트리나로 엄청난 충격과 파괴를 당했을 때 멕시코 연안 지역 빈곤층의 절박한 필요에 대응하는 데 노력을 기울였고, 그 노력에서 의료서비스 계획과 함께 〈뉴올리언스 드림센터〉(New Orleans Dream center, *NewOrleansDreamCenter.org*)가 탄생했다. 해마다 그들은 그 도시 전역에서 천 명이 넘는 성인과 아이들에게 무상 의료서비스를 제공한다. 이 드림센터는 로스앤젤레스 시내에 있는 원조 드림센터의 루크 바넷(Luke Barnett)에게 영감을 받았으며, 인간의 영과 혼과 몸을 보살피는 일을 돕는 데 헌신하는 자원봉사자 중심의 비영리단체다.

**체인지포인트 알래스카**ChangePoint Alaska, *changepointalaska.com* 알래스카는 알코올 중독, 성적 학대, 자살률이 전국에서 가장 높다. 이 교회는 '예수님의 마음을 함께 보여주는 것'을 핵심 가치 중 하나로 삼고 있으며, 조엘 엥글(Joel Engle) 목사는 "교회로서 우리는 주변 사람들에게 예수 그리스도의 마음을 보여주고 싶습니다. 우리 친구들과 이웃들이 죄와 악의 영향력 아래서 고통당하며 죽어가는 동안 우리는 가만히 앉아 있지 않을 것입니다"라고 말한다.

그들은 앵커리지(Anchorage) 시장을 찾아가 교회가 도울 수 있는 그 도시의 가장 큰 필요가 무엇인지 물었고 시장은 "노숙자들"이라고 대답했다. 이에 교회는 알래스카의 노숙자를 만드는 가장 큰 요인 중 하나에 초점을 맞추었다. 그것은 아무도 입양하지 않아 결국 나이가 찼을 때 사회로 던져지는 보육시설의 아이들이었다. 교회는 이런 청년들을 훈련된 멘토들과 짝지어 주는 계획의 일환으로, 〈선택받은 이들의 선교회〉(Chosen ministry, *chosenalaska.org*)를 시작했다. 조엘은 "이 아이들에게 자신이 중요한 사람이고, 가치가 있으며, 필요한 사람이라는 걸 알려주고 싶습니다!"라고 말한다.

chapter 7

# 세대를 통합하라 : 사역 합병

대대로 주께서 행하시는 일을 크게 찬양하며 주의 능한 일을 선포하리로다

시편 145편 4절

이탈리아로 가족여행을 갔을 때 나는 인생을 변화시키는 두 가지 경험을 했다. 하나는 수제 젤라또를 처음 맛본 것인데 정말로 잊을 수 없는 경험이었다! 다른 하나는 역사적인 교회들을 몇 군데 방문하는 기회였다. 이탈리아는 높은 대성당부터 아름다운 바실리카(basilica, 대성전)까지, 세계에서 가장 매혹적인 예배당들을 소유하고 있다.

우리가 방문한 가장 큰 교회는 두오모(Duomo, 대성당)의 고향 피렌체에 있었다. 그것은 르네상스 시대의 가장 인상적인 건축물 중 하나로 묘사되는 피렌체 대성당이다. 고딕 양식의 이 교회는 엄청 거대해서 좌우 길이가 축구장 네 배 길이와 맞먹고, 세계에서 네 번째로 큰 성당이라 한다. 1400년대에 완공되었을 때 전 세계 그리스도인들을 위한 영적 삶의 중심지였고, 수많은 사람이 예수님의 이름으로 세례를 받았다.

거대한 본당 안을 걸으면서 여행가이드에게 물었다.

"교회 안에 얼마나 많은 사람이 들어올 수 있나요?"

"2만 명 이상 수용할 수 있을 겁니다."

"와! 2만 명이 이 교회 안에서 예수 그리스도께 예배를 드린다고요? 정말 놀랍군요! 요즘에는 보통 주일에 몇 명이 옵니까?"

"열두 명 정도요(About twelve)."

나는 내 귀를 의심했다.

"만이천 명(Twelve thousand)이요? 그 정도면 유럽에서 신자가 가장 많은 축에 속하겠는데요."

"아뇨, 죄송하지만 그게 아니에요. 총 열두 명이라고 말한 거였어요. 대부분 70대 할머니들이죠."

나는 휴대폰으로 사진 찍으며 걸어 다니는 사람들을 쳐다보았다. 여행가이드는 "저 사람들은 다 관광객들이에요 저들이 교회 개방을 위한 비용 마련에 도움을 주고 있죠"라고 설명했다. 듣자 하니 그 열두 명의 노인은 주말마다 보조 예배당에서 예배를 드리며, 건물을 유지하는 일을 자원하여 돕고 있다고 한다. 그들은 입장권을 팔고, 교회 전성기의 모습을 담은 엽서 등을 파는 기념품점의 운영을 돕는다.

### 박물관 교회

그 변화는 상상만 해도 마음 아프다. 한때 활기찬 복음 운동의 중추였던 교회가 박물관이 되어버렸다. 안타깝게도 대성당만 그런 것이 아니다. 유럽에는 빈 교회 건물들이 가득하다. 많은 교회가 한때 수천 명에 이르는 성대한 기독교 사역의 중심지였으나, 지금은 신도석이 거의 비어 있다. 이런 역사적인 예배 처소들이 지금은 더 이상 존재하지 않는 세상을 기념하는 침묵의 기념비들로 서 있다.

유럽만 그런 것이 아니다. 이러한 사역 축소의 패턴은 어디서나 일어날 수 있다. 이 책을 읽는 사람들 모두 아마 한때는 활기찼는데 시간이 가면서 번성하는 사역에서 박물관 형태로 변해버린 교회들을 알 것이다. 그것이 많은 교회의 불행한 생명 주기다.

교회는 대부분 새로운 복음 에너지의 폭발로 생겨난 운동에서 시작한다. 어디서나 새로운 회심자들, 세례, 삶의 변화로 활력이 넘친다. 이러한 교회들은 초대 교회가 시작될 때와 비슷한 폭발적인 성장을 경험할 수 있다. 오순절에 베드로는 사실상 단순한 메시지를 전했다.

"예수님이 여러분의 죄를 위해 십자가에서 죽으셨습니다. 여러분이 그분을 죽였습니다. 이제 하나님께 진심으로 회개하고 세례를 받으십시오!"

그때 하나님이 나타나셨고 "그 말을 받은 사람들은 세례를 받으매 이날에 신도의 수가 삼천이나 더했다"(행 2:41). 그야말로 가을 부흥집회가 아닌가? 갑자기 거대 교회가 탄생했다!

그것이 복음전도의 물결이다. 그것에 참여하는 것은 정말 신나는 일이다! 교회는 운명과 목적에 대한 의식을 갖고 있으며, 교회의 눈은 잃어버린 자들을 전도하는 데 초점이 맞춰져 있다. 하지만 시간이 지나면서 인간의 연약함과 노화 작용을 고려할 때 모든 운동은 결국 잠잠해진다. 활력, 열정, 초점은 약해지기 시작한다. 건강하지 못한 관습들이 생겨날 수 있다. 그리고 미래를 개척하는 것에서 과거를 보존하는 것으로 미묘하게 초점이 옮겨간다.

이탈리아의 두오모가 그랬듯이, 그 사역은 박물관 같은 기능을 하기 시작한다. 한때는 가득 찼던 거대한 성소들을 가진 교회들이 생존하기 위해 자산을 팔아치우고 있다. 많은 박물관 교회들은 '거대 건축 콤플렉스'를 갖고 있다. 그것은 물리적인 건물을 보존하고 교회의 영광스럽던 날들을 지키는 데 집중하는, 건강하지 못한 관점이다.

박물관 사역에서 사람들은 현 상태를 뒤엎을 수도 있는 새로운 아이디어들을 반대한다. 젊은 리더가 복음으로 외부인들을 끌어들이기 위해 새로운 일을 시도하려 하면 내부인들이 "하지만 우리는 늘 이렇게 해왔소!"라고 아우성친다. 예수님은 미묘한 변화를 반대하는 당시 종교 지도자들에게 "너희가 하나님의 계명은 버리고 사람의 전통을 지키느니라"(막 7:8)라고 경고하셨다. 이것은 새로운 리더십에게 변화를 창조할 권한을 주지 않으면 미국의 많은 교회와 교단들이 어떻게 될 것인지를 보여주는, 정신이 번쩍 들게 하는 장면이다.

과거의 영광만 바라보며 수십 년간 박물관처럼 머물러 있을 수 있다. 우리는 소수의 핵심 가정이나 자원봉사자들이 애써 유지하고 있는 교회들을 알고 있다. 그러나 깊이 들여다보면, 초점이 바뀌었다. 그들은 더 이상 잃어버린 자들에게 다가가지 않는다. 그들은 성가대를 향해 설교하고 있다. 그들이 꼭 죽은 자는 아니더라도 박물관 모드에 갇혀 있는 것이다. 그들이 애써 버틸수록 복음의 활력을 재생시키는 데 반드시 필요한 변화들을 도입하기가 더 어려워진다.

### 좀비 교회

나의 이탈리아 모험은 두오모에서 끝나지 않았다. 로마에서 지금까지 방문해 본 교회 중 가장 으스스한 교회를 우연히 발견했다.[1] 두오모처럼, 그것은 처음 문을 열었을 때 번창하며 수천 명의 예배자들을 보살폈으나, 오늘날 그 교회는 주로 박물관 역할을 하고 있다.

이때까지 우리는 교회 박물관들을 질리도록 보았지만 여행가이드가 우리를 위해 깜짝 놀랄 일을 준비해두었다. 그녀는 이제 젤라또를 다 먹은 나의 9살짜리 아들을 내려다보았다. 그 아이는 '지루한' 옛 교회들 탐방에 급속도로 흥미를 잃어가고 있었다. 가이드가 "뭔가 으스스한 걸 보고 싶니?"라고 묻자 내 아들은 진심으로 고개를 끄덕였다. 나도 그랬다.

그녀는 우리를 아래층으로 데려가 "조심하시고 조용히 하세요"라고 속삭였다. 우리는 무엇을 보게 될까 기대하며 숨을 죽이고 기다렸다. 그것은 옛날 친교실 또는 성가대 연습실이었을까? 그 방에 들어가면서, 내 아들은 숨을 제대로 쉬지 못했다. 그 아이의 누나도, 아이의 엄마도.

너무나 충격적이게도, 그 지하실에는 4천 명 넘는 제사장들의 부패한 뼈들이 가득했다! 우리가 보는 곳마다 시체들이 보였다. 뼈대에 아직도 갈색 수사복이 입혀져 있었고, 그들의 손은 기도 자세로 뻣뻣하게 모아져 있었다.

가이드는 수도사들이 과거에 그 교회를 이끌었던 사람들의 기념비로서 16세기에 예배당 밑에 시체를 매장하기 시작했다고 설명했다. 한 수도사가 죽으면 아직 살아있는 지도자들이 그의 썩어가는 뼈들을 지하실로 옮겨 기념비로 보관한 것이다.

벽에 고정된, 그리고 천장에 달린 뼈들을 둘러보면서 〈워킹 데드〉

(The Walking Dead)라는 TV 프로와 일부 교회들의 오전 8시 예배가 떠올랐다. 이것은 21세기를 위한 좀비 교회였다. 문들은 아직 열려 있었으나, 성령님은 분명히 그 건물을 떠나셨다! 바로 그때 상징주의가 떠올랐다. 이 교회의 현재 삶의 단계는 박물관도 아니었다. 그것은 죽음의 장소인 영안실이 되어버렸다. 예수님은 이런 것에 반대하며 그 당시 교회 지도자들에게 경고하셨다.

> 회칠한 무덤 같으니 겉으로는 아름답게 보이나 그 안에는 죽은 사람의 뼈와 모든 더러운 것이 가득하도다 마 23:27

좀비 교회는 말하자면 옛 그리스도인들이 죽어가는 교회다. 대부분 그들은 단순히 종말이 올 때까지 쪼그리고 앉아 그들 특유의 관습들을 즐기기로 한다. 이러한 교회들은 종종 생명 없는 관습들이 아니라 그리스도의 생수가 절실히 필요한 주변 지역사회와 무관해졌다. 이들은 풍부한 역사를 갖고 있으나 미래는 없는 교회들이다. 영안실 사역에는 교회를 부활시킬 탄력이 남아 있지 않다. 교회에 출석하는 새 가족이나 청년들이 없다. 미래에 대한 꿈이 없고, 유명한 과거에 대한 으스스한 기념비만 있다. 한때 지역 공동체에 생명을 가져다준 사역이 지금은 무덤에 불과하다.

앞서 설명했던 에스겔서 47장의 환상 속에, 나의 뇌리에서 떠나지 않는 이미지가 하나 있다. 성전에서 흘러나오는 거룩한 강이 그것과 접하는 모든 것에 새 생명과 활력을 가져다주는데 한 가지 예외가 있다. 바로 생명수에 아무 영향을 받지 않는 곳이다.

그 진펄과 개펄은 되살아나지 못하고 소금땅이 될 것이며 겔 47:11

진펄은 한때 강물이 흘렀으나 속도가 느려지더니 이제는 멈춰버린 곳이다! 그곳은 물이 이동하지 않는 곳, 즉 정체된 교회다. 옛날에는 성령과 함께 흐르고 그리스도를 위해 지역사회를 적셨으나, 시간이 흐르면서 그 속도가 느려지더니 이제는 꿈짝하지 않는다. 슬프게도 북미에서 이러한 상태는 점점 더 흔해지고 있다. 어쩌면 대다수의 교회가 그런지도 모른다. 약 80퍼센트 정도의 교회들이 더는 주변 사회의 성장이나 인구학적 변화와 보조를 맞추지 못하고 정체 혹은 쇠퇴하는 것으로 분류되고 있다.[2]

안타깝게도, 에스겔은 진펄은 소금땅이 될 거라고 예언한다. 우리 중 누구도 원하지 않는 슬픈 미래다. 이 삶의 주기는 어느 교회에나 닥칠 수 있다. 그것은 여러 단계에 걸쳐 사역 운동에서 박물관으로, 영안실로 변하기 때문이다. 새로운 복음 에너지의 폭발로 시작했던 리퀴드교회도 만일 내가 새로운 리더십에 권한을 부여하기 위한 조치를 취하지 않는다면 결국 나의 보살핌 아래서 쇠퇴하고 말 것이다.

### 모험가, 관리인, 그리고 장의사

지도자들처럼, 교회도 마찬가지다. 내가 유럽에서 목격한 것들을 생각하며 기도하기 시작하고 또 그와 비슷한 쇠퇴 양상을 보이는 우리 지역 수많은 교회들을 바라보기 시작하면서, 목사와 교회 리더십의 반응이 이 패턴을 변화시키는 데 중심이 된다는 것을 깨달았다.

교회를 창립한 지 얼마 안 된 초창기나 회복기에는 리더의 역할이 모험가여야 한다. 리퀴드교회의 초창기에 우리는 많은 모험을 했다. 우리 교회는 선술집에서 모였다가(술은 마시지 않고 성경 공부만 했다), 호텔로 옮겨갔고, 나가서 우리 이웃들을 섬기기 위해 주일예배를 취소하기도 했다! 새로운 세대에게 그리스도를 전하기 위해 죄만 아니면 무엇이든 하려 했다. 우리에게는 나이나 발달 단계와 상관없이, 교회는 떠났으나 하나님은 떠나지 않은 사람들에게 다가가려는 불타는 열정이 있었다. 모험가들은 주기적으로 "우리가 이러이러한 일을 시도했다면 어떻게 됐을까?"라고 질문한다. 설부른 아이디어들을 시도하고 담대하게 실패를 딛고 나아간다.

하지만 리더들이 사역과 함께 나이가 들어갈 때 주의하지 않으면 이 역할이 서서히 바뀌어갈 수 있다. 박물관 교회에서 목사는 더 이상 모험가가 아니라 관리인이 된다. 피렌체에서 두오모를 운영하는 사람이 그랬다. 그는 목회자가 아니라 시설물과 점점 줄어드는 성도들을 보살피는 박물관 관리인이었다.

결국 리더는 마지막 단계인 장의사로 변한다. 이것은 목사가 경험할 가장 힘든 단계다. 그들은 가족들이 떠나는 것을 보고, 청년들이 떠나는 것을 지켜보며, 나이 든 성도들의 장례를 치르기 시작한다. 그들의 일은 주로 장례식을 주관하고, 교회가 경직되고 재정적으로 고갈될 때 해골 같은 성도들을 보살피는 것이다. 그것은 모험가에서부터 관리인, 장의사로 가는, 정신이 번쩍 들게 하는 리더십의 사이클이다. 지금 당신은 어떤 리더인가?

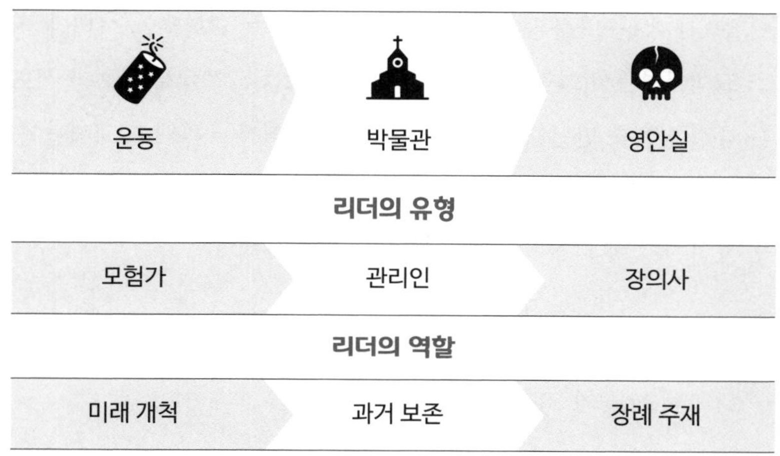


슬프지만, 이 순서는 특이한 것이 아니다. 어떤 사역이든 시간이 흐르면서 절정에 이르렀다가 안정기를 거쳐 쇠퇴하면서 엔트로피의 끌어당기는 힘을 경험한다. 지금 내가 이 글을 쓰는 것은 힘들게 씨름하는 목사들을 비난하거나 모든 상황이나 맥락이 회복될 수 있다고 말하려는 것이 아니다. 이러한 사역 환경에서 나는 많은 개인적인 친구들에게 마음이 쓰인다.

최근에 어느 목회자 부부와 나누었던 대화가 생각난다. 그들은 주일학교에 아이들만 몇 명 남아 있고, 돈은 다 떨어져 가고, 교회를 유지할 자금이 없어서 황폐한 시설을 처분하고 있다. 지금은 사역비용보다 유지비용이 더 많이 나가고 있다. 그들은 새로운 사람들에게 다가가기를 간절히 원하지만 관성을 극복하는 법을 모른다.

## 변화의 도전

솔직해지자. 박물관이나 영안실 단계에 있는 교회뿐만 아니라 어느 교회에서든 변화는 힘든 일이다. 거의 모든 교회에서 변화의 시도는 즉시 장애를 만난다. 투표하지 않으면 백열전구 하나도 교체할 수 없다. 나의 침례교 친구들은 그것에 고개를 끄덕인다. 나도 한때 침례교 목사여서 내 전통에 대해 농담할 수 있는 것이다.

Q: 전구 하나를 교체하려면 몇 명의 침례교도가 필요할까요?

A : 교체요? 누가 교체 얘길 했습니까?

오순절파 신자들이여, 너무 웃지 말라. 여기 후속편이 있다.

Q : 전구 하나를 교체하려면 몇 명의 오순절파 신자가 필요할까요?

A : 열 명입니다. 한 명은 전구를 교체하고, 아홉 명은 어둠의 영을 대적하는 기도를 해야 합니다.

웃어라! 예수님이 우리를 사용하신다는 것은 정말 놀라운 일이다. 그렇지 않은가?

변화는 쉽지 않다. 그러나 사역의 장기적인 건강과 성장에 꼭 필요하다. 교회가 오래될수록 초점은 그들이 다가가려는 사람들에서 그들이 지키려 하는 사람들로 옮겨간다. 시간이 갈수록, 어떤 결정을 내릴 때 성장과 전도의 관점이 아니라 교회의 유산을 지키는 관점에서 보게 된다. 변화를 제안해도 위원회에서 거절할 것이다.

밖에서는 수많은 사람이 교회를 지나치며 예수님 없이 방황하다 죽어가는데도 어떤 공동회의는 성도들이 청년부실에 음악 포스터 붙이는 것을 허용하느냐 마느냐로 토론했다.

이것을 기억하라. 교회는 전통을 지키기 위해 사명감을 잃고 있다!

기억으로 사역하기 시작할 때 당신은 박물관 교회를 이끌고 있다는 사실을 알게 된다. 리더들은 작년과 똑같은 행사를 진행한다. 성경공부 커리큘럼은 똑같고, 여름성경학교나 성탄절 합창제에도 혁신이나 새로운 발상이 거의 없다. 새로운 아이디어와 기술은 의심의 눈으로 쳐다본다(설교자가 영상 화면에 나온다? 절대 효과가 없을 것이다).

당신이 리더라면, 이러한 변화는 서서히 일어나고 쉽게 놓칠 수 있다. 대부분의 복음주의 목회자들은 여전히 자신을 활기찬 사역의 일부로 여긴다. 옛날에 그들은 생기 넘치는 예수 운동의 일부분이었지만 시간이 흐르면서 교회의 초점은 미래를 구축하는 것에서 과거를 보존하는 것으로 전환되었다.

두오모에서 평신도들이 "1400년대에 이곳이 가득 찼던 때를 기억하십니까?"라고 말하는 것을 들을 수 있을 텐데, 그것은 오늘날 사람들이 "1980년대에 주일학교가 왕성하던 때를 기억하십니까? 젊은 가족과 싱글들이 정말 많았죠. 그런데 잠깐만요. 그건 거의 두 세대 전의 일이에요. 무슨 일이 생긴 거죠?"라고 말하는 것과 노래는 같고 절만 다를 뿐이다.

### 교회에 R&D 부서가 있는가?

감사하게도, 어떤 리더들은 영적으로 통찰력이 있고 이런 엔트로피를 막기 위해 조치할 수 있다. 2장에서 나는 피터 펜델 목사님을 리퀴드교회의 대부로 소개했다. 그의 모험이 없었다면 리퀴드교회는 존재하지 않았을 것이다. 오늘날 리퀴드가 빠른 성장을 경험하고 있는 것도 그가 자신보다 27세나 어린 나를 젊은 리더로 세우고 권한을 부여하기 위해 위험을 감수해준 덕분이다. 나와 아내가 처음 밀링턴침례교회를 방문했을 때, 그는 그곳에 20년 넘게 목사로 있었으나 곧 우리를 동역자로 존중해주고 리더들의 회의에도 참석하게 해주었다.

피터의 리더십 아래서, 밀링턴교회는 R&D(연구 개발) 부서처럼 리퀴드에 자금을 대주었다. 우리에게 임대료를 청구하지 않았을 뿐만 아니라, 우리가 다음세대를 끌어들이기 위해 새로운 방법들을 연구하고 개발할 때 필요한 모든 비용(양초 때문에 손상된 성전 카페트 비용부터 주차장 흡연자들을 위해 재떨이 구입 비용까지)을 대주었다(우리는 나중에 그들의 성전을 리모델링함으로써 공식적으로 그 교회에 감사를 표했다).

피터와 그의 장로회는 모든 면에서 관대했다. 우리가 독립 교회가 되기 위해 나섰을 때 리퀴드를 축복해주었다. 나는 그 관대하고 모험지향적인 왕국의 사고방식에 놀란다. 하나님은 피터가 가진 큰 목회자의 마음과 능력을 사용하여 양쪽 성도들을 축복하기 위한 합의를 이끌어내셨다. 놀랍게도 리퀴드가 존재하거나 떠나는 것이 교회의 분열을 일으키지 않았다.

리퀴드를 떠나보냄으로써, 밀링턴교회는 죽음의 위험을 감수했다. 우리가 그곳에 있을 때 교회는 "우리는 20대들에게 다가가고 있다"라는 만족감을 느낄 수 있었다. 하지만 우리가 떠난 후 그들은 주변을 돌아보기 시작했고, 전반적인 운영 체계에서 아무것도 달라진 게 없다는 것을 깨달았다. 그들은 새로운 세대에 접근하기 위해 처음부터 다시 시작해야 했다. 리퀴드가 떠나자 에스겔서 47장의 물이 빠지는 것처럼 느껴졌고, 우리가 떠난 것이 피터에게는 꿈의 죽음을 의미했다. 그는 후에 "나는 팀이나 그의 젊은 리더 중 한 사람이 나의 후임자가 되리라 생각했다"라고 말했다.

내가 갔을 때 이미 150년이 넘었던 밀링턴교회는 내가 이탈리아에서 방문했던 교회들과 같이 복음 운동에서 박물관, 영안실로 하향길을 걸을 수 있었고, 피터의 리더십도 장의사까지 변하기 쉬웠다. 그러나 그러는 대신 그는 30년간 사랑의 리더십을 발휘한 후 사임하고 자신이 "재생"이라고 언급하는 일을 행했다. 오늘날 피터는 과도기에 있는 교회들을 위해 임시 목사로 섬기고 있다. 또한 멘토와 친구로서만이 아니라 좀 더 공식적으로 리퀴드교회 이사회의 일원으로서 계속해서 나에게 영적 책임을 갖게 해준다.

지금 밀링턴침례교회에 있는 피터의 후임자들은 그보다 30년 이상 어리다. 피터는 나를 위해 해준 일을 그를 따른 목사들을 위해서도 해주고 있다. 그들의 젊은 팀은 앞 세대의 선배 사역자들을 여전히 공경하면서 새로운 세대를 위한 온갖 종류의 사역들을 개발해냈다.

### 합병은 흐름을 활성화할 수 있다

교회들이 연령이나 단계와 상관없이 새로운 삶의 주기를 시작하는 것이 전적으로 가능하다는 것을 강조하고 싶다. 영안실로 가는 길은 돌이킬 수 없거나 불가피한 것이 아니다. 사역의 세대 간 흐름이 강에서 작은 물줄기로 줄었더라도 그 물결은 더 강해지고 증가할 수 있다.

## 모든 강은 작은 물줄기로 시작된다

Starts with a Trickle

하나님의 뜻이라고밖에 설명할 수 없는 일련의 사건들을 통해, 191년 역사를 지닌 교회의 리더들이 우리의 사역들을 합병하는 문제로 리퀴드교회에 접촉해왔다. 그 모든 일은 전 교인 부활절 금식 열흘 뒤에 시작되었는데 그때 우리는 하나님께 부흥을 구하고 있었다.

우리는 리더십 전문가 워렌 버드(Warren Bird, 이 책의 공저자인 워렌 버드가 맞다) 박사를 점심시간 훈련에 초대했다. 우리 직원들이 교인들과 지역사회에 좀 더 효과적으로 봉사할 수 있도록 준비시켜 주기를 바라서였다. 그가 우리 직원들을 찾아왔고 우리에게 너무나 멋진 방문이었다.

워렌이 막 떠나려 할 때 우리 전 직원 앞에서 "그런데 합병 문제로 여러분에게 접근한 교회들이 있습니까?"라고 물었다. 나는 질문에 당황하여 얼른 아니라고 말했는데 그는 확신의 미소를 지으며 예언했다.

"누군가가 올 겁니다. 하나님께서 여기에서 어떤 일을 행하고 계시기 때문이죠. 그리고 합병은 여러분 왕국의 영향력을 증대시킬 수 있습니다. 그들이 찾아올 때 여러분에겐 이것이 필요할 겁니다."

그는 그가 공저하여 갓 출간된 《Better Together : Making Church Mergers Work》(함께함이 더 좋다 : 교회의 합병)라는 책을 내게 건넸다.3

나는 교회의 합병에 관해 들어본 적도 없고, 리퀴드교회와 다른 교회가 연합한다는 생각을 해본 적도 없었다. 그래서 고맙다고 정중하게 인사하고는 책상에 높이 쌓아둔 15권의 다른 책들 위에 얹어놓았는데 그 후 24시간도 지나기 전에 우리에게 그 책이 절실히 필요하게 될 줄은 아무도 예상하지 못했다.

다음 날 아침 6시 30분, 우리 캠퍼스를 감독하는 마이크 리히 목사가 근처 마운틴사이드 가스펠채플(Mountainside Gospel Chapel)이라는 교회 장로님 한 분의 전화를 받았다. 그들은 예전에 기독교 학교에서 함께 사역해서 알던 사이였다.

"마이크, 이 전화가 뜬금없게 느껴질 거예요. 말도 안 되는 억측이라고 생각할 수도 있겠고요. 하지만 우리 교회가 리퀴드교회의 한 캠퍼스가 될 가능성에 대해 열린 마음으로 검토해주시겠습니까?"

마이크는 거의 전화기를 떨어뜨릴 뻔했다. 그는 즉시 나에게 전화했고, 나는 재빨리 워렌의 책을 찾았다. 우리는 머리를 긁적이며 "대체 하나님이 뭘 하시려는 거지?"라고 물었고, 일단 이 교회의 목사님과 위원회를 만나 보기로 했다.

### 마운틴사이드의 기적

마운틴사이드 가스펠채플은 1821년, 어린이들에게 성경 말씀을 전하려는 열정에서 탄생했다. 주일학교로 시작하여 그 채플은 온전한 교회가 되었고, 중북부 뉴저지 지역사회의 중추로서 몇 년이 지나 3백-4백 명의 건강한 성도들이 있는 교회로 성장했다. 선교사들을 파송하고 아낌없는 후원과 중보로 먼 나라에 예수님을 전하는 일에도 함께하고 있다.

이 선구적인 교회는 그 도시에 설립된 최초의 종교 기관이었다. 처음에 단순한 석조 예배당으로 시작했고, 세월이 지나 부지를 매입해 새 예배당과 친교실, 강의실, 체육관, 충분한 주차 공간을 갖추었다. 그러나 안타깝게도 최근 몇 년 동안 그 채플은 어려운 결정을 내려야만 했다. 그들은 1950년대 주일학교 운동을 추진하는 데 중요한 역할을 했지만, 1970년대와 1980년대에 성도 수가 정점을 찍은 후 1990년대부터 점차 줄어들기 시작했다. 그들이 우리에게 연락했을 때, 한때 번성하던 이 교회는 매주 출석 교인이 20-30명 정도로 줄어든 상태였고 그들은 교회 문을 닫을 생각까지 하고 있었다.

이와 같은 상황에서 내게 가장 가슴 아픈 것은 남아 있는 사람들의 진실한 헌신이었다. 아직 채플에 있는 사람들은 무릎을 꿇고 최전선에 있었다. 그 놀라운 사람 중 한 사람이 그 교회의 기둥이자 오랫동안 주일학교 교사로 섬겼던 준 버갤러(June Burggaller)였다. "그 아이들을 가르치는 일이 40년 넘게 제 삶이었고, 저는 그 모든 순간을 사랑했습니다"라고 그녀는 말했다. 어린이들을 향한 그런 아름다운 사랑을 새로운 세대의 교회 지도자들에게 옮겨 심을 수만 있다면!

교회가 변화의 필요성을 인정하는 데는 용기와 솔직함이 필요했다. 몇십 명의 성도로는 더 이상 자립 교회로 살아남을 수 없었다. 우리 모임에서, 그 채플 지도자들은 그들이 한때는 유력한 교회였으나 이제는 생존을 위해 외부의 도움이 필요하다는 사실을 인정했다. 그다음에 일어난 일은 그야말로 기적과 다름없었다. 우리는 그것을 '마운틴사이드의 기적'이라 부른다(*LiquidChurch.com/HelpForChurches*에서 회복의 이야기를 담은 60분짜리 다큐멘터리 영상을 볼 수 있다). 지난 20년 동안 마운틴사이드의 담임목사로 섬겼으며 탁월한 성경 교사인 그렉 해그(Gregg Hagg) 박사는 쇠퇴를 이렇게 묘사했다.

"1970-1980년대는 교인 수와 효율성에서 우리의 전성기였습니다. 그다음에 문화가 바뀌었는데 우리는 그렇지 못했어요. 미래를 구축하는 것보다 과거를 보존하는 것에 더 관심을 가졌지요. 우리는 전통적인 방법들을 지키려 했지만, 우리를 둘러싼 세상이 바뀌었고 우리의 발밑에서 사역은 경직되었습니다."

그들의 이야기를 들으니 마음이 아팠다. 모임을 마친 후, 마운틴사이드의 리더들은 이 고백 뒤에 놀라운 일을 했다. 그들은 리퀴드와의 합병을 추진하는 것을 만장일치로 합의했다. 그들은 그것으로 죽어가는 성도들이 다시 태어나기를 바랐다.

예수님의 복음은 언제나 부활에 대한 소망이 있다고 약속한다! 본질적으로, 복음은 삶과 죽음, 그다음에 새 생명으로의 부활에 관한 것이다. 에스겔의 환상에서, 하나님의 성전에서 흘러나온 가는 물줄기는 개울이 되고, 그 물과 닿는 모든 것에 새 생명을 가져다주는 거센 강물이 되었다.

한 지도자가 새로운 세대에게 다가가기 위해 익숙한 것을 희생하려 한다면, 하나님은 성령의 능력을 부여받은 사역의 새로운 시즌을 여실 수 있다. 다시 한번 모험가가 되려 하는 관리인들과 장의사들은 부활로 알려진 기적을 경험할 수 있다. 그때 하나님의 성령께서 놀라운 일을 행하시고 그들의 교회가 복음 사역의 새로운 시즌으로 들어가도록 재점화하신다. 바로 그것이 리퀴드의 가장 빠르게 성장하는 캠퍼스 중 한 곳에서 우리가 경험한 일이다.

## 재생 전략

재생은 분투하거나 죽어가는 교회가 두 번째 생명을 얻을 때 일어나는 일이다. 이 일은 더 강하고 활기차며 일반적으로 더 큰 교회의 지도와 후원 아래서 다시 시작될 때 일어날 수 있다. 워렌이 공저한 책 《Better Together》에서, 저자들은 오늘날 가장 높은 성공 확률을 가진 교회 합병에 자주 사용되는 모델을 묘사하면서 '이끄는 교회'와 '합류하는 교회'를 비롯한 몇 가지 용어들을 대중화한다. 그들은 또한 리더십 네트워크(Leadership Network)의 연구 중 일부를 강조하는데, 그것은 북미 전역의 멀티사이트 교회에서 새로 생기는 캠퍼스의 셋 중 하나 이상이 합병을 통해 탄생하는 것임을 보여준다.

성경은 교회가 생산력 없는 조직이 아니라 살아 있는 유기체라고 말한다. 바울이 교회를 언급할 때 자주 사용하는 "그리스도의 몸"(고전 12:27)은 여러 면에서 인간의 몸과 비슷하다. 그것은 성장기와 쇠퇴기를 자연스럽게 경험한다. 마운틴사이드를 리퀴드교회의 새 캠퍼스로 재탄생시키는 아이디어는 우리 두 리더십 팀 간의 시너지 효과 덕분에 가능했다. 우리의 젊은 리더들의 팀은 재탄생이 채플의 풍부한 역사와 리퀴드의 새로운 사역의 추진력을 결합할 기회라고 보았다. 우리는 마운틴사이드의 정체성이나 유산을 없애는 데는 관심이 없었고, 그보다는 설립자들의 꿈을 되살리고 미래에 대한 새로운 소망과 비전을 공동체에 심어주길 바랐다.

그러나 이 모든 일에는 큰 희생이 필요하다. 재생 모델은 그리스도의 죽음과 장례, 새 생명으로의 부활 패턴을 따른다. 마운틴사이드가 다시 태어나려면 먼저 자신에 대해 죽어야 하며, 이끄는 교회에 합류하기 위해 자신들의 사역을 끝내고 자산을 기부해야 한다. 이것은 나이 든 성도들에게 참으로 무시무시한 제안이다. 특히 교회의 생존과 건물 유지에 내적으로 맞춰져 있던 초점을 주변 사회로 나아가는 외적 봉사활동으로 과감히 전환해야 하기 때문이다.

내가 오르간 연주와 찬송가를 좋아하는 마운틴사이드의 리더들에게 리퀴드의 좀 더 현대적인 예배 스타일을 편안하게 받아들일 수 있겠는지 물었을 때 그들은 솔직하게 "우리는 당신들의 음악을 그렇게 좋아하진 않습니다"라고 말했고 한 장로는 "솔직히 너무 시끄러워요. 저는 갈 때마다 귀마개를 꽂습니다"라고 했다. 나는 그에게 물었다.

"정중히 묻고 싶습니다. 그럼 왜 합병하기 원하시는 겁니까?"

"그건, 당신들이 우리 손주들에게 세례를 주고 있으니까요."

그가 눈물을 글썽이며 말하자 다른 리더들도 동의하며 고개를 끄덕였다. 그들은 다음세대와 그다음 세대에게 그들의 믿음을 전수하기를 바라는 마음이 컸다. 쇠퇴하는 교회를 설득하여 합병에 필요한 희생을 하도록 하는 것은 종종 '보여주고 말하기'의 요소이다. 즉 그들은 자신들이 사랑하는 이들의 삶이 복음에 의해 영향을 받는 것을 보았고(보여주기), 그로 인해 성장하는 교회와의 합병 아이디어에 대해 더 듣고 싶게 된다(말하기).

따라서 마운틴사이드의 리더들은 그들의 성도들이 하나님을 신뢰하고 늠름하게 자신의 자녀들과 손주들에게 배턴을 넘겨주도록 은혜와 용기로써 온화하게 이끌었다. 비록 그들의 사역은 작은 물줄기로 축소되었지만, 우리는 마운틴사이드를 리퀴드의 네 번째 캠퍼스로 재탄생시키기 위한 계획들을 세우기 시작하면서 새로운 흐름이 형성되는 분명한 증거를 보았다.

우리는 예배 스타일이 뚜렷하게 달랐지만 몇 가지 핵심 영역에서 화합할 수 있었다. 거기에는 우리의 역사적, 정통 신학적 신념들과 복음주의적 교리 진술들이 포함되었다. 우리는 둘 다 성경을 기반으로 하고 그리스도를 중심으로 한 교회로서 복음과 예수 그리스도의 주되심에 헌신했다. 그리고 우리는 사람들을 사랑했다.

### 변하면 안 되는 것 vs 변해야 하는 것

우리는 마운틴사이드 교인들의 젊은 자녀 중 몇몇이 가족과 함께 리퀴드에 출석하고 있다는 사실을 알았다. 리퀴드는 분명 더 시끄러웠지만, 마운틴사이드의 리더들은 그 음악과 미디어가 하나님께서 우리 교회를 부르셔서 다음세대에 복음을 전하게 하신 방법의 중요한 부분임을 이해했다.

리퀴드교회는 우리의 메시지에 대해서는 완고하고(절대 변하지 않는 것) 방법에 대해서는 관대하다(언제나 변하는 것). 복음은 모든 세대를 통틀어 영원하고 변치 않는 것이지만, 그 진리를 전하는 방법들은 현재 문화에 따라야만 한다. 5장에서 나누었듯이, 우리는 보통 시각적인 세대를 위해 성경 말씀을 삶에 적용하려고 영상 클립, 소셜미디어, 소품, 독창적인 일러스트레이션 등을 사용한다.

그렉 목사님을 만났을 때 나는 우리에게 특별한 공통점이 있다는 것을 알게 됐다. 바로 그의 아들 앤디였다. 10여 년 전 술집에서 리퀴드교회를 시작한 자원봉사팀은 40명의 20대 청년들이었는데 앤디가 그중 한 명이었다. 앤디는 결혼 후 텍사스로 이사 가서 나는 10년 넘게 그를 보지 못했는데, 그렉과 내가 만났을 때 마침 앤디가 사업차 그 도시에 와 있었다. 다시 만난 우리는 오랜 친구처럼 힘껏 포옹하며 인사했다. 우리는 한 바퀴를 돌아 원점으로 돌아왔다.

이런 사건들을 우연의 일치라고 할지 모르나, 나는 그것이 하나님의 섭리로 일어난 일들이라고 믿는다. 하나님께서 보이지 않는 무대 뒤에서 이 모든 것을 준비해두셨고, 적절한 시기에 그것들을 공개하여 그분이 이야기를 이끌어나가시는 것을 우리가 놓치지 않게 하신다고 생각한다.

### 33일

워렌 버드가 방문한 지 30일 뒤에, 마운틴사이드 장로들이 남은 성도들을 모이게 했다. 총 27명이 왔고, 그중 다수가 60대 노인들이었다. 기도로 시작한 후, 교인들은 그들의 교회 전체를 리쿼드에 넘기는 것에 대해 익명으로 투표했다. 건물, 부동산, 목사관, 자산, 그 모든 것이 우리에게 넘겨졌다. 대략 4백만 달러의 가치가 있는 선물이었다.

그렉 옆에 앉은 나는 믿기지 않아 어리벙벙한 채 그를 쳐다보았다. 1년이 지나 이 글을 쓰는 지금도, 어떻게 그렇게 빨리 이 모든 사람의 합의가 되었는지 모르겠다. 우리 집 주방 페인트칠도 33일 만에 완성하지 못하겠는데 말이다! 지금껏 살면서, 성령께서 그렇게 극적으로 움직이시는 것을 본 적이 없었다. 그것은 숨이 막힐 정도로 놀라웠고, 무엇보다 심히 겸손해지게 했다. 마운틴사이드의 노인들이 그들의 교회를 넘기기로 투표할 때 보여준 용기와 관용과 희생은 절대 과장할 수가 없다. 그로 인해 교회가 다시 태어날 수 있었다.

투표가 있던 주일날, 그렉 목사는 나를 설교자로 초대했다. 나는 느헤미야서를 본문으로, 새로운 세대를 위해 성벽을 재건하는 것에 관한 메시지를 나누었다. 느헤미야 시대, 유대인들의 거룩한 성이 황폐해졌다. "예루살렘 성은 허물어지고 성문들은 불탔다"(느 1:3). 영광스러운 성의 쇠퇴 소식을 들었을 때 느헤미야는 앉아서 울었다. 무너진 성문들은 영적 퇴화의 상징이었다. 한때 강하고 번성하던 것이 이제 약해지고 쇠퇴한 것이다. 무너진 성벽은 유대인들에게 아픈 곳이었고, 그들의 비천한 상태를 날마다 상기시켰다. 만일 당신이 그 당시 하나님의 백성들에게 "가장 좋은 날들은 아직 오지 않았습니까, 아니면 벌써 지나갔습니까?"라고 물었다면, 그들은 속 빈 껍데기인 예루살렘을 가리키며 모르겠다고 말했을 것이다.

느헤미야서를 보자. 느헤미야는 그 상황에 대해 우울해하는 데 머물지 않았다. 그는 무언가를 하기로 했다.

> 내가 이 말을 듣고 앉아서 울고 수일 동안 슬퍼하며 하늘의 하나님 앞에 금식하며 기도하여 느 1:4

나는 우리 교회가 부흥을 위한 부활절 특별 금식 기도회를 마친 지 열흘 뒤에 마운틴사이드의 기적이 시작된 것을 우연이라 생각하지 않는다. 나는 하나님께서 빈 그릇들을 채워주기를 기뻐하신다고 믿는다. 많은 경우, 우리는 처한 상황의 문제들에 사로잡혀 있어서 하나님께서 부어주시려는 능력을 놓치고 만다.

하나님은 느헤미야에게 새로운 비전을 주셨고, 느헤미야는 그것을 백성들과 함께 나누었다.

> 후에 그들에게 이르기를 우리가 당한 곤경은 너희도 보고 있는 바라 예루살렘이 황폐하고 성문이 불탔으니 자, 예루살렘 성을 건축하여 다시 수치를 당하지 말자 하고 느 2:17

영적 회복은 하나님이 미래에 대한 새로운 비전을 갖고 계신다고 믿을 만큼 용감한 한 사람이 있을 때 시작된다. 어떤 사람이 정직하게 상황을 살펴보고 이렇게 말할 만큼 용기를 낼 때 시작된다.

"이전의 일들은 잊고 여기에서 새로운 일을 시작합시다. 우리의 가장 좋은 날들은 아직 오지 않았습니다. 하나님의 도우심으로, 우리는 이 사역을 재건하고 회복시킬 수 있습니다!"

느헤미야는 용기가 있었고, 자신의 안전지대에서 나오려 했다. 그 당시 느헤미야는 페르시아 왕궁에서 특권을 가진 위치에 있었다. 그는 권력과 영향력을 가졌고, 아마 막대한 재산도 있었을 것이다. 그러나 하나님은 예루살렘을 재탄생시키기 위해 그 모든 것을 버릴 생각을 그의 마음에 심어주셨다. 그것은 음식과 친교, 어릴 때부터 함께해 온 관습 등 그가 사랑하게 된 것들을 두고 가는 것을 의미했다.

그러나 느헤미야는 믿음과 확신으로 나아갔고, 그다음에 어떻게 되었는지는 모두가 다 안다. 그가 재건을 시작하려고 사람들을 불러 모았을 때 사람들은 한마음 한뜻으로 대응했다. "모두 힘을 내어 이 선한 일을 하려"(느 2:18) 했다. 결과는 어떠했는가? 예루살렘의 재탄생이 기록적인 시간 안에 완성되었다. 사람들이 성벽을 재건하고 거룩한 성문을 수리하는 데 처음부터 끝까지 52일이 걸렸다. 수십 년 동안 사기가 꺾여 있던 힘없는 사람들에게 이것은 분명 기적이었다. 그러나 느헤미야는 하나님의 백성들이 금식하고 기도하며 같은 비전을 품고, 새 세대를 위한 왕국을 세우는 일에 헌신하고 협력할 때 하나님이 무엇을 하실 수 있는지를 보여준다.

우리가 합병을 마운틴사이드의 기적이라고 부르는 이유는 52일도 걸리지 않았기 때문이다. 겨우 33일 만에 이루어졌다! 우리 두 팀은 그리스도와 서로에 대한 헌신을 맹세하면서 성령의 인도하심에 놀랐다. 우리는 엄청난 규모의 현대판 기적을 목격하는 복을 받았음을 깨달았다.

### 영웅들의 발을 닦아주다

나는 마운틴사이드에서 성도들이 투표하는 사진을 볼 때마다 목이 메었다. 27명의 노인들이 그들의 교회를 내어주겠다고 의연히 손을 들었다. 그 소중한 사진을 보는 사람들은 대부분 머리가 흰 사람들이 많다는 것을 알아챈다. 그러나 나는 쇠퇴하는 늙은 성도들 그 이상을 본다. 이들은 단순히 백발의 어르신들이 아니다. 이분들은 수십 년 동안 신실하게 하나님을 섬겨 온 우리의 영적 부모님들이다.

마운틴사이드 가스펠채플의 어르신들은 나의 영웅들이다. 당신이 60대나 70대의 나이가 되어 당신의 사역을 다음세대에 넘겨주기로 투표하는 것을 상상할 수 있겠는가? 그것은 나를 겸손하게 하고 감동을 준다. 나는 나중에 그런 사람이 되고 싶다. 우리는 그들의 신발 끈을 풀 자격도 없다!

하지만 우리는 그들의 발을 닦아드리고 싶었다. 마지막 예배 때, 요한복음 13장 1-17절에서 예수님이 제자들에게 보여주신 본보기에 영감을 받아 리퀴드의 나머지 임원들과 함께 손과 무릎을 바닥에 대고 엎드렸다. 그리고 우리는 함께 마운틴사이드의 성도들의 발을 닦아드렸다. 우리 캠퍼스 담당 목사인 마이크 리히가 준의 발을 닦는 동안 나는 그렉 목사님의 발을 씻겨드렸다. 그리고 우리의 새 가족에게 큰 자비를 베풀어주신 하나님을 경배했다. 그렉의 아내, 린다는 이렇게 말했다.

"이날은 우리에게 슬프고 두려운 날이 될 수도 있었어요. 하지만 하나님이 하신 일과 우리의 미래에 하시려고 준비하고 계신 일로 인해 우리의 애통은 기쁨으로 바뀌었습니다. 우리가 살아 있는 동안 기적을 목격하게 되다니, 믿을 수가 없네요!"

### 유산을 기념하다

합병 소식이 지역사회에 알려지자 소문이 삽시간에 퍼졌다. 5년 동안 우리 교회는 100퍼센트 이동식이어서, 호텔, 학교 등 우리에게 맞는 어느 곳에서든 장소를 빌려 예배드렸다. 그런데 33일 만에, 하나님께서 최초의 영구적 시설을 우리에게 선물해주셨다. 하나님의 섭리로, 마운틴사이드 교회는 다른 세 캠퍼스의 중앙에 있었다. 각 캠퍼스에서 가는 거리가 같아서 몇 가지 운반 문제도 즉시 해결되었다. 이제 청년들을 위한 중앙 회의 장소이자 우리 밴드를 위한 리허설 공간이 생겼다. 그리고 약혼한 커플들은 결혼식을 올릴 실제 채플이 생긴 것을 기뻐했다.

하지만 미래에 대한 기대와 흥분 속에서, 나는 우리 교인들에게 과거를 잊지 말라고 경고했다. 젊은이들에게 하나님께서 그들이 태어나기 오래전부터 마운틴사이드에서 일해오신 것을 이해하고 겸손하게 재탄생에 접근하도록 가르쳤다. 우리가 단지 벽돌과 시멘트로 지어진 건물을 물려받은 것이 아님을 이해하는 것이 정말 중요했다. 우리는 모든 영적 역사, 변화된 삶의 간증들, 그리고 오랫동안 마운틴사이드에서 자신의 삶을 드렸던 분들의 풍부한 유산을 물려받은 것이었다.

우리는 마운틴사이드 191년간의 사역을 기념하기 위해 특별 바비큐 파티를 준비했다. 마지막 예배를 드린 후, 어르신들에게 온갖 고명을 곁들인 돼지고기구이를 대접했고, 리퀴드의 자원봉사자들은 그들의 영적 선조들을 섬기는 것을 매우 기뻐했다. 돼지고기 바비큐를 먹으면서, 우리는 60-70대 성도들의 이야기를 들었다.

"나는 이 교회에서 태어났어요."

"여기서 배우자를 만났어요."

"나는 이 채플에서 결혼했어요."

"우리 아이들이 여기서 세례를 받았어요."

리퀴드교회가 등장하기 거의 200년 전부터 하나님이 일해오셨고, 우리는 단지 수십 년 동안 그곳에서 행해졌던 선한 일에 합류하고 있는 것임을 깨달으니 매우 겸허해졌다.

그렉은 교회 밖에 있는 타임캡슐을 나에게 보여주었다. 날짜가 1821-2021이라고 찍혀 있었다. 그는 "이건 당신들이 열어보게 될 겁니다"라고 말했다. 나는 안에 뭐가 있을지 궁금했다. 모세의 뼈? 플란넬그래프? 교회의 설립자들이 두 세기 후의 어느 날, 새로운 세대의 리더들이 사역의 중요한 책임을 맡게 될 날을 상상하는 선견지명을 갖고 있었다고 생각하니 너무나 감동이었다. 그렉과 나는 기다렸다가 하나님의 때가 오면 함께 그 캡슐을 열어보기로 했다.

### 다시 태어나다… 다시

그해 여름에 우리는 마운틴사이드 가스펠채플의 문을 닫고, 처음에 우리가 새로운 세대를 위한 리퀴드마운틴사이드라고 불렀던 그곳의 새로운 시작을 기다리며, 애정을 담아 시설을 개조하고, 수리하고, 업그레이드했다.

우리는 며칠간을 일하는 날로 정했는데 그것은 우리 성도들의 연합에 큰 도움이 되었다. 젊은 사람들과 어르신들이 서로 팔짱을 끼고 함께 '성벽을 재건'하였기 때문이다. 은퇴한 87세 노동자, 밥(Bob)이 우리 대학생 그룹과 함께 일했다. 그것은 우리가 구축해온 특별한 세대간의 파트너십을 강렬하게 보여주었다. 우리는 스테인드글라스 대신 평면 스크린 TV들을 설치했고, 채플의 많은 역사적 사역의 증표들을 특별 역사관에 조심스럽게 보관해 두었다. 미래를 만들어가면서, 과거를 기념하는 것 또한 중요하다고 믿는다.

교회 문을 열기 한 주 전, 우리는 금식하며 하나님께 다시 한번 강력하게 역사해달라고 기도했다. 그리고 정말로, 하나님이 그렇게 해주셨다! 교회가 문을 여는 주일날, 주차장으로 차를 몰고 들어오는데 뭔가 짜릿함과 웅성거림이 느껴졌다. 한 지역신문이 합병에 관한 특집기사를 냈고, 온 지역사회가 하나님이 하시려는 일을 직접 보러 온 것 같았다.

현관 계단으로 올라가니 나를 반겨준 것은 다름 아닌 그렉과 그의 아내, 린다였다. 그렉은 양복을 입고 타이를 매는 대신 리퀴드의 자원봉사자 티셔츠를 자랑스럽게 입고는 새로 오는 사람들에게 주보를 나눠주고 있었다. 우리는 포옹했고 그는 이렇게 말했다.

"팀, 어떻게든지 필요한 부분에서 섬기려고 왔어요. 주보를 나눠주든 아이들 가르치는 일을 돕든, 이곳이 다시 번성하는 것을 볼 수만 있다면 뭐든 하겠습니다!"(참고로, 그는 지금 신학교 부교수로 일하며 새 세대의 교회 지도자들을 돕고 있다.)

그 주일날 우리의 목표는 단순해서, 총 400명의 성인 남녀와 아이들과 함께 리퀴드마운틴사이드교회를 시작하길 바랐다. 하지만 하나님은 다른 계획을 갖고 계셨다. 문을 열자, 1,000명도 넘는 사람들이 쏟아져 들어와 4번의 예배를 드렸다! 첫 해 동안 마운틴사이드는 가장 빠르게 성장하는 캠퍼스가 되었고, 그 모든 것은 27명의 어르신들이 자신들의 편안함을 기꺼이 희생하고 다시 복음을 위해 모험을 하려 했기 때문이었다.

그 어르신들이 천국의 영웅들이다. 수십 년 전, 그들의 사역은 생기가 넘치는 복음 운동의 일환으로 시작했다. 그러나 세월이 흐르면서, 박물관과 영안실 단계로 들어갔다. 그들은 단순히 살아남기 위해 자산을 매각하는 대신 "죽음"이라는 용감한 행보를 취했다. 그로써 다음세대에 그리스도를 전하기 위해 다시(다시!) 태어날 수 있었다. 그들의 희생은 예수님이 요한복음 12장에서 하신 말씀을 떠오르게 한다.

내가 진실로 진실로 너희에게 이르노니 한 알의 밀이 땅에 떨어져 죽지

아니하면 한 알 그대로 있고 죽으면 많은 열매를 맺느니라 요 12:24

그해 가을, 우리는 마운틴사이드에서 4인 가족(아버지와 세 아들)을 비롯하여 수십 명의 새 신자들에게 세례를 주었고, 리쿼드 역사상 세례 횟수가 1,000번이 넘어갔다. 그 캠퍼스는 지금 새로운 그리스도인들과 젊은 가족들로 가득하다. 성도들이 많아지면서, 많은 어르신도 그대로 머물렀다.

오랫동안 주일학교 교사로 섬긴 준은 이렇게 말했다.

"많은 경우에 현대 교회에서 메시지가 희석되고 있다고 생각합니다. 그런데 이곳은 그렇지 않습니다! 팀 목사님의 메시지는 성경에서 나온 것이며 하나님의 말씀이 가장 우선시됩니다. 그래서 나는 내가 올바른 곳에 있다는 걸 알았지요. 첫날부터 모든 사람이 많이 힘이 되어주고, 격려하며, 존중해주었습니다. 나는 여러 세대의 회중이 모이는 것이 중요하다고 생각합니다. 각 세대가 줄 것이 있기 때문이지요. 우리가 늘 꿈꿔왔던 대로, 예수 그리스도에 대해 들으려고 오는 사람들로 가득 찬 이곳을 보는 것은 큰 기쁨이 아닐 수 없어요."

우리는 기적적인 재탄생을 이루어주신 하나님께 감사했고, 나는 이 말씀이 생각났다.

대대로 주께서 행하시는 일을 크게 찬양하며 주의 능한 일을 선포하리로다 시 145:4

예수님의 교회는 이런 모습이어야 하지 않겠는가? 창립 세대, 베이

비붐 세대, X세대, 밀레니얼 세대, Z세대 등 노년부터 청년까지 모든 세대가 함께 어우러져서 물줄기들을 합하여 새 생명과 복음의 활력이 흐르는 거센 강을 만들어낸다. 하나님나라에 대한 그 어르신들의 헌신 덕분에, 한때 메말랐던 사역이 다시 그리스도를 위해 그 도시를 적시고 있다.

### 파급효과

만일 하나님께서 마운틴사이드의 재탄생만으로 기적을 제한하기로 하셨다 해도 우리는 너무나 황홀했을 것이다. 하지만 알고 보니 성령은 이제 막 활동을 시작하신 거였다. 불과 몇 킬로미터 떨어진 곳에서 그 합병이 파급효과를 일으켰다.

우리는 몰랐지만, 약 15분 거리에 있는 또 다른 죽어가는 교회가 우리의 사역 합병을 매우 관심 있게 지켜보고 있었다. 교회를 다시 살리기 위해 여러 세대가 함께 팔짱 낀 모습을 보았을 때 그들 또한 리퀴드의 한 캠퍼스가 될 가능성을 생각하며 우리에게 접근해왔다.

'마운틴사이드의 기적'은 '가우드(Garwood)의 선물'에 영감을 주었다. 그것은 120년 된 교회와의 두 번째 합병이었다. 미국연합그리스도교회(United Church of Christ)에 속한 가우드교회는 성도가 점점 줄어 주일예배에 참석하는 사람들이 몇 안 되었고 교회는 점차 생기를 잃어가고 있었다. 하지만 그들 또한 다음세대를 전도하고자 하는 마음을 갖고 있었다.

우리 팀과 만난 후, 그들은 마운틴사이드 가스펠채플의 본을 따라 투표를 통해 그 교회를 해체하고 건물을 기부하기로 결정했다. 두 번째 기적이었다! 우리는 마운틴사이드 채플에서 했던 것처럼, 다음세대를 위한 애정을 담아 가우드의 시설을 개조하고 업그레이드했다. 그곳은 리퀴드의 5번째 캠퍼스가 되었고, 400명 넘는 사람들이 출석한 상태로 시작했다.

그 당시에는 깨닫지 못했지만, 하나님은 세 번째 기적을 위한 기틀을 마련하고 계셨다. 젊은 교회였던 우리는 은행에 저축해둔 돈도 없고 자산도 없었다. 하지만 처음 두 개의 영구적인 건물(마운틴사이드와 가우드)을 선물로 받은 후, 갑자기 장부의 자산이 5백만 달러가 되었다. 3년 후, 이 재산들을 담보로 은행 대출을 받고 채권을 팔아 뉴저지 팔시파니에 약 15,000평방미터(약 4,600평)의 방송 캠퍼스를 매입할 수 있었다. 오직 하나님만이 그런 계획을 설계하실 수 있었다. 우리는 그렇게 똑똑하지 않다!

이 두 사역과의 합병 이후로, 박물관이나 영안실 단계에 있는 수십 개의 사역 기관들이 우리에게 접근해 왔다. 그들은 그리스도를 위해 우리의 주를 적시려는 리퀴드의 운동에 동참하는 데 관심이 있었다. 《Better Together》라는 책에 나오는 한 가지 매혹적인 논평은 합류하는 교회가 여전히 강한 상태에서 많은 합병이 이루어지지만 그들은 다음세대에 바통을 넘겨줄 준비를 하면서 좀 더 성공 가능성을 높이기 위한 전략적 결정으로 주도적인 교회와 합병을 한다는 것이다. 그러한 합병은 종종 장기간 사역한 목사가 은퇴할 때 이루어진다.

죽어가는 교회들을 다시 살리는 일은 그리스도를 따르는 사람이 할 수 있는 가장 가치 있는 일 중 하나다. 당신은 자발적인 죽음 - 장례 - 새 생명으로의 부활이라는 복음의 사이클을 눈앞에서 보게 된다.

그 결과는 무엇인가? 더 젊은 리더들의 강이 오래된 교회의 사역을 활성화하면서, 오래된 교회들이 다시 심겨 열매를 맺는 것이다. 당신의 교회를 위한 새로운 미래를 상상해볼 준비가 되었는가? 이사야서에 나오는 하나님의 말씀에서 영감을 얻어라.

> 너희는 이전 일을 기억하지 말며 옛날 일을 생각하지 말라 보라 내가 새 일을 행하리니 이제 나타낼 것이라 너희가 그것을 알지 못하겠느냐 사 43:18,19

나는 우리가 사역하기에 가장 흥미진진한 시대 중 하나에 살고 있다고 믿는다. 유럽처럼, 북미는 급속도로 탈기독교 문화가 되어가고 있어, 세대 간의 전략적인 '바통터치'가 절실히 필요하다. 감사하게도, 하나님께서 그분의 영을 부어주시고, 젊은이들에게 새로운 비전을 주시고 늙은이들에게 새로운 꿈들을 주시며 오직 그리스도만이 영광을 받으실 합병의 기적들을 일으키고 계신다. 누가 모든 것이 설명 가능한 교회에 속하기 원하는가?

### 더 넓은 물줄기

미국에서는 해마다 3,500개 넘는 교회들이 문을 닫는다.[4] 당신이 사는 지역에서도 이미 문을 닫은 교회들을 몇 곳 떠올릴 수 있을 것이다. 쇠퇴하는 교회들이 선택할 수 있는 것은 대개 그들의 시설물을 매각하는 것뿐이다. 종종 그것은 종교부지의 용도를 바꾸어 콘도나 사무실, 또는 쇼핑몰을 세우려 하는 개발업자에게 넘어간다. 하나님나라에 얼마나 큰 손실인가! 그 거룩한 공간의 영적 유산, 즉 신실한 중인이 되어 지역사회를 전도하고 사람들의 삶을 변화시켰던 그 귀한 세월이 영원히 사라지는 것이다.

하지만 사역 합병의 증가는 유용한 대안을 제시해준다. 나는 우리가 거대한 왕국의 잠재력을 가진, 전례 없는 세대 간 전이의 시대에 살고 있다고 믿는다. 자산을 가진 (그러나 사람들과 추진력은 부족한) 나이 든 성도들은 사람들과 추진력을 가진 (그러나 자산이 부족한) 젊은 성도들과 협력할 기회를 얻는다. 그들이 함께 팔짱을 끼고 사역을 합병할 때 그리스도의 왕국을 위해 윈윈(win-win)하는 것이다!

온 나라를 휩쓸고 있는 건강하고 성공적인 합병의 파도는 쇠퇴하는 교회들이 새로운 삶의 주기를 다시 시작할 특별한 기회를 나타낸다. 그 결과로, 영적 유산이 보존될 뿐만 아니라 새로운 세대에 그리스도를 전하기 위해 다시 활성화된다.

하지만 부디 이것을 이해하기 바란다. 사역의 합병이 성공적으로 이루어지려면 타이밍이 중요하고 양쪽의 핵심 리더들의 태도가 중요하다. 돌이켜보면, 하나님께서 무상으로 우리에게 건물들을 주시기 전에 리쿼드가 장비의 설치와 철수를 반복하면서 7년 동안 인내하며 기다리게 하신 것이 축복이라 생각한다. 그 7년 동안 하나님은 우리의 인내와 겸손과 인품을 만들어오셨다. 나는 이 기다림의 시간이 선물임을 안다. 우리를 성숙하게 하시려는 하나님 아버지의 마음을 보여주는 사랑의 증거인 것이다.

안타깝게도, 우리 모두는 급성장하는 교회에서 카리스마가 인품보다 앞서간 젊은 목사들에 관한 끔찍한 이야기들을 들어왔다. 그 교회들은 빠르게 성장하여 여러 개의 캠퍼스를 갖추었을지 모르나 결국 붕괴되었다. 그들의 리더십에 성숙함과 지혜와 겸손한 영이 없었기 때문이다. 그러므로 인내하라. 급히 서두르거나 억지로 합병하려고 하지 말라. 하나님께서 당신 교회만의 독특한 이야기를 쓰고 계시며, 참으로 그분의 타이밍은 언제나 당신의 계획들보다 더 좋다!

내 친구 브래드 리치(Brad Leach)는 필라델피아에 있는 시티라이프 교회(City Life Church)의 담임목사다. 그는 합병 과정에서 하나님의 완벽한 타이밍을 증언할 수 있다. 2018년, 남부 필라델피아의 중심에 있는 역사적인 교회가 합병 가능성을 상의하려 브래드에게 연락했다. 패커 파크(Packer Park)에 있는 갈보리템플(Calvary Temple)은 1925년에 설립되어 전성기에는 600가정을 섬겼지만 1990년대 들어 정체기에 접어들고 성도 수가 어린이 포함 150명까지 감소했다.

브래드 목사(시티라이프)와 조지 목사(갈보리템플)는 함께 친분을 쌓으며 도시에 거주하는 새로운 세대에 다가가기 위해 오래된 교회를 다시 활성화하는 꿈을 꾸기 시작했다. 9개월 뒤, 그 두 교회는 공식적으로 힘을 합쳐 사역을 합병했다. 주도하는 교회인 시티라이프는 상징적인 1달러 청구서를 주고 첫 번째 건물, 즉 800만 달러에 해당하는 시설을 받았다. 합류하는 교회인 갈보리템플에는 도시에 사는 이웃들을 전도하려는 생생한 열정을 가진 젊은 가족과 미혼자들이 대거 유입되었다. 하나님나라를 위한 또 하나의 놀라운 윈윈이었다!

각 교회의 생애 주기와 소명은 다를 수 있다. 어쩌면 당신의 교회는 지역 또는 교파 내에서 더 강하고 어른이나 선배 역할을 하면서 다른 교회와 협력할 수 있는 위치에 있을지 모른다. 두 교회가 협력하여 더 큰 지역사회에 생수를 가져다줄 수 있을지도 모른다. 종종 우리 교회는 에너지와 인력이 있고 다른 교회는 지역사회 접근성이 더 좋은 곳에 자리한 경우도 있다.

어쩌면 카라 파월(Kara Powell)과 그녀의 팀이 쓴 《Growing Young : Six Essential Strategies to Help Young People Discover and Love Your Church》(성장하는 젊은이들 : 젊은이들이 당신의 교회를 발견하고 사랑하도록 돕기 위한 6가지 핵심 전략)에서 설명하듯이, 당신의 상황은 다를지도 모른다. 이를테면 성도들이 젊은 세대들에게 더 수용적이 되고 있는 것이다.[5] 다음에 이어지는 **파도를 일으키고 있는 다른 교회들**에서 리 크리처(Lee Kricher)와 그의 오래되고 죽어가는 교회가 변하는 이야기를 보라.

어쩌면 당신 교회에도 고령화되어 개별적으로 재활성화가 필요한 사역이 있을지 모른다. 교회의 직원들과 자발적 리더들은 좀 더 의도적으로 수습생, 인턴, 전임 사역자로 일할 새로운 세대를 발견하고 멘토링할 필요가 있는가? 얼 크렙스(Earl Creps)의 《Reverse Mentoring》(리버스 멘토링)과 데이브 퍼거슨(Dave Ferguson), 워렌 버드가 공동 집필한 《Hero Maker》(히어로 메이커)라는 책이 시작하는 데 도움이 될 것이다.

당신이 무엇을 하든, 당신의 밀레니얼 세대와 Z세대 교인들을 대학부 사역이나 청년부 사역에만 국한시키지 말라. 하나님을 신뢰하라. 그리고 당신이 편안함을 느낄 때까지 기다리지 말고 더 일찍 그들을 사역에 동참시켜라. 새로운 음악가, 교사, 복음 전도자, 관리자, 긍휼의 은사를 가진 사람들을 키우기 위한 부수적인 무대를 의도적으로 만들어라.

40대 목사로서 나는 리퀴드의 우리 팀과 함께 다음세대의 리더들을 세우기 위해 일하고 있다. 나는 리퀴드가 박물관 단계에 접어들거나 내가 60대가 될 때까지 기다렸다가 갑자기 허둥지둥 후계자를 찾아야 하는 상황을 원치 않는다.

《Next : Pastoral Succession That Works》(다음 : 효과적인 목회자의 승계)라는 책의 첫 줄에 "모든 목회자는 임시 목회자다"라고 쓰여 있다.[6] 교회 임직원과 자원봉사 리더들이 하나님 보시기에 그들의 자리가 일시적이라는 것을 깨닫는다면, 사역의 모든 단계에서 차세대 리더십의 강화에 우선순위를 두는 것이 시급함을 알 것이다. 여러 세대가 함께 그들의 도시를 적시기 위해 예수님을 중심으로 연합할 때 성령이 일으키시는 파도를 놓치지 말라!

## Dive Deeper 더 깊이 들어가기

첫 번째 사역 합병을 할 때 나는 시카고에 사는 도시 목사, 마크 조브(Mark Jobe)에게서 영감을 받았다. 나는 그를 교회 재탄생의 선구자로 여긴다. 마크는 하나님께서 이미 쇠퇴하는 교인들 안에서 어떻게 일하고 계시는지 우리가 보고 그들의 영적 유산을 기반으로 할 수 있는 기회를 받아들이도록 도와주었다.[7] 그는 뉴라이프커뮤니티교회(New Life Community Church)에서 목회하는 동안 이 일을 아홉 번이나 했다(2018년에 그는 무디성경학교 총장이 되었다). 뉴라이프교회의 처음 10개 캠퍼스 중 7개가 다시 시작하고 있다. 과거를 기념하되 과거에 매여 있지 말자는 그의 겸손한 접근법은 나의 비전을 확장하도록 도와주고 우리의 재탄생 파트너들과 더 깊이 논의하는 데 필요한 언어를 제공해주었다.

당신은 어떤가? 잠재적 파트너십에 관한 당신의 다음 행보는 무엇인가? 이러한 가능성들을 고려해보라.

발목 깊이 느헤미야서 1,2장을 읽어라. 느헤미야는 자료를 살펴보고(1:2,3), 기도했으며(1:4-10), 호의를 얻고 자산을 모으고(2:4-9), 그다음에 하나님이 하실 일에 대한 비전을 제시한다(2:17). 이 말씀에서, 당신의 교회가 사역의 불확실성을 차단하기 위해 할 수 있는 어떤 일이 보이는가? 어떻게 하면 당신의 교회는 다음세대를 위해 하나님의 일을 재활성화하는 흐름을 활용할 수 있겠는가?

조사를 통해 당신만의 자료를 수집하라. 교인들의 평균 연령은 어떠한가? 또 지역사회 주민들의 평균 연령을 알아내기 위해 인구 조사 자료를 참고하라. 그 둘 사이의 격차를 당신이 더 가깝게 만들 도움이 필요한가?

무릎 깊이 당신의 교회가 운동, 박물관, 영안실이라는 생애 주기에서 어느 단계에 있는지 확인하라. 교회의 다른 리더 두세 명과 함께 솔직한 토론을 하라. 특히 당신의 교회가 이 주기의 다른 단계에 있다고 보는 사람과 이야기를 나눠보라. 또는 교회 밖에서 객관적인 시각으로 봐줄 사람을 초대하라.

기도하고 영적으로 분별하면서 합병에 관한 논의를 시작하라. 몇 가지 사실들을 확인하라. 예를 들면, '지난 6개월 동안 우리 교회를 방문한 지역 주민이 몇 명인가' 같은 것이다. 그다음에 이렇게 질문하라.

"우리는 합병을 선택으로 고려해야 하는 방향으로 가고 있는가?"

만일 그렇다면 워렌 버드가 공저한 《Better Together》를 읽으며 탐색을 계속하라. 만일 당신의 대답이 "아니다"라면 당신의 교회가 더 큰 복이 되고 지역사회에 더 많은 생수를 가져다주기 위해 어떤 일이 일어나야 하는가?

허리 깊이 합병한 교회를 방문하여 그들에게 몇 가지 질문을 하라. 무엇이 잘되었는가? 잘 안 된 것은 무엇인가? 그들은 무엇을 다르게 하려 했는가? 더 중요한 질문은 이것이다. 그 결과가 당신의 지역사회에 어떤 영향을 미쳤는가? 그들은 복음 전도, 새 신자, 세례, 전도 여행이 증가하는 것을 보았는가? 다른 사역과 결합한 물줄기는 어떤 잔물결을 일으켰는가?

당신의 교회가 합병할 때 어떤 선택지들이 있는지 교단 지도자들과 이야기를 나눠보라. 만약 교단에 속해 있지 않다면, 현명하게 조언해줄 수 있는 사람을 찾아라. 어느 쪽이든, 누군가에게 당신 교회의 구조와 조례들을 잘 알려주고 그러한 절차에 대해 그들이 하는 말을 이해하라.

합병이 가까운 미래의 일이 아니라면, 이 장의 '더 넓은 물줄기' 항목에서 당신의 교회에 가장 잘 맞는 선택지는 무엇일까?

목사들이여, 교회에서 어떤 역할을 하고 있든 당신의 승계 계획은 어떠한가? 잠재적 후계자들을 양성하는 다음 단계로 나아가기 위해 앞으로 6개월 동안 당신이 해야 할 일은 무엇인가?

## 파도를 일으키고 있는 다른 교회들

Other Churches Making Waves

**앰플리파이교회** Amplify Church, *amplifychurch.com* 2003년, 피츠버그의 리 크리처(Lee Kricher) 목사는 연로한 교인들에게 큰 목표를 가지라고 권유했다. 평균 연령이 적어도 주변 지역사회 주민들의 평균 연령만큼 젊은 다세대 교회가 되기 위해 필요하다면 뭐든지 하라고 했고, 그것은 효과가 있었다. 그다음에 그는 감동적인 이야기를 들려주기 위해 《For a New Generation : A Practical Guide for Revitalizing Your Church》(새로운 세대를 위해 : 당신의 교회를 재활성화하기 위한 실제적 가이드)[8]를 썼다. 그 책에서 그는 그들의 5가지 전략을 개략적으로 설명한다. *futureforwardchurches.com*도 참고해보라.

**깅엄스버그교회** Ginghamsburg, *ginghamsburg.org* 연합감리교회인 이 교회는 네 교회가 다시 시작할 수 있도록 후원해주었다(교회 개척도 한다). 매번 교단 감독이 깅엄스버그의 지도자를 찾아와서 교회가 죽어가는 교회 성도들을 날개 아래 품을 것인지 물어보았고, 재활성화 과정을 거치는 동안 그 교회들은 각각 깅엄스버그의 캠퍼스가 되었다. 두 교회는 다시 독립적인 연합감리교회가 될 정도로 성장했고, 그중 하나는 주일예배 참석 인원이 25명에서 1,300명으로 성장했다. 다른 두 교회는 재활성화를 경험하고 깅엄스버그 캠퍼스로 남았다.

센터포인트교회 CenterPoint Church, *cpchurch.com* 뉴욕 롱아일랜드에서 빠르게 성장하고 있는 멀티사이트 교회로, 현재 네 캠퍼스가 있는데, 모두 일종의 합병을 거쳤다. 둘은 거의 문 닫기 직전의 교회였고, 다른 두 곳은 용도가 변경된 유대교 회당인데 그곳의 소유주들이 다른 회당들과 합병했다. 전자의 경우에는 센터포인트교회가 빈 시설물을 매입했고, 후자의 경우는 교회가 일주일 내내 빈 공간을 임차한다.

더채플 The Chapel, *chapel.org* 멀티사이트 전략의 일환으로 교회의 입양을 추진한 선구자였다. 대도시 시카고 전역에 있는 그들의 7개 캠퍼스 중 4개는 이들이 주도한 대화를 통해 생겨났다. 요컨대, 그들의 한 직원이 채플교회로 들어올 의향이 있는 교회들을 찾기 위해 지역 교회들과 수십 번 접촉했다.

우드사이드바이블교회 Woodside Bible, *woodsidebible.org* 미시간주 디트로이트에 기반을 두었고, 1955년에 설립되어 2005년에 처음으로 멀티사이트 교회가 되었다. 오늘날 그 교회의 14개 캠퍼스 중 9개가 합병의 결과물이다. 오랫동안 담임을 맡아온 더그 슈미트(Doug Schmidt) 목사는 합병을 제안한 적도 없다. 대신 그가 지역 목사들을 격려하고, 후원하고, 자원을 제공해주자, 몇몇 목사들이 그들이 섬겨 온 성도들을 위한 최선의 길로 합병을 제안했다. 우드사이드교회 이야기와 그것이 전달하려 하는 목회자의 마음을 더 알아보려면 《Better Together》라는 책에 실린 긴 논평 기사를 참고하라.

chapter 8

# 나눔을 격려하라 : 놀랍도록 풍성한 나눔

구제를 좋아하는 자는 풍족하여질 것이요
남을 윤택하게 하는 자는 자기도 윤택하여지리라

잠언 11장 25절

CNN의 뜨거운 스튜디오 조명이 머리 위를 환히 비추자 진땀이 나기 시작했다. '내가 지금 여기서 뭘 하고 있는 거지?' 하는 생각이 들었다. 그때는 주일 오전이었고, 나는 맨해튼 텔레비전 스튜디오에 있었다. 1시간 후에는 리퀴드교회의 예배가 허드슨강을 건너기 시작할 예정이었다. 나는 뉴욕시의 스카이라인이 담긴 디지털 배경 앞에 앉아 있었고, 메이크업 아티스트는 내 이마가 번들거리지 않도록 파우더를 발라주었다. 조금 떨어진 곳에서는 헤드폰을 낀 TV 프로듀서가 나의 관심을 끌려고 손짓을 했다.

그녀는 손가락 세 개를 펼치고 소리 없이 카운트다운을 시작했다. 3… 2… 1. 그녀는 스튜디오 카메라를 가리켰고, 카메라 위쪽 탈리 라이트에 빨간 불이 들어왔다. CNN 앵커 T. J. 홈즈(Holmes)가 멘트를 시작했다.

"팀 루카스 목사님은 이 아침에 그 분의 교회에서 변화를 시도하려

합니다. 리퀴드교회에서 그는 성도들이 매주 헌금함에 헌금을 넣는 것을 봅니다. 그들 중 일부는 경제적으로 매우 어려운 상황인 것을 알고 있는데도 말입니다."

그 주일 아침, 앵커는 환하게 웃었다.

"하지만 이번 주에는 헌금함에 돈을 모으는 대신, 그 돈을 나눠주고 있습니다. 우리는 지금 3만 달러에 관해 이야기하고 있습니다."[1]

정말로 사람들의 호기심을 자극한 '보여주고 말하기' 방법에 관해 이야기해보자!

### 달란트 비유의 특별한 실행

나눔에 관한 나의 주일설교는 곧 입소문으로 퍼졌다. 그 주에 나는 예수님의 달란트 비유를 가르칠 계획이었다.

> 또 어떤 사람이 타국에 갈 때 그 종들을 불러 자기 소유를 맡김과 같으니 각각 그 재능대로 한 사람에게는 금 다섯 달란트를, 한 사람에게는 두 달란트를, 한 사람에게는 한 달란트를 주고 떠났더니 마 25:14,15

이것은 이미 많은 성도에게 익숙한 성경 이야기다. 그래서 우리 티칭팀은 현대적인 청중의 상상력을 자극할 새로운 방법을 찾고 있었다. 그 주 브레인스토밍 시간에 크리에이티브팀의 한 멤버가 기발한 아이디어를 냈다.

"실제로 하나님의 돈을 나눠주면 어떨까요?"

우리는 다 웃었지만, 그는 진지했다.

"우리가 직접 행동으로 보여주는 거예요. 하나님의 사람들에게 하나님의 돈을 돌려주고 그 돈을 투자하라고 하면 어떨까요?"

방 안을 둘러보니 몇 사람이 딴 데를 쳐다보고 있었다. 처음에는 그 아이디어가 정말 기이해 보였다. 우리 교회는 4년밖에 안 되었고, 급여를 지불하는 것도 버거웠다. 게다가 우리 지역은 2008년 금융위기의 타격이 매우 컸다. 많은 사람이 실직했고 집값은 급락했으며 주일 헌금도 마찬가지였다. 내가 "좋은데요"라고 말하자 모두가 고개를 돌려 마치 미친 사람 보듯 나를 쳐다보았다.

"제 말을 오해하진 마세요. 물론 그건 아주 큰 모험입니다. 하지만 사람들에게 하나님의 말씀을 생생하게 전해줄 거예요. 우리가 예수님의 말씀을 곧이곧대로 받아들일 때 예수님이 영광을 받으신다고 생각합니다."

나는 행정 목사에게 그 아이디어를 설명했다.

"이번 주일에 특별 헌금을 하려고 하는데, 다만 방식을 거꾸로 할 겁니다. 사람들이 헌금 봉투를 헌금함에 넣는 대신 헌금함에서 돈을 꺼내는 거죠. 우리는 예수님의 비유처럼 10달러, 20달러, 50달러. 다양한 액수를 그 안에 채워둘 수 있어요. 그다음에 제가 그 돈을 창의적으로 하나님나라에 투자하라고 사람들에게 도전할 겁니다."

우리 팀은 성경을 더 연구했고 청지기 직분에 관한 예수님의 극적인 이야기를 새로운 눈으로 보기 시작했다. 주인은 집에 돌아왔을 때 세 명의 종들에게 맡긴 돈을 결산하자고 했다. 처음 두 종은 각각 돈을 투자하여 가치를 두 배로 만들었다고 설명했고 주인의 칭찬을 받았다.

… 잘하였도다 착하고 충성된 종아 네가 적은 일에 충성하였으매 내가 많은 것을 네게 맡기리니 네 주인의 즐거움에 참여할지어다 마 25:21

그러나 세 번째 종은 주인이 지독한 사람이라 두려워서(24절) 땅을 파고 그 돈을 묻어두었다. 주인의 심판은 가차 없었다.

악하고 게으른 종아 … 그러면 네가 마땅히 내 돈을 취리하는 자들에게나 맡겼다가 내가 돌아와서 내 원금과 이자를 받게 하였을 것이니라 마 25:26,27

주인은 그 사람에게서 돈을 빼앗아 자기 돈을 창의적으로 투자하여 이윤을 남긴 종에게 주었다.

우리 팀에게 좋은 생각이 떠올랐다. 우리가 다시 오실 그리스도를 기다릴 때 하나님(주인)은 우리(그의 종들)에게 그분의 돈을 맡기신 것이다. 우리는 교인들에게 하나님의 돈을 창의적으로 투자하여 그리스도와 그의 나라를 위해 영적인 수익을 내라고 도전하기로 했다. 그래서 얼마 안 되는 교회 역사상 가장 큰 모험을 했다. 그 주에 은행에 가서 3만 달러를 인출했다. 그 전 주일에 모인 헌금이었다. 행정 목사가 지켜보는 가운데, 재정팀은 아무 표시가 없는 2,000개의 헌금 봉투에 각각 10달러, 20달러, 50달러 지폐를 넣었다.

어떻게 된 건지 미디어가 이 계획을 알아챘고, CNN 방송국이 그들의 주일 오전 프로그램의 황금 시간대 인터뷰에 나를 초대했다. TV 진행자는 정중하면서도 우리의 '거꾸로 헌금'의 동기를 궁금해했다. 나는 카메라 앞에서 그에게 설명했다.

"많은 사람들이 종교에 대해 부정적입니다. 그들은 갈취를 당할 거라 생각하고 교회에 옵니다. 하지만 우리는 '그거 알아요? 그 모든 것은 하나님의 돈이며 그분은 당신을 신뢰하십니다'라고 말하고 있습니다."

미국에서 사용되는 모든 지폐에 "우리는 하나님을 믿는다"(IN GOD WE TRUST)라고 쓰여 있다. 우리는 그 신념을 시험해보려 했다.

인터뷰를 마치자마자, 나는 급히 차를 타고 1부 예배 시간에 늦지 않게 맨해튼에서 뉴저지의 모리스타운까지 달려왔다. 우리가 빌린 연회장에 들어왔을 때 사람들이 웅성거리고 있었다. 일부 사람들이 교회에 오기 전에 CNN 방송을 보았기 때문이다. 나는 예수님의 가르침을 나누기 위해 일어서서, 오늘 우리가 믿음을 행동으로 옮기기 위한 모험을 하고 있다고 말했다. 현금을 나눠주기 전에, 성도들에게 셋 중 한 가지 방법으로 그 돈을 창의적으로 투자하도록 도전했다.

도움이 필요한 사람들에게는 이렇게 말했다.

"어쩌면 여러분은 싱글맘이고, 이번 주에 차에 연료를 넣거나 베이비시터에게 돈을 지급하기 위해 50달러를 사용할지도 모릅니다. 아주 좋습니다. 오늘의 선물은 하나님께서 여러분에게 직접 주시는 것입니다. 하나님이 여러분을 얼마나 사랑하시는지를, 또 그분이 여러분의 필요를 채워주실 수 있다는 것을 여러분이 알았으면 좋겠습니다."

다른 사람들에게는 우리 교회 밖을 보고 곤경에 처한 이웃들 돕는 것을 생각해보도록 도전했다. 우리 지역은 135억 달러의 재산 피해를 낸 동부 해안 지역의 대형허리케인 아이린의 파괴적인 영향에서 아직 다 회복되지 못했다.[2] 나는 그들에게서 독창적인 생각을 이끌어내려

했다.

“아마도 그 돈으로 식료품을 사거나 음식을 만들어서 힘들어하는 이웃에게 갖다줄 수 있을 겁니다. 창의적으로 생각해보세요. 그것은 하나님의 돈이지만, 하나님은 당신에게 맡겨 그 돈을 굴리게 하시는 겁니다.”

그리고 마지막으로, 교인들 가운데 사업가들과 시장의 선두주자들에게 도전했다.

“3주 동안 하나님의 돈을 투자하여 예수님의 이야기에 나오는 신실한 종들처럼 불려보고, 3주 뒤에 그 불린 돈을 다시 가져오세요. 그러면 노숙자 쉼터를 재건하는 일에 그 돈을 기부할 것입니다.”

사람들은 기대가 가득한 분위기였다. 나는 안내위원들을 앞으로 부르고, 예배자들에게 각자 헌금함에 손을 넣어 봉투 하나를 꺼내고 하나님께서 그 돈으로 뭘 하기 원하시는지 여쭤보라고 했다. 헌금함이 각 열을 지날 때마다 사람들의 표정이 어땠는지 당신이 봤어야 했다. 나는 어느 나이 많은 여자가 손을 뻗어 좌우를 살피며 봉투를 꺼내면서 눈이 커지는 것을 보았다. 그녀는 번개를 맞지 않을까 생각한 것 같다!

고등학생들이 앉아 있던 줄은 별로 수줍어하지 않았다. 각자 봉투를 열어보고는 바로 금액을 비교했다. “나 20달러 받았어!”라고 한 명이 소리치자 다른 친구가 “난 50달러야!” 환호하고는 자기 친구를 놀렸다. “하나님이 너보다 나를 더 신뢰하시나 봐”라고. 나는 앞으로 가르칠 것이 더 많다는 사실을 깨달았다.

그다음 몇 주 동안 우리는 교인들의 창의성에 깜짝 놀랐다. 미용실

주인은 토요일에 노숙자들에게 무료로 이발해주는 데 자신의 50달러를 사용하기로 했다. 그 미용실에서 일하는 미용사들은 노숙자들을 보살핀다는 아이디어에 감동해 그 주말에 각자 자신들의 서비스 비용을 기부했다. 그들은 그 도시에 사는 노숙자 30여 명의 머리를 자르고, 수염을 다듬고, 무료 서비스를 해주었다.

한 캠퍼스의 젊은 엄마 두 명은 돈을 합쳐 맛있게 사용했다. 두 사람 다 베이킹을 아주 좋아했고, 종종 하나에 100달러 이상 받는 디자이너 케이크(결혼식, 생일, 기타 특별 행사용)를 만드는 것으로 그 지역에서 유명했다. 한 명은 10달러를 받고 다른 한 명은 20달러를 받았는데 그들은 30달러로 명품 케이크를 만들 재료를 샀다.

그들의 멋진 케이크 사진을 페이스북에 올리고 가장 높은 가격을 제시하는 사람에게 판매하겠으며 모든 수익금은 그 도시에 있는 가정폭력 피해 여성 쉼터에 기부하겠다고 선언했다. 어떤 사람이 즉시 100달러를 제시했고, 다른 사람이 250달러를 제시했다. 그리고 그다음 주말이 되자 어느 익명의 기부자가 그들의 케이크를 400달러에 샀다. 감동한 두 엄마는 즐거운 마음으로 그 수익금을 가정폭력 피해자 쉼터에 기부했다.

사연들이 쏟아져 들어오기 시작했다. 우리 세대 최대의 경기 불황 속에서 하나님의 사람들이 나서서 어려운 이웃을 향한 그리스도의 자비와 긍휼의 마음을 보여주었다. 그해 가을 우리 교회에서 자비의 강물이 퍼져나갔고, 그 이후로 우리 교인들은 우리 교회를 이끌어온 근본적인 진리를 이해했는데, 결코 우리는 하나님께 더 많이 드릴 수 없다는 것이다!

## 나의 180도 방향 전환

우리의 거꾸로 헌금은 사람들의 이목을 끌기 위한 것이 아니었다. 그보다는 우리 교인들에게 하나님의 말씀을 그대로 믿고 믿음을 행동으로 옮기도록 가르치기 위한 획기적인 방법이었다. 그렇게 한 것은 돈에 대한 하나님의 관점이 그리스도인들을 비롯한 대부분의 사람들이 가진 생각과 얼마나 다른지를 보여주려는 것이었다. 그것은 또한 나 자신의 사고 변화를 나타냈고, 다른 사람들도 똑같이 "아하!" 하고 깨닫기를 바랐다.

나는 돈 이야기를 나눌 때면 항상 죄책감과 의무감을 느끼는 분위기에서 성장했다. 우리가 다닌 한 교회에서는 건축 기금을 모으려고 커다란 온도계를 단상에 가져다 두었다. 그 프로젝트를 향한 성도들의 헌금 액수에 맞춰서 매주 온도계 속의 '수은'이 조금씩 위로 올라갔다. 어느 주일에는 진전이 없자, 한 장로가 "이 온도계가 나타내는 것은 단지 액수만이 아닙니다. 하나님을 향한 여러분의 열정을 나타내는 겁니다!"라며 교인들을 꾸짖었고 수치심의 물결이 그곳을 덮었다.

내가 목사가 되었을 때 절대 죄책감이나 수치심을 사용하여 사람들에게 동기를 부여하지 않겠다고 맹세했다. 하지만 생명을 불어넣는 대안을 알지 못했기에, 나의 해법은 그저 돈 얘기를 하지 않는 것이었다. 나는 설교할 때 돈에 관한 주제를 전염병처럼 피해 다녔다.

하지만 침묵은 학대를 바로잡는 좋은 방법이 아니다. 그리고 많은 사람이 건강하지 못한 소비자 사고방식을 교회로 가져왔지만 나는 돈 얘기를 회피해왔기 때문에 이것에 이의를 제기하지 못했음을 곧 깨달았다. 사람들이 그리스도 안에서 자유롭길 원했지만, 나는 제자도의 영역에서 하나님의 진리가 사람들을 물질주의로부터 자유케 하는 것을 허용하지 않고 있었던 셈이다(요 8:31,32).

나는 개인적으로 성경을 공부하면서, 예수님이 돈과 소유에 대해 얼마나 자주 터놓고 말씀하셨는지 알고 감명받았다. 예수님의 비유에서 거의 절반이 그 주제였다. 그렉 로리(Greg Laurie)가 말하듯이, 성경에는 기도에 관한 구절이 500개이고 믿음에 관한 구절은 500개가 안 되는데 돈에 관한 구절은 2,000개가 넘는다. 예수님의 가르침 중 무려 15퍼센트가 돈과 물질에 관한 것으로, 천국과 지옥에 관한 가르침을 합한 것보다 더 많다![3]

그렇게 강조하는 이유는 무엇일까? 예수님은 돈과 우리의 마음 간에 직접적인 영적 상관관계가 있다고 말씀하셨다(마 6:21). 마르틴 루터(Martin Luther)는 이런 말을 했다고 한다.

"한 사람이 경험해야 할 세 가지 회심이 있다. 머리의 회심, 마음의 회심, 그리고 지갑의 회심이다."

성경을 공부하다 보니 한 가지 패턴이 눈에 띄기 시작했다. 거듭해서 하나님이 그의 백성들에게 하나님의 집(구약성경의 성전이든 신약성경의 교회든)에 돈을 가져오라고 하실 때 우리는 하나님이 그 돈을 어떻게 사용하기를 원하시는지 알 수 있다. 하나님께서 십일조를 창고에 들이라고 명령(말 3:8-12)하신 배경을 알게 되었을 때 그것을 처음 깨달았다. 그 목적은 달리 먹고살 길이 없었던 가난한 자들을 먹이는 것이었다.

하나님은 사람들에게 "온전한 십일조를 창고에 들여 나의 집에 양식이 있게 하라"(10절)라고 명하셨다. 그 시대에는 사회보장제도와

장애 보험 같은 공적인 안전망이 없었다. 유일한 사회부조는 사람들을 영적으로 먹이는 곳에서 나왔다. 성전(후에는 사도행전 6장 1절에서 보듯이 초대 교회)은 하나님의 사람들이 가져온 선물들을 우선적으로 과부와 고아, 그 외 곤경에 처한 사람들을 보살피는 데 사용하였다.

항상 사람들의 나눔과 그들의 구제로 채워질 가난한 자들의 필요를 연관시키는 것이 중요하다는 것을 깨달았다. 신약성경에서도 비슷한 구절들이 눈에 띄기 시작했다. 사도 바울이 도둑질하던 사람에게 일자리를 구하여 합법적으로 돈을 벌라고 한 것에 주목하고 그가 그렇게 말한 이유를 보니 다른 사람들을 축복하기 위해서였다. 그는 "가난한 자에게 구제할 수 있도록 자기 손으로 수고하여 선한 일을 하라"(엡 4:28)라고 했다. 그리고 성령이 내 눈을 열어주셨을 때 나의 가르침은 180도 달라졌다. 이제 나는 어린 시절의 기억처럼 죄책감을 자극하여 교회에 헌금하라고 호소하는 대신, 영감을 주는 '보여주고 말하기' 방식을 사용한다.

"우리 도시에 있는 이 허물어져 가는 여성들의 쉼터가 보이시나요? 여기 전과 후의 사진이 있습니다. 여러분의 구제가 이렇게 변화시킨 겁니다. 여러분이 귀한 예물을 가져오셨죠. 그리고 하나님께서 어떻게 그것을 취약계층 가정들을 돕는 데 사용하셨는지 보고 있습니다."

리퀴드교회의 헌금 시간은 하나님이 당신으로부터 무엇을 받기 원하시는지보다 당신을 위해 무엇을 원하시는지에 더 초점을 맞추게 되었다. 그것은 다른 사람들을 축복하는 법을 배우는 것이다.

구제와 긍휼의 성경적 연관성 덕분에 사람들에게 헌신적인 나눔을 과감하게 요청할 수 있게 되었다. 구제와 그로 인해 생길 눈에 띄는 변화를 연관 지어 말할 때 사람들은 자연스럽게 마음을 열고 손을 편다.

삶의 변화로 이끄는 소망과 자원들을 제공하여, 거리에 사는 노숙자들을 긍휼의 마음으로 섬기는 이동식 봉사활동[4]인 〈뉴욕시티 릴리프〉의 사명은 매우 마음을 끈다. 내 친구 후안 갤러웨이(Juan Galloway)는 노숙자들의 삶을 변화시키는 이 사역을 이끌고 있으며 우리 교회는 자원봉사자, 물질, 재정으로 후원하고 있다. 책임자로서 후안은 기업주들이나 고액 기부자들과 관계를 형성하는 데 많은 시간을 보낸다. 언젠가 그는 내게 이런 말을 했다.

"얼마나 많은 그리스도 중심의 비영리단체들이 매주 그들의 지지자들 앞에 서서 기부자들의 구제로 변화된 삶들을 보여줄 기회를 얻기 위해 애쓰고 있을까? 교회는 바로 그 일을 할 수 있는, 몇 안 되는 비영리단체 중 하나야."

### M&M's로 보여준 재정 원리

어느 주일에 우리 성도들에게 하나님의 돈을 하나님의 뜻대로 관리하는 법을 가르치면서, 기억에 남게 이해시키려고 사람들에게 M&M's 초코볼 10개가 담긴 봉투를 하나씩 나눠주었다. 나는 10개의 M&M's를 들고 "이것이 여러분의 가계 예산을 나타낸다면, 돈이 어디로 가는지 상상해봅시다" 하고는 사람들에게 3개를 먹게 했다. 이는 주택비로 들어가는 평균 비용을 나타냈다. 이어 식비를 상징하는 2개를 더 먹게 했다. 교통비로 또 한 알을 먹었고, 그밖에도 여러 가지가 있었다. 예배 시간에 M&M's를 먹으며 다들 즐거워했지만, 그들이 받은 것을 너무 빨리 먹어버렸다!

그런 다음에 나는 '나'라고 적힌 유리잔을 들어 초코볼 10개를 그 안에 넣고 '하나님'이라는 라벨이 붙은 커다란 물통을 꺼냈다. 그 물통은 수천 개의 알록달록한 초코볼로 가득 차 있었다(우리 자원봉사자들은 이 소품을 준비하며 즐거워했다). 나는 하나님께서 백성들에게 십일조를 창고에 들여 그를 시험하라고 도전하시는 말라기서 3장 10절 말씀을 읽었다.

> 내가 하늘 문을 열고 너희에게 복을 쌓을 곳이 없도록 붓지 아니하나 보라

요점은 간단했다. 우리가 우리 예산에서 M&M 하나를 꺼내 하나님이 쓰시도록 드리면, 즉 10퍼센트(십일조)를 드리면 하나님께서 나머지를 축복해주겠다고 약속하신다. 하늘 문이 열리는 것을 보여주기 위해, 나는 '하나님' 물통에서 M&M's를 천천히 쏟기 시작했다. 무지개색 M&M's가 금세 '나'의 잔을 가득 채웠지만 그건 시작에 불과했다! 나는 계속 쏟아부었다. 수백 개의 M&M's가 '나'의 잔에서 넘쳤고, 설교대로, 단상 곳곳으로 쏟아졌으며, 계속해서 바닥에 흩어졌다. 소량의 물이 시내가 되고, 하나님의 무지개색 축복의 강이 되었다.

아직도 큰 물통에는 하나님의 M&M's가 더 남아 있어서 나는 계속 그 작은 잔에 쏟아부으며 말했다.

"이것은 차고 넘치는 것을 나타냅니다! 넘치는 축복을! 풍요로움을! 충분하고도 남음을 나타냅니다!"

내가 설교를 하는 동안 성도들은 내가 어지럽힌 영광스러운 광경을 시각적으로 이해했다.

"이 세상은 여러분에게 한 푼도 남김없이 자신을 위해 다 쓰라고 말합니다. 그러나 여러분의 재정에서 하나님을 가장 우선시하고 마음에서 우러나와 아낌없이 드릴 때 하나님에 대한 더 큰 신뢰를 나타내는 것입니다. 하늘 아버지께서는 여러분이 자신을 위해 그것을 모두 쓰지는 않으리라는 것을 아시기 때문에 더 많은 것으로 여러분을 축복해주십니다!"

## 90일 십일조 도전

우리의 달러 지폐들은 "우리는 하나님을 믿는다"라고 말할지 모르나, 월급을 받을 때마다 하나님이 당신을 믿으신다는 생각을 해보았는가?

나는 '90일 십일조 도전'을 선포하고 사람들에게 "나를 시험하라"(말 3:10)라는 하나님의 도전을 그대로 받아들일 것을 권하며 메시지를 마쳤다. 3개월 동안 십일조(10퍼센트)를 내는 사람들에게 반드시 돈을 돌려받을 거라고 장담했다. "만일 하나님께서 약속하신 대로 여러분을 축복해주지 않으신다면 아무것도 묻지 않고 우리가 여러분의 돈을 100퍼센트 환불해드리겠습니다"라고 내가 말했다(재정팀과 사전에 합의한 것이었고, 그들은 나중에 아무도 환불을 요구하지 않았다고 보고했다). 우리가 이 미친 제안을 한 이유는 사람들이 재정 부분에서 하나님을 가장 존중하는 법을 배움으로써 경제적 자유를 경험하게 하고 싶어서였다.

그들은 정말 그랬다. 특수장애 아들을 키우는 베스(Beth)가 십일조 도전을 받아들였다. 90일이 지난 후, 그녀는 결혼생활이 파탄났을 때에도 십일조를 계속했다.

"처음에는 수입의 더 많은 부분을 남겨두어야 할 것 같았어요. 두려웠어요. 하지만 그때 저 자신에게 이렇게 말했어요. '하나님은 내가 순종하며 기쁘게 드리길 원하신다'라고요."

그녀는 자신의 약속을 지켰다.

"돌아보니, 그것은 저를 하나님께 더 가까이 이끌었고, 무엇이 중요한지를 깨닫고 저의 재정을 하나님께 맡기도록 도와줬어요. 그건 돈의 문제가 아니라 하나님께서 얼마나 저의 마음을 원하시는지의 문제라는 걸 알게 되었어요. 오늘 저는 모든 사람에게 말할 거예요. '당신은 하나님보다 더 많이 드릴 수 없습니다!'라고 말이에요!"

오래된 십일조의 관행은 마음을 위한 보조바퀴와 같다. 그것은 가진 모든 것을 하나님께 맡기고 그분을 의지하도록 교육시키는 영적 훈련이다. 10퍼센트를 헌금하는 것은 그리스도인들에게 가장 기본적인 관용이다. 헌금은 십일조보다 더 많이 드리는 것이다(그리고 결코 교회에서 십일조와 헌금을 걷는 것이 아니다. 그것은 받는 것이다).

우리는 몇 년 동안 '90일 십일조 도전'을 여러 번 제안했다. 생전 처음으로 재정적인 부분을 하나님께 맡기는 사람들의 새 물결을 바라보는 것은 항상 짜릿하다. 사람들의 간증은 모두에게 활력을 준다! 하나님이 부어주시는 축복이 언제나 경제적인 것은 아니다. 때로 그것은 가족 간의 화목한 관계, 가정이나 결혼생활 내에서의 영적 돌파구, 또는 사람들이 자기 삶의 가장 우선순위를 하나님께 내어드릴 때 느끼는 하나님의 평안이기도 하다.

### 또 다른 훈련들

우리가 권하는 또 한 가지 영적 훈련은 금식이다. 일정 기간 동안 어떤 음식을 먹지 않는 것은 성도들의 영적 식욕을 돋우는 강력한 방법이다. 우리는 전교인 금식을 몇 차례 했는데, 어떤 때는 10일 또는 21일 동안 진행하기도 했다. 2018년 봄에는 40일 금식을 했는데 그것은 우리 교회의 구제에 큰 영향을 미쳤다. 우리는 새 건물로 갓 이사했고, 매주 헌금이 12퍼센트 정도 증가했다. 분명 큰 축복이었다. 하지만 한 가지 문제가 있었다. 당시 우리의 6개 캠퍼스를 모두 유지하려면 헌금의 24퍼센트 증가가 필요하다고 예상했다. 부족한 12퍼센트가 우리의 임원들을 걱정시켰다. 계산해보니, 헌금이 늘지 않으면 직원을 줄일 수밖에 없었다.

그래서 우리는 무릎 꿇고 기도하며 금식에 들어갔다. 우리 임원들은 우리가 40일간 일시 정지 버튼을 누르고 하나님이 부족한 재정을 채워주시기를 구할 때 그분이 무엇을 하시는지 지켜보도록 성령께서 우리를 인도하고 계신다고 느꼈다. 우리는 곤경에 처했을 때 하나님의 백성들에게 금식을 명했던 여호사밧의 말로 기도했다.

"우리 하나님이여… 어떻게 할 줄도 알지 못하옵고 오직 주만 바라보나이다!"(대하 20:12)

놀랍게도 금식하던 중간 즈음에 헌금이 20퍼센트 늘었고, 그다음에 25퍼센트, 35퍼센트로 증가했다. 가을이 되자, 구제의 분위기가 우리 교회에 널리 퍼졌고, 그 결과 전년 대비 45퍼센트가 증가했다!

기도, 금식, 그리고 십일조는 강력한 결합이며 하나님이 기적적으로 역사하실 무대를 마련한다.

우리가 권하는 추가적인 훈련은 온라인 헌금이다. 현재 우리 교회의 매주 수입의 70퍼센트는 웹사이트나 모바일 앱을 통해 온라인으로 들어온다. 전통적인 교회 헌금 시간에 기도할 때는 교회에 오기 전에 이미 헌금을 드린 사람들을 인정해준다. 온라인 십일조를 지원하는 소프트웨어를 제공하는 모든 회사는 곧 전체적인 헌금이 종종 상당히 증가한다고 주장하기 시작한다. 그 이유는 간단하다. 온라인 헌금은 사람들이 더 일관성을 갖도록 도와준다. 그들이 여행이나 휴가 중이라도 여전히 구제를 우선순위에 둘 수 있다. 게다가 많은 청년들은 수표책을 소유하지도 않는다. 그들이 달리 어떻게 헌금을 낼 수 있겠는가?

## 모든 강은 작은 물줄기로 시작된다

Starts with a Trickle

처음부터 리퀴드는 십일조를 하는 교회가 되기로 다짐했다. 그것은 갚을 수 없는 사람들에게 우리 수입의 10퍼센트를 먼저 내주는 것을 의미한다. 성경은 그와 같은 사람들을 "지극히 작은 자"(사회에서 가장 가치를 부여하지 않는 사람들, 마 25:40), "나중 된 자"(일반적으로 맨뒤에 있거나 경제 호전의 혜택을 제일 나중에 받는 사람들, 마 19:30, 20:16), "잃어버린 자"(영원한 변화를 가져오는 예수 그리스도와의 믿음의 관계가 필요한 사람들, 눅 19:10)로 묘사한다.

우리는 항상 첫 10퍼센트를 우리 교회 밖에 투자하길 원했다. 우리의 모임 장소를 빌려서 사용할 때도 그랬다! 그것은 외부인들을 향한 하나님의 마음을 보여주기 위해서였다. 우리는 급진적인 은혜와 관용의 하나님을 섬긴다. 우리가 하나님을 나타낸다면, 우리는 어떤 사람들이 읽을 유일한 성경일 수도 있다. 따라서 아무리 작은 것에서 시작하더라도 처음부터 관용의 본을 보이기 원했다.

우리는 교회가 되기 전부터 그 가치를 삶으로 보여주기 시작했다. 교회가 문을 열기 전 몇 주 동안, 우리의 모임 장소에서 몇 블록 떨어진 기차역에서 그래놀라바와 물을 무료로 나눠주고 있었다. 아침에 출근하는 사람들이 아무 조건 없이 선물을 나눠주는 이유가 뭐냐고 물으면 우리 자원봉사자들은 이렇게 말했다.

"우리 하나님은 베푸시는 분입니다. 우리에게 그분의 사랑을 보여주려고 그분의 아들 예수님을 주셨어요. 그래서 우리는 그분의 사랑을 여러분과 함께 나누기 위해 여기 있는 겁니다!"

어떤 사람들은 회의적인 반응을 보였지만, 어떤 사람들은 고마워했고, 어떤 사람들은 이 새 교회를 직접 확인하러 왔다.

리퀴드교회에서 후하고 관대한 나눔의 수문을 열기 위해 초창기에 시작했던 조건 없는 봉사활동의 몇 가지 사례다.

### 무료 급유

이웃을 축복하기 위해 모든 교회 수입의 10퍼센트를 교회 밖에 투자하기로 한 약속을 지키기 위해, 우리는 토요일 아침에 그 기금의 일부로 근처 엑손 주유소를 매입했다. 우리는 그 봉사활동을 '펌프질하며 기도하기'라고 불렀다. 우리는 주유소 주인에게 "우리가 연료를 아주 많이 사서 지역 주민들에게 무료로 나눠주려 합니다"라고 설명했다. 자원봉사자들은 "무료 연료 나눔! 조건 없음"이라는 팻말을 들고 길모퉁이에 서 있었다. 그것은 금세 인기를 얻었다. 입소문이 나고 지역 라디오 방송국에서 "한 지역 교회가 연료를 무료로 나눠주고 있습니다!"라며 그 소식을 알렸다. 곧 차량들의 긴 줄이 주유소를 에워쌌고 두 구획까지 이어졌다.

그 연료 매입은 2008년 금융위기가 닥친 직후에 이루어졌다. 당시 어떤 사람들은 연료 탱크를 채울 여력도 없었고, 우리는 그들에게 하나님의 사랑을 실제적으로 보여주고 싶었다. 주유 펌프 옆에 차를 세웠을 때 사람들은 우리가 그렇게 관용을 베푸는 이유를 알고 싶어 했고, 우리 봉사자들은 이렇게 대답했다.

"하나님의 사랑이 무료이기 때문에 우리가 무료로 연료를 나눠주고 있는 겁니다. 당신의 연료탱크를 채우는 동안 당신을 위해 어떻게 기도해드릴까요?"

우리는 그 주말에 400명 넘는 운전자들을 위해 기도했다. 아무도 우리의 기도를 거절하지 않았다. 사람들은 교회가 조건 없이 사랑을 베풀고 기부를 요청하지 않는 것에 진심으로 감동했다. 사람들이 우리에게 돈을 주려고 할 때도 우리는 거절하며 다시 이렇게 말했다.

"우리는 단지 아무 조건 없이, 그리스도의 사랑이 무료라는 걸 당신에게 보여주기 위해 실제적으로 필요한 부분을 채워드리려 하는 겁니다"(보여주고 말하기).

정오 즈음에 사람들이 연료를 얻기 위해 45분을 줄 서서 기다리면서 위기가 발생했다. 마음을 따뜻하게 하는 아름다운 표현으로 시작한 것이 이제는 안달 난 사람들을 화나게 하고 있었다. 그래서 우리 봉사자들은 그 자리에서 즉흥적으로 대처했다. 근처 상점으로 달려가 유리세척제와 종이타월을 사 와서 차량들의 줄을 오가며 "기다리시는 동안 앞유리 좀 닦아드릴까요? 전용 물티슈도 가져왔어요. 타이어와 계기판을 빛나게 닦아드릴까요?"라고 물었다. 리퀴드 티셔츠를 입은 봉사자들은 또한 기다리는 사람들에게 도너츠와 따뜻한 커피도 대접했다. 그들이 '펌프에 마중물을 붓는' 것은 쉬운 일이었다. 그러면 운전자들이 연료를 공급받을 때쯤에는 기도를 받는 것에도 마음이 열려 있었다.

### 무료시장

우리의 첫 봉사활동 중 하나는 실제적으로 비용이 하나도 들지 않았다. 단지 시간과 용도에 맞게 고친 귀한 물건들만 있으면 되었다. 3장에서 플리마켓(벼룩시장)의 발상을 전환하여 프리마켓(무료시장)을 열었던 이야기를 소개했다. 우리 교인들은 쓸모없는 물건 대신 의류, 유아용 침대, 유모차, 자전거 등 자기가 가진 가장 좋은 것을 가져왔고, 우리는 그것을 모아 깨끗하게 닦고 보기 좋게 포장한 다음 도시 중앙에 있는 공원에서 무료나눔 행사를 진행하여 도시의 가난한 사람들에게 무료로 나눠주었다.

우리 교인들이 그것의 핵심을 파악했던 것이 매우 강력했다. 나는 "이것은 여러분의 다락에 있는 쓸모없는 물건들을 처분하는 곳이 아닙니다. 하나님은 우리에게 그분의 맏아들을 주셨습니다. 사람들에게 우리의 가장 좋은 것을 나눠줍시다"라고 가르치고, 방 하나짜리 아파트에 사는 여덟 식구 이민자 가족을 축복하는 상상을 해보라고 했다.

우리는 곤경에 처한 특정 가정들을 파악하기 위해 지역 사회복지기관들과 협력했다. 또한 사회복지사 한 명에게 "사람들에게 가장 필요한 것이 뭘까요?"라고 물으니 그녀는 양질의 겨울 코트라고 말했다. 그 말을 들은 한 가족이 그들의 스키 점퍼를 다 꺼내와서 미세하게 닳은 부분들을 수선하고 드라이클리닝하여 기부했다.

어떤 가족은 아내는 교회에 다녔지만 남편은 아직 믿지 않았는데, 우리의 노력에 감동한 남편이 근처 옷가게에 가서 코트 300벌을 사서 기부했다! 그는 이것이 모금행사가 아니라 긍휼과 존엄성으로 우리 도시의 가난한 자들을 대하는 것이라는 점에서 매우 감동받았다. 그는 아직 그리스도를 따르지 않지만, 지금까지도 우리 교회의 조건 없는 봉사활동들에 후한 기부를 계속하고 있다.

### 크리스마스 쇼핑

야외 프리마켓은 우리 교회에 큰 승리이자 축복이었다. 그래서 우리는 그것을 변형하여 한부모 가정, 저소득 가정을 위한 크리스마스 행사를 진행했다. 이번에는 호텔 연회장 안에서 행사를 진행하며 선물과 맛있는 음식도 제공했다. 봉사자들은 타이를 매고 흰 장갑을 끼고 개인 웨이터처럼 그 가족들에게 오렌지 주스, 베이컨, 맛있는 오믈렛 등을 대접했다. 다른 봉사자들은 개인 쇼핑 담당자처럼 각 가족을 처음엔 장난감 방으로, 그다음엔 옷 방으로 안내하여 아이들에게 맞는 맞춤 선물을 골라주었다. 이번에도 우리는 지역 사회복지기관들과 협력하여 빈곤층에 속한 가정들을 확인하고 그들을 개인적으로 행사에 초대했다.

적은 돈으로, 아예 돈을 안 들이고도 지역 공동체를 섬길 창의적인 방법은 놀라울 정도로 많다. 하지만 아이디어들을 생각해내는 것이 아무리 재미있어도, 우리는 외부와 단절된 상태로 일하는 것을 피한다. 당신의 도시를 전략적으로 적시기 위한 열쇠는 지방자치단체들과 협력하는 것이다. 일반적으로 시장실에 연락하거나 시공무원들을 만남으로 시작한다. 우리는 우리 교회를 소개하며 "아무도 충족시켜주고 있지 않은 취약계층 사람들의 필요를 우리가 어떻게 채워줄 수 있을까요?"라며 그들이 바라는 것을 묻는다. 대개 시공무원들은 그들의 예산으로 넉넉히 지원하지 못하는 가정들을 우리 교회가 나서서 돕는 것에 기뻐한다.

올바른 마음은 갖고 있으나 전략적 사고가 부족한 교회가 너무 많다. '우리는 근처 가게들에 벽보를 붙이고, 사람들이 우리 봉사활동 현장에 나타나기를 기도할 거야'라고 생각한다. 이것은 좋은 마음이지만 대개는 효과적이지 못하다. 전략적인 협력을 하지 않아서 많은 주민을 섬기지 못할 뿐 아니라 그들이 사는 도시와의 관계에서 얻을 수 있었던 호의도 놓치고 있다.

리퀴드교회는 무작위적인 선행을 믿지 않는다. 우리는 우리의 섬김이 이웃의 마음에 닿게 하는 전략적 선행을 믿는다.

### 다른 사람들과 협력하기

교회가 성장할수록 함께 일할 자원봉사자, 여러 관계, 재정적 자원이 더 많이 생겼다(우리는 한 교회로서 계속 십일조 헌금을 하고 있고, 예산이 늘면서 어떤 해에는 12퍼센트 또는 그 이상을 헌금하기도 했다). 교회로서 확실히 자리를 잡아갈수록 자신의 전문 분야에서 탁월한 지역사회 파트너들을 더 많이 찾아내고 있고, 돈과 인력으로 그들과 협력하고 있다. 우리의 남다른 관대함과 후한 나눔의 DNA는 우리가 파트너들을 위해 특별 프로젝트에 필요한 기금과 그것을 실행하기 위한 자원봉사자의 힘을 제공해준다. 내가 제일 좋아하는 진취적 사역 두 가지를 소개하겠다.

### 여성들의 쉼터 단장

성경적인 남성상에 관한 시리즈 설교를 하는 동안, 우리는 남자들이 하나님께 받은 힘을 남용했을 때 생긴 비극 중 하나를 만회하고 바로잡기로 했다. 우리는 폭행당하는 여성을 위한 집을 돕는 데 초점을 맞췄다. 모든 남성이 그리스도를 영화롭게 하는 삶을 살았다면 이런 곳은 존재하지도 않았을 것이다. 그래서 가정폭력 피해자를 위한 피신처인 〈깨어있는 여성들〉(Women Aware)과 협력했다.

그 단체는 15명의 여성과 아이들에게 거처를 제공해주었으나 집 자체가 너무 낡았다. 나무 바닥은 썩고 있었고 여기저기 못이 튀어나와 있었다. 집으로 들어가는 계단 몇 개가 없어져서 여성들이 아이들을 데리고 식료품을 들고 들어가기가 무척 어려웠다. 방치된 마당도 얼른 손을 봐줘야 했다. 그 주일날 우리는 "여러분, 하나님의 영광과 이 여성들의 유익을 위해 우리의 힘을 모아 그들의 은신처를 완전히 고쳐 줍시다!"라고 선언하고, 한 주말을 정하여 '남자들의 봉사활동'이라고 칭하였다.

일찍이 우리는 그 단체의 책임자를 만나 우리의 아이디어를 설명했다. 그녀는 원하는 게 뭐냐고 물었고 우리는 그런 것 없다고 단언하며 하나님이 주신 힘을 선한 일에 사용하여 봉사하기를 원하는 남자들이 있다고 말했다. 그녀는 처음에는 문제점을 설명하며 우리를 밀어냈다. 그곳의 거주자들이 자신들의 은신처에 갑자기 많은 남성이 들이닥치면 무서워하고 당황할 수 있다는 것이었다. 많은 대화를 나누고, 그리스도인이 아닌 그녀가 우리 예배에 몇 번 참석하면서 그녀는 우리의 마음을 알고 우리를 믿어주었다.

그것은 우리의 가장 큰 혁신적인 봉사활동이었다. 지정된 토요일 오전 6시부터 오후 10시까지, 마치 막대사탕에 달라붙은 개미들처럼 그곳에 남자들이 가득했다. 그들은 나무 바닥을 다시 깔고 더 좋게 개선했으며, 고압 세척으로 집을 청소하고, 사랑으로 집에 사포질을 하고 페인트칠을 했다. 곰팡내 나고 축축한 지하실을 청소하고 바닥재를 깔고 거주자들의 옷과 물건들을 정리할 수 있도록 새 선반과 수납장을 설치해주었다. 뒷마당도 변신시켰다. 잡초를 뽑고, 나무를 심고, 사생활 보호를 위한 울타리를 설치하고 조경을 했으며, 아이들이 놀 수 있게 새 정글짐을 만들어주었다.

처음에는 남자들이 일하는 동안 집 안의 커튼이 쳐져 있었다. 그러나 날이 갈수록 남자들이 예수님의 이름으로 그들을 헌신적으로 섬기는 모습을 여자들이 창문으로 엿보기 시작했다. 그것은 그들이 자신을 학대하던 자들에게서 받은 상처까지 깊이 보살펴주었다. 책임자였던 필리스 아담스(Phyllis Adams)는 매우 감동해 "당신들의 교회에 가서 이분들에게 개인적으로 감사 인사를 해야겠어요"라고 말했고, 정말 와서 성도들 앞에서 발언했을 뿐만 아니라, 복음을 듣고 그리스도께 자신의 마음을 드리고 세례를 받았다.

필리스는 우리가 전도하고자 하는 사람을 정확히 대표한다. 즉 교회는 떠났으나 하나님은 떠나지 않은 사람들이다. 그녀는 우리가 리퀴드교회를 시작한 이유다. 우리는 생명수가 여성들의 쉼터를 비롯하여 우리의 온 지역사회를 적시기를, 그래서 모든 사람이 황폐한 삶을 회복시키는 그리스도의 능력을 보게 되기를 소망한다.

### 무료급식소 개조

우리가 두 번째 캠퍼스를 세운 뉴브런즈윅(New Brunswick)에서도 또 다른 완전한 개조가 있었다. 우리는 거리의 노숙자들을 위한 무료급식소 〈엘리야의 약속〉을 알게 되었다. 어떻게 도울 수 있는지 묻자 그들은 배식을 도와줄 자원봉사자들보다는 무료급식소의 시설 개조가 더 필요하다고 했다. 그곳은 우중충하고 침침한 지하실이었다. 제각각인 의자들이 그나마 제일 좋은 가구였다. 우리는 공동체의 리더들에게 그들의 꿈을 물었다. 책임자는 이렇게 대답했다.

"저는 그들에게 스타벅스 같은 환경을 마련해주고 싶어요. 친구들도 만나고 따뜻한 음식과 음료를 즐기고, 그들에게 자존감과 공동체 의식을 심어줄 수 있는 따뜻한 장소요."

우리 팀들은 기도했고, 그것에 대해 의논했다. 그리고 새로운 카페

좌석과 부스, 조명 등을 설치하는 것을 목표로, 돈과 자원봉사자의 에너지를 모두 제공해주었다.

이렇게 후하고 남다른 관대함과 나눔의 봉사활동들은 우리 교인들의 제자도 근육을 단련하는 데 도움이 된다. 우리는 지역사회의 파트너들에게 이렇게 말한다.

"그것이 여러분에게 축복이 되는 만큼, 우리 교인들이 관대함의 근육을 키우는 데에도 도움이 됩니다. 우리는 그들이 단지 돈만 내는 것은 원치 않습니다. 그들이 자신의 마음과 시간을 투자하길 바랍니다."

사람들이 자신의 시간과 재능, 보물을 나눌 때 우리의 목표가 완전히 이뤄진 것이다! 우리는 10대부터 청년과 노인까지 사회 각계각층의 모든 남녀를 참여시키려 한다. 우리가 완전한 개조를 할 때 첫 단계에 종종 자신의 재능을 사용하여 아름다운 환경을 만들고자 하는 인테리어 디자이너가 참여한다. 이것은 보통 비영리단체에서 봉사할 때 접하기 어려운, 매우 귀한 자원이다.

### 돈이 흘러나가면 사람들이 흘러 들어온다

이 말을 지나치게 단순화하면 안 되겠지만, 나는 우리의 돈이 흘러나갈 때 사람들이 흘러 들어온다고 믿는다. 조건 없는 나눔은 사람들의 마음을 끄는 힘이 있다. 어느 도시에서 교회가 조건 없이 시간과 재능과 보물을 내어주는 것을 보면, 사람들은 자석처럼 그것에 이끌려 우리 모임에 참석하거나 우리를 칭찬하거나 우리와 협력한다. '보여주고 말하기'다.

우리 캠퍼스가 있는 여러 지역사회에서, 이제는 보통 시장실에서 먼저 우리에게 연락해온다(처음에는 우리가 먼저 그들에게 접근했다). 우리가 후히 베풀고 그들의 도시를 섬긴 데 대한 직접적인 결과다. 어느 해에는 우리 캠퍼스가 있는 도시의 노인정을 리모델링해주었다. 또 어느 해에는 시장의 요청으로 그 도시의 동물 보호소를 완전히 개조했다. 언젠가는 특수장애 가족들을 위한 가을 축제를 후원하고 장애 어린이들을 위해 워터파크에 아쿠아 휠체어를 기부했다. 우리의 가장 큰 캠퍼스에서는 최첨단 강당에서 여름 콘서트를 열도록 시(市)에 무료로 대여해주었다. 그러한 조건 없는 나눔은 사람들의 마음을 끌어당긴다. 우리는 그것이 마음을 부드럽게 하고 가장 냉담한 회의론자들의 호의를 얻는 것을 발견했다.

### 사람들이 경제적 자유를 발견하도록 도우라

교회들에는 후히 나누기 원하는 사람들이 가득하지만 현실은 그들이 돈에 쪼들린다는 것이다. 그들은 소비자 부채에 빠져 있고, 잘못된 재정적 결정으로 궁지에 몰렸으며, 건전한 재정적 롤모델이 없다. 따라서 사람들이 급진적인 관용을 베풀 수 있으려면 반드시 경제적 자유를 향한 첫걸음을 내디뎌야 한다.

우리 교회는 사람들에게 성경적 재정 관리의 기본을 가르치기 위해 매년 데이브 램지(Dave Ramsey)의 〈파이낸셜 피스 대학〉(Financial Peace University, FPU) 9주 강의를 제공하여 예산 수립, 개인 부채 없애기, 미래를 위해 저축하기를 가르친다. 학자금 대출 상환 중인 밀레니얼 세대부터 신용카드를 없애고 대학 등록금을 위해 저축하려는 4인 가족까지 각계각층의 많은 사람이 이 청지기 훈련을 받는데 그 결과는 놀라웠다. 2009년에 FPU를 시작한 이래, 500여 가정이 200만 달러 넘는 빚을 갚았다. 하나님을 찬양하라!

릭(Rick)과 세실리아(Cecilia)는 이 변화를 이룬 많은 부부 중 하나다. 그들이 이 과정을 수강할 때는 학자금 대출, 자동차 할부금, 신용카드 청구서 등 부채가 18만 5천 달러에 달했다. 세실리아는 18세 때 첫 신용카드를 발급받은 이후로 늘 빚이 있었으며, 아무도 자신에게 예산 세우는 법이나 개인 재무에 대해 가르쳐주지 않았다고 말했다. 시간이 가면서 그녀는 마음속의 공허감을 쇼핑으로 채우려 했다. 그녀는 자기가 중독자였으며, 쇼핑한 것을 남편이 아는 게 싫어서 차 안에 쇼핑백들을 두고 내리곤 했다고 한다. 빚의 무게는 그들의 결혼생활을 짓눌렀다.

한 친구의 권유로, 그들은 리퀴드 캠퍼스에서 주최한 FPU에 왔다. 수업에서, 급여를 받고 가장 먼저 할 일로 수입의 10퍼센트를 십일조로 내는 개념을 소개하자 릭은 매우 당황했다. 그는 자신들은 그럴 여유가 없다고 확신했지만 믿음으로 그 일을 했다. 그는 그것이 돈의 문제가 아니라 우리 마음의 문제라는 것을 깨달았다.

"우리는 우리의 마음을 드리고, 나머지는 하나님께서 보살펴주실 거라고 믿었습니다."

그래서 그들은 그렇게 했고, 이미 빚을 절반 이상 갚았다. 더 중요한 것은 두 사람 다 예수님이 하나님에 대한 그들의 영적인 빚을 갚아주셨다고 믿고 그리스도를 따르는 자가 되었다는 사실이다! 그들의 결혼생활은 더 단단해졌고, 그들의 가족 또한 마찬가지다. 세실리아는 "우리가 할 수 있었다면 누구나 할 수 있어요"라고 말한다.

**희생이 크기보다 더 중요하다**

예수님이 이번 주에 당신의 예배 장소에 걸어 들어오신다고 상상해 보라. 그분은 조용히 예배를 지켜보시고 가만히 앉아 설교를 들으신다. 하지만 헌금함을 돌리는 시간이 되자 벌떡 일어나 각 사람이 정확히 얼마를 넣는지, 또는 모바일 앱으로 얼마를 내는지 지켜보신다. 정말 불편한 상황 아닌가? 그러나 바로 그것이 마가복음 12장 41-44절에서 예수님이 하신 일이다. 이 흥미로운 이야기에서, 예수님은 "무리가 어떻게 헌금함에 돈 넣는가를 보고 계셨다. 많이 넣는 부자가 여럿 있었다. 그런데 가난한 과부 한 사람은 와서, 렙돈 두 닢 곧 한 고드란트를 넣었다"(41, 42, 새번역).

예수님은 매우 감동받으셔서 제자들을 부르신다. 나는 그분이 "이리들 오너라, 너희가 이것을 보았으면 한다!"라고 말씀하시는 것을 그저 상상만 할 수 있을 뿐이다. 웬 소란인가? 한 과부가 헌금함에 두 렙돈을 넣는다. 가난한 여자는 빈털터리였다. 그때 예수님은 예기치 못한 결정적인 말씀을 하신다.

"내가 진실로 너희에게 이르노니 이 가난한 과부는 헌금함에 넣는 모든 사람보다 많이 넣었도다 그들은 다 그 풍족한 중에서 넣었거니와 이 과부는 그 가난한 중에서 자기의 모든 소유 곧 생활비 전부를 넣었느니라"(43, 44).

어떻게 적용할 것인가? 나누는 마음에 관하여, 하나님은 양이 아니라 의지를 중요하게 보시며, 마음에서 우러난 헌신을 원하신다. 당신은 하나님의 집을 사랑하는 마음이 있는가? 더 많은 헌금을 낸다고 해서 반드시 하나님을 향한 마음이 더 크다고 할 수는 없다. 예수님은 양을 중요시하지 않으신다. 그분의 관심사는 우리가 하나님을 가장 우선시하기 위해 우리의 안락을 희생하느냐는 것이다. 우리는 얼마나 많은 것을 안전 쿠션으로 남겨놓는가? 거기서 참된 믿음이 드러난다.

하나님은 우리의 지갑이 아니라 우리의 마음을 원하신다. 남다른 관대함으로 후히 나누는 일은 계속해서 우리의 믿음을 확장하고 신뢰를 깊게 하며, 우리가 나눈 후에 남은 것 안에서 하나님이 나타나실 것을 믿는 훈련이다. 숫자가 늘지 않을 때 우리는 하나님이 나타나실 것을 온전히 믿고 의지한다. 바로 그것을 예수님이 우리에게 바라시고, 그렇게 우리는 예수님을 더욱더 닮아간다. 그리고 그때 사람들이 "(우리의) 착한 행실을 보고 하늘에 계신 너희 아버지께 영광을 돌리게" 된다(마 5:16).

### 더 넓은 물줄기

빠르게 성장하는 여러 교회에서, 깊은 관대함에서 나오는 후한 나눔은 점점 더 커지는 핵심 가치다. 그것은 소량의 물이 시내가 되고 그리스도를 위해 그들의 도시를 적시는 거센 강이 되듯이 자라난다.

미네소타주 열정교회(Passion Church)는 곤경에 처한 가정들에 하나님의 자비로운 마음을 강렬하게 보여주기로 했다. 미네소타주 교육부에 따르면, 20만 명 넘는 학생들이 무상으로, 6만 명이 할인된 가격으로 점심을 먹고 있다. 정부에서 식비 보조금을 받을 자격이 안 되는 많은 학생이 점심 식사비를 내지 못한다는 것을 알게 된 열정교회는 가까운 교육구에 연락하여 자녀들의 급식비를 낼 여력이 없는 가정들을 돕는 것에 관해 문의했다.

처음에 학교 관계자들은 교회의 동기를 의심하며 경계했지만 지도 목사인 조나단 브로조조그(Jonathan Brozozog)는 교육위원회를 만나 진심으로 돕고자 하는 교회의 마음을 전했다. 열정교회는 매달 학교 급식비를 못 내는 모든 가정의 빚을 조건 없이 갚아주기로 했다. 이사회는 어안이 벙벙해져서 그 아이디어를 받아들였다. 조나단은 이렇게 설명한다.

"매달 학군에서 가정에 '열정교회가 당신의 부채를 전부 상환했습니다'라는 편지를 보냅니다. 우리는 이것이 복음을 너무나 잘 나타낸다고 생각합니다. 믿는 자로서 우리는 갚을 수 없는 빚이 있었고, 예수님이 그것을 깨끗이 없애주셨으니까요."

얼마나 강력한 간증인가! 그것은 하나님에 대한 우리의 빚을 갚아주신 구세주를 예배하는 자로서, 곤경에 처한 가정들에 하나님의 은혜를 보여주는 실제적인 방법이다. 열정교회의 무료 점심 배급은 너무나 유명해졌고, 그들은 비슷한 마음을 품은 다른 교회들을 격려하기 위한 프로그램을 만들었다(*SchoolLunchMatters.com*).

열정교회 같은 교회에서 넉넉하고 후한 나눔을 통해 실제적 필요를 채워주는 것은 종종 영적으로 굶주린 사람들을 보살피는 첫걸음이다. 조나단 목사는 예수님이 수많은 사람을 보살피시기 전에 먼저 그들을 먹이셨다며 이렇게 덧붙인다.

"영적 필요에만 초점을 두는 교회들은 수백 명에게 다가가는 경향이 있습니다. 그러나 육적인 필요를 채워주는 교회들은 먼저 수천 명에게 다가가죠."

성장하는 교회에서 이 관대하고 후한 나눔의 물결은 제도적인 종교에 회의적인 탈기독교 문화 속으로 들어가는 새로운 길을 열어주고 있다. 그것은 양 떼의 털을 깎는 번지르르한 복음주의자들과 양 떼가 모은 기금을 단지 더 큰 건물을 짓는 데 사용하는 듯한 대형 교회들에 대한 대중적 고정관념을 산산조각 낸다. 하나님의 백성들이 갚을 능력이 없는 사람들에게 진심으로 베풀기 위해 깊이 헌신하는 모습을 보일 때 회의론자들도 앉아서 주목한다. 알고 보면, 나눔은 받는 자와 주는 자에게만 유익한 것이 아니다. 그것은 믿지 않는 세상을 향한 강력한 증거다.

후한 나눔과 관련해, 나는 목사들이 개인적으로 가고자 했던 곳보다 더 멀리 성도들을 이끌고 갈 수 없다는 것을 발견했다. 그리스도와 동행하는 여정에 후한 나눔이 항상 있었던 것이 그 때문이다. 대학교 때 콜린과 나는 둘 다 십일조를 하기로 약속했고(일단 우리의 어리석은 소비자 부채를 다 청산했다), 하나님의 은혜로 해마다 우리의 헌금으로 하나님의 집에 돌려드린 금액이 점점 더 커졌다.

나에게 영감을 준 책은 랜디 알콘(Randy Alcorn)의 《천국 보화의 원리》(The Treasure Principle)다. 마태복음 6장에서, 예수님은 삶을 변화시키는 투자 조언을 하신다. 그분은 우리 자신을 위해 보물을 쌓되, 단지 이 땅에만 쌓아두지 말고 영원히 지속될 천국에 쌓으라고 하신다. 예수님의 말씀에 따르면, 우리는 그것을 가지고 갈 수 없으나 미리 보내놓을 수는 있다!

다음은 당신과 당신의 교회가 나눔을 실천하는 데 도움이 될 수 있는 아이디어들이다. 그것은 작은 물줄기로 시작되어 시냇물이 되고, 마침내 복음으로 당신의 공동체에 영향을 미치는 나눔의 강물이 된다.

**발목 깊이** 고린도후서 9장 6-15절을 읽어라. 아낌없이 즐겁게 나눌 때 오는 긍정적인 결과들을 모두 나열해보라. 그 모든 좋은 결과에 비추어 볼 때 당신이나 당신의 교회는 헌신적인 나눔에 충분히 우선순위를 두고 있는가? 그렇지 않다면, 당신이나 당신의 교회가 그것에 더 관심을 기울이지 못하는 이유는 무엇인가?

이 장에서 제시된 아이디어(또는 당신 스스로 생각해낸 것) 중에서 당신의 교회가 새롭게 시도할 수 있고 앞으로 6개월 안에 시행할 수 있을 만큼 현실적인 것을 선택하라. 가장 중요한 것은 성도들이 조건 없는 나눔을 실천하여 그것이 교회의 담장 밖으로 흘러나가 지역사회 사람들을 축복하도록 훈련할 방법을 택하는 것이다.

**무릎 깊이** 특별히 기부자들을 훈련할 방안을 만들라. 리퀴드교회에서는 일명 '유산 상속 팀'을 만들었다. 그것은 리퀴드가 하나님께 받은 비전, 즉 예수 그리스도의 복음으로 온 나라를 적시라는 비전을 온 마음으로 믿고 나눔의 영적 은사를 가진 사람들로 구성한 드림팀이다. 유산 상속 팀의 팀원들은 경제적 나눔에 앞장서고 하나님나라에 대한 그들의 영원한 투자의 영적 포트폴리오를 만들어간다.

2018년에 우리는 첫 번째 조찬 회의를 열었다. 그때 나는 앞으로의 계획과 관련해 몇 가지 아이디어를 제시하고 그들의 의견과 통찰(그들의 돈이 아닌)을 구했다. 목사로서, 시장에서 그들의 소명을 인정해주고 헌신된 리더들로부터 솔직한 피드백을 받는 것은 매우 귀한 일이다. 우리는 계획 초기 단계에서 내부인들을 참여시키기 때문에 그들의 마음이 우리의 사역을 세워가는 데 도움이 된다. 우리는 아직 논의를 거치지 않은 프로젝트들을 생각해내기 때문이다. 기부자들과 주요 후원자들에게 줄 책을 고민하고 있는가? 랜디 알콘의 《천국 보화의 원리》가 있다. 교회 운영팀을 위한 책을 원하는가? 크리스 윌라드(Chris Willard)와 짐 셰퍼드(Jim Sheppard)의 《Contagious Generosity》(전염성 있는 나눔)을 읽어보라.

다른 교회들을 축복하는 방식으로 관대함을 베풀라. 2019년에 리퀴드교회는 '목회자 코칭 네트워크'(Pastors Coaching Network)를 시작했다. 교인들의 후한 나눔 덕분에, 우리는 설교 시리즈, 시스템 내용, 그래픽, 커리큘럼 같은 자료들을 무료로 나눠줄 수 있다. 또 다른 교회들을 돕고 그들의 사역 지도자들을 코치해주기 위해 직원들이 일하는 시간을 일정 부분 기부한다.

허리 깊이 이 장의 앞부분에서 "어느 도시에서 교회가 자신의 시간과 재능, 보물을 무료로 나눠주는 것을 볼 때 사람들은 자석처럼 그 교회에 이끌린다"라고 말했다. 돈이 흘러나가면 사람들이 흘러들어온다. 아무 조건 없이 당신의 도시에서 "가장 나중 된" 또는 "가장 작은" 특정 그룹을 축복하기 위해 교회 전체가 대규모의 모험을 시도하는 상상을 해볼 수 있겠는가? 여기에는 강단에서 비전을 제시하고, 교회 안에서 많은 팀을 동원하고, 시간과 재능과 보물을 진심을 다하고 헌신적으로 나누는 것이 포함될 것이다. 무료급식소나 가정폭력 피해자 쉼터의 새 단장, 도시의 빈곤층 주민들을 위한 프리마켓, 노인 주간보호센터 입주민들을 위한 특별 여행이나 식사제공 같은 아이디어들이 나올 것이다. 첫 단계로, 시장이나 시 공무원들을 찾아가거나 결핍 상태로 살아가는 사람들을 섬기는 데 도움을 줄 수 있는 사회 복지 단체와 협력하는 것을 잊지 말라. 당신이 잘할 수 있는 일에 대해 현실적인 기대를 품어라.

## 파도를 일으키고 있는 다른 교회들

Other Churches Making Waves

오클라호마주 애드먼드에 있는 라이프교회 Life Church, *life.church*는 2008년, 유버전 바이블(YouVirsion Bible)이라는 무료 모바일 앱을 만들었는데 그것은 애플 앱스토어에서 첫 서비스를 시작한 이래 3억 6천 5백만 번 이상 다운로드되었다. 'YouVersion'은 처음에 어느 10대 개발자의 파트타임 사역으로 시작해서 풀타임 개발자들과 디자이너들, 수많은 자원봉사자의 헌신된 팀으로 성장했다. 이 모든 것이 가능한 것은 그것을 허락해준 담임목사, 크레이그 그로쉘에게 다른 교회들을 축복하려는 마음이 있었기 때문이다.

마찬가지로, 교회가 성장할수록(이 교회는 미국에서 가장 다양한 지역 사람들이 출석하는 교회 중 하나다), 다른 교회의 지도자들은 어린이와 청소년 사역 커리큘럼부터 웹 그래픽과 예배 자료들까지 그들의 자료들을 사용하기 원했다. 하지만 라이프교회는 그들의 사역 자료를 판매하는 대신 무료로 이용할 수 있게 해주기로 했다. 그로쉘은 교회의 자료를 나눠주기로 한 그 결정이 계기가 되어 하나님께서 그들이 상상할 수 없었던 수많은 일을 그들을 통해 하기 시작하셨고, 그들이 애쓰는 동안 폭발적인 성장을 보게 되었다고 말한다.

테네시주 멤피스에 있는 **라이프교회** The Life Church, *theLifeChurch.com*는 그 교회가 미국에서 가장 굶주린 지역이 아주 가까이 있다는 것을 알았다. 그 교회에 다니는 학교 선생님들과 이야기를 나눠보니 그들은 "월요일에 몇몇 아이들이 지난 금요일과 같은 옷을 입고 등교하며, 주말 내내 음식을 먹지 못한다고 한다. 그들의 배에서 꼬르륵 소리가 나서 가르치는 게 불가능했고, 아이들은 학습할 수가 없었다"라고 말했다. 존 시블링(John Siebeling) 목사는 "금요일 오후에는 자원봉사자들이 음식이 담긴 봉투를 들고 학교 밖에 줄을 서 있다가 아이들이 나오면 그 아이들을 안아주고 기도해준다"라고 설명한다. 자원봉사자들은 아이들에게 "너희는 챔피언이야"라고 말해주며 무료 점심 도시락과 하나님의 사랑을 나누어준다.

시카고에 있는 **살렘침례교회** Salem Baptist Church, *sbcoc.org*는 국경일을 고대한다. 그날 교회가 나눔으로 지역사회를 섬길 수 있기 때문이다. 가장 최근에 있었던 '국가 법 집행 감사의 날'을 맞아, 이 교회는 관할 경찰서의 경찰관들에게 꽃과 점심 도시락과 함께 쪽지를 보냈다. 안타깝게도 그날 아침에 길거리 폭행으로 사망자가 발생했고, 경찰은 피해자 부모에게 아들의 사망 소식을 알려야만 했다. 경찰서로 돌아온 두 경찰관은 꽃과 음식과 쪽지를 보고 감동하여 눈물을 흘리지 않을 수 없었다. 경찰관 한 명은 그 교회가 자신의 하루를 얼마나 행복하게 만들어주었는지를 소셜미디어에 올렸다. 또 한 번, 그 교회의 조건 없는 나눔이 변화를 일으켰다.

오하이오에 있는 **빈야드콜럼버스**Vineyard Columbus, *vineyardcolumbus.org*는 대규모의 커뮤니티센터를 운영하고 있다. 이민 상담, 무료 병원 진료와 치과 치료, 방과 후 프로그램, 외국인을 위한 영어 교육 프로그램, 시민 강좌, 직업 교육, 농구 리그까지 모든 것을 제공하는 이 센터는 교회에서 보조금을 받아 많은 일을 무료로 할 수 있고, 프로그램에 참여하는 사람들에게 보조금을 지원해주기도 한다. 교회는 40명의 선교사를 파송하고 커뮤니티센터를 세우기 위해 해외 선교와 지방 선교를 위한 모금 운동을 시행했다.

**그리스도 커뮤니티채플**Christ Community Chapel, *ccchapel.com*은 정기적으로 교회의 주일 헌금을 기부하는데 이것이 성도들의 나눔을 더 증가시킨다는 것을 알게 됐다. 1년에 서너 번 오하이오주 허드슨의 교인들은 고아원이나 병원, 어린이들을 성매매에서 자유롭게 하는 사역 같은 국내외 여러 운동에 주일 헌금을 전액 기부한다. 조 코피(Joe Coffey) 담임목사는 이렇게 말한다.

"어떤 이유에서든, 이 영향으로 우리 교인들 모두 더 많이 나누게 되었습니다. 우리는 다양한 종류의 나눔을 했고, 자연스럽게 성도들은 리더십을 더욱 신뢰하게 되었습니다. 우리가 아무 조건 없이 그 주의 헌금을 모두 기부할 거라는 얘기를 들을 때 사람들은 더 열의를 보입니다."

교회는 그 캠페인을 미가서 6장 8절 주일이라 부르는데, 놀랍게도 그 주의 헌금이 다른 주일보다 평균 50에서 70퍼센트가 더 많다. 조 코피 목사는 또한 이렇게 말한다.

"우리는 그것이 후히 나누는 교회가 되는 데 깊은 영향을 끼치고 있다고 생각합니다. 우리 성도들은 어느 때보다 더 많이 나누고 있습니다. 예수님의 이름으로 정의와 자비를 행하는 사역에 헌금하는 것은 교회로서 우리가 가장 좋아하는 일 중 하나입니다. 나눔은 우리를 더 친절하고, 더 사랑 많고, 세상에 더 유익한 사람들로 만들어주는 것 같습니다."

chapter 9

# 숨겨진 재능을 개발하라 : 리더십 문화

이는 성도를 온전하게 하여 봉사의 일을 하게 하며
그리스도의 몸을 세우려 하심이라

에베소서 4장 12절

전략 회의 도중에 우리 어린이 사역팀 리더가 "더 많은 자원봉사자 없이 이 일을 어떻게 할 수 있을지 모르겠습니다"라고 말했다. 몇 명이 필요하냐고 묻자 그녀는 근심스러운 목소리로 "지금 인원의 두 배요"라고 말했다. 방은 조용해졌고 팀의 멤버들은 불편한 듯 자세를 고쳐 앉았다. 이것은 좋은 소식이 아니었다. 분명 우리에겐 중요한 문제가 있었다. 우리 교회는 새 방송 캠퍼스를 연 지 6개월이 지났으나 자원봉사자가 심각하게 부족했고 우리의 노력으로는 기대에 미치지 못했다.

기도할 시간이다. 솔직히, 우리의 첫 본능적 반응은 공포였다!

하룻밤 사이에 마법처럼 자원봉사자를 두 배로 만들고 싶지 않은 교회 지도자는 아마 없을 것이다. 하지만 당연히 그렇게 되지 않는다. 나처럼 많은 목사들이 위기가 올 때까지 리더들의 절박한 필요를 인식하지 못한다.

리퀴드교회의 어린이 사역은 5년 동안 꾸준히 성장해 왔으나, 지난 2년간은 로켓처럼 날아올라 해마다 30퍼센트 이상 성장했다. 우리 유치부는 아기들로 가득하다. 영유아가 더 많아서 자원봉사자들은 기진맥진하곤 한다. 그리고 고등부에도 소그룹 반을 이끌어갈 새로운 교사들이 절실히 필요했다.

우리 교회의 경우, 두 배가 된다는 것은 자원봉사자가 300명에서 600명이 된다는 의미였다. 당신은 이렇게 생각할지도 모른다. '음, 적어도 300명의 자원봉사자가 있었네요. 거의 군대인데요!' 그럴 리가. 크기는 단지 규모의 문제가 아니다. 숫자에 속지 말라. 어쩌면 당신에겐 오늘 3명의 봉사자가 있고 내일은 6명이 필요할지도 모른다. 혹은 30명이 있는데 사역을 다음 단계로 이끌려면 60명이 필요할지도 모른다. 자원봉사자를 배가시키는 것은 크기와 상관없이 어느 교회에든 큰 도전일 것이다.

당시 우리의 상황은 독특했다(당신도 그럴 것이다). 2017년 봄이었는데, 교회는 성장곡선의 급전환점에 와 있었다. 우리의 주요 방송 캠퍼스이자 영구적인 참모본부 역할을 할 거대한 창고의 개조가 끝나가고 있었다. 롤러코스터 같은 3년간의 탐색 후에 주님은 기적처럼 우리를 북부 뉴저지의 아름다운 건물로 인도하셨다. 네 개의 주요 고속도로가 만나는 교차로 근처였다.

우리 직원들은 신이 났지만, 크기에 주눅이 들었다. 그 시설은 15,300제곱미터(약 4600평)로, 일반적인 월마트보다 더 컸다. 새 교실과 어린이들의 공간으로 많은 방을 마련해 과밀을 완화해주었다. 하지만 좌석 수를 세 배로 늘렸을 때 자원봉사자 수도 두 배로 늘려야 한다는 사실을 깨달았다.

어린이 사역과 학생 사역은 둘 다 폭발적으로 성장하고 있었고, 우리는 그 시설을 대대적으로 여는 것이 많은 손님과 가족들의 관심을 끌 것을 알았다. 물론 확장하는 교회에는 일반적으로 성장통이 따른다. 나의 목사 친구들은 그것을 '있으면 좋은 문제들'이라고 말한다. 하지만 아무리 좋은 문제라도 문제는 문제다. 그리고 큰 문제가 있었다.

우리의 주요 캠퍼스는 10년 동안 늘 이동 가능했다. 이동식 교회는 엄청나게 많은 자원봉사자의 힘이 필요하다. 새벽 5시에 텅 빈 연회장에 무대와 시청각 조명 장치를 설치할 매니저들이 필요하다. 플래카드와 표지판, 어린이들을 위한 책, 장난감, 간식, 수업 도구들을 주일마다 새로 가져다 놓아야 한다. 나는 우리 자원봉사자들이 자랑스러웠다. 그들은 100퍼센트 헌신된 열정적인 사람들이었다. 교회를 세우기 위해서라면 뭐든지 하려 했다. 하지만 매번 5명의 새 리더를 세우면 2명이 뒷문으로 빠져나갔다. 물론 교회는 성장하고 있었지만 리더십은 흔들리고 있었고 그 흔들림의 정도는 불편할 만큼 심했다.

그리고 이제 우리는 곧 새 건물로 들어가 우리 스스로 운영하는 법을 배워야만 했다. 전에는 빌린 호텔 연회장에서 교회를 운영하며 몇 가지 특전을 누렸다. 즉 주차(지붕 덮인 차고가 있었다)나 보안(호텔에서 제공해주었다), 또는 건물 유지(화장실이 더럽다? 시설관리과에 전화만 하면 마법처럼 청소해주었다. 감사합니다, 예수님!)를 걱정할 필요가 전혀 없었다.

### 팀워크는 하나님의 꿈을 실현한다

그래서 그해 봄에 우리는 대담한 결정을 했다. 일시적으로 몇 가지를 수정하는 대신, 자원봉사자 시스템을 새로 세우기로 했다. 우리는 일명 '드림팀'이라는 특별 설교 시리즈를 계획하고 야심 찬 목표를 세웠다. 복음으로 우리나라를 적시는 비전을 성취하기 위해 우리의 고갈된 자원봉사자들을 리더들의 끊임없는 흐름으로 바꾸는 것이었다. 어린이 사역부터 손님들을 미디어로 연결시키는 일까지, 자원봉사자들이 이끌고 운영하는 십여 개 사역팀들의 이미지를 새롭게 바꾸기 위해 드림팀이라는 상징적인 이름을 택했다(이 장 맨 뒤의 **파도를 일으키고 있는 다른 교회들**에 나오는 하일랜즈교회에서 가져온 아이디어다).

우리는 주일날 자리에 앉아 있는 많은 사람이 독특한 은사와 재능을 갖고도 사용하지 않고 있다는 것을 깨달았다. 우리가 할 일은 관중들이 관람석에서 경기장으로 내려와 경기에 참여하도록 도전하는 것이었다! 비전을 제시하기 전에, 우리는 사명을 가지고 하나님의 사람들을 동원하고 누가복음 10장 2절에 나오는 예수님의 가르침을 따르도록 은혜를 달라고 구했다.

> 추수할 것은 많되 일꾼이 적으니 그러므로 추수하는 주인에게 청하여 추수할 일꾼들을 보내 주소서 하라

많은 사람을 동원하려면 우리가 가진 것을 다 걸어야 했다. 우리는 확고한 자원봉사 시스템에서 출발했지만, 그 시스템은 우리의 비전을 실현하기에 충분한 속도로 재생산하지 못했기 때문에 우리는 열심히

따라가고 있었다.

이것은 우리 교회의 생애에서 '모두 힘을 합쳐야 하는' 또 하나의 순간이었다. 그 주일날 나는 모든 사람의 관심을 끄는 데 성공했다. 설교할 때 사람들에게 동기를 부여하기 위해 죄책감이나 의무감을 사용하지 않으려고 주의했다. 대신 구원받지 못한 우리 이웃들을 전도하고 다음세대의 리더들을 세우는 하나님의 더 큰 비전으로 그들을 불렀다.

우리에겐 주차를 돕고, 손님들을 안내하고, 커피를 대접하고, 새 가족을 등록시키고, 유아들을 돌보고, 중고생들을 멘토링하고, 조명과 영상 기기를 작동시키고, 주중에 데이터를 입력하고, 외국어를 사용하는 손님들을 위해 메시지를 번역하고, 예배 후 사람들과 함께 기도할 사람들이 필요했다. 우리에게 필요한 여러 가지 일을 간단히 나눈 후 말했다.

"모든 사람이 참여하지 않으면 우리는 이 일을 해낼 수 없습니다. 대부분의 교회는 20:80의 규칙에 따라 움직이고 있어요. 즉 20퍼센트의 사람들이 80퍼센트의 일을 하고 있죠. 우리는 그 비율을 뒤집고 싶습니다. 성도의 80퍼센트가 함께 사역했으면 좋겠어요. 우리의 비전은 너무 크고 중요해서 엄선된 소수의 손에 맡길 수 없습니다. 팀워크가 하나님의 꿈을 이루어냅니다! 신체 건강한 모든 남자와 여자, 학생들이 함께 일어나 드림팀을 이루어 섬겨야만 합니다."

우리가 얼마나 진지한지 보여주기 위해, 나는 메시지를 짧게 전하고 일찍 예배를 마쳤다(하지만 부모들에게는 자녀들을 데리러 가지 말라고 했다). 대신 사람들은 예배당에서 나가 우리 캠퍼스의 로비로 갔다. 거기서 우리는 드림팀 박람회를 열고, 참여할 수 있는 모든 자원 봉사팀과 역할들을 보여주었다. 팀의 리더들은 그들 사역의 핵심을 전달할 창의적인 방법들을 생각해냈다. 남자 리더들은 남자들이 영아부 사역을 얼마나 변화시킬 수 있는지 보여주려고 아기띠를 매고 인형을 안고 다녔다. 스페인어 번역팀은 라틴계 손님들을 섬기려는 그들의 열정을 함께 나누기 위해 라임 조각, 살사, 직접 만든 과카몰리를 내놓았다.

우리는 드림팀의 경험을 대학축구팀 스타일로 나타냈다. 각 팀은 대표팀 플래카드를 자랑스럽게 흔들었다. 드림팀 로고를 새긴 밝은 청색 티셔츠를 '그림자 봉사'(수습생으로서 역할을 배우는 것)를 지원한 사람들에게 제공했다. 메인 캠퍼스(모리스 카운티에 있는 본교회)에 봉사자들이 가장 절실히 필요했으나, 우리는 모든 캠퍼스에서 비전을 제시하고 하나님께 사람들의 마음을 움직여달라고 기도했다.

### 밀려든 새 자원봉사자들

그 결과, 2주간의 시리즈 설교를 한 후 무려 815명의 새로운 자원봉사자가 그해 봄에 교회에서 봉사하겠다고 신청했다. 할렐루야! 우리는 감동했다. 우리 전 직원은 잠재적인 새 자원봉사자의 무리로 우리의 기도에 응답해주신 추수의 하나님께 감사드렸다. 돌파의 순간, 에베소서 3장 20절 말씀처럼 "우리가 구하거나 생각하는 모든 것에 더 넘치도록" 행하시는 예수님을 찬양했다. 하지만 크게 기뻐하는 가운데, 또한 냉철히 결의했다. 다시는 그렇게 많은 미개발된 은사들이 창고에 박혀, 충분히 활용되지 못한 채 신도석에 가만히 앉아만 있게 하지 않겠다고.

단기간의 위기는 리더십 개발 문화의 장기적인 점검으로 이어졌다. 관람석에서 내려와 경기에 출전한 815명 가운데, 몇 사람은 하나님께서 우리 교회를 다음 단계로 이끌기 위해 미리 심어두신 사람들인 것으로 드러났다. 그중 한 사람이 로버트 바르바(Robert Barba)였다.

그는 리퀴드교회를 다닌 지 1년이 좀 넘었지만 봉사자로 자원하지 않았는데, 관심이 없어서가 아니라 요청을 받은 적이 없었기 때문이라고 한다. 기업의 재무 책임자가 자원봉사 보안팀을 이끌어 하나님의 양 떼를 보호하는 일에 열정을 가지리라고 누가 상상했겠는가? 하지만 하나님은 로버트를 그렇게 만드셨다. 그는 "저의 본업은 방침과 절차에 따라 질서 정연하게 일을 처리하는 것인데, 하나님의 집을 지키는 일에 같은 접근법을 사용하지 않을 이유가 있습니까?"라고 물었다.

그는 다른 지역에 살 때 예수님의 제자가 되었고 그곳 교회의 보안팀에서 자원봉사를 해왔다. 그는 그 일을 정말 사랑했다. 가족이 뉴저지로 이사하여 우리 교회에 등록한 후 그는 우리 보안팀을 돕겠다고 했지만, 마이크 리히 목사는 "우리는 그런 팀이 없는데요"라고 대답했다. 장소를 빌려서 사용할 때라 호텔 측에서 보안을 제공해주었기 때문에 보안은 생각지 못했다.

그러나 몇 달 후 거대한 창고를 개조하고 새 방송 캠퍼스로 이사하려고 준비하면서, 사우스캐롤라이나주 찰스턴(Charleston)과 텍사스주 서덜랜드 스프링스(Sutherland Springs)의 총기 난사 사건이 상기시켜 주었듯이 교회가 테러에 취약한 표적이라는 것을 통감했다. 마이크 목사는 로버트와 나눈 대화를 기억하고, 그에게 연락하여 보안 팀을 새로 만드는 문제를 상의했다. 후에 로버트는 요청을 받고 매우 설레었다고 회상했다.

우리는 로버트가 마음대로 하게 해주었다. 이 재능 있는 사업가가 자신의 조직적 노하우를 사용하여 보안 계획과 절차를 만들고 훈련된 팀을 만들 권한을 주었다. 이 놀랍고 박식한 자원봉사자는 우리 직원들이 했으면 2,3년은 걸렸을 일을 6개월 만에 해냈다!

오늘날 우리는 모든 캠퍼스에 검증되고 훈련된, 적절한 기술을 갖춘 보안팀을 두고 있다. 이들은 모든 강의실과 복도, 입구, 강단 뒤 대기실, 사무실, 화장실, 마당까지 계속 지켜보고 있다. 로버트는 전화기로 원격 감시를 할 수 있는 보안 카메라 시스템을 설치했다. 또 지역 경찰서와 협력하여 경찰들이 우리 건물을 다니며 취약한 부분을 찾아내고 조언해주며 필요할 경우 비상대응을 조직하게 했다. 수호천사에 관해 이야기해보자. 로버트는 지방 법률 집행에 따라 우리 캠퍼스 직원을 위한 사격 훈련을 조직화하기도 했다.

더 중요한 것은, 로버트가 모든 단계에서 믿음을 통합했다는 것이다. 그는 팀원들에게 말씀 안에서 성장하지 않으면 팀의 누구에게도 도움이 되지 않는다고 말한다. 그리고 "우리는 서로 책임을 묻습니다. 각 사람이 그저 맴돌지 않고 제대로 봉사하고 있는지 확인하기 위해 서로 찔러보죠. 그것은 형제애와 자매애가 되며, 하나님의 일들에 대한 열정을 자라게 합니다"라고 이야기한다. 로버트는 평범한(어쩌면 '비범한') 무보수 자원봉사자로 이 모든 일을 해냈다. 이것이 당신의 성도들에게 숨겨진 재능을 활용하는 힘이다!

대부분의 교회에 자원봉사자들의 꾸준한 유입이 부족하다. 하지만 다음에 몰려올 자원봉사자들(그리고 미래의 많은 직원들)은 이미 이번 주일 당신의 교회에 앉아 있다. 로버트 같은 정상급 재능을 가진 리더들을 일으키기 위해 어떤 실제적 조치를 할 수 있을까? 복음으로 당신의 도시를 적시기 위해 능력 있는 지도자들을 동원하는 데 필요한 다섯 가지 요소가 있다.

1. 담임목사의 역할
2. 유급 직원 갖추기(교회 크기가 허락한다면)
3. 자원봉사자 양성하기
4. 드림팀 자원봉사자들을 모집하고 유지하기
5. 인턴들을 모아 훈련하기

**통제하는 대신 맡기고 지원하라**

통제를 위한 조직을 만들거나 성장을 위한 조직을 만들 수 있으나 둘 다 할 수는 없다. 안타깝게도, 많은 담임목회자들이 '통제하고 명령하는' 리더십 스타일을 선호하는데 그것이 새로운 지도자들이 등장하는 것을 어렵게 하는 장애물이 된다. 몇 년 전에 나는 담임목사로서 종종 나도 모르는 사이에 그러고 있는 것을 발견했다.

모든 새 프로젝트와 프로그램은 반드시 나의 검토와 제안과 승인을 거쳐야만 했다. 중요한 것은, 내가 그것을 좋아했다는 것이다. 권력을 과시하지는 않았으나, 교회의 설립자로서 모든 새로운 계획에 관여하려 했다. 초창기에는 나의 노트북 컴퓨터로 예배 프로그램들을 만들고 봉사활동 티셔츠 색깔까지 직접 선택했다. 하지만 점차 직원들과 자원봉사자들은 설립자로서 세세한 것까지 챙기던 나의 열정을 과도한 관리와 통제로 여겼다.

교회가 더 커질수록 나의 관심 범위는 더 작아질 필요가 있음을 인정해야 했다. 더는 내가 각 사역에서 일어나는 모든 일을 통제할 수 없었기 때문이다(심지어 알 수도 없었다). 처음에는 이것이 리더십 부족인 것 같아 죄책감을 느꼈다. 하지만 다른 담임목사들의 코치를 받으면서, 상급 지도자로서 내가 한계를 인정하고 자발적으로 '올라가는 것을 포기'하며 장애물을 제거하는 것이 얼마나 중요한지 깨달았다.

물론 나는 여전히 실무에 참여하고 사람들을 만날 여유가 있다. 주말에는 복도를 다니며 가족들과 인사를 나누고 사람들과 함께 기도하고 싶다. 그것은 내가 가장 좋아하는 사역이다. 하지만 그런 대화를 나눈 후의 후속 조치는 전문가에게 맡기는 게 가장 좋다는 것을 알게 되었다. 그렇지 않으면 내가 장애물이 된다. 그래서 약혼한 커플을 상담해주는 대신 장기적으로 그들과 우정을 나누며 그들을 지원해줄 수 있는 결혼생활 멘토들과 연결해주고, 설교의 예화를 통해 실제로 최전방의 영웅들인 직원들과 자원봉사 리더들을 집중 조명하려고 노력한다. 나는 리더들에게 장애물이 되는 대신, 그들의 가장 든든한 지지자가 되었다!

### 자원봉사자들에게 권한을 부여하라

따라서 나는 일상적인 사역의 세세한 부분에서 손을 놓고 핵심 직원과 자원봉사자들에게 권한을 주기 시작했다. 그리고 정말 충격적인 발견을 했는데, 여러 면에서 그들은 나보다 훨씬 더 일을 잘 해냈다! 주여, 겸손을 배우게 해주셔서 감사합니다. 우리 교회는 자원봉사자들에게 권한을 주는 것을 좋아한다.

이 책의 공저자인 워렌과 그의 아내 미셸이 가장 최근에 세운 우리 캠퍼스 중 한 곳을 처음 방문했을 때 새로 온 사람들을 위해 지정된 구역에 주차함으로써 우리의 시스템을 테스트해 보았다. 팻 콜린스(Pat Collins)라는 안내위원이 그들에게 걸어와 환영해주고 대화를 시작했다. 워렌이 팻에게 어떻게 리퀴드교회 교인이 되었는지 묻자 팻은 그리스도께서 자신과 가족의 삶을 어떻게 변화시켜 주셨는지 짧게 간증했다. 확실히 사람들과 잘 어울리는 팻은 완벽한 첫인상을 주는 자원봉사자 같았다. 사교적이고, 진실하고, 잘 들어주고, 워렌과 미셸이 즉시 편안함을 느끼게 해주었다. 워렌이 그에게 따뜻하게 맞아주어서 감사하다고 하자 팻은 "저는 교회에서 제가 지금 하는 일보다 더 하고 싶은 일이 없는 것 같아요"라고 말했다.

팻은 워렌과 미셸을 맞을 때 체크리스트나 대본을 살펴보지 않았다. 대신 그는 캠퍼스 담당 목사로부터 온전히 권한을 받았다. 그 목사는 팻을 성숙한 신자이자 능력 있는 지도자로 인정했다. 로버트 바르바가 그랬듯이, 팻은 바로 사역을 시작했다. 그리고 팻 같은 사람들이 얼마나 큰 차이를 만들어내는지!

### 필요를 알려라

새로운 자원봉사자들을 참여시킴에 있어 가장 큰 장애물의 하나는 사람들이 자신이 채워줄 수 있는(또는 채우도록 훈련받을 수 있는) 필요가 있다는 사실을 모른다는 것이다. 우리는 리퀴드에서 여러 가지 일들을 탁월하게 하고 싶다. 탁월함이 하나님을 높이고 사람들을 감화시킨다고 믿기 때문이다. 우리는 손님들이 도착하는 순간부터 개별적인 보살핌과 세심한 배려를 경험하게 해드리고 싶다. 외부 조경부터 예술적인 내부 인테리어, 밝고 깨끗하고 스태프가 잘 갖춰진 유아실 인테리어까지.

문제는 그때 많은 사람이 이렇게 생각한다는 것이다. '와, 이 사람들은 모든 일을 훌륭히 해내고 있구나! 아무 도움이 필요 없겠어.'

그것은 전혀 사실이 아니다. 우리는 새로운 자원봉사자들의 필요성과 변화를 일으킬 기회들을 정기적으로 알려줌으로써 그러한 오해를 깨뜨릴 필요가 있다. 우리가 이것을 하는 방법 중 하나는 주말 예배 때 사역팀 리더들이 돌아가며 진행하게 하는 것이다. 그들은 일반적인 진행자의 의무(환영, 기도)는 물론, 자신의 사역(특수장애, 어린이, 소그룹)을 통해 삶이 변화된 이야기를 짧게 나누고 사람들에게 예배 후 참여해달라고 요청한다. 그 외에도 필요한 역할들을 SNS 채널에서 정기적으로 집중 조명하고, 지원할 수 있는 링크를 건다.

### 어깨를 토닥이며 격려하고 도전하라

그러나 새로운 자원봉사자와 리더들을 모집하는 가장 효과적인 길은 어깨를 토닥이는 법을 배우는 것이다. 우리는 리더들이 특히 관람석에 앉아서 구경만 하고 있는 친구들 사이에서 드러나는 재능을 찾아 그들의 어깨를 토닥이며 'ICNU' 대화를 나누도록 훈련한다. ICNU는 "나는 당신 안에서 …이 보입니다"(I see in you…)라는 뜻이다. 리더가 그 아이디어를 사용하여 친구나 봉사를 하지 않는 교인 안에 있는 은사와 잠재력을 이끌어내도록 격려한다.[1] 일단 리더들이 그렇게 하면, 우리는 그 사람이 자신의 은사를 연마하고 숨겨두지 않도록 실제적인 조치로 다음 단계를 이어간다.

4장에서 만난 카이라 몬타네즈는 처음에 참석자로 시작했다가 스페인어 번역 자원봉사자가 되었고, 지금은 우리 캠퍼스 목사가 되었다. 나는 그녀와 그녀의 팀이 잠재적 자원봉사자들로 하여금 자신의 은사에 맞는 자리를 찾도록 도와준 방식이 마음에 든다. 그녀가 가장 좋아하는 사례 중 하나는 지금 티파니 자풀라(Tiffany Zapppulla)가 이끄는 데이터팀이다.

우리도 다른 교회들처럼 새 신자 관리를 매우 중요하게 생각했고, 캠퍼스가 성장하거나 추가되면서 여러 번 시스템을 조정해야만 했다. 전에는 자원봉사자들이 새 신자 등록카드 정보를 컴퓨터에 입력했지만, 매주 새 신자의 수가 계속 증가하자 데이터 전문지식과 팀 리더십 기술을 갖추고 우리를 새로운 차원으로 이끌어줄 자원봉사자를 찾으며 기도하기 시작했다.

그때 티파니(Tiffany)가 등장했다. 그녀의 자원봉사자 프로필을 통해 그녀가 데이터를 사랑하고, 무대 뒤에서 하는 일을 더 좋아하며, 시스템을 평가하고 개선하는 법을 아는 사람이라는 것을 알 수 있었다. 그녀의 자원봉사 활동을 보니 데이터 관리의 은사를 타고난 듯했다. 관리자 역할을 할 사람이 그녀에게 다가가 "당신 안에서 이것이 보입니다"라며 도전했다. 티파니는 수락했고, 동료 자원봉사자들과 강력한 팀을 만들어 환상적으로 일을 해냈다.

솔직히 말해서, 데이터 입력은 화려한 일이 아니다. 등록카드 정보를 컴퓨터에 입력하는 일은 외롭고 너무 업무적으로 느껴질 수 있으나, 티파니에게는 그렇지 않았다. 입력팀은 주로 개별적으로 일하지만, 그녀는 팀원들에게 비전을 제시하고, 창의적이고 유머러스한 방식으로 소통하며, 직접 팀원들을 모아 축하 행사를 해준다. 최근에는 그들을 데리고 나가 저녁 식사를 하며 축하 행사를 하고 야간 경기를 즐기기도 했다. 카이라는 "그녀는 이 중대한 임무를 맡기에 완벽한 적임자였어요"라고 말한다.

### 교육과 훈련은 늘어지지 않게

새로운 자원봉사자들의 의욕을 꺾는 확실한 방법은 신입 교육 과정을 지나치게 길게 만드는 것이다.

"봉사하고 싶다고요? 좋습니다. 이 8주 교육 과정을 등록하시고, 은사 목록을 완성하세요. 성격 테스트를 하시고, 영적 은사의 신학적 의미에 관한 책 2권을 읽으세요."

아무도 "참 재미있겠네요!"라고 말하지 않을 것이다.

새로운 지원자들을 너무 오래 고생시키지 말라. 드림팀에 가입하려는 사람들을 위한 리퀴드의 교육 절차는 빠르고 단순하다. 그들은 아주 짧은 지원서를 작성하고 팀 리더와 일대일 면담을 하는데 이것은 주로 관계 형성을 위한 것이지 훈련을 위한 것이 아니다. 훈련은 일하면서 하는 것이 가장 효과가 좋다. 그렇게 할 때 사람들이 가장 잘 배우기 때문이다. 만일 바쁜 성인에게 새로운 기술을 배우라고 하면 대부분은 그 일을 직접 해야 할 때까지 그것을 공부하지 않을 것이다.

리퀴드에서는 지나치다 싶을 정도로 빨리 리더들을 받아들인다. 우리는 열성적인 젊은 리더를 당장 참여시키려 하고, 일하면서 그들의 장점과 개발할 영역을 발견하는 시간을 가지며, 함께 이끌어가면서 그들의 역할과 책임을 조정해간다. 비록 처음에는 완벽하게 맞지 않더라도, 리더들이 장점을 발휘하도록 훈련시키며 그에 따라 역할을 조정한다.

새로 들어온 사람들에게는 특히 '역할'과 '관계'가 필요하다. 그 교회에 정착할 예정이라면 처음 몇 번 방문했을 때 그것을 찾도록 해야 한다. 사람들은 실제적인 가르침이나 굉장한 예배를 기대하며 당신의 교회에 올지 모르나, 관계(우정)와 책임(다른 사람들이 그들을 믿고 중요한 역할을 맡기는 것)을 갖게 될 때 교회에 계속 머물게 된다. 예수님의 제자로서 성숙하려면 사람들은 자신의 실제적인 은사들이 어떻게 자기 자신보다 훨씬 큰 일(그리스도의 몸을 세우는 것, 또는 복음으로 우리 도시를 변화시키는 것 같은 일)에 기여하는지를 볼 필요가 있다. 그래서 드림팀에서 봉사하는 것은 리퀴드의 제자도 과정에서 중요한 부분이며 우리가 사람들을 빨리 봉사에 합류시키는 이유다.

물론 어떤 사역들은 다르다. 리퀴드 가족 안에서 어린이나 학생들과 함께 일하려면 더 자세한 교육 과정이 필요하다. 우리는 각각의 자원봉사자에게 철저한 신원 조회를 요청하고, 빈틈없는 훈련(어린이들과 함께 일하기 위한 보안 규약)을 제공한다. 노래나 악기 연주 등 전문적인 은사와 관련된 팀들(예배찬양팀)은 사람들이 오디션을 거치고 정식 회원이 되기 전에 수습 기간을 거쳐야 할 것이다.

### 보살피고 섬김의 본을 보이는 리더

가장 중요한 점으로, 우리는 팀의 리더들에게 섬기는 리더십의 본을 보이도록 요구한다. 즉 자신이 보살피는 사람들을 겸손히 섬기는 데 자신의 힘을 사용하는 것이다. 어떤 교회에서는 젊은 직원과 자원봉사자들에게 사역의 '궂은일'을 맡기고, 베테랑 리더들은 강연, 계획 수립, 운영 같은 더 '중요한 일'을 담당하는 경향이 있다.

그러나 요한복음 13장 1-11절에서 예수님은 제자들의 냄새 나는 발을 씻겨주심으로써 정말 섬기는 리더십이 어떤 것인지를 보여주셨다. 더 충격적인 것은 예수님이 "아버지께서 모든 것을 자기 손에 맡기신 것"(3절)을 아셨다는 것이다. 이 말은 예수님이 최고 권력을 가지셨다는 뜻이다! 그렇다면 예수님은 그분의 권위와 영향력을 가지고 무엇을 하셨는가? 허리에 수건을 두르고, 무릎을 꿇고, 냄새나는 더러운 발을 닦기 시작하셨다.

1세기 문화에서 이것은 수치스러운 행위였다. 먼지 많은 팔레스타인에서 다니다 보면 발은 흙투성이가 되고 더러운 때가 꼈다. 나는 예수님이 제자들의 샌들을 벗기시는 모습을 상상만 해볼 수 있을 뿐이다. 틀림없이 갈라지고, 굳은살에, 물집이 잡혔을 것이고 발가락 사이에는 때가 가득 꼈을 것이다. 발을 닦는 것은 천한 종들의 일이지, 존경받는 랍비와 자칭 왕들이 하는 일은 분명 아니었다! 하지만 수건으로 제자들의 발을 닦아주신 후, 예수님은 보여주신 본을 통해 교훈해주신다.

"내가 주와 또는 선생이 되어 너희 발을 씻었으니 너희도 서로 발을 씻어 주는 것이 옳으니라 내가 너희에게 행한 것 같이 너희도 행하게 하려 하여 본을 보였노라”(14,15절).

예수님은 본질적으로 이렇게 말씀하시는 것이다.

“여기에 리더들이 따를 본보기, 모델, 견본이 있다. 너희가 앞에서 이끌고자 한다면 너희의 힘을 너희를 따르는 사람들을 겸손히 섬기는 데 사용해라. 하나님의 집에서 큰 자가 되고 싶으면 소매를 걷어붙이고 궂은일을 해라.”

우리 교회 리더들이 자신의 업무 범위 밖에 있는 ‘궂은일’을 하는 것을 볼 때, 나는 그들이 너무너무 자랑스럽다. 우리 교회를 처음 시작하고 우리의 첫 멀티사이트 캠퍼스를 열 때 도움을 주었던 마이크 리히 목사(캠퍼스 담당)가 떠오른다.

이동식 캠퍼스에서 오전 9시 예배를 준비하기 위해 자원봉사자들은 새벽 5시에 와서 각종 장비가 가득 실린 트레일러에서 짐을 풀고 무대를 설치했다. 그 일은 중노동이며 주로 무대 뒤에서 이루어지기 때문에 대중의 박수도 거의 받지 못한다. 주일 아침에 자원봉사자들이 피곤한 모습으로 도착했을 때 벌써 와서 그들을 기다리고 있는 사람은 누구였을까? 마이크 목사는 새벽 4시 30분에 도착하여 우리 부대에 연료를 공급하기 위해 따뜻한 커피와 달걀 샌드위치를 준비한다. 캠퍼스 목사로서 그는 주일날 가장 먼저 와서 맨 나중에 떠난다.

종종 자원봉사자들을 감동시키는 것은 거창한 몸짓이 아니라 “나는 당신을 보고 있습니다. 내가 주목하고 있어요. 그리고 당신에게 감사드립니다”라고 말하며 관심을 표현하는 작은 행동들이다. 우리 드림팀 자원봉사자들은 이동식 캠퍼스의 근간이 되었고 매우 강한 공동체를 구축했다. 이 겸손한 종들은 함께 생활하며, 기도와 음식과 교제를 나누고, 시간을 내어 그들의 발을 씻겨주는 훌륭한 리더들의 보살핌을 받는다.

## 모든 강은 작은 물줄기로 시작된다
Starts with a Trickle

물이 빠지는 욕조나 싱크대 바닥, 또는 더 광대한 규모로 강이나 바다에서 소용돌이를 본 적이 있는가? 소용돌이는 보통 서로 충돌하는 물줄기들이 만나 빠르게 회전하는 대량의 물을 만들 때 형성되며, 물체들이 그 안으로 빨려 들어갔다가 결국 휩쓸려 나간다.

소용돌이는 조직에서의 이탈을 나타내기에 좋은 이미지다. 5년 동안 당신의 직원, 리더들, 자원봉사자들이 교회나 사역을 거쳐 가는 것을 상상해보라. 어떤 이들은 잘 정착해서 오래 머물지만, 어떤 이들은 빨리 떠나가 결국 높은 이직률을 부른다. 사업에서, 이직률(때로는 자연 감소율이라고도 한다)은 특정 기간 동안 한 그룹에서 빠져나가는 사람들의 수를 측정한다. 이직은 어느 조직에나 있는 자연스러운 부분이지만, 높은 이직률은 건강하지 못하며, 종종 문화 속에 있는 더 큰 문제의 징후를 나타낸다.

리퀴드교회는 처음 4년간(2007-2011) 직원 이직률이 가장 높았다. 우리는 신생 조직이었고, 많은 이에게 첫 사역이었다. 직원들 대부분 여러 역할을 맡고, 피곤에 지친 자원봉사자들의 팀을 이끌고, 주일예배를 위해서만도 한꺼번에 여섯 개의 임무를 곡예하듯 해냈다. 우리 리더들은 너무 무리해서 일했고, 우리는 아직 자원봉사자들을 위해 일을 지속할 수 있게 만드는 시스템을 개발하지도 못했다. 그 결과 우리 교회는 성장하는 리더들을 휘감아 결국 빠져나가게 했다. 안타깝게도, 너무 오랫동안 우리는 무슨 일이 일어나고 있는지 알아채거나 이해하지 못했다.

젊은 직원들은 소용돌이에 휘말린 것처럼 느꼈고, 때마침 새로운 사람들이 들어와서 빠져나간 예전 그룹을 대체해주었다. 최악의 해는 2010년이었다. 1년간 직원의 38퍼센트가 떠나갔다. 교역자들은 깊은 근심에 빠졌고, 우리는 해결책을 찾기로 맹세했다. 하지만 먼저 원인부터 찾아야 했다. 퇴직자 면접과 핵심 리더들과의 솔직한 대화를 통해 몇 가지 부정적인 요소를 발견했다.

## 높은 이직률의 원인

### 잘못된 고용

어설픈 신규 조직이던 우리는 확고한 인터뷰 절차가 없었고, 종종 이런 식이었다. "예수님을 사랑하세요? 전과 기록은 없나요? 팀에 들어오신 걸 환영합니다." 그것도 그렇게 나쁘진 않았지만, 역할과 은사가 일치하지 않는 직원을 뽑은 것이다. 설상가상으로, 교회의 인재 자원이 얕다 보니 교회 밖, 심지어 우리 주 밖에서 사람들을 고용하는 실수를 범했다. 우리는 북동부 출신이 아닌 사람들이 대체로 영적으로 메마른 우리 지역에서 잘 지내지 못한다는 사실을 어렵게 배웠다. 처음에 외부 출신 직원의 이직률은 90퍼센트였다. 10명 중 9명이 3년내에 떠났다. 요즘은 다른 지방 사람들을 영입하지 않으며 극단적일 만큼 우리 지방 출신 인재들을 고용하는 편이다.

### 형편없는 작업 환경

우리는 교회 첫 사무실이 마약 소굴 같았다고 농담하지만, 어쩌면 그것도 너무 후한 표현일지 모른다. 우리는 주일 예배를 드리는 호텔의 건너편 상점에 딸린 사무실을 빌렸다. 마침내 우리만의 집을 갖게 되어 행복했지만, 그 건물은 낡고 거의 허물어져 가고 있었다. 마룻바닥은 뒤틀렸고 난방 장치는 온도가 오락가락했으며 회의실에는 쥐들이 뛰어다녔다. 그리고 그곳은 우범 지역이었다. '목요일 밤의 복음'(5장 행사를 마친 어느 날 밤, 누군가가 우리 사무실 창문으로 벽돌을 던졌다. 도둑들은 무얼 훔치려 하지도 않았다. 유일하게 가치 있는 거라고는 중고 복사기뿐이었다.

리더들이 사명에만 집중해 형편없는 작업 환경에는 신경도 쓰지 않았던 그때를 '좋았던 옛 시절'로 추억하는 것은 낭만적일지도 모른다. 하지만 사실은 직원들의 작업에 적합한 환경을 만드는 데 우선순위를 두지 않은 것이다. 우리는 그럴 여유가 없다고 생각했고, 그것은 사기에 영향을 끼쳤다. 공간이 부족해지자 일부 사무실을 창문도 없는 지하실로 옮겼다. 그곳에는 난방기도 없고 검은 곰팡이 자국들이 남아 있었다. 우리는 "우리는 건물에 투자하지 않고 사람에 투자합니다!"라며 합리화하기를 즐겼다. 하지만 사람에게 투자한다는 것에는 편안하고 안전하며, 매일 일하러 올 때 자부심을 느끼고, 일에 충분한 자원을 제공해주는 환경을 만들어준다는 의미도 들어 있다.

요즘은 사무실의 기본적인 부분(채광과 온도)을 점검할 뿐만 아니라, 리더들 사이에서 공동체, 창의성, 협력을 북돋우며 삶을 안락하게 하는 것들도 두려고 한다. 여기에는 무료 커피숍, 화이트보드 벽, 기발한 회의실 등이 포함되며, 스쿠터도 몇 대 있어 구글에서처럼 타고 복도를 돌아다니기도 한다.

### 미숙한 시스템과 조직

신규 조직일 때 우리는 사람들에게 더 적은 자원으로 더 많은 일을 하도록 요구했다. 돌아보면, 지원은 해주지 않으면서 그들에게 무리한 요구를 한 것 같다. 우리는 비행하면서 비행기를 만들고 있는 초보 조종사들 같았다. "어떻게 해서든 일을 해낸다"라고 생각했지만 시스템(구조, 전략, 정책, 절차)의 결핍이 우리를 힘들게 했다. 리더들이 지치지 않고 사역을 지속하려면 명확한 직업의 역할과 체계가 정말 중요하다.

### 미숙한 경영진

미숙한 경영진도 이직률에 영향을 끼쳤다. 나를 포함해 많은 젊은 리더들은 사람들을 이끌거나 관리해본 경험이 없었다. 특히 우리 목사들은 자원봉사자들을 관리하는 것을 힘들어했다. 대부분은 사람들과 친하게 지내길 원했고, 그 결과 갈등이나 어려운 대화는 회피하게 되었다. 책임감이 부족했고, 어떤 사람들은 불간섭주의 노선을 취하여, 기대하는 바를 솔직히 전달하는 대신 위기가 생길 때까지 손 놓고 있었다. 감정이 상하고 의사소통이 꼬이는 것은 흔한 일이었다. 자원봉사자와 직원들 모두 급속도로 빠져나간 것은 당연한 일이었다.

### 이직률 완화하기

그래서 5년 차에는 이런 실책들을 바로잡고 이직률을 완화하기 위해 몇 가지 대담한 조치를 취했다. 우선, 사무실을 더 전문적이고 깨끗한 환경으로 옮겼다. 그것은 쉽고 외적인 부분이었다. 어려운 부분은 리더십 문화를 바꾸는 것, 또는 리더십 문화의 결핍을 바꾸는 것이었다. 우리는 '끝내는 것'에만 집중하느라 힘든 일을 하는 리더들을 성장시키지 못하고 있다는 것을 깨닫기 시작했다. 우리는 자원봉사자들을 돌보는 일에서 심각한 죄를 범했다. 관계보다 일을 우선시한 것이다. 이것은 교회 개척자들에게 매우 실제적인 유혹이며, 우리에게 책임이 있었다.

개척 목사로서, 나는 이 초기의 실책에 책임이 있다. 나는 순진하게도, 건강하고 영적으로 성숙한 사람들을 고용하면 건강하고 영적으로 성숙한 문화가 자동적으로 발전하리라고 생각했다. 하지만 그렇지 않았다. 처음에는 높은 이직률을 젊은 교회의 성장통 탓으로 돌렸다. 물론 일부는 그렇기도 했지만, 솔직히 말해서 책임은 나에게 있었다. 첫 4년 동안 나는 젊은 리더들을 양육하고 육체적, 감정적, 영적으로 전인적 인간을 보살피는 확고한 문화를 형성하는 것을 도외시하는 잘못을 범했다.

우리 전체 시니어 팀은 직원들 앞에서 우리 자신을 낮추고, 사과하며, 더 잘할 것을 약속했다. 물론 참된 회개에는 말보다 훨씬 더 많은 것, 즉 행동이 필요하다. 그래서 우리는 몇 달에 걸쳐, 직원과 관리자들이 우리 교인들을 성장시킬 도구와 기술들을 갖추게 해줄 훈련을 개발했다.

비영리단체와 교회 직원들의 일반적인 이직률은 연간 15퍼센트 정도라고 한다.[2] 사람들은 언제나 변화 때문에 조직을 떠나지만, 우리는 그들이 긍정적인 이유로 나가길 원했다. 이를테면 이사, 가족이 느는 것, 또는 성령의 영감을 받은 전업 같은 것들이다(그들이 우리 교회로 인해 지쳐서가 아니라!).

### 가치관을 중심으로 고용하라

그래서 우리는 채용 절차를 개선하고 전문화했다. 지원자의 역량만큼 문화적 적합성과 조화에도 초점을 맞추어, 면접을 몇 차례 추가했다. 우리 교회의 핵심 가치를 9개(아무도 기억하지 못하는)에서 3가지 핵심 사항(은혜가 이긴다, 진리는 연관성이 있다, 교회는 즐거운 곳이다)으로 줄였고 그 가치들을 중심으로 채용했다.

신입직원을 교육할 때는 '첫 90일'(First Ninety Days)이라는 훈련을 통해 그들이 리더로서 해야 할 일들을 알려주었다. 또한 직원 중에서 그들의 짝을 정해줘서 같이 나가서 점심을 먹고 매달 그들이 (일과 별개로) 관계적으로나 영적으로 어떻게 지내는지 점검하게 했다. 직원들이 다른 사람들에게 조언해주거나 알려줘야 할 일들뿐 아니라 그들이 책임져야 하는 영역들을 이해할 수 있도록 점검 도구도 제공해주었다.

### 피드백 문화를 만들라

초창기에 너무나 부족했던 피드백 문화도 만들었다. 예전에는 주말마다 정면충돌이 많이 일어나서 주일에 교회에서 격렬한 축구 시합을 하는 것 같았다. 예배가 무사히 진행되면 승리한 것처럼 느꼈지만 월요일이 되면 우리 직원들은 다치고 타박상을 입은 느낌이었고, 좀처럼 우리는 사람들의 노고를 인정해주며 어떻게 하면 더 잘할 수 있을지를 의논하지 않았다.

따라서 SMART한 목표와 인사 고과를 도입해 모든 리더에게 피드백을 주고받을 기회를 주었다(SMART란 Specific[구체적인], Measurable[측정할 수 있는], Achievable[성취할 수 있는], Relevant[관련 있는], Time-based[시간 의존적인]를 뜻한다). 이 과정을 공식화함으로써 관리자들이 시간을 내어 리더들에게 자신들이 인정과 지원을 받고, 존중받으며, 새로운 기술을 개발할 기회가 있다는 것을 알려주도록 했다.

피드백은 양방향으로 흘러서, 직원들은 자기 일을 더 잘하기 위해 어떤 도구와 지원이 필요한지 관리자에게 솔직히 말하도록 권유받았다. 각 팀들은 동조(alignment)에 대해 솔직히 이야기하고, 갈등에 맞서고, 리퀴드에서 리더십 경험을 향상시키는 쪽으로 협력하는 법을 배웠다.

### 젊은 직원에게 문화를 창조할 권한을 주라

가장 큰 혁신은 아마도 직원문화팀의 창설이었을 것이다. 그 팀은 리퀴드를 '북동부지역에서 일하고 이끌어가기에 가장 좋은 곳'으로 만드는 일을 돕는 업무를 맡았다. 이 특별팀을 위한 핵심 직원을 뽑고(대다수가 젊은 사람이었다) 그들에게 우리의 직원문화에 중요한 변화를 일으킬 권한을 주었다.

그들의 첫 번째 목표는 직원회의였다. 예전의 월례회의는 정보 폐기장이었다. 두 시간 넘게, 끝없는 업데이트로 우리는 직원들을 지루하게 했고, 비전을 제시하거나 동지애를 만들어갈 기회를 놓쳤다. 문화팀은 솔직한 대화를 위해 나를 따로 불렀다. 그들은 내가 주일예배 때 성도들에게 양식을 먹일 때처럼, 우리 직원들에게 동기를 부여하는 데에도 많은 노력을 쏟기 원했다. 나는 그런 생각을 해본 적이 없었다. 나는 사람들이 여기서 일하다 보면 자연스럽게 동기가 생기고 그 상태를 유지할 줄 알았다(이런!).

그래서 그들의 요청에 따라 우리는 각 회의를 시작할 때 먼저 예배를 드리고 이어서 '하나님 바라보기' 시간을 가졌다. 그 시간에 우리는 성령님이 일하셔서 우리 교인들의 삶을 변화시키시는 것을 보았던 순간들을 나누었다. 우리는 기도를 강조하기 시작했고, 우리 직원의 가치를 구현한 사람들에게 문화상을 수여했다. 수상자는 무대 위로 불려 나와 특별 포상과 깜짝 선물을 받았는데, 이를테면 하루 휴가나 친구와의 공짜점심 같은 것이었다.

문화팀은 리더들이 긴장을 풀고 웃도록 흥을 돋우어 분위기를 띄우기도 했다. 우리는 리더들에게 하나님을 진지하게 받아들이되, 우리 자신에게는 그렇게 하지 말라고 격려했다. 몇 년 동안 직원회의에서는 콩주머니 던지기 게임, 나만의 아이스크림 만들기, 위플볼 게임(구멍 난 플라스틱 공으로 하는 약식 야구 게임), 노래방 노래 부르기, 심지어 목회자 간 레슬링 경기까지 했다! 나는 요즘 우리 사무실들을 지나갈 때 팀 회의에서 배꼽 잡고 웃는 소리가 들려오면 기분이 좋다.

중요한 사실을 기억하라. 우리 시니어팀은 문화 코드를 깨지 않았다. 그 일을 하려면 권한을 가진 젊은 리더들로 구성된 팀이 필요했다. 매력적이고 믿음직한 직원 문화를 창조하려는 그들의 열정은 조직 전체의 판도를 바꾸었고, 우리 교회를 건강하고, 일하고 이끌어 가기에 매우 매력적인 곳으로 변화시켰다. 리퀴드의 부교역자로 섬기는 효실 시겔(Hyo Sil Siegel) 목사는 "문화팀을 만든 것은 우리 직원들의 전반적인 분위기를 바꾸어 놓았어요. 간단히 말하면, 그들이 하는 일은 잘 전파되어 우리 자원봉사자들에게 흘러가지요"라고 말한다. 문화팀은 우리 직원들이 신뢰, 탁월함, 겸손의 가치를 항상 기억하도록 사무실 벽에 커다란 주석 글씨로 그 단어들을 붙여놓기까지 했다. 하지만 그들은 또한 우리 조직의 언어가 공허한 미사여구가 되지 않게 한다. 문화팀의 일은 벽에 쓰인 문구가 현장에서 실제로 일어나고 있는지 확인하는 것이다!

2012년까지, 이직률은 13퍼센트까지 줄었다. 그 정도면 비영리단체의 경우 정상적이고 건강한 범위 안에 있는 것이다. 사기가 높아졌고, 우리 직원들은 자신들이 지지와 인정을 받고 있으며 리더십을 얼마든지 발휘할 수 있다고 느꼈다. 하지만 진정한 돌파구는 우리 자원봉사자들과 함께 왔다.

또 다른 주일날, 가장 붐비는 예배 시간에 우리 부교역자 한 사람이 유아놀이방에서 봉사하려 나섰을 때 나는 감동받았다. 그는 토한 것을 치우고 사랑으로 똥기저귀를 갈아줄 기회를 얻는 갑절의 축복을 받았다. 우리 자원봉사자들은 그 주일날 다른 어떤 말도 할 수 없었다. 그것은 한 목사가 그들과 함께 더러워지는 것을 세상이 보게 된다는 뜻이었다.

행정목사인 데이브 브룩스(Dave Brooks)가 사람들로 꽉 찬 부활주일에 성도들에게 자리를 마련해주려고 여분의 의자들을 한가득 짊어지고 나르던 모습도 결코 잊을 수 없다. 데이브는 한때 기업의 CFO(최고재무책임자)였다. 그의 위상과 지위로 보면 "좌석은 내 책임 영역이 아닙니다. 나는 회계와 예산과 전략 기획을 담당합니다"라고 쉽게 말할 수 있었다. 그러나 데이브는 내게 겸손한 섬김의 리더십을 보여주는 롤모델 중 한 사람이며, 그가 기꺼이 힘든 일(문자 그대로!)을 자처한 것은 리더들에게 강력한 무언가를 전달해준다.

우리는 부교역자들에게 "하찮은 일을 하지 못할 만큼 큰 사람이 되지 말라"라고 말한다. 리퀴드에서는 겸손한 리더들을 옹호하려 한다. 예수님의 왕국에서 참으로 큰 자는 무대 위의 화려한 사람이 아니다. 기저귀 휴지통을 비우는 사나이, 또는 눈보라가 몰아치는 1월에 가장 먼저 주차장에 도착해 차들이 들어오길 기다렸다가 인사하고 주차 자리로 안내하는 자원봉사자들이다.

겸손은 (신뢰, 탁월함과 함께) 우리 직원의 가치 중 하나이며, 리더들이 그들의 행동을 통해 본을 보이기를 바라는 모습이다. 우리는 직원들에게 자주 이렇게 묻는다.

"당신이 이끄는 사람들은 일상적으로 당신의 겸손한 모습에 감동받는가?"

그렇지 않다면, 당신은 직원과 자원봉사자들을 위한 강력한 동기요인을 놓치고 있는 것이다.

### 평신도 속에 숨은 은사를 활용하라

우리는 교회 안에 많은 평신도 리더들과 함께 아직 개발되지 않은 리더십의 동력이 남아 있다는 것을 알았다. 그때까지는 안내, 주차, 미디어 운영, 주일학교 교사, 또는 소그룹 인도 같은 기능적인 역할에만 자원봉사자를 활용해 왔지만, 우리는 점점 더 전문적인 사람들을 끌어들였다. 그들은 직장에서는 전임으로 자기 일을 계속하면서, 자신들이 가진 리더십의 기술과 능력을 교회와 함께 나누기 원했다.

그래서 행정목사 데이브 브룩스는 '자원봉사 직원'이라는 새로운 카테고리를 만들고, 리더십의 단계에서 우리가 포함할 수 있는 역할에 융통성을 더 많이 부여하는 쪽으로 설정했다. 갑자기 우리는 능력 있는 경영자, 사업주, 시장 전문가들을 활용할 수 있게 되었다. 그들은 유능한 팀을 이끌었던 훌륭한 경험과 주님을 섬기는 일에 대한 열정이 있었다. 우리는 자원봉사 직원 프로그램을 추진했고, 멤버들에게 우리 자원봉사팀들을 이끄는 데 그들의 은사를 사용할 수 있도록 일주일에 10시간에서 15시간을 내달라고 요청했다. 그 보답으로 그들을 전임으로 일하는 유급 직원들과 똑같이 대우해주었고, 직원회의나 내부 커뮤니케이션, 리더십 개발 수업 등에 함께하도록 했다. 또한 직무 기술서와 인사 고과를 제공하고 그들의 리더십에 권한을 주었으며, 그들이 자유롭게 결정을 내리고 "성도를 온전하게 하여 봉사의 일을 하게 하며 그리스도의 몸을 세우게" 했다(엡 4:12).

엘리자베스 창(Elizabeth Chang)은 그들 중 한 사람이다. 유능한 변호사인 그녀는 월요일부터 금요일까지는 세계 일류 로펌에서 일하고 주말에는 우리 캠퍼스 한 곳에서 협동목사로 사역한다. 그녀는 어릴 때부터 다양한 교회에서 적극적으로 활동했고, 대학교에서는 캠퍼스 사역을 했으며(거기서 미래의 남편을 만났다), 변호사 경력을 쌓으면서 번성하는 교회의 개척에 참여했는데, 거기서 그치지 않고 교회 사역에 온전히 '흘러 들어갔다'. 그녀는 교회 안의 여러 지점에서 받은 멘토링을 "흘러 들어갔다"라고 묘사한다. 그녀는 어떤 목사님이 그녀 안에 있는 가르침의 은사를 보았고, 자신은 그것과 많이 싸웠다고 말한다. 하지만 요청을 받았을 때 사역에 참여했고 꽃을 피우게 되었다.

뉴저지로 이사한 후, 그녀와 남편은 하나님께서 그들의 새 집과 가까운 교회로 인도해주시도록 친구들과 친척들에게 기도를 부탁했다. 그들은 리퀴드교회의 에식스 카운티(Essex County) 캠퍼스에 정착했고, 곧 자원봉사자로서 결혼생활 멘토링 사역에 참여하게 되었다. 엘리자베스는 이것을 계기로 그들 부부가 리퀴드교회에서 리더십 여정을 시작하게 되었다고 말한다. 그녀의 다음 단계는 소그룹 인도와 기도팀 봉사였다. 그 과정에서 엘리자베스는 리퀴드의 직원에게 "당신은 은사가 있고 충분히 능력이 있습니다"라는 인정을 받았고 그들은 함께 캠퍼스에서 더 많은 사역의 기회들을 찾아 나섰다.

오늘날 엘리자베스는 그 캠퍼스에서 협력목사로, 자원봉사 직원의 위치에서 섬기고 있다. 그녀는 기도팀과 평신도 양육, 결혼식이나 부모가 아이를 하나님께 드리는 헌아식(baby dedication, 자녀를 하나님의 뜻 안에서 말씀과 기도로 양육하기로 약속하고 주님께 드리는 부모헌식 예식으로 침례교 등 일부 교파에서 행한다) 같은 행사들, 캠퍼스에서 리퀴드의 리더십 개발에 관해 가르치는 일 등을 포함하여 사람들을 영적으로 보살피는 책임을 맡고 있다. 그녀는 "저의 일은 제가 어디에 있든지, 엄마로서, 변호사로서, 또는 목사로서 저의 은사들을 사용하는 것입니다. 우리가 어디에 있든 하나님께서 우리를 통해 일하시게 하면 저 같은 사람들도 하나님의 손과 발, 음성이 됩니다"라고 말한다.

한번은 어떤 부부가 예배 후에 그녀를 찾아왔다. "우리는 결혼식 서약을 다시 하고 싶어요"라고 남편이 말했다. 엘리자베스는 기도팀에서 어떤 역할을 맡고 있는데 그가 몇 번 기도를 부탁하러 왔었기 때문에, 이것이 이 부부에게 중요한 믿음의 발걸음인 것을 알았다. 배우자의 부정, 회개, 깨진 신뢰를 회복하도록 돕기 위한 상담의 과정을 거쳤고, 이제 이 부부는 외도로 타격을 입은 10대 자녀 두 아이와 함께 재헌신 예식을 진행하기 원했다. 엘리자베스는 이에 동의하고, 거기서 그 가족과 함께 하나님의 치유 메시지를 나누었다. 엘리자베스는 "그들이 다시 반지를 주고받으며 하나님의 사랑과 인정과 용서를 느끼는 정말 거룩한 순간이었어요. 협동목사로서, 나는 사람들의 이야기를 알아가고 그들이 하나님 안에서 누구인지를 보여주며 시간을 보내는 것이 너무 좋습니다"라고 말했다.

엘리자베스처럼 탁월한 은사를 지니고 영적으로 성숙한 자원봉사 직원이 추가되면서 우리의 리더십 문화에 혁신이 일어났다. 그들은 중요한 역할들을 맡아 자원봉사자들을 보살피고, 평신도 상담을 제공하고, 기도와 봉사활동, 기술팀들을 이끌면서 모든 차원에서 깊이와 힘을 더해주었다. 어떤 자원봉사 직원은 결국 전문 사역자가 되기 위해 직장을 그만두기도 했다. 우리의 혁신은 과거에 목사로 섬기지 않았으나 영적 은사를 가진 사람들을 위해 협동목사의 역할을 만들어 그들에게 목회 훈련을 시킨 것이었다.

이 글을 쓰는 지금, 우리 캠퍼스 목사들의 절반 이상은 세속적인 직업에 종사한 이력이 있으며 그들의 본 캠퍼스에서 협동목사로 자원봉사하면서 자신의 목회 은사를 개발하기 시작했다. 2년간의 영적 성장과 목회 훈련을 거친 후, 각 사람은 세상의 직장을 그만두고 전임 캠퍼스 목사가 되었다. 현재 리퀴드에는 약 50명의 무보수 자원봉사 직원이 있는데, 이는 전체 직원의 약 3분의 1에 달한다!

### 인턴과 레지던트 과정

게다가 지난 5년 동안, 우리는 강력한 인턴십 프로그램을 개발하여 여름 동안 많은 재능있는 대학생들을 우리 직원으로 끌어들였다. 2018년에는 영상 부서에서 훌륭한 콘텐츠를 제작하는 5명의 인턴이 있었다. 그 인턴들은 우리의 모든 창작 회의에 참석하여 아이디어를 내고, 브레인스토밍을 이끌고, 스토리보드를 작성하고, 간증 영상을 촬영하고, 시리즈 예고편들을 편집했다. 밀레니얼 세대와 Z세대 인턴들의 유입은 숨겨진 재능을 드러내는 통로이며, 우리 직원에게는 미래의 동료들에게 투자할 기회를 준다.

우리는 또한 리퀴드에서 연수(레지던트) 프로그램을 준비하고 있는데, 우리 교회가 언젠가 의대 부속병원 같은 역할을 하여, 유망한 리더들을 위해 실제적인 현장 훈련을 제공하고 경험 많은 베테랑 리더들에게 배우게 하는 것이 목적이다. 우리는 커뮤니티크리스천교회(Community Christian Church, 일리노이)와 12스톤교회(12stone Church, 조지아) 같은 선구적 사상가들로부터 배우고 있다. 그들은 최첨단 연수 프로그램을 운영하고 있으며 모든 단계에서 리더들을 재생산하는 실적을 갖고 있다. 우리는 언젠가 뉴저지의 21개 카운티에 적어도 1개씩 캠퍼스를 세워 우리 주를 흠뻑 적시려면 우리의 통로가 새로운 리더들을 번식시키고 있어야 한다는 것을 알고 있다. 우리는 언젠가 리퀴드 캠퍼스에 필요한 수보다 더 많은 리더를 재생산하여 그들을 다른 지역들로 파송하여 그곳을 변화시키기를 열망한다.

2010년에 우리의 이직률이 38퍼센트였을 때, 과연 직업적 전문가들과 대학생들이 우리 교회의 직원으로 오겠다고 외치는 그날이 올지 의문이었다. 하지만 하나님의 은혜로, 우리는 리더십 이탈의 소용돌이를 역전시켰다. 이제는 정상급 기량을 흡수하고, 훨씬 더 깊은 차원에서 우리 교인들을 성장시키며, 그리스도를 위해 우리의 도시들을 적시기 위해 겸손하고 자격을 갖춘 리더들의 강물을 점점 더 많이 흘려보내고 있다.

### 자원봉사자를 귀히 여기고 보살펴라

새로운 리더들을 모집하고 성장시키는 것과 그들을 건강하게 유지하여 오랫동안 사역하게 하는 것은 별개의 문제다. 장기적인 관계를 유지하려면 개인적인 보살핌이 필요하다. 특히 사람들이 소외되기 쉽다고 인식하는 큰 교회에서는 더욱더 그렇다.

다행히 우리 마운틴사이드 캠퍼스는 자원봉사자를 돌보는 놀라운 문화를 만듦으로써 처음으로 뒷문을 닫을 기회를 잡았다. 그들은 '자원봉사자 돌봄'이라는 새로운 드림팀을 만들어 우리 자원봉사자들을 금처럼 귀하게 대하는 그 한 가지에 초점을 두었는데, 그들은 실제로 그러하기 때문이다! 매 주일 이른 아침에 자원봉사자 돌봄팀은 다른 사람이 도착하기 전에 달걀과 감자, 베이컨을 굽기 시작한다. 자원봉사자들이 도착하면 거기 들러서 따뜻한 음식과 커피가 담긴 접시를 받아 간다. 음식은 사랑의 언어이며, 우리는 소시지, 달걀, 치즈를 넣은 부리또와 초코칩 팬케이크로 우리 자원봉사자들에게 사랑을 표현한다.

### 리더들을 놀라고 기쁘게 하라

우리가 방송 캠퍼스로 들어갈 때 우리 돌봄팀은 자원봉사자들에게 창의적인 방법으로 감사를 표현하기 위해 일명 '놀람과 기쁨'이라는 것을 시작했다.

- 우리는 교회에서 대활약 중인 리더의 배우자와 자녀들에게 진심어린 감사의 쪽지를 보냈다. 그들의 아내이자 엄마를 우리와 공유해주어서 감사하다는 내용이었다. 온 가족이 함께 즐길 수 있도록 근처 오락시설의 기프트 카드도 넣어주었다. 아이들의 엄마는 다른 사람들을 섬기기 위해 집에서 밤을 보내는 것을 포기했기 때문이다.
- 교회 행사를 준비하며 자기가 맡은 것 이상의 일을 한 자원봉사자를 위해 그녀의 직장으로 먹을 것을 보냈다. 직장 동료들이 초콜릿 묻힌 딸기를 맛있게 먹으면서 그 선물을 누가 보냈는지 묻자, 그녀는 자신이 그리스도를 믿으며 우리 교회에서 봉사하는 이야기를 해주었다.
- 팀 회의를 하기 전에, 가끔 드림팀원들에게 특정 자원봉사자에 대해

감사하는 것 한 가지를 적으라고 하고는 회의에서 그것을 큰소리로 읽어주어 그 사람을 깜짝 놀라게 한다. 자원봉사자들은 동료들에게 받는 칭찬과 지지의 말을 소중히 여긴다.

- 중앙 스태프를 여러 캠퍼스로 보내어 자원봉사자들에게 깜짝 아침식사를 전달한다. 따뜻한 와플, 베이컨, 오믈렛, 온갖 요리를 곁들인 식사다. 시니어 직원이 앞치마를 두르고 우리 드림팀원들의 시중을 든다.
- 빨간 풍선을 불고 그 위에 직원이 자원봉사자에게 개인적으로 감사의 글을 적는다. 그다음에 풍선의 바람을 빼고는, 직접 쓴 감사 편지, 스타벅스 기프트 카드와 함께 우편으로 집에 보낸다.
- 때로는 우리가 깜짝 놀라고 기쁘게 해주려는 리더가 사역 리더나 직원일 때도 있다. 최근에 우리 직원 한 명이 과도기에 캠퍼스를 이끄는 훌륭한 일을 해냈다. 그녀의 팀은 콜라를 좋아하는 그녀를 위해 12개들이 콜라를 사서 "최고의 목사", "기도의 전사 Zzzz"(그녀의 열정적인 기도는 때때로 굉장히 길다!)라고 쓴 맞춤 꼬리표를 붙였다.
- 1년 중에 우리는 오직 드림팀원들만을 위한 특별 VIP 행사를 열고 우리 자원봉사자들을 예우하기 위해 개인적인 초대장을 보낸다. 2018년 가을에는 뉴욕 양키스(New York Yankees)의 전설적인 투수 마리아노 리베라(Marianon Rivera)를 초대하여 우리 드림팀원들에게 전심으로 하나님을 섬기는 것에 대해 이야기해달라고 했다. 그 행사를 위해 야구 테마를 선택했고, 우리 직원들은 자원봉사자들에게 핫도그와 크래커를 대접했으며, 목회자들은 무대에서 자원봉사자들에게 세레나데를 불러주기까지 했다!

### 시간을 내어 감사하다고 말하라

빌립보 교인들에게 편지를 쓴 사도 바울은 "내가 너희를 생각할 때마다 나의 하나님께 감사하며"(빌 1:3)라는 말로 편지를 시작했다. 리퀴드교회에는 자신의 역할보다 더 많은 일을 해내는 리더들에게 개인적인 감사의 글을 손편지로 쓰는 문화가 있다. 그것도 매주. 그것은 캠퍼스 세례식이나 부활절 손님맞이 같은 스트레스 많은 행사를 조직한 자원봉사자를 격려하고 축하하는 것일 수 있다. 또는 무대 뒤에서 프로그램들을 진행하거나 티셔츠를 접는 사무실 자원봉사자들의 신실함을 단순히 인정해주는 것일 수도 있다.

주간 직원 설문조사에서 우리는 "당신의 팀에서 우리 목회자들이 개인적으로 감사를 표할 사람은 누구입니까? 자세히 열거해 주십시오"라고 묻고, 그다음에 캠퍼스 목사들과 시니어 직원들이 시간을 내어 매주 5개의 감사 편지를 직접 쓴다.

우리 드림팀원들에게 "당신이 주일날 예수님을 섬기기 위해 무엇을 했는지 들었습니다. 와! 그것이 얼마나 큰 변화를 일으켰는지 모릅니다!"라고 편지를 쓰는 것은 내가 매주 하는 일 중 가장 좋아하는 일의 하나가 되었다. 이메일, 이모티콘, 짧은 문자메시지가 넘쳐나는 세상에서 손편지는 깊은 배려와 개인적인 관심을 경험하게 해준다. 나는 몇몇 자원봉사자의 집에서 내 감사 편지가 명예훈장처럼 냉장고 문에 붙어 있는 것을 보았다. 리더들의 집으로 직접 쓴 감사 편지를 보낼 때, 그들의 배우자와 가족 또한 당신의 감사를 경험하는 보너스 혜택도 주어진다.

### 자원봉사자들을 영웅으로 대접하라

내 친구 웨인 프랜시스(Wayne Francis)는 뉴욕에 있는 진정한교회(Authentic Church)의 담임목사다. 그는 인스타그램 팔로워가 수천 명이지만 자신이 설교하는 사진들을 올리거나 자신의 피드를 사용하여 교회 행사를 홍보하지 않으며, 그 대신 자신의 플랫폼을 활용하여 교회 자원봉사팀들의 리더들을 '영웅화'한다.

매주 그는 진정한 자원봉사자의 사진을 올리고 이야기를 들려준다. 아마도 그것은 한때 마약을 하다가 그리스도를 발견하고 정신을 차려서 지금은 교회 주차팀에서 봉사하는 사람에 관한 이야기일 것이다. 웨인은 "말도 안 되게 창의적이고, 어린이들을 위해 봉사하며, 축구를 잘하는 요리 여왕"으로 묘사되는 어린이 사역팀 자원봉사자에게 공적으로 생일 축하 메시지를 보냈고, 다른 사람들도 그녀에게 생일 축하 메시지를 전하게 했다.

디지털 세상에서, 당신의 자원봉사자들에게 스포트라이트를 비출 방법은 매우 많다. 그러니 그들을 비추라. 그들이 참으로 당신 교회의 주역들이기 때문이다. 축하하고, 갈채를 보내고, 응원하라! 하이라이트 영상에, 주간 이메일에, 당신의 웹사이트에 그들의 모습을 드러내라. 특히 무대 뒤에서 이름 없이 섬기는 이들을 부각시켜라. 그들이 일으키고 있는 영원한 변화에 대해 공적으로 감사의 말을 전하라. 보상받는 일이 반복된다는 것을 명심하라.

### 번아웃을 사전에 방지하라

마지막으로, 정말로 당신의 리더들을 사랑한다면 그들의 장기적인 건강을 지키기 위해 사전 조치를 하라. 우리가 직원과 자원봉사자들을 번아웃에 빠뜨렸던 초창기로부터 아주 멀리 왔다는 사실을 하나님께 감사드린다. 시간이 지나면서, 우리는 리더들이 녹초가 되어 휴식이 필요하다는 역력한 신호를 직원들이 찾도록 훈련시켰다. 그것은 육체적 탈진, 감정적 탈진, 영적 무관심, 냉소적인 마음, 사라진 헌신, 과민함, 점점 커지는 고립감 같은 것이다.

교회 리더십은 심약한 사람들이 감당하기 어렵다. 그것은 매우 보람 있으면서도 극히 힘든 일이고, 리더가 지친 상태에서 무언가를 계속하는 것은 명백히 위험한 일이 될 수 있다. 따라서 우리는 일상적으로 장기적인 자원봉사자들을 위해 진입로와 진출로를 둘 다 제공하며, 그들이 죄책감 없이 사역에서 잠시 벗어나 쉬는 시간을 갖도록 격려한다. 또한 직원들에게 안식일을 지키는 본을 보이며, 자원봉사자들에게 인생의 여러 시기에 봉사를 중단하고 가만히 있는 것이 하나님을 높이는 일임을 가르친다. 이것은 많은 사람을 깜짝 놀라게 하며, 어떤 목사들은 자원봉사자들에게 잘못된 메시지를 전달할까 봐 두려울 수도 있다. 하지만 이것은 두려워하는 마음에서 나오는 것이지 진정한 사랑에서 나오는 것이 아니다.

리더들이 쉼을 갖도록 격려하는 것은 질병, 이혼, 가정불화, 또는 직장 스트레스 같은 위기를 맞은 자원봉사자들에게 도움이 된다. 그러한 때에 우리는 그들에게 다가가 특별한 방법으로 우리 사역자들을 보살피며 그들에게 예수님의 사랑을 아낌없이 부어줄 기회를 얻는다. 동시에 우리는 열정적인 리더들이 부활절이나 성탄절 같은 바쁜 시즌을 보낸 후 정기적으로 휴식 시간을 갖고 가족이나 친구들과 여유로운 시간을 보낼 것을 장려한다. 그들은 이런 사전 예방적 보살핌에 매우 고마워할 뿐만 아니라 종종 그들이 다시 충전되고 나면 보답하기를 원한다. (신입 교육 기간뿐만 아니라) 봉사의 말미에도 큰 사랑을 받았기 때문이다.

### 더 넓은 물줄기

당신의 현재 리더십 문화를 어떻게 묘사하겠는가? 정상적인 이직률 안에서 건강한 직원을 보유하고 있는가? 자원봉사자들이 꾸준히 흘러들어오고 있는가, 아니면 그저 소량의 물에 불과한가?

당신이 어떤 상태이든 이것을 잊지 말라. 사람들은 당신의 교회와 사역의 생명선이다. 그리고 예수님은 그 모든 각 사람을 위해 그분의 생명을 주셨다. 어떤 이유에서인지, 그분은 하나님의 큰 사랑과 구원의 계획 안에서 발이 지저분한 평범한 남녀들을 택하여 예수님의 메시지를 나누고 구세주의 사랑으로 우리의 목마른 세상을 적시려 하셨다.

우리가 새로운 리더들을 일으켜 하나님나라를 확장시킬 때 모든 사람이 승리한다. 즉 당신의 사람들이 승리하고, 당신의 교회가 승리하며, 세상이 점차 그리스도께 돌아간다. 당신의 사람들을 사랑하라. 그다음에 한 걸음 물러나 성령께서 그들을 통해 가장 눈부신 일을 행하시도록 맡겨라. 그것이 당신 교회의 비전을 인식하고 그리스도를 위해 당신의 도시를 적시도록 건강하고 능력 있는 리더들의 큰 강을 만들어내는 방법이다!

## Dive Deeper 더 깊이 들어가기

크리스 호지스(Chris Hodges)가 이끄는 하일랜즈교회(Church of the Highlands)는 그들이 창조한 문화에 관해 내게 멘토링해주고 영감을 주었다. 거기서는 새로 오는 사람들이 영감을 받아 자원봉사자가 된다.[3] 그들의 전략에는 'Growth Track'(성장 과정)이라는 4회의 수업이 포함되는데, 사람들을 교회에 소개하고, 필요가 아니라 은사에 따라 맞는 곳을 찾아주기 위한 것이다. 그들은 자신들의 자원봉사자들을 드림팀이라 부르며(여기서 영감을 받아 우리도 그 용어를 사용한다), 진정으로 팀을 이루어 사역한다. 그들은 또한 자원봉사자에서 평신도 리더로, 또 직원으로 이끌어줄 수 있는 경로를 가지고 있다. 다음은 당신의 생각에 영감을 줄 만한 몇 가지 아이디어들이다.

발목 깊이 당신의 발을 적시는 첫걸음으로, 당신의 교인 중 몇 퍼센트가 봉사나 인도하는 일에 관여하고 있는지 평가해보라. 전형적인 20:80의 비율에 더 가까운가, 아니면 80퍼센트의 참여율을 향해 나아갔는가? 당신 혼자서 답하지 말라. 인식의 차이를 피하기 위해, 주요 사역들(예를 들면 어린이 사역이나 전도 활동 같은)을 대표하는 핵심 리더들과 의견을 교환하여 그들이 어떤 비율을 제시하는지 들어보라. 하나님이 역사하시는 것을 볼 수 있는 기회들과 리더십의 공백을 확인하고, 마태복음 9장 35-38절에 대해 기도하며 이야기를 나누라.

무릎 깊이 아직 사용되지 않은 은사가 지금 당신 교회의 창고에 보관되어 있다. 이 장에서 관련 내용을 살펴보고 자원봉사 직원을 위한 과정을 개발하라. 거기에는 직무 기술서와 재능 있는 자원봉사자들을 의미 있게 후원하는 방법이 포함된다. 더 많은 아이디어가 필요하다면, 몇몇 자원봉사자에게 데이브 퍼거슨(Dave Ferguson)과 워렌 버드의 《Hero

Maker》(히어로 메이커)나 마이클 플레처(Michael Fletcher)의 《Empowering Leadership》(권한을 부여하는 리더십)을 읽고 보고서를 작성하게 하라.

허리 깊이 리퀴드교회의 꿈은 레지던트 교육을 포함한 훈련 과정을 구축하는 것이다. 매년 1명의 사역 레지던트를 재생산한다는 아이디어를 가지고 시작할 수 있을까? 연구 조사에 따르면 성공의 열쇠는 문서로 작성된 커리큘럼이 아니라 단순히 누군가에게 팀의 일원으로서 직접 최전방 사역에 가담할 기회를 주는 데 있다고 한다. 아이디어를 얻으려면, 워렌 버드의 'Leaders in Training: Internships and Residencies Help Churches Shape Future Leaders'(훈련 중인 리더들 : 인턴십과 레지던트 과정은 교회들이 미래의 리더들을 세우도록 도와준다)를 읽어보라(*leadnet.org/intern*에서 무료 다운로드).

## 파도를 일으키고 있는 다른 교회들

Other Churches Making Waves

커뮤니티크리스천교회 Community Christian Church, *communitychristian.org*는 11개의 지역 캠퍼스를 가지고 시카고랜드 지역을 적시고 있는 멀티사이트 교회다. 그들은 사역 성과표를 재정립하는 것을 진지하게 고려하고 있다. 물론 각각의 새 신자, 세례, 헌금은 여전히 중요하지만, 더 중요한 것은 다른 곳으로 보냄을 받아(자원봉사자나 직원으로) 사역하고 있는 교회의 아들, 딸들이다. 그리고 그들의 '새 일'(NewThing)이라는 교회 증식 네트워크를 통해, 교회 개척팀들을 후원하는 데 많은 자원을 쓰고 있다. 그중 다수는 그들의 교파에 속해 있지도 않고 세계 곳곳에 있다.

**12스톤교회** 12stone, *12stone.com*는 '레지던시'(Residency)라는 프로그램을 개발했는데 그것은 교회의 직원팀과 함께 일하는 실습 경험, 개인적인 멘토링, 새로운 리더들이 평생 영향력 있는 사역을 하도록 준비시키는 리더십 훈련을 제공하기 위해 고안된 2년간의 풀타임 리더십 훈련 프로그램이다. 레지던트들은 일주일에 약 30시간을 교회 내 사역팀 중 한 곳에서 일원으로 일하며 경험을 쌓고, 레지던트 기간이 끝나기 6개월 전부터 지역 교회에서 정규직 일자리를 찾기 시작한다. 12스톤은 성공적인 레지던시 프로그램을 시작하길 바라는 다른 교회들과 그들의 훈련 자료를 적은 비용으로 공유한다(*churchresidency.com/partnership*).

**하일랜즈교회** Church of the Highlands, *churchofthehighlands.com*는 교회 설립 첫해에 사역자 학교를 시작했다. 앞서 언급한 크리스 호지스 목사는 첫날부터 차세대 리더들을 세우는 비전을 갖고 있었다. 오늘날 그 결과로 훈련 학교는 정규 대학이 되었다(highlandscollege.com). 그곳은 그들의 캠퍼스에서 필요한 수보다 더 많은 리더를 배출하며, 따라서 교회 개척을 위한 연합 네트워크(*arcchurches.com*)에 인력을 공급하는 주요 조직이 되었다. 그 대학은 또한 졸업생들을 다른 지역 교회들에 배치하도록 돕기 위해 졸업생들과의 인터뷰를 주선한다.

**만나교회** Manna Church, *manna.church*는 노스캐롤라이나의 주요 군사기지 근처에 있다. 이는 그 교회가 항상 높은 이직률에 직면해 있다는 뜻이다. 평균 체류 기간이 2-3년에 불과하다는 사실이 골칫거리이자 좌절감을 주는 요인이 될 수도 있었지만, 마이클 플레처는 가능성을 기회로 삼기로 했다. 그는 군인들이 예수님을 알고 어디에 배치되든 그곳에서 교회 리더가 되도록 훈련시키는 것을 주목표로 삼았다. 그들의 큰 비전은 전 세계의 모든 미국 군사기지 근처에, 일명 '군사 도로'를 따라 만나교회를 세우는 것이다.

**더저니교회** The Journey, *yourjourney.tv*는 그들의 J-팀, 또는 '자원봉사 부대'를 통해 사역하고 있다. 이들은 자신의 은사, 열정, 기술을 사용하여 다른 사람들의 삶에 변화를 일으킨다. 각각의 J-팀 구역에는 여러 명의 자원봉사 리더가 있고, 직원들이 그 리더들을 이끈다. 봉사와 리더십 개발을 감독하는 전임 직원 애비 에커(Abby Ecker)는 여러 단계의 리더십에서 섬겨왔다. 그녀는 대학생 때 교회에 와서 예수님을 믿고 자원봉사를 하기 시작했다. 한 팀을 이끄는 것으로 시작해 여러 팀을 이끄는 직원이 되었다.

담임목사 마크 존스톤(Mark Johnston)은 사역에 대한 관점이 어떻게 바뀌었는지를 이렇게 요약해서 말한다. "저는 교회를 이끌어 왔습니다. 하지만 지금은 나의 팀을 이끌고 있고, 그들이 교회를 이끌어 갑니다. 그것은 엄청난 차이가 있으며, 저는 그것을 사랑합니다!"[4] 또한 이 교회는 하일랜즈대학과 협력하여 직접적인 사역 훈련, 인격 형성, 영적 성장으로 젊은 리더들을 준비시키기 위해 설계된, '잠재력'(Potential)이라는 9개월간의 집중적 리더십 실무 훈련을 제공한다.

Flowing With The Spirit

PART
3

# 성령과 함께 흘러가기

chapter **10**

# 강은 관통하여 흐른다

또 그가 수정같이 맑은 생명수의 강을 내게 보이니
하나님과 및 어린양의 보좌로부터 나와서 길 가운데로 흐르더라

요한계시록 22장 1,2절

얼마나 많은 세계의 대도시에서 그 도시를 관통하여 강이 흐르는지 아는가? 빅 벤(Big Ben)의 감시 아래 런던의 심장부를 흐르는 템즈강이 떠오른다. 로마에는 고대 티베르강이 있었고 나일강은 카이로를 관통한다. 유럽에서 두 번째로 긴 다뉴브강은 비엔나와 부다페스트를 비롯한 네 개의 수도를 흐른다. 중국 난징의 양쯔강, 캘커타의 후글리(갠지스)강, 퀘벡의 세인트로렌스강, 멜버른을 관통하는 야라강도 있다. 세계에서 가장 낭만적인 강으로 널리 알려진 유명한 센강도 파리의 중심부를 관통하여 흐르고 있다.

최근에 우리 가족은 우리 부부의 결혼기념일과 딸의 생일, 아들의 졸업을 기념하기 위해 프랑스의 수도를 방문했다. 다른 관광객들처럼, 우리는 센 강변에 있는 노트르담 대성당을 방문했다. 그 유명한 성당의 내부는 어둡고 빛이 흐릿했다. 가이드를 따라 고대의 제단에 가까이 간 우리는 어둠 속에서 괴물 석상들이 노려보고 있는 것을 느

낄 수 있었다. 하지만 곧 정오의 햇빛이 급히 그림자를 드리웠고 아름다운 장미 무늬 창을 환히 비추었다. 햇빛이 스테인드글라스를 통해 들어오니, 갑자기 눈부신 보라, 분홍, 빨강, 파랑의 만화경 같은 색채로 가득 찼다.

"1163년에 시작된 노트르담의 건축은 센강 없이는 불가능했습니다"라고 가이드가 알려주었다. 그는 고대의 강이 성당을 짓기 위한 건축 자재들과 인부들을 위한 식량, 물, 생필품 등을 수송하는 데 쓰였다고 했다. 역사가들은 철기 시대부터 그렇게 강을 사용해온 것으로 추정한다고 했다. 켈트족들이 오늘날의 유럽을 가로질러 주석을 운반했다는 것이다. 로마인들은 정착지를 요새화하고 강을 따라 교역을 증대했다. 마을과 도시들은 강둑을 따라 꽃처럼 피어났다. 마침내 상점, 학교, 식당, 여관, 번창하는 농산물 직판장들은 파리라는 도시를 세우는 데 기여했다.

강들이 종종 주요 도시들을 관통하는 이유가 있다. 강이 경동맥 같은 역할을 하는 것이다. 다만 중요한 혈류를 뇌로 보내는 대신, 강은 사람들과 그들 문화의 심장부에 상품과 교통수단, 양식, 물이 꾸준히 흘러가게 해준다.

노트르담 성당을 둘러본 후, 우리는 센 강변에 앉아 점심을 먹으려고 자갈로 된 계단을 내려갔다. 신발을 벗고 고대의 강물에 맨발을 담그고 성당을 올려다보았다. 파리에 생명을 주는 강과 웅장한 예배처소가 짝을 이루어, 에스겔서 47장 말씀을 새롭게 상기시켰다. 여기 우리는 세계적으로 유명한 교회 옆, 강물이 심장부를 관통하여 흐르는 세계적인 도시 한가운데 있다. 나는 성경책을 꺼내어 눈에 띄는 구약성경의 환상을 다시 읽었다.

유람선들이 미끄러지듯 지나갈 때, 나는 눈을 감고 상상해보았다. 현대의 교회 건물에서 센강만큼의 강물이 흘러나오는 것을, 흘러나온 물이 계단으로 내려가 도시의 거리에 범람하는 것을. 에스겔의 환상에서 강은 생명을 주는 하나님의 임재를 상징한다. 그것은 예수 그리스도를 믿음으로 얻을 수 있다.

### 요한계시록에 나오는 생명의 강

하지만 에스겔서에 나오는 도시를 적시는 강물은 단지 고대의 예언만이 아니다. 그것은 또한 미래에 가게 될 하늘나라의 집을 미리 맛보는 것이다. 요한계시록에 따르면, 그리스도인들은 언젠가 "새 예루살렘"(계 21:2)으로 알려진 아름답고 광활한 도시에서 함께 살 것이며, 그곳에서 하나님은 영원히 그분의 보좌에 앉으실 것이다.

그리고 무슨 일이 있었을까? 강이 그곳을 관통하여 흐른다. 사도 요한에 따르면, 맹렬한 생명의 강이 하늘나라 큰길의 중앙으로 흘러간다. 에스겔처럼 요한은 하나님께 강력한 계시를 받았고, 천사 같은 여행가이드가 천국의 집에 관한 미래의 환상을 그에게 보여주었다. 성경의 마지막 장은 요한의 강력한 묘사를 보여준다.

> 또 그가 수정같이 맑은 생명수의 강을 내게 보이니 하나님과 및 어린 양의 보좌로부터 나와서 길 가운데로 흐르더라 강 좌우에 생명나무가 있어 열두 가지 열매를 맺되 달마다 그 열매를 맺고 그 나무 잎사귀들은 만국을 치료하기 위하여 있더라 계 22:1,2

어디서 들어본 것 같지 않은가? 당연하다. 그것은 에스겔 예언의 성취이기 때문이다. 요한계시록 22장에 나오는 생명의 강은 에스겔서 47장에 나오는 것과 같은 강이다. 다만 이 땅에 있는 하나님의 일시적인 성전에서 흘러나오는 대신, 하늘의 강물이 하나님의 영원한 보좌에서 흘러나오는 것이다. 생각해보라. 하나님의 하늘나라 도시에 생명수의 강이 넘쳐흐른다. 하나님은 당신의 도시도 그렇게 되길 원하신다!

그리스도께서 다시 오실 때까지, 그곳의 일을 여기로 가지고 오는 것은 당신과 나에게 달린 일이다. 하나님께서 하늘나라의 도시를 생명수로 적시듯이 우리는 생명을 주는 예수님의 임재로 이 땅의 도시를 적셔야 한다.

에스겔과 요한 둘 다 거룩한 수로에서 흘러오는 세 가지 복을 언급한다.

### 무성한 나무

두 선지자는 강의 양쪽에서 자라는 무성한 나무들을 본다(겔 47:12; 계 22:2). 교회들이 성령의 흐름과 연결될 때 자연히 성장하며 열매를 맺는다.

### 영적 열매

그 나무들은 매달 열매를 맺는다. 에스겔의 환상 속에서, 천사는 그에게 "달마다 새 열매를 맺으리니 그 물이 성소를 통하여 나옴이라"(겔 47:12)라고 말한다. 요한은 생명 나무가 열두 가지 열매를 맺으며 “달마다 그 열매를 맺는다”라고 말한다(계 22:2). 성령으로 가득한 교회들은 반드시 영적 열매를 맺는다. 즉 구원, 중독의 치유, 회복된 결혼생활, 치유된 삶, 섬기는 성도들이 계속해서 나타난다. 영적 열매가 더 적게 눈에 띄는 메마른 때에도, 하나님은 그분의 백성들 안에 성령의 열매를 맺기 위해 일하고 계신다(갈 5:22,23).

### 치유하는 잎사귀들

요한은 “그 나무 잎사귀들은 만국을 치료하기 위하여 있더라”(계 22:2)라고 말한다. 이는 물이 성소에서 흘러나와 치유하는 잎사귀를 가진 나무들을 자라게 한다는 에스겔서 47장 12절 말씀을 상기시킨다. 병든 자를 치료하고 상한 자를 고치며 죽은 자를 살리시는 그리스도의 치유 능력을 나타내는 아름다운 그림이다.

친구들이여, 이것은 우리의 망가진 세상을 위한 하나님의 꿈이다. 즉 우리의 열방을 치유하는 것이다! 하지만 그 일은 당신의 도시에서 시작된다.

하나님의 강이 흐르는 곳마다 능력과 치유가 따라온다. 그것이 이와 같은 영적 축복들을 가지고 온다면 생명수의 강이 도시를 관통하는 것을 원치 않을 사람이 누가 있겠는가? 우리 구세주께서 다시 오실 길을 준비하기 위해, 하나님은 당신의 교회를 불러 예수님의 사랑과 능력으로 이 땅의 도시를 적시라고 하셨다. 하늘나라에서 하나님의 도시가 흠뻑 젖은 것처럼!

당신의 사명은 영적 열매를 맺는 것이며, 그 열매는 영원히 지속되고 주변의 상처받은 사람들에게 하나님의 치유를 가져다줄 것이다. 당신이 그것을 인식하든 못 하든, 예수님의 치유의 손길이 절실히 필요한, 영적으로 목마른 사람들이 당신을 둘러싸고 있다.

### 어떤 물줄기가 당신을 부르고 있는가?

이 책에서 나는 하나님께서 새로운 세대에 다가가고 공동체들을 변화시키고 그리스도를 위해 우리의 지역을 흠뻑 적시기 위해 복 주시고 사용하시는 6가지 사역의 물줄기들을 소개했다. 이 6개의 흐름 중 어떤 것에 마음이 끌리는가?

하나님의 성령이 특수장애를 가진 사람들을 섬기는 일에 관해 당신에게 속삭이고 계시는가? 어쩌면 주님은 당신의 미래에 있을 사역 합병을 위해 기초 작업을 하고 계시는지도 모른다. 또는 전 세계 빈곤층에게 깨끗한 물을 공급해주는 일을 생각할 때 당신의 마음이 움직이는 것을 느꼈을 수도 있다.

그 속삭임을 따라가라. 만일 예수님이 물속으로 들어가라고 명하신다면 지체하지 말고, 당신의 발을 적시고 순종하라.

최근에 목사 친구들과 몬태나주의 리틀빅혼강(Little Bighorn River)에서 제물낚시(flyfishing, 인조 미끼를 수면 위나 물속에 교묘하게 놓는 낚시 방법)를 하며 한 주를 보냈다. 오로지 하나님과 단둘이 시간을 보내고, 서로 친해지고, 단순히 하나님의 영광스러운 창조 세계를 즐기는 것에 목적을 둔 영적 리트릿이었다. 〈흐르는 강물처럼〉(A River Runs Through It)이라는 영화가 이곳 몬태나주에서 촬영됐는데, 우리 모임의 전형적 도시인 목사들 다수는 브래드 피트(Brad

Pit)처럼 커다란 무지개송어를 낚는 꿈을 꾸었다.

아침마다 우리는 허벅지까지 오는 긴 장화를 신고, 인조 미끼를 달고, 블랙커피를 마시고, 추운 강을 따라 내려가며 거대한 송어를 낚기 위해 최선을 다했다. 밤이면 소박한 숙소로 돌아와 일몰을 보고 화로 주변에 모여 이야기를 나누었다. 놓쳐버린 큰 물고기(굉장히 많았다!) 이야기를 하며 웃고 나면, 대화는 종종 사역의 기쁨과 고통으로 향했다.

노스캐롤라이나에서 온 80년대생 목사는 어떻게 20대 초반에 아버지의 담임목사 지위를 인계받았는지 이야기했다. 그의 아버지는 20년 전에 그 교회를 설립했으나 안타깝게도 갑작스러운 심장마비로 세상을 떠났다. 결국 막내아들인 그가 나섰으나, 그 변화는 매우 충격적이어서 나이 많은 성도 2천 명 이상이 교회를 떠났다. 우리는 가만히 불을 응시했고 그는 조용히 말했다.

"많은 사람이 빠져나가면서 정말 힘든 시간을 보냈어요. 하지만 이제는 그 안에 하나님의 손길이 보입니다."

3년 동안 사역은 어려움을 겪으며 축소되었으나, 새로운 밀레니얼 세대가 내 친구의 협력 리더십 스타일에 이끌려 교회로 흘러 들어오기 시작했다. 그는 싱긋 웃으며 말했다.

"우리 교인들의 평균 연령이 아마 20년은 내려갔을 거예요. 우리 팀은 지금 젊은 청년과 대학생들로 가득한데, 이것은 우리 도시의 인구 통계를 보여줍니다."

고통스러운 가지치기 시즌은 지나고, 이제 교회는 새로운 성장기를 맞고 지역사회를 섬길 준비가 되었다.

대화는 성령님이 우리 각 사람에게 어떻게 말씀하고 계시는지로 흘러갔다. 캐나다에서 온 목사는 나를 쳐다보며 말했다.

"팀, 나는 너무 흥분되어 심장이 터질 것 같아요! 우리 교회가 특수장애 사역으로 부르심을 받고 있다는 걸 알겠어요. 나는 어릴 때 ADHD를 앓았고 교회에 적응하느라 정말 힘들었어요. 항상 문제를 일으키는 사람이었죠."

그 주에 우리는 숙소에서 콩주머니 게임을 하며 친해졌다. 잔디밭에 주머니를 던지면서 나는 무심코 리퀴드의 특수장애 가족들을 위한 사역을 이야기했다. 그는 우리의 지역사회 봉사활동인 '빛나는 밤'에 대해 들으며 살아나는 것 같았고, 나중에 제물낚시를 하면서는 주일에 시행하는 짝꿍 제도와 자원봉사자들의 훈련 방법 등에 대해 온갖 질문을 했었다.

내가 "당신에게 ADHD가 있다고요? 특수장애에 대한 당신의 관심은 극히 개인적인 것 같네요"라고 하자 그는 "아뇨, 단지 그 때문만은 아닙니다. 이번 주에 우리가 이야기를 나누면서, 내 심장이 타오르는 걸 느꼈어요. 우리 교회의 개척은 도시의 한 학교에서 시작되었어요. 지난 2년 동안 어떻게 하면 우리 이웃들에게 다가가 실제적으로 그들의 필요를 채워줄 수 있을까 고민해 왔어요"라고 설명했다. 그가 이야기할 때 누군가가 새 장작을 불 속에 던져 넣자 불꽃이 확 타올랐다.

"아까 강에서 낚시하는 동안 깨달은 사실이 있어요."

그는 말을 멈추고 의자에서 몸을 앞으로 구부렸다.

"우리 교회는 마침 캘거리에서 가장 좋은 특수장애 학교에서 모이고 있어요!"

성령께서 한 리더의 영혼 속에 있는 점들을 연결하실 때 나는 참 기쁘다. 그는 흥분해서 자기 교회가 주말에 특별 프로그램을 제공함으로써 자연스럽게 그 학교에 다니는 가족들의 필요를 채워줄 수 있을 거라고 이야기하기 시작했다.

"우리 교회가 자연스럽게 지역사회를 위한 다리를 놓을 수 있다는 아이디어가 너무 좋습니다. 할 일이 엄청 많겠지만, 제 마음을 우리 팀원들과 함께 나눌 거예요. 그들도 그 비전을 붙잡을 겁니다."

우리는 함께 기도하고 포옹했다. 그리고 나는 앞으로 몇 달 동안 그들이 특수장애 사역에 발을 담글 때 그의 팀에 필요한 자원이라면 뭐든지 공유하기로 약속했다.

## 열린 초대

하나님은 나의 캐나다인 친구에게 그의 도시에서 특수장애를 가진 가족들을 섬기는 일에 관해 말씀하셨다. 성령께서 당신에게 무엇을 말씀하고 계시는가? 주위를 둘러보라. 다음 장에서 우리는 세 가지 흥미로운 질문을 던질 것이다. 성령께서 이미 축복하고 계신 것이 무엇인가? 어떠한 필요들이 간과되고 있는가? 하나님은 당신의 길을 어디로 인도하고 계시는가?

그 질문들에 대한 당신의 대답은 성령이 다음에 어디로 인도하고 계시는지에 대한 단서를 줄 수도 있고, 또는 단순히 하나님이 당신의 영혼 안에 일으키신 불타는 확신을 확인해줄 수도 있다. 성령님이 의외로 번창하는 사역에 더 많은 에너지와 자원들을 쏟아붓도록 당신을 쿡쿡 찌르셨을지도 모르고, 이제는 위험을 무릅쓰고 과감히 뛰어들어야 할 때인지도 모른다.

그러나 하나님이 당신에게 어떻게 말씀하시든, 확신을 품고 나아가라. 하나님은 이미 당신의 도시 안에서 일하고 계시고, 이것은 당신이 하늘의 일을 땅에서도 이루는 예수님의 사명에 동참할 기회, 즉 땅과 하늘을 접촉시키고 그리스도를 위해 당신의 도시를 적실 기회임을 명심하라.

우리는 생명수를 간절히 원하는 세상에 살고 있으며, 당신의 이웃 사람들은 영적 갈증으로 죽어가고 있다. 하지만 예수님의 너그러운 초대에 응하기에 아직 늦지 않았다.

목마른 자도 올 것이요 또 원하는 자는 값없이 생명수를 받으라 **계 22:17**

만일 성령께서 당신에게 말씀하고 계시고 당신이 다음 걸음을 내디딜 준비가 되어있다면 계속 읽어가라. 다음 장에서는 '어떻게 당신의 도시를 적실 것인가?'라는 실제적인 질문에 답하겠다.

## Dive Deeper 더 깊이 들어가기

에스겔서와 요한계시록 둘 다 하나님의 임재에서 쏟아져 나와 대도시의 거리로 흘러가는 거센 강물에 대한 생생한 환상을 이야기한다. 그것은 예수님의 사랑이 한 도시를 완전히 지배하여, 모든 사람과 문화의 모든 면이 하나님으로부터 직접 생명을 얻는 것을 묘사하는 말씀이다. 이 말씀들은 나의 비전을 넓혀주었다. 당신의 비전은 어떻게 넓혀줄 것인가?

**발목 깊이** 요한계시록 22장 1-5절을 읽고 에스겔서 47장 1-12절과 비교해보라. 강이 무엇을 상징한다고 생각하는가? 오늘날 당신은 하나님의 강 속에 얼마나 깊이 들어와 있는가? 발목, 무릎, 허리 깊이? 또는 더 깊이 들어왔는가? 하나님은 다음 시즌으로 넘어가기 위해 당신을 어느 깊이로 부르고 계시는가? 당신 자신의 말로 답해보라.

**무릎 깊이** 생명수의 강은 열매 맺는 나무들을 내고, "그 나뭇잎은 민족들을 치료하는 데"(계 22:2, 새번역) 쓰인다. 몇 명의 리더와 함께 정직하게 평가하라. 당신의 교회는 현재 얼마나 열매를 맺고 있는가? 교회 사역이 당신의 도시나 마을에서 치유의 원천이 되고 있는가? 당신의 지역사회에서 조정이나 치유가 필요한, 황폐한 곳들은 어디인가? 함께 기도하며, 당신의 지역사회 안에서 사람들을 치유하는 일을 돕기 위해 당신의 교회가 어떤 역할을 해야 하는지 하나님께 여쭤보라.

당신의 교회는 예상외로 효과적인 일을 하고 있는가? 성장하고 있거나 필수적인 요구를 채워주는 풀뿌리 사역이 있는가? 때때로 사역에서 다음 성장곡선이 급등하는 것은 전략적 계획의 일부가 아니라 단지 하나님의 손이 축복하신 것이다. 성령께서 당신 가운데 이미 하고 계신 일을 확인하

라. 당신의 리더십팀이 시간, 재능, 돈의 더 큰 헌신을 통해 더 깊이 뛰어들기를 원하시는지 하나님께 여쭤보라.

**허리 깊이** 당신이 직접 가지 않은 곳으로 다른 사람들을 인도할 수는 없다. 교회가 비전을 확장할 수 있으려면, 그 전에 리더들이 기꺼이 그곳에 가고 심지어 여행을 시작해야 한다. 당신이 섬기는 교회를 통해 하나님께서 하기 원하시는 일을 꿈꿀 때 당신 안에 가장 먼저 자라야 하는 것은 무엇인가? 1단계부터(발목 깊이보다도 얕은) 10단계까지(머리 위) 중에서 당신은 어디에 있는가? 하나님께서 당신과 당신의 교회를 사용하셔서 지역 사회와 도시에 복음이 넘치게 하실 수 있다는 확신이 얼마나 강한가? 당신의 다음 걸음은 무엇인가?

chapter 11

# 어떻게 당신의 도시를 적실 것인가?

하나님의 말씀이 점점 왕성하여 예루살렘에 있는
제자의 수가 더 심히 많아지고… 이 도에 복종하니라

사도행전 6장 7절

내가 그리스도의 생수로 당신의 도시를 적시기 위한 전략에 관해 말할 때 그것은 무엇을 의미하는가?

우선, 당신은 그 일을 하기 위해 꼭 주요 도시에 살지 않아도 된다. 사람들이 도시라는 용어를 들으면 대개는 즉시 고층 건물과 차량과 보행자로 꽉 막힌 거리로 이루어진 도시의 정글을 상상한다. 하지만 나는 단지 뉴욕이나 시카고 같은 현대의 인구 밀집 지역에 관해서만 이야기하는 것이 아니다. 그보다는 성경 시대로 돌아가 도시 생활에 관한 우리의 개념을 넓혀보자.

뉴욕 리디머장로교회의 담임목사이자 작가인 팀 켈러는 "구약성경에서 '도시'로 번역된 주요 히브리어 단어는 요새나 벽에 둘러싸인 거주지를 나타낸다. 대부분의 고대 도시들은 인구가 약 1,000-3,000명 밖에 안 되었다. 따라서 '도시'는 인구의 크기가 아니라 밀도를 의미했다"[1]라고 말한다.

그러므로 내가 당신의 도시나 나의 도시를 적신다고 말할 때는 어디든 사람들이 모여 있는 곳을 가리키는 것이다. 당신은 작은 도시나 마을, 조용한 교외나 제멋대로 뻗어나가는 대도시에 살고 있을 것이다. 당신이 대도시에 살더라도, 자신이 고향이라 부르는 특정 지역이나 더 작은 지역사회에 동질감을 가질 것이다. 그것이 당신의 도시다. 당신의 도시(당신의 영향권)는 당신의 교인들이 살고, 일하고, 놀고, 학교에 가고, 예술 작품을 만들고, 식당에서 먹고, 가정을 꾸리는 곳이다.

당신의 도시는 영적으로 목마른 사람들로 가득할 것이다. 그들은 당신의 사무실, 교실, 커피숍, 체육관 등 당신 주변 어디에나 있다. 어떤 이들은 바로 옆집에 산다. 콜린과 내가 그랜드캐니언으로 가는 길에 탈수 상태로 기운 없이 앉아 있었던 것처럼(3장 앞부분에 나오는 이야기), 그들은 가장 깊은 차원에서 영혼의 갈증을 채워줄 생명수를 갈망하고 있다. 예수님이 사마리아 여인과의 대화에서 본을 보이셨듯이(요 4장), 우리의 일은 지역사회에 있는 목마른 사람들을 위해 영적인 다리를 건설하는 것이다. 그들은 교회는 떠났을지 모르나 하나님은 떠나지 않았다.

에스겔의 환상에서 강물은 성전에서 나와 동쪽으로 흘러갔다. 그 방향은 중요한 의미가 있다. 히브리인들의 사고에서 동쪽은 악(惡)으로 간주되었다. 즉 원수들이 사는 곳이었다. 동쪽은 하나님을 믿지 않는 죄인과 이교도들, 즉 영적으로 길 잃은 자들의 고향이었다. 그러나 이것은 하나님의 성령이 흘러가는 방향이다. 교회에서 나와서 잃어버린 자들과 목마른 자들이 가득한 도시를 향해 흐르는 것이다.

### 종교에서 관계로

우리는 타와나(Tawana) 같은 목마른 사람들에 대해 이야기하고 있다. 타와나가 처음 리퀴드를 방문했을 때 그녀는 예수님에 관해 전혀 모르는 것은 아니었다. 교회에서 자란 그녀는 하나님에 관해 알 만한 것은 다 안다고 생각했고, 엄마가 골수 그리스도인이어서, 어릴 때 그녀는 자신이 자동적으로 그리스도인이 됐다고 생각했다. 타와나는 문화적 그리스도인으로 묘사되는 많은 사람을 대표한다. 그녀는 비록 예수 그리스도와 인격적인, 구원의 관계를 맺고 있지 않았지만, 가족의 신앙적 배경 때문에 자신은 자동적으로 그리스도인이 되었다고 생각했다. 친구나 가족 할인 제도처럼 말이다. 그러나 타와나는 뭔가가 빠져 있다는 것을 본능적으로 알았다.

"저는 교회에 출석하고 있었지만, 그게 다였어요. 출석만 한 거죠. 성경을 읽었으나, 참으로 성경이 나를 읽게 한 적은 없었어요. 그건 단지… 종교에 불과했어요. 그러던 어느 날, 제가 교회에 잘 다니는 사람이 되는 법에 대해서는 많이 알지만 예수님에 관해서는 많이 알지 못한다는 사실을 깨달았어요! 저는 메말라 있었고 그분을 알고 싶은 갈증을 느꼈어요!"

우리 지역에는 타와나처럼 기독교 배경에서 자란 사람들이 많지만 그것이 그들의 일상생활에 뚜렷한 차이를 만들어내지 않는다. 내 친구 중 많은 수가 명목상의 가톨릭 신자로 자랐거나, 가끔 감리교나 성공회 교회에 출석하거나, 다른 주류 교파에 속해 있다. 그들은 예수님에 대해 들었고 기본적인 복음 이야기를 알고 있지만, 개인적으로 주님을 친밀하게 만나지 못했다. 우리는 종종 리퀴드에 CEO가 가득하다고 농담한다. 즉 일 년에 두 번, 성탄절과 부활절에만(Christmas and Easter Only) 교회에 출석하는 사람들을 말한다.

타와나가 리퀴드교회에 왔을 때 그녀는 즉시 다른 점을 느꼈다. 그녀는 "그곳은 새로운 시작이었어요. 저는 각국의 사람들이 예배를 드리며 예수님을 찬양하는 것을 보았어요"라고 말한다. 하나님의 사랑이 그녀의 마음을 관통했다. 타와나는 그리스도께 자신의 개인적인 주와 구세주가 되어달라고 간구했고, 주님을 섬기기 위해 자신의 삶을 드렸다. 죽은 종교에서 생명을 주는 관계로 이동한 것이다. 그녀의 목마른 영혼에 하나님의 사랑이 넘치자 그녀는 변화되었다.

"저는 소그룹에 들어갔고, 제가 그 놀라운 사람들로부터 받는 격려는 정말 어디에도 비길 데가 없어요. 오늘날 그리스도를 따르는 자로서 제 삶은 목적, 기쁨, 그리고 이해할 수 없는 평안으로 가득합니다. 저는 저를 향한 그리스도의 사랑을 확신하고, 그분이 오기로 하실 때 그분과 함께 집으로 갈 것을 확신해요."

2018년 가을에 타와나는 세례를 받았고, 지금 그녀는 캠퍼스의 드림팀에서 자원봉사 리더로 예수님을 섬기고 있다.

### 문화의 변화는 또 다른 기회를 만든다

타와나의 이야기는 문화적 변화를 보여주며, 어릴 때부터 기독교 신앙에 대한 지식을 배웠으나 그리스도와 인격적인 관계는 없는 사람들에게 다시 다가갈 큰 기회를 보여준다. 인기 작가이자 휘튼대학 빌리그레이엄센터 의장인 에드 스테처(Ed Stetzer)는 그의 책 《Christians in the Age of Outrage》(격노의 시대에 사는 그리스도인들)에서 이 트렌드를 묘사한다.[2] 그는 미국을 네 그룹으로 나눈다.

### 1. 확신 있는 그리스도인

미국인의 약 25퍼센트는 자신의 믿음을 진지하게 받아들이는 확신 있는 그리스도인으로 묘사될 것이다. 그들은 적극적으로 성경을 읽고, 그리스도에 대한 개인적인 믿음을 중심으로 자기 삶을 계획하고 만들어가며, 자신이 하는 모든 일에 성경의 가치들을 포함시키려 한다. 그들은 자신과 예수님의 관계를 친밀하고, 활기차고, 삶을 변화시키는 것으로 묘사할 것이다. 당신과 내가 여기에 속하길 바란다.

### 2. 문화적 그리스도인

미국인의 다른 25퍼센트는 설문조사 종교란에서 '기독교' 항목에 체크하는데, 주로 그들이 다른 종교인(유대교인이나 무슬림)이 아니라는 이유에서다. 타와나의 경우처럼 기독교는 그들의 가족 배경의 일부이며, 따라서 그들은 틀림없이 그리스도인이라고 생각한다. 하지만 사실 그들은 이름만 그리스도인일 뿐으로, 그것이 그들의 일상생활에 전혀 영향을 끼치지 않는다.

### 3. 회중 그리스도인

미국인의 또 다른 25퍼센트는 그들이 주류 개신교(연합감리교회, 영국성공회교회, 장로교회 등)와 연관되어 있다는 이유로 자신을 그리스도인으로 규정한다. 교회에 적극 참여하지 않거나 특별한 날에만 참석하더라도, 그들의 가족 유산은 어떤 회중에 묶여 있다. 그들은 자신과 하나님의 관계를 인격적이거나 생기 있는 관계로 묘사하지 않겠지만, 어떤 기독교 교파와 느슨하게 연결되어 있다.

4. 비그리스도인

마지막 네 번째 미국인들은 완전한 비그리스도인이다. 그들은 유대교, 힌두교, 이슬람교 등 다른 종교에 속해 있거나 무신론자거나 설문조사에서 '아무것도 해당되지 않음'이라는 선택지로 자신들을 묘사한다.

에드(Ed)의 말에 따르면, 큰 변화는 처음 세 그룹이 그들의 영적 신앙에 대해 일반적인 합의를 했다는 점이다. 문화적 그리스도인과 회중 그리스도인은 역사적으로 확신 있는 그리스도인의 편을 들고 한 팀을 이루었다. 그래서 인구 통계학자들이 종종 미국인의 약 75퍼센트가 그리스도인이라고 보고하는 것이다.

하지만 미국은 급속히 세속화되고 있다. 그 결과, 문화적 그리스도인과 회중 그리스도인이 떨어져 나가며 좀 더 세속적인 관점으로 이동하고 있다. 많은 사람이 미국 교회가 죽어가고 있다고 느끼는 이유가 그 때문이다. 이런 문화적 그리스도인과 회중 그리스도인이 점점 더 세상적인 세계관으로 기울고 있다. 나는 그들이 이렇게 말하는 것을 종종 듣는다.

"저는 그리스도인입니다. 하지만 저의 신앙을 누구에게도 강요하지 않습니다. 저는 하나님께로 가는 길이 많이 있다고 생각합니다. 저는 영적이지만 종교적이진 않습니다."

그들이 점점 더 세속적 관점에 공감하는 것은 곧 구조상의 문화적 변화를 나타낸다. 확신 있는 그리스도인들은 지금 미국에서 주류 문화 밖에 홀로 서 있다. 이것은 미국인의 25퍼센트만이 영적으로 뿌리가 깊고, 성령 충만한, 예수님에 대한 인격적인 믿음을 소유하고 있다는 뜻이다.

### 전도 대상이 두 배가 되었다

이 변화는 슬픈 소식이다. 즉 우리 인구의 절반이 지금 교회와 전통적인 기독교 신앙을 떠나고 있다는 것이다. 하지만 한편으로, 그것은 좋은 소식이다. 당신의 대상층이 2배가 되었다! 미국인의 50퍼센트는 그들이 알고 있듯이 교회를 떠나고 있지만, 아직 하나님을 떠나지 않았다는 신호를 보내고 있다.

누구나 이런 문화적 그리스도인과 회중 그리스도인이 될 가능성이 점점 더 커지고 있다. 그들은 교회에 대한 기억은 갖고 있지만(그들은 그것을 사양했다), 개인적으로 새롭게 예수님을 경험할 때가 되었다. 우리는 그들에게 그리스도를 다시 보여줄 준비가 되어 있는가? '보여주고 말하기'의 사역 접근법을 사용하여 복음을 새롭게 듣게 할 준비가 되어 있는가?

이 거대한 변화는 신속히 세속화되고 있는 우리 문화를 그리스도를 위해 사용할 커다란 기회의 문을 열어준다. 리퀴드교회는 이 재조정을 우리의 대상을 규정하는 열쇠로 본다. 즉 교회를 떠났으나 하나님은 떠나지 않은, 영적으로 목마른 자들이 우리의 목표 대상이다. 멀어지고 있는 문화적 그리스도인과 회중 그리스도인이 바로 그런 대상이다. 신앙에 냉소적이고, 무관심하고, 또는 명목상 신앙의 충성심만 있는 사람들을 만날 때 그들을 훨씬 더 쉽게 알아볼 수 있다. 또한 종종 복음을 말로 전하기 전에 강렬하게 보여줄 때 그들은 건조한 신앙보다 생생한 관계를 강조하는 기독교 신앙의 표현을 좀 더 잘 받아들인다.

그들에게 어떻게 예수님을 다시 보여주고 참된 복음을 새롭게 듣게 할 것인가. 이것은 우리의 도전이자 어쩌면 당신의 도전이기도 하다. 지금 우리 문화를 관통하고 있는 이 중요한 흐름을 활용한다면 당신의 도시에 새로운 활력을 부여하며 흠뻑 적실 수 있다.

마을과 도시, 주를 적시기 위해 필요한 것으로 3장에서 말콤 글래드웰의 티핑 포인트 아이디어를 말했다. 도시의 복음화와 관련해 말하면, 예수님의 메시지가 바이러스처럼 퍼져서 지역사회를 매우 광범위하게 감염시켜 그 영향력이 부인할 수 없을 만큼 명백해질 때 티핑 포인트에 도달하는 것이다.

팀 켈러는 "복음 운동이 진행 중일 때 그리스도의 몸이 성장하여 온 도시가 티핑 포인트에 도달하는 지점에 이를지도 모른다. 그 말은 한 도시 안에서 복음의 영향을 받은 그리스도인의 수가 임계질량에 도달하는 순간을 의미한다. 그리스도인들이 그 도시의 시민 생활과 사회생활, 즉 문화 자체에 미치는 영향력이 눈에 보이고 인정을 받는다. 그 영향력은 도시 인구의 10-20퍼센트 사이에서 일어난다"라고 말했다.

만일 지역 주민의 20퍼센트가 예수님을 진실하게 따르는 그리스도의 제자가 된다면 어떻겠는가? 당신이 상상할 수 있는 이미지로 좁히는 것이 도움이 될 것이다. 당신의 이웃, 또는 당신이 사는 아파트 주민의 20퍼센트가 예수님에 대해 생생하고 개인적인 믿음을 나눈다면 어떨까? 그것은 그 지역사회와 학교들, 기업, 더 넓은 도시를 어떻게 변화시킬까?

## 더 큰 문화의 세 가지 중요한 추세

리퀴드교회는 복음에 관심을 일으키는 데 도움이 될 수 있을 때마다 전반적인 문화에서 일어나는 일들을 활용하려 한다. 나는 세 가지 추세를 강조하고 싶다. 그것은 이 책에 묘사된 여섯 가지 흐름이 우리의 명목상 이웃들에게 예수님을 나타내는 데 강한 영향을 미치는 이유를 설명하는 데 도움이 된다.

### 1. 회의론 극복을 위해 긍휼 어린 행동이 필요하다

교회가 지역사회의 호의를 얻는다는 홈경기의 이점을 누리던 시절은 지났다. 예수님을 따르게 된 2천 명 이상의 포스트모던 시대 사람들을 조사한 두 저자는 그것을 이렇게 요약한다.

"다른 시대에 하나님, 종교, 그리고 교회는 문화의 존중을 받았다. 오늘날은 그렇지 않다. 종교는 의심쩍고, 교회는 이상하며, 기독교인들은 위선자다. 불신이 일반적인 것이 되었다."[3]

한 저명한 종교 연구자는 지난 몇십 년 동안 "종교 지도자들에 대한 대중의 신뢰가 가파르게 하락하였다"라고 결론 내렸다.[4]

그래서 우리는 교회에 회의적인 문화, 즉 교회가 자기중심적이고 주로 자신들의 필요를 채우기 위해 존재한다고 생각하는 문화를 향해 말한다. 교회가 자기중심적이지 않다(장애를 가진 사람들을 보살피고, 깨끗한 우물을 판다)는 것을 사람들이 알게 될 때 그것은 교회에 대한 그들의 부정적인 생각에 도전한다. 그들은 주목하고, 교회를 떠났으나 하나님을 떠나지는 않은 사람들은 다시 교회로 돌아오는 일에 좀 더 마음을 열게 된다.

데스벨리(Death Valley, 미국 캘리포니아주 남동부의 구조곡)의 갈라진 바닥을 상상해보라. 그 땅은 메마르고 단단하며 항상 바싹 말라 있어 물이 표면을 뚫고 들어가려면 오랫동안 비가 내려야 한다. 긍휼을 품은 행동은 그 딱딱한 토양을 부순다.

옛날에는 교회들이 단지 복음 전도나 이웃에게 간증하고 말씀을 전하는 것만으로 그들의 지역사회를 적실 수 있었다. 몇몇 지역에서는 여전히 효과가 있을지 모르나, 북동부나 태평양 연안 북서부 같은 지역에서는 모르는 사람에게 "저기, 혹시 교회에 다니시나요?"라는 질문으로 대화를 시작한다면 사람들은 의심스러운 눈으로 담을 쌓거나 당신을 위험한 광신도로 치부할 가능성이 크다.

대신 우리는 입증함으로써 이끄는 법을 배웠다. 우리는 긍휼에 의한 섬김이 우리 탈(脫)기독교 문화에서 냉소주의에 가장 좋은 치료법이라는 사실을 발견했다. 비그리스도인이 아무 조건 없는 나눔과 온정을 볼 때 그것이 그들의 회의론을 약화시키고 그들의 마음을 열어 교회를 실행 가능한 사랑과 수용의 원천으로 여기게 한다. 우리는 보여주고, 그후에 말한다.

### 2. 가정들이 지원을 원하고 있다

오늘날 미국인들은 어디서 삶의 의미를 찾는가? 무엇이 삶을 가장 의미 있게 만드는가? 주요 조사에서, 69퍼센트는 가족이 자신에게 의미를 느끼게 해준다고 말했고, 반면에 영성과 신앙이 그렇게 해준다고 말한 사람은 20퍼센트에 불과했다.[5]

우리는 가족에 대한 깊은 갈망을 기반으로 삼을 수 있다. 하나님은 가정을 만드셨고, 교회는 세계에서 가장 큰 부모교육 센터이자 건강한 가족 관계를 형성하기 위한 최고의 지원 네트워크가 될 수 있다. 한 아이를 키우는 데 한 마을이 필요하다고들 한다. 우리는 부모들이 우리 교회를 부모를 돕는 파트너로 여겼으면 한다. 그래서 그들의 결혼생활이 실패하거나 부모 노릇을 힘겨워할 때 그들을 거부하는(그들 부모가 다니던 교회처럼) 것이 아니라, 그들이 자녀를 잘 키울 수 있도록 교회가 도와줄 수 있다는 것을 알았으면 좋겠다.

최근 어느 주말에, 우리는 40명 넘는 부모와 자녀들과 함께 의미 있는 자녀 헌정식(child dedication)을 열었다. 부모들이 그리스도 중심의 가정을 세우겠다고 맹세한 후, 온 교인이 일어나 그들을 돕겠다고 서약했다. 이후에는 곧 있을 선교여행을 광고했다. 부모와 청소년 자녀가 함께 극빈 지역에 가서 봉사할 수 있도록 계획된 여행이었다.

같은 주말에, 우리는 또한 가족들이 세계 빈곤층을 위해 영양가 높은 음식을 포장할 봉사 기회가 있음을 강조했다. 우리는 늘 모든 자원봉사 자리가 재빨리 '매진'되는 것을 보고 약간 놀라지만, 한 가지 이유는 모든 연령대의 자녀를 포함한 가족들과 미혼자들이 함께 일할 수 있게 했기 때문이다. 현대의 가족들은 오락거리나 장치들이 부족하지 않으나, 함께 봉사하며 변화를 일으킬 기회들이 절실히 필요하다.

2018년 크리스마스 봉사활동에는 이틀 간 오천 명 넘는 자원봉사자가 모여, 전 세계의 굶주린 아이들을 먹일 영양가 높은 음식을 110만 개 넘게 포장하여 배에 실어 보냈다. 이 봉사활동에서, 나는 우리 도시에 사는 수많은 가족을 만났다. 그들은 주일예배 때 우리 교회에 온 적은 없으나(아직은), 그 부모들은 가난한 자들을 돕기 위해 자녀들과 함께 일하는 것에 마음이 열려 있었다.

나는 가족 지원 행사들이 비그리스도인들에게 호소하는 중요한 측면이라고까지 말한다. 그것은 작은 물줄기로 시내가 되어, 지금은 복음으로 가족과 친구들을 감동시키는 거센 강물에 일조하고 있다. 우리의 '보여주고 말하는' 사역 방법을 또 다르게 변형시킨 것이다.

### 3. 믿음 전에 소속감을 원하는 사람들

모든 교회는 제자화의 길을 설계한다. 어떤 사람이 예수님을 따르기 시작할 때 가장 먼저 하는 일은 무엇일까? 그들이 성숙하여 그리스도를 닮아갈 때 어떻게 계속 성장할까? 많은 전통적인 교회에서 제자화의 길은 간단하고 직선적이다. 첫 단계는 그리스도인이 되는 것이고, 그다음에 교인 등록 절차를 거쳐 공식적으로 교인이 되며, 성경공부나 교리 수업을 듣고, 아마도 그다음에야 봉사를 할 것이다. 많은 교회에서, 빈곤한 나라로 해외 선교여행을 가는 것은 신앙 성숙의 최종 단계다.

리퀴드교회는 종종 정반대로 접근한다. 우리는 길 잃은 많은 사람이 믿기 전에 소속감을 원한다는 사실을 발견했다. 어느 20대 청년은 우리에게 이렇게 말했다.

"제가 아직 당신의 교회에 다닐 마음이 있는지 없는지 잘 모르겠습니다. 하지만 당신의 팀과 함께 르완다에 가서 깨끗한 우물을 파고 싶습니다"(6장에서 긍휼 사역의 힘을 분석한 바 있다).

우리 교회에는 주일예배 때가 아니라 오히려 특수장애를 가진 사람들을 위한 '빛나는 밤' 행사에서 그리스도를 처음 만난 사람들이 많이 있다(4장에 자세한 설명이 있다). 사람들이 하나님의 사랑을 행동으로 볼 때 탈기독교 문화에서 복음을 새롭게 들을 여지가 생긴다. 다시 말하지만, 먼저 보여주고 그다음에 말하라.

이 뒤집힌 순서를 놓치지 말라. 오늘날 더 많은 사람이 믿기 전에 소속되기를 원한다. 그들은 긍휼에 의한 봉사활동과 섬김에 마음이 끌리며, 복음의 의미를 선포하기 전에 복음의 실증을 경험하고 싶어 한다. 우리도 그것이 좋다. 우리 교회는 봉사를 복음 전도에서 가장 중요하게 여기며, 믿음의 명분을 매우 중요시하는 젊은 세대에게는 특히 더 그렇다. 그들은 그저 복음을 설명으로 듣고 싶어 하지 않는다. 소매를 걷어붙이고 노숙자와 굶주린 자들을 돕거나 전 세계 빈곤층을 위해 싸우느라 몸이 더러워지는 것을 감수하며 복음을 직접 경험하고 싶어 한다. 이 패러다임의 전환은 교회들에 극적인 의미가 있다.

최근 사람들을 교회로 이끌려는 복음 전도의 시대에 "와서 보라" 하는 접근법은 많은 사람을 교회와 그 교회가 선포하는 구세주께 이끌었다. 거기서부터, 제자도는 믿음에서 교인 등록-교육-봉사로 예측 가능한 직선 길을 따랐다. 하지만 우리는 많은 젊은이가 1루에서 2루, 3루, 그리고 홈까지 가는 것에 관심이 없다는 것을 알았다. 그들은 첫 단계부터 무턱대고 3루로 달려가 봉사를 시작하려 한다. 때로는 믿기도 전에 말이다!

오늘날 어떤 교회들은 교인으로 등록하지 않으면 어디서도 봉사하지 못하게 한다. 미등록자가 새로 오는 손님들에게 커피 대접하는 일을 돕겠다고 하면 아마 이런 말을 들을 것이다.

"7주간의 새 신자 교육을 받기 전까지는 안 됩니다."

극단적으로 들리지만, 일부 교회에서는 엄연한 사실이고, 솔직히 말하면 비그리스도인들이 많은 교회에서 그렇게 현실을 인식한다.

그러나 리퀴드는 정반대의 철학을 갖고 있다. 손님들이 와서 보는 것을 분명히 환영하는 한편, 더 경험적인 "맛보아 아는"(시 34:8) 방법을 전략적으로 선택했다. 젊은이들이 믿기 전에 소속되길 원한다는 사실을 발견했기 때문에 우리는 사람들이 예수님을 영접하고, 그분의 이름을 믿고, 하나님의 자녀가 되기(요 1:12) 전에도 그들이 시도해보고 싶다고 느끼는 만큼 봉사하거나 참여할 기회를 만든다. 그들이 선교여행을 가거나 우리 카페에서 커피 봉사를 하거나 자폐증 아이들을 위한 축제에서 페이스 페인팅을 하기 원하면, 기꺼이 그들의 재능을 사용하고 그리스도를 인격적으로 아는 진정한 신자들과 어깨를 맞대고 함께 일하도록 환영해준다. 그것은 교회와 그리스도인들에 대한 고정관념을 깨는 매우 효과적인 방법이었다. 그들이 행함 속에서 우리의 믿음을 보고, 동시에 좋은 일에 기여하기 때문이다.

**봉사는 복음 전도의 강력한 방도**

다른 사람들을 섬기는 일은 강력한 복음 전도의 한 형태이며 공평한 기회를 준다. 그것은 생명수가 한 사람에게서 다른 사람에게 흘러가는 매우 자연스러운 방법이다. 친구 리사(Lisa)를 교회로 초대했던 젠(Jen)이 생각난다. 리사가 온다고 하자 젠은 만날 시간과 장소를 정하며 "나 말야, 이번 주에 교회에 들어가기 전에 주차장에서 마술을 할 생각인데 나랑 같이할래?"라고 물었다.

"주차장에서 무슨 마술을 해?"

"손가락 네 개짜리 이 커다랗고 수북한 미키 마우스 장갑을 끼는 거야. 아이들이 좋아하겠지! 부모들이 들어오면 웃으며 손을 흔들어 주고, 특히 특수장애 아이들이 환영받는다고 느낄 수 있게 약간 오버하는 거야."

리사는 관심을 보였고, 젠은 이야기를 계속했다.

"만약에 그 사람들이 창문을 내리면 그건 아이가 하이파이브를 하기 원한다는 뜻이야. 아니, 우리는 미키 장갑을 꼈으니까 하이포(high four)겠다! 그게 마술이야!"

리사는 아주 흥미로워하며 같이하겠다고 했다. 그것이 대학 졸업 후 그녀의 교회 첫 방문이었다. 리사는 젠과 함께 예배 전 봉사자 모임에 참석했다. 팀원들은 서로를 위해 기도하고, 또한 곧 교회에 도착할 사람들을 위해, 그들이 VIP가 된 것처럼 느끼게 해달라고 기도했다. 실제로 하나님 보시기에 그들은 그런 존재들이기 때문이다.

기병(騎兵)처럼, 리사는 주차위원 조끼를 입고 미키 장갑을 끼고는 정말 많은 하이포를 했다. 그녀는 심지어 휠체어에 앉은 한 아이가 좋아하는 모습을 보고 눈물이 맺힌 순간도 있었다. 그 아이는 계속 웃으면서 그녀를 안으려 했다.

나에게 이것은 최고의 첫인상이었다. 리사는 아직 설교를 들은 적이 없고(혹시 있었을까?) 찬송 한 곡 부른 적도 없다. 하지만 나는 젠이 봉사팀 팀원들과 함께 리사에게 이미 강력하게 설교했다고 믿는다. 그리스도를 옹호하고 찬성하는 입장은 기쁘고 헌신적인 봉사와 함께하는 관계를 통해 그 기반을 다진다. 그날 아침에 지도 목사는 리사와 함께 아주 쉽게 일할 수 있었다!

리사는 믿기 전에 소속감을 얻게 되었다. 그녀는 "몇 년 동안 경험한 것 중 가장 재미있었어. 너는 매 주일 이렇게 하는 거야?"라고 말했다. 나는 그녀가 다시 오기를 기도하고 있으며, 그녀가 예수님을 만나기 위한 여정에서 젠이 그녀와 함께 걷고 있다는 것을 알고 있다. 이것은 보여주고 말하는 방식의 가장 좋은 사례다.

### 좋은 일? 또는 하나님의 일?

분명히 말하지만, 우리는 교인이 되는 것을 시작으로 성경을 배우고 그다음에 봉사하거나 선교여행을 가는 제자훈련 방식에 반대하지 않는다. 다만 많은 사람, 특히 청년들이 처음에는 긍휼 사역에 더 마음을 연다는 사실을 발견하고 있다. 그들은 "저는 아직 당신의 교회에 대해 확신이 없습니다. 하지만 당신들이 아프리카에 깨끗한 식수를 공급하기 위해 5킬로미터 달리기를 한다고 들었습니다. 저도 참여할 거고, 저희 사무실 직원 모두를 초대해서 함께하려 합니다"라고 말한다.

그리스도인으로서 우리가 세계의 빈곤층을 돕는 이유는 예수님이 "또 누구든지 제자의 이름으로 이 작은 자 중 하나에게 냉수 한 그릇이라도 주는 자는 내가 진실로 너희에게 이르노니 그 사람이 결단코 상을 잃지 아니하리라"(마 10:42)라고 약속하셨기 때문이다. 우리는 우리의 깨끗한 물 프로젝트를 하나님의 일로 여긴다. 하지만 아직 그리스도인이 아닌 사람들은 처음에 그것을 선한 일로 여기곤 한다. 그래도 괜찮다. 우리는 긍휼에 의한 봉사의 물결이 결국 그들로 하여금 긍휼하신 구세주를 받아들이도록 인도하리라 믿고, 그 공통된 기반에서 그들을 만나는 것이 행복하다.

봉사는 새로운 복음 전도다. 대의명분은 청년층을 끌어들이기 위한 열쇠이며, 종종 그들에게 그리스도를 소개하기 위한 첫 단계이기도 하다. 이들은 자연스럽게 공감이나 나눔, 봉사 같은 가치에 마음이 끌리는 세대다. 그들은 체험경제(Experience Economy, 소비자가 단순히 상품이나 서비스를 제공받는 것이 아니라 상품의 고유한 특성에서 가치 있는 체험을 얻는 것) 시대에 성장했고,[6] 그들의 지갑은 종종 명분이 있어야 열린다.

다음 세대에 속한 많은 이들은 그냥 아무 양말이나 사지 않는다. 그들은 밤버스(Bombas) 양말을 선호할 것이다. 왜냐하면 그 회사는 탐스(TOMS) 슈즈처럼 원포원(one-for-one) 비즈니스 모델을 따르기 때문이다. 밤버스에서 양말을 한 켤레 사면 또 한 켤레가 노숙자에게 기부된다. 우리 도시의 노숙자들을 위한 리퀴드의 봉사활동[7]은 밤버스 양말과 같은 특성이 있다. 예수님의 이름으로 궁핍한 사람들에게 옷을 줄 때 가장 좋은 것만 준다!

## 자원의 투자를 위한 세 가지 질문

당신의 도시를 적시도록 도와줄 봉사의 물줄기를 어떻게 발견할 것인가? 탈기독교 문화에서, 헌신적인 봉사는 회의적인 사람들과 냉소적인 사람들에게서 엄청난 호의를 얻는다. 예레미야서 29장 7절은 우리에게 "너희는 내가 사로잡혀 가게 한 그 성읍의 평안을 구하고 그를 위하여 여호와께 기도하라 이는 그 성읍이 평안함으로 너희도 평안할 것임이라"라고 가르친다. 하나님께서 당신을 부르신 도시를 보라. 그 도시의 필요는 무엇인가? 훼손되어 회복이 필요한 것은 무엇인가? 소외되고 희망이 필요한 사람은 누구인가?

하나님의 생명수의 강은 당신이 사는 곳으로 흘러들기를 기다리고 있으며, 가장 좋은 봉사의 물줄기를 발견하는 것은 당신이 생각하는 것만큼 어렵지 않다. 다음은 우리가 기도, 시간, 돈, 인적 자원을 어디에 투자할지 분별하는 데 도움이 된 세 가지 질문이다.

### 1. 성령께서 이미 축복하고 계신 것이 무엇인가?

어떤 대의를 위해 활동할지 선택할 때 우리는 위원회 회의를 열고 아이디어를 토의하거나 투표하지 않는다. 선교 카탈로그를 휘휙 넘겨보다가 "이봐, 이 말라리아 그물 좀 봐. 모금행사를 해보자"라는 식으로 아무거나 눈에 띄는 것을 고르지 않는다.

그러는 대신 성령의 분별력을 달라고 간절히 기도하고 여론을 살핀다. 도시 안에서 하나님이 이미 축복하고 계신 일은 무엇인가? 거기서 이미 효과적으로 섬기고 있는 사람은 누구인가? 어떤 일이 유기적으로 일어나고 있는가? 그리고 우리가 어떻게 다가가서 도울 수 있을 것인가? 2부의 여섯 장이 각각 그 주제 중 하나를 다루었다.

### 2. 어떤 필요들이 간과되고 있는가?

우리 교회가 새 도시나 마을에 들어갈 때는 전략적으로 봉사를 통해 중심부로 들어간다. 감사하게도 리퀴드의 캠퍼스가 세워진 지역사회에서 우리는 시장이나 교육감, 또는 시 공무원들에게 다가가 이렇게 묻는다.

"우리가 이 도시의 사람들을 어떻게 섬길 수 있을까요? 우리는 봉사를 통해 하나님의 사랑을 보여주고 싶습니다. 혹시 일손이 필요한 궂은일이 있습니까? 아니면 예산이 부족한 특별 프로젝트가 있습니까? 어떤 필요들이 간과되고 있습니까?"

우리 교회는 우리의 조건 없는 봉사 방식을 통해 학교에 페인트칠을 하고, 학대받는 여성들을 위한 쉼터를 개조하고, 방치된 운동장에 조경을 하고, 노인 센터를 완전히 새로 단장하고, 도시 전역에서 콘서트를 개최하는 일을 요청받았다. 이웃들의 필요를 채우기 위해 돈이나 힘을 쓰겠다고 제안할 때 마법처럼 문들이 열리는 것을 보고 깜짝 놀랄 것이다.

### 3. 하나님은 당신의 길을 어디로 인도하고 계시는가?

6장에서 우리의 깨끗한 물 프로젝트 이야기를 전했다. 그것을 읽으면서, 우리가 이 운동을 택한 것이 아니라 깨끗한 물이 우리를 택했다는 것을 당신이 알게 되었기를 바란다. 어쨌든, 우리의 이름은 리퀴드다! 그저 작은 물줄기(하나의 깨끗한 우물을 짓기 위한 기금을 마련하겠다는 작은 포부)에서 시작한 것이 금세 커졌고, 하나님께서 그 영향력을 크게 증대시키셨다. 지금까지 우리 교회는 중앙아메리카와 아프리카에 280개 넘는 우물을 팠고, 10만 명 넘는 목마른 사람들에게 깨끗한 식수를 공급해주었다. 이 강력한 흐름은 나에게 잠언 말씀을 상기시켜 준다.

> 왕의 마음이 여호와의 손에 있음이 마치 봇물과 같아서 그가 임의로 인도하시느니라 **잠 21:1**

### 당신의 도시는 얼마나 수용적인가?

당신이 어떤 도시를 고향이라 부르든, 아마 그곳에 사는 세 사람 중 두 명은 지난 주말에 교회에 가지 않았을 것이다.[8] 교회에 다니지 않는 사람들을 대상으로 한 조사에 따르면, 좋은 소식은 그들이 교회에 다니지 않는 많은 이유가 쉽게 해결할 수 있다는 사실이다. 어떤 사람은 "마음에 드는 예배 처소를 발견하지 못했다"라고 했고, 어떤 이들은 "환영받지 못하는 느낌이다"라고 말했다. 또 다른 이들은 자신들이 사는 지역에 예배 처소가 없다고 생각한다.[9]

교회에 간 사람들에게 같은 질문을 했다. 복수 응답이 가능했지만, (순위가 매겨진) 다음 대답들을 보고 당신이 이미 잘하고 있는 것이 무엇인지 보라.

1. 하나님과 더 가까워지기 위해(81퍼센트).
2. 자녀들이 도덕적 기반을 갖게 하기 위해(69퍼센트).

3. 더 좋은 사람이 되기 위해(68퍼센트).

4. 환난이나 슬픔의 때에 위로를 얻기 위해(66퍼센트).

5. 그들은 설교에서 가치를 발견한다(59퍼센트).

6. 믿음의 공동체에 속하기 위해 (57퍼센트).

7. 가족의 신앙적 전통을 계속 이어가기 위해(37퍼센트).

8. 가야 한다는 의무감을 느껴서(31퍼센트).

9. 새로운 사람들을 만나거나 교제하기 위해(19퍼센트).

10. 그들의 가족, 배우자, 또는 파트너를 기쁘게 해주려고(16퍼센트).

또 다른 설문조사에서는 23-30세의 젊은 개신교인들에게 교회에 계속 다니는 이유를 물었다. 정기적으로 교회에 출석하는 사람들은 주로 "교회가 나와 하나님과의 관계에서 중요한 부분이므로"(56퍼센트), "내가 일상생활에서 어떤 결정을 하는 데 교회가 도움을 주길 원해서"(54퍼센트)라고 대답했다.[10] 이러한 것들은 아마 당신이 이미 강조하고 있는 점들일 것이다.

요점은 이것이다. 예수님에 관한 당신의 메시지, 그리고 예수님의 이름으로 다른 사람들을 섬기려는 당신의 사명은 아마 이미 자리를 잡았고 당신이 생각하는 것보다 더 큰 영향력을 지역사회에 미칠 수 있는 위치에 있을 것이다. 이 특별한 문화적 과도기에, 당신은 이 새로운 복음 전도의 기회를 붙잡겠는가?

만일 목마른 사람들에게 다가가기 위해 새로운 긍휼과 구제 선교를 시작할 준비가 되었으나 몇 가지 실제적인 단계가 필요하다면, 마지막 장은 당신을 위한 것이다. 강물 속에서 분출 지점을 함께 찾아보자.

Dive Deeper

## 더 깊이 들어가기

내가 배운 많은 교회 중 하나가 브라이언 톰(Brian Tome) 목사가 이끄는 크로스로드교회(Crossroads Church, *crossroads.net*)다. 그와 12명의 친구는 교회를 좋아하지 않는 친구들을 위한 교회가 되겠다는 꿈을 가지고 오하이오주 신시내티(Cincinnati)에서 크로스로드교회를 시작했다. 요즘은 켄터키주에도 캠퍼스를 개척했고, 12곳 이상의 지역에서 모이고 있다. 그들은 또한 죄수들에게 그리스도의 소망을 전하기 위해 교도소에서 예배를 인도하고 있다. 그들은 그들이 사는 지역을 적시려고 할 뿐만 아니라, 그리스도를 따르는 이들의 전국적인 공동체로 성장하기 위해 노력하고 있다.

믿음을 확장하고 하나님이 리퀴드교회를 통해 무엇을 더 하기 원하실까 생각하면서, 당신이 생명수로 당신의 지역사회를 적시는 일에 더 깊이 들어가기 위한 몇 가지 방법을 제안하려 한다.

발목 깊이 이 장에서 '자원의 투자를 위한 세 가지 질문'이라는 항목을 다시 살펴보라. 예레미야서 29장 7절을 묵상하며, 그것이 한 교회로서 당신들의 우선순위나 실제 행동을 얼마나 잘 묘사하는지 생각해보라. 봉사를 통해 도시의 중심으로 들어가기 위한 다음 단계는 무엇인가?

무릎 깊이 진행 중인 변화에 대한 에드 스테처의 논평을 간단히 살펴보라. 문화적 그리스도인들과 회중 그리스도인들이 전통적인 교회를 떠나고는 있으나, 생명을 주는 예수님과의 관계에는 여전히 마음이 열려 있다. 당신의 영향권 안에 있는 문화적 그리스도인들의 명단을 작성하라. 그들은 명목상 그리스도인이라고 해도 개인적으로 예수님을 알지는 못한다. 같은 방식으로, 당신이 아는 회중 그리스도인들의 명단을 적어보라. 그들은 특정 교파와의 관계에서 멀어지고 있다. 각 사람의 이름을 부르며 기도하기 시작하고, 당신이 그들에게 예수님을 나타낼 수 있는 새로운 방법들(특히 경험적인)을 보여달라고 간구하라.

허리 깊이 이 장에서는 제자도의 패러다임 전환이 일어나고 있다고 시사한다. 당신의 교회가 따르는 제자화 과정을 어떻게 묘사할 수 있는가? 그것은 전통적인 직선 형태를 따르는가? 다음세대가 믿기 전에 소속되기를 더 원한다는 소견에 대해 생각해보았는가? 이러한 접근법에는 각기 어떤 장점과 위험 요소가 있는가? 봉사가 새로운 복음 전도라면, 어떻게 당신의 길에 쉽게 접근 가능한 입구들을 포함시켜 새로 오는 사람들이 예수님을 만나는 첫 단계로서 긍휼과 구제 사역의 봉사에 참여하게 할 수 있겠는가?

chapter 12

# 리더들을 위한 제안

예루살렘과 온 유대와 사마리아와 땅 끝까지 이르러 내 증인이 되리라

사도행전 1장 8절

어마어마한 호수에서 매일 1억 9천만 리터씩 흐르는 물을 얻는 것을 상상할 수 있겠는가?[1] 그것이 당신의 삶에 필요한 물을 다 채워줄 만큼 충분하다고 생각하는가?

그것이 바로 리퀴드교회의 한 캠퍼스에서 1킬로미터 정도 떨어진 저수지에서 매일 일어나는 일이다. 그 저수지의 넓이는 약 360만 제곱미터(110만 평)로 매우 커서 항공기 조종사들이 뉴욕 공항으로 갈 때 시각적 참조 지점으로 이용한다. 매일 50만 명에게 충분한 물을 공급해주는[2] 그 풍부한 호수는 하나님께서 복음으로 하기 원하시는 일을 항상 내게 시각적으로 상기시켜준다. 하지만 하나님은 단지 호수만 주시는 것이 아니라, 예수 그리스도를 통해 긍휼과 은혜, 용서의 바다 전체를 주신다.

이미 예수님을 따르는 사람들은 사람들이 우리 교회 모임에 찾아올 때뿐만 아니라 우리 도시와 근처 도시들과 땅끝까지 직접 가서 하

나님의 생수를 전해줄 수 있다(요 4:10,11, 7:38 ; 계 7:17). 사도행전 1장 8절은 예수님이 승천하시기 전에 제자들에게 하신 마지막 말씀을 담고 있다. 그것은 예수님의 침수 전략이며 점점 더 넓어지는 영향권을 나타낸다. 즉 예루살렘은 가까운 곳, 유다는 더 큰 지역, 땅끝은 세계적인 범위다. 이것이 교회들을 위한 예수님의 침수 계획이다.

### 선택권 좁히기

이 시점에서, 당신이 복음을 교회 밖으로 가져가 당신의 도시에 사는 영적으로 목마른 사람들에게 전해줄 때 소량의 물이 시내가 되고 궁극적으로 거센 강물이 되는 환상으로 하나님께서 당신의 영을 휘저어 놓으셨기를 바란다. 나는 당신의 교회가 앞으로 더 좋아질 수 있다고 믿을 용기와 실제적인 아이디어들을 갖추게 해주고 싶었다. 즉 앞으로 당신의 교회는 좀 더 밖을 바라보고 문화적으로 관여하여, 교회는 떠났으나 하나님은 떠나지 않은 목마른 사람들 수십 명, 수백 명, 수천 명에게 의미 있게 복음을 전할 것이다.

당신은 4-9장에 걸쳐 거센 강물을 이루는 리퀴드의 6가지 실천(소외된 사람들을 사랑하기, 상상력에 불을 붙이기, 갈증을 해소해주기, 사역 합병, 나눔을 격려하기, 미개발된 재능 개발하기)에 관해 읽었다. 이 흐름들에 관한 각 장의 마지막에서는 에스겔처럼 각기 다른 세 단계(발목 깊이, 무릎 깊이, 허리 깊이)로 들어가도록 도전했다. 세 단계가 여섯 장에 나오니까 당신의 리더십이 더 깊이 들어가도록 총 18번을 초청하는 것이다.

각 장을 마치면서는 다섯 교회씩 소개했다. 그 교회들의 웹사이트에 들어가 살펴보면 추가적인 사역 아이디어들을 떠올리는 데 도움이 될 것이다. 다섯 교회씩 여섯 장에 걸쳐 소개되니, 당신이 살펴볼 교회는 30개가 된다.

또한 모든 장에서 나는 예수님의 이름으로 당신이 도시의 어떤 필요를 채워줄 수 있을지 질문하며 도전했다. 어쩌면 그것은 리퀴드교회가 채워주고 있는 필요들과 비슷할 수도 있지만, 당신 도시만의 특별한 필요가 있을 수도 있다. 성령께서 당신을 감화시키기 위해 이러한 부드러운 자극과 혁신적인 예들을 사용하신 적이 있는가? 당신이 무엇을 어떻게 해야 할지 확실히 안다면, 이 책을 덮고, 기도하고, 뛰어들라! 이 책은 당신을 위한 목적을 충족했다.

그러나 당신이 아직 고민하며 분별하는 중이라면, 계속 읽어가라. 이 장은 당신을 바로 그 과정으로 안내하려 한다. 당신에게 필요한 것은 오직 하나님께서 그리스도를 위해 당신의 도시를 적시는 데 당신과 당신이 섬기는 교회를 사용하기 원하신다는 확신이다.

### 스스로에게 실험을 허락하라

하나님은 당신이 첫 시도부터 홈런을 치도록 도우실지도 모른다. 아니면 당신의 교회를 노아웃에 3루에 두셨고 심지어 다음 타자는 팀의 최고 선수임을 보여주실지도 모른다. 하나님이 그러시길 바란다. 그러나 리퀴드교회에서 우리가 경험한 것은 그렇지 않았다. 우리는 처음에 많은 일을 시도했으나 효과가 없거나 그 일에 대해 하나님이 "지금은 아니야"라고 응답하시는 듯했다.

한 캠퍼스가 새로운 장소인 어떤 호텔로 이사해야 했는데 그 호텔 운영진이 우리가 모임을 할 수 없는 주를 계속해서 알려왔던 기억이 난다. 2015년에는 5개의 다른 장소에서 모였다. 우리는 미소 지으며 사람들에게 "여러분이 저희를 찾으실 수 있으면 저희와 함께할 수 있습니다"라고 말했지만, 예상대로 아무도 그것을 재미있어하지 않았다. 잠재적 새 신자들은 우리를 너무 무책임하다고 여기기 시작했고, 기존 교인들도 마찬가지였다. 오늘날 우리는 도시 중심에 있는 고등학교에 정착했고, 정말 잘되고 있지만 처음부터 그렇게 안정적이진 않았다.

몇 년 전에는 뉴저지에 한 캠퍼스를 개척하려고 대대적으로 준비하기 시작했다. 그것은 전국에서 가장 다양한 민족이 사는 도시에 세우는 첫 도시 캠퍼스가 될 것이었다. 우리는 열심히 기도했다. 도시 중심에 아주 좋은 임대 장소를 확보하고 뉴저지 캠퍼스를 위한 모금을 포함한 캠페인을 했다. 그 지역 출신인 리퀴드교회 출석자들의 핵심 그룹과 그곳에 갈 마음이 있는 사람들과 함께 모임을 시작했다.

하지만 생각만큼 가속도가 빨리 붙지는 않았다. 이 도시 중심에 사는 사람들이 비교적 단기 체류인 경우가 많고, 우리는 탁월하게 그 캠퍼스를 시작할 만큼의 임계질량에 도달하지 못했다. 우리는 하나님의 응답을 "아직 아니다"라고 결론 내렸다. 그것이 3년 전이었고, 우리는 곧 새롭게 시작하려고 인내하며 기초 작업을 하고 있다. 기억하라. 하나님이 당신 이야기의 저자이심을, 그리고 그분의 때를 따르는 것이 당신의 때를 밀어붙이는 것보다 언제나 결과가 더 좋다는 것을!

우리는 모든 경험으로부터 배우지만 늘 시선을 밖으로, 또 위로 향한다. 우리는 새 캠퍼스만큼 새로운 그리스도인들을 낳는 것이 없다고 믿으며, 따라서 어떻게 그 전략을 사용하여 그리스도의 생수를 새로운 지역사회에 흘려보낼 수 있을지 실험을 계속하고 있다. 우리는 이웃에게 복음을 증거할 때 실패는 선택사항이라고 믿지 않으며, 할 수 있을 때마다 행동과 말을 함께한다.

### 이 7가지 질문들과 함께 시작하라

이제 당신이 위험을 감수하고 당신의 다음 실험 단계를 분명히 밝힐 차례다. 다음 내용은 책에서 가장 규범적인 부분이다. 나는 최대한 직설적으로 말하고 있다. 당신이 분명히 이해할수록 확신 있게 물속에 들어가고 예수님과 함께 더 깊이 들어갈 수 있기 때문이다. 잠깐 멈추고 기도하겠는가? 이 장을 다 읽기 전에 작은 물줄기, 시내, 강으로 나아가는 데 있어 당신의 교회를 위한 하나님의 다음 승리를 발견하게 해달라고 기도하자.

때때로 다음 단계는 먼저 풀어야 할 문제를 파악함으로써 온다. 다음 중 어떤 질문이 가장 대답하기 쉽고 어떤 것이 가장 어려운가? 아마도 당신의 대답들이 나중에 시내가 되고 언젠가 큰 강이 되어 예수님의 사랑으로 당신의 지역사회를 뒤덮을 가는 물줄기를 발견하도록 이끌어줄 것이다.

#### 1. 하나님께서 이미 축복하고 계신 것은 무엇인가?

당신의 지역에서 하나님이 이미 당신의 교회를 사용하여 다루고 계신 문제나 필요들을 분명히 분별할 수 있는가? 당신의 교회에서 몇 가정이 비슷한 정신질환을 앓는 20대 자녀를 두었다고 하자. 이 가정들은 서로 알고, 비공식적으로 서로 지지해주며, 이미 비슷한 상황에 처한 다른 부모들에게 접근하기 시작했다. 자, 하나님이 이미 당신들 안에서 잠재적인 사역을 위해 점들을 연결하고 계신다고 볼 수 있을까? 그런 상황들은 자연스럽게 커져서 시내가 될 수 있는 작은 물줄기를 예보하는 것이다.

만일 당신이 단순히 "우리 지역사회에 필요한 것은 무엇인가?"라고 묻는다면 어느 교회가 채울 수 있는 것보다 훨씬 더 많은 필요를 금방 찾게 될 것이다. 그러나 "우리 교회에는 그러한 필요들을 채울 만한 열정과 경험이 있는가?"라고 묻는다면 당신의 교인들 안에 이미 존재하는 것을 기반으로 할 수 있다.

### 2. 세상에 변화시키려는 갈망을 어떻게 지지해줄까?

릭 워렌(Rick Warren)의 《목적이 이끄는 삶》(Purpose Driven Life)이 6천만 부 이상 팔린 이유는 그 책이 목적에 대한 광범위한 갈망을 언급하기 때문이다. 대부분의 사람들, 특히 밀레니얼 세대와 Z세대에게는 자신이 의미 있는 변화를 일으키고 있다고 느끼는 것이 강력한 동기가 된다. 그들은 작은 희망의 물결이 치유의 시냇물이 되는 것을 보기 원하며, 하나님께서 그들에게 그러한 꿈을 심어주셨다는 것을 알고 기뻐한다. 안타깝게도, 일부 리더들은 죄책감이나 의무감을 주된 동기로 삼아, 그리스도를 위해 그들의 지역사회에 영향을 미치려고 한다.

나는 해변의 두 사람에 관한 만화를 좋아한다. 수많은 불가사리가 조류에 휩쓸려왔다. 한 사람이 햇볕에 말라 죽게 생긴 불가사리들을 다시 물에 던져 넣느라 바쁘다. 다른 사람이 그것을 보고 "당신이 그런다고 해서 무슨 변화가 있겠어요?"라고 묻는다. 첫 번째 사람은 또 다른 불가사리를 집으며 "얘한테는 변화가 있겠지요!"라고 대답한다. 한 사람, 한 아이, 한 가족, 한 아파트를 위해 세상을 변화시킬 수 있다면 당신은 그리스도의 나라에서 영원한 변화를 일으킨 것이다.

### 3. 어떻게 각자의 방식으로 참여할 권한을 줄 것인가?

오늘날의 문화는 우리가 경험하는 모든 일에서 개인화를 기대하게 끔 한다. 음악 재생 목록도 기호에 따라 자신이 지정한다. 인터넷 패키지에는 많은 옵션이 있고, 광고가 말하듯 각자 자신에게 맞는 것을 고를 수 있다. 패스트푸드도 전에는 구성이 딱 정해져 있었지만 지금은 빵, 소스 등 항목을 원하는 대로 바꿀 수 있다.

이같이, 교회 전반적인 사역 계획에도 다양성이 필요하다. 사람들이 투자할 수 있는 시간, 재능, 헌신의 정도에 따라 다른 경험을 할 수 있게 해주는 것이다. 당신은 교인들이 자신에게 가장 잘 맞는 것을 고르면서, 여러 옵션 중 선택할 수 있다고 느끼길 원한다.

성공은 교회 프로그램에 얼마나 많은 사람이 오는지가 아니라, 얼마나 많은 사람이 예수님을 위해 변화를 일으키는 데 마음과 영혼과 몸과 힘을 다함으로 자신의 믿음을 성장시키는지를 보고 판단하는 것이다. 이 두 가지 측정법에는 큰 차이가 있다. 작은 계획으로 시작하더라도 낙심하지 말라. 에스겔서 47장에서, 성전에서 흘러나오는 물이 처음에는 아주 소량이었으나 결국 모든 것을 흠뻑 적시는 거센 강이 된 것을 기억하라.

4. 어떤 작은 승리를 경험하고 축하할 수 있는가?

성공을 작은 승리의 연속으로 정의하는 것이 중요하다. 한 가지 일을 찾아서 그것을 잘하라. 모든 것을 다 하려고 들지 말라. 그렇지 않으면 결국 어디에도 이르지 못할 것이다.

교회 안에 약물 중독이나 교통사고로 아이를 잃은 가정이 있어, 그 가슴 찢어지는 아픔을 교인들이 겪었다고 하자. 그리고 1년이 지난 지금, 그 부모가 다른 가정들이 같은 비극을 모면하거나 이겨내도록 돕는 일로 하나님께 쓰임받기를 원한다는 의사를 표현했다면 그들은 "우리의 모든 환난 중에서 우리를 위로하사 우리로 하여금 하나님께 받는 위로로써 모든 환난 중에 있는 자들을 능히 위로하게 하시는 이시로다"(고후 1:4)라는 말씀을 진심으로 받아들인 것이다.

당신은 이 이야기에서 이미 많은 승리를 축하할 수 있다. 이 슬픔에 잠긴 가족을 위로하시는 하나님의 신실하심부터 이제 그들이 다른 사람들을 위로하고자 하는 큰마음을 갖게 하시는 하나님의 긍휼까지.

그들이 다음에 할 일은 이 사역을 위한 리더십팀을 형성하고(그렇게 되면 당신은 그것을 작은 승리로 축하할 수 있다), 첫 회의를 여는 것이다(또 하나의 작은 승리). 만일 그 그룹이 지역 매체에서 호의를 얻고, 그로 인해 새로운 사람들이 그 일에 관심을 보인다면 그 또한 축하해야 할 승리다. 그 그룹 안에서 누군가가 그리스도를 믿는다면 그것도 승리다. 당신이 하나님의 은총을 확인할 수 있을 때마다 그것을 기념하라! 무엇을 자랑하든지, 그 일이 더 많이 일어나는 것을 보게 된다.

### 5. 어디서 초대와 수용을 볼 수 있는가?

아주 많은 교회가 1994년을 맞을 준비가 잘되어 있다. 1994년이 다시 오기만 한다면! 예언하건대, 그런 일은 없을 것이다. 하나님께서 과거에 어떻게 문들을 열어주시고 복을 부어주셨는지 아는 것은 중요하다. 하지만 그분이 정확히 똑같은 일을 다시 하실 거라고 생각하지 말라. 특히 당신의 이웃이 바뀌었거나 성도들의 구성이 달라졌다면 더 그렇다.

한 가지는 확실하다. 당신을 둘러싼 문화는 극적으로 달라졌다. 우리 문화는 끊임없이 움직이는 목표 대상이며, 우리는 새로운 세대에게 시대를 초월해 영원한 복음의 메시지를 부어주기 위해 끊임없이 새 부대를 찾아야 한다.

1994년에 큰 효과가 있었던 여름성경학교 프로그램이 Z세대에게 다가가려면 새로운 얼굴과 구성방식이 필요할 것이다. 80년대에 '살아있는 크리스마스 트리 성가대'(The Living Christmas Tree choir, 원뿔형 단에 대원들이 크리스마스 트리 형태를 이루며 층층이 서서 노래하는 성가대)가 많은 사람의 마음을 사로잡았으나, 오늘날에는 크리스마스의 영광과 경외심을 창의적으로 함께 나눌 다른 방법이 필요할 것이다.

어느 시대나 그렇듯, 오늘날 사람들은 자기 영혼의 욕구를 만족시키려 애쓰고 있다. 어떤 이들에게는 삶의 목적을 찾고 인생에서 하나님의 인도하심을 받고자 하는 욕구이고, 다른 이들에게는 새로운 친구들을 사귀고 관계를 맺음으로 도움을 받거나 어려운 상황 속에서 희망을 발견하려는 욕구다. 이 모든 것이 관계에 대한 초대이며, 그다음에는 우주의 하나님께서 당신을 위해 하신 일을 당신의 교회가 함께 나눌 수 있는 다리를 제공해준다.

### 6. 다른 지역사회 기반의 조직들과 어떻게 협력할 수 있는가?

혼자 일한다면 영향력은 거의 항상 작아진다. 이 책에서 리퀴드교회가 지역사회의 온갖 다른 조직들과 관계를 맺는 여러 사례를 소개했다. 우리는 우리의 메시지를 전혀 타협하지 않으면서, 비공식 단체부터 비영리단체, 정부 기관까지 여러 조직과 협력 관계를 맺었다.

8장에서 설명한 '프리마켓'을 예로 들어보자. 우리는 기도하고, 증정품을 만들고, 몇 개의 팻말을 설치하고, 우리 교인들에게 소문을 퍼뜨려달라고 권면할 수도 있었다. 하지만 하나님께서 먼저 우리가 시장과 관계를 맺고, 그가 제안해준 사회복지 사업가들을 만나고, 그들에게 "우리는 여러분이 이미 하고 있는 일을 돕고 싶습니다. 실제로 우리의 프리마켓으로 혜택을 얻을 수 있는 저소득 가정들을 우리에게 소개해주실 수 있습니까?"라고 이야기하게 하심으로써 그 영향력을 증대하셨다고 확신한다.

교회를 단순하게 유지하고 모든 사역을 하느라 쓸데없이 시간을 낭비하지 않는 것이 중요하다. 우리 교회는 무료급식소나 노숙자 사역을 시작할 계획이 없다. 그 영역에서 너무나 잘하고 있는 사람들을 이미 알고 있기 때문이다. 그런 사역을 시작하기보다는 그 사역단체들과 협력하여, 그들이 이미 더 큰 규모로 하고 있는 선한 일을 더 증폭시키기 위해 돈과 힘과 자원봉사 인력을 제공해주려고 한다.

7. 당신 교회의 문화를 어떻게 바꿀 수 있는가?

혹시 이 책을 읽으면서 각 요점마다 고개를 저었는가? 계속 '하지만 저자는 이해하지 못해. 우리 교회는 훌륭한 사람도 많고 이 지역사회를 섬기는 풍부한 유산을 갖고 있지만, 지금 완전히 박물관 상태에 머물러 있고 우리 지역에서 하나님이 역사하시는 일에 관여할 마음이나 능력이 없어'라고 생각했는가?

당신 교회의 문화에 근본적인 변화가 필요한 것처럼 들린다. 나는 그 변화가 가능하며, 당신이 교회를 재활성화하는 것을 사역 멘토가 도와줄 수 있다고 단언하고 싶다. 당신은 그런 교회를 떠나려고 이사 갈 필요가 없을 것이다! 당신에게 필요한 것이 이 책 속에는 없더라도 리더와 목회자들, 또는 사역 책임자들을 위해 몇 가지 출발점을 제안할 수 있다.

## 교회 문화를 바꾸기 위한 제안들

### 하나님을 새롭게 만나라

당신이 당신의 지역을 감동시키는 일에 열정이 없다면 다른 사람들도 그럴 것이다. 당신이 하나님께서 당신의 교회를 사용하실 수 있다고 믿지 않는다면 그들도 믿지 않을 것이다. 확신하기 위해서는 하나님의 말씀에서 온 약속이 필요하다. 어쩌면 열왕기상 18장 30-39절에 나오는 엘리야처럼 더 열정적인 사람이 되기 위해 영적 리트릿을 가야 할지도 모른다. 엘리야가 어떻게 담대한 믿음으로 나아가 거듭해서 자신의 제단에 물을 부어 흠뻑 젖게 했는지 보라. 그 결과 어떻게 되었는가? 하나님이 하늘에서 불을 보내어 그것이 불타오르게 하셨다!

### 강에 대해 설교하라

사람들은 이유를 알고 싶어 한다. 당신이 사는 도시, 교외, 또는 마을에서 변화의 주체가 되기 위한 성경적 기반을 강화하라. '무엇'을 하고 '어떻게' 하든 실용을 추구하되, 언제나 '왜'를 포함시키고 거기서부터 시작하라.

### 현재 하고 있거나 하지 않는 일에 대해 거룩한 불만을 가져라

홍해를 앞에 두고 애굽 군대의 추격을 받은 이스라엘 백성들은 그 끔찍한 노예 생활에 머물기를 갈망했다. 그러나 생사가 달린 절박감, 그리고 하나님의 기적적인 공급이 그들을 다그쳐 새로운 시작을 하게 했다. 지속적인 변화는 보통 거룩한 불만, 지금 이대로 머물러 있을 수 없으며 하나님께서 그분의 백성들을 위해 더 좋은 미래를 예비해두셨다는 확신에서 촉발된다.

### 아무리 작은 것이라도 승리할 때마다 축하하라

힘들게 분투하는 성도들은 대개 집단적 자존감이 낮다. 그것은 사람들이 앞으로 나아가려 하지 않을 때, "우리는 그저 작은 교회에 불과합니다"라든가 "저는 평신도일 뿐이에요"라며 핑계를 댈 때 드러난다. 당신이 작은 것을 얻을 때마다 하나님을 찬양한다면 더 큰 승리를 위한 소망과 믿음을 쌓게 될 것이다.

### 협력자들을 모집하라

한 번에 교회 전체를 바꾸려 하지 말라. 당신의 오피니언리더

(Opinion Leader, 대중의 의견이나 행동에 영향을 주는 사람)들과 씨앗을 뿌려라. 협력자들을 모으면 다른 사람들의 저항을 최소화할 뿐만 아니라 그들도 함께 데려가게 될 것이다.

### 평신도 리더들의 초점을 밖으로 향하게 하라

특히 청년들과 함께 자원봉사자들로 구성된 재생산팀을 만들라. 일반적인 주일예배에 참석하는 사람 중 어떤 식으로든 관여하는 사람들이 50퍼센트 미만이라면, 사역에 대한 당신의 접근법을 평가해보아야 한다. 당신의 교회는 목사의 목적이 성도를 온전하게 하여 봉사의 일을 하게 하는(엡 4:11,12) 것이라는 사상을 정말로 실천하고 있는가?

### 동쪽으로 향하기 위해 교회의 자원들을 조정하라

지금 당신의 교회에서 하는 사역에서 얼마나 많은 부분이 기존 프로그램을 관리하고 유지하는 일에 집중되어 있는가? 교회의 시간, 재능, 재정의 75퍼센트 이상이 내부적으로 집중되어 있다면, 이제는 구조 조정을 해야 한다.[3] 예산과 인력이 내부 유지가 아니라 복음의 강이 밖으로 흘러나가는 것에 점점 더 우선순위를 두도록 하라.

### 균형을 찾아라

모든 팀과 직원들이 동시에 사역하게 하지 말고, 일하는 팀과 사역자들을 지원할 방법을 마련해 사역과 지원이 함께 이루어지게 해야 한다. “당신은 할 수 있고 우리는 도울 수 있다”라는 홈디포(Home

Depot)의 오래된 슬로건이 있었는데, 사람들을 향한 목회자와 직원의 자세가 그래야 한다. 당신은 하나님께서 각 사람에게 사역을 맡기신다고 믿고 그들의 은사를 발휘하도록 있는 힘껏 지원하는가? 또한 그것을 교인들이 100퍼센트 확신하는가? 최전방의 일꾼들을 방해하는 가장 좋은 방법은 그들이 외롭고 지원을 받지 못하고 있다고 느끼게 만드는 것이다. 그들을 훼방하는 또 다른 방법은 장애물이 되는 것이다.

### 하나님께서 나와 당신에게 원하시는 것

사역의 성공은 어떤 모습일까? 그리스도에 의해 삶이 바뀌는 것이다. 우리 캠퍼스 한 곳에는 약 6미터나 되는 벽화가 있다. 카를로스라는 라틴계 남성이 세례를 받고 물에서 나오는 장면인데, 마치 슈퍼볼 경기에서 터치다운으로 승리한 것처럼 양 주먹을 불끈 쥐고 있다. 그의 티셔츠에는 "Alive!"(살아있다)라고 쓰여 있고, 얼굴에는 순수한 기쁨의 표정이 드러나 있다. 카를로스는 부활절에 구원받았고 딸과 함께 세례를 받았으며, 지금은 교회 미디어팀에서 섬기고 있다.

우리의 선수 일람표에서 성공은 그러한 모습으로 나타난다. 즉 예수님의 사랑으로 자신의 삶이 변하고 그의 가족도 구원받는 것이다. 사람들은 그들의 구세주께 순종하며 다음 단계로 나아간다. 다른 사람들을 섬기고 돕는 일에 참여하기를 원하는 사람들은 믿음이 성장한다.

우리는 교회 밖에 있는 사람들을 축복하고, 우리 이웃을 섬기기 위해 존재한다. 특히 교회를 떠났으나 하나님을 떠나지는 않은 사람들, 그리고 소외된 사람들을 섬겨야 한다. 우리는 하나님의 마음에 가장 가까이 있는 사람들에게 그분의 긍휼을 부어주기 원한다. 그런 일이 일어날 때, 하나님은 그것을 성공이라 하신다.

리즈(Liz)는 뇌성마비를 앓는 아들 보(Bo)를 혼자 키우는 엄마다. 어느 겨울날 리즈의 집 천장에 문제가 생겼다. 리즈는 특수장애 사역팀에서 그녀의 아들을 사랑해주는 자원봉사자 한 명에게 지나가는 말로 그 얘기를 했는데, 그 자원봉사자는 우리 소그룹 2개를 결성하도록 도왔고, 어느 주말에 그들이 와서 200시간 넘게 일해 리즈의 집을 고쳐주었다. 새 천장을 만들고 천장 문제의 원인이던 지붕의 누수를 막았다. 단열재를 설치하고, 침실에는 페인트칠을 하고, 집을 대청소하고, 데크를 고치고, 외부 조경까지 손봐주었다. 가장 멋진 부분은 보가 도왔다는 것이다! 그들은 어디서든 가능한 한 그를 참여시키려고 노력했다.

그것이 가장 좋은 예수님의 교회다. 그리스도의 긍휼이 이 사람들의 심장을 관통하여 다른 사람들, 특히 곤경에 처한 가정에 대한 사랑과 섬김이 흘러넘쳤다. 이것은 리더들이 조직한 공식적인 교회 봉사활동이 아니었다. 두 개의 소그룹이 어떤 필요에 대해 듣고 "우리가 이 일에 대해 뭔가를 할 수 있겠다"라고 말했을 때 유기적으로 일어난 일이다.

그녀가 받은 보살핌과 후원에 대해 가족, 친구들, 이웃들이 들었을 때 복음에 어떤 파급효과가 일어났을까? 그런 소식은 사방으로 퍼지게 되어 있다.

하나님은 바로 그러한 너그러운 마음을 그리스도의 사랑을 흘려

보내어 긍휼의 거센 강을 이루는 데 사용하신다. 가장 연약한 사람들의 실제적인 필요를 채워주기 위해 함께 결합하는 것은 마음이다. 하나님께서 그들을 위해 하신 일로 인해 마음이 치유되고 변화되었기에, 싱글맘과 특수장애를 가진 그 아들을 돕기 위해 자신들의 토요일을 기꺼이 희생한 것이다. 내 친구 앤디 스탠리(Andy Stanley)가 말했듯이, "당신이 모든 사람에게 해주고 싶은 일을 한 사람에게 해주어라."[4]

## 당신의 교회에서 흘러나오는 멈출 수 없는 강

하나님께서 작은 물줄기를 시내로 만드시고 궁극적으로 멈출 수 없는 강이 되게 하시는 것을 보고 싶은가? 하나님은 장애물이 아니다. 변화를 일으키는 메시지의 부족이나 사랑할 사람들의 결점, 영적 갈증도 장애물이 아니다.

당신의 지역사회 사람들은 당신이 알고 있는 것보다 훨씬 더 영적 문제에 관해 대화할 준비가 되어 있다. 그들은 교회의 신념에는 회의적이거나 냉소적일지 모르나, 당신이 섬기고 긍휼을 품고 행동하며 관대함을 보여주면, 언젠가는 세상의 구세주에 대해 질문하기 시작할 것이다. 생명수로 당신의 영혼을 새롭게 하셨고, 그들의 영혼도 새롭게 해주실 수 있는 그분에 대해서.

그렇게 해서 해일이 시작된다. 당신이 복음으로 당신의 지역사회를 적실 때 하나님나라의 일이 땅에서 이루어지며, 그것은 도시의 풍경을 바꾼다.

우리 캠퍼스 옆에 있는 거대한 저수지는 그 근처의 모든 집에 필요한 물을 공급하고도 남지만, 하나님의 측량할 수 없는 자원들에 비하면 새 발의 피다. 그 집들에 사는 모든 사람에게 물이 필요하다. 그들은 물 없이는 살 수 없다. 더욱이, 그들의 영혼을 위해 예수님의 생명수가 절실히 필요하다.

오늘이 그날이다. 당신의 교회가 하나님의 큰 강으로 힘차게 나아가기 시작하도록 당신은 어떻게 이끌겠는가?

Dive Deeper

## 더 깊이 들어가기

이 책의 결론이 당신의 여행에 시작점이 되길 바란다. 예수님은 언제나 그분의 제자들이 더 깊은 물로 나아가도록 권유하고 계심을 기억하라(눅 5:4). 그분은 어떻게 당신을 더 깊은 곳으로 부르시는가?

발목 깊이 이 장에서는 사도행전 1장 8절을 예수님의 침수 전략으로 설명했다. 하나님께서 당신의 교회가 영향을 미칠 수 있게 하신 장소나 그룹 중에서 무엇이 당신의 예루살렘(지역의 영향권)이고, 유대(인근 지역)이고, 사마리아(지방의 적들)이며, 당신의 땅끝(세계적 영역)인가? 무엇이 지금 더 큰 침수를 위한 가장 좋은 기회를 제공해주는가?

무릎 깊이 이 책을 읽고 나서 당신이 취할 수 있는 새롭고 구체적인 행동은 무엇인가? 그것을 다음 6개월 안에 달성할 목표로 정할 수 있겠는가? 작은 것이어도 된다. 다만 측정이 가능하게 만들어라. 교회에서 당신 외에 또 누가 그것을 받아들여 당신과 협력하고 서로 책임을 질 수 있을 것인가? 만일 팀으로 이것을 풀어왔다면, 실행 가능한 계획을 함께 세우라.

허리 깊이 이 책은 온 교회가 '힘을 합쳐' 교회 밖의 필요들을 채우도록 부름받은 일들을 이야기한다. 만일 하나님께서 당신을 그와 비슷한 '모두'의 사명으로 이끌고 계신다면, 그것은 무엇일까? 언제? 어떻게? 하나님께서 당신을 통해 무엇을 하기 원하신다고 믿는가? 그것을 위한 당신의 기도가 내가 제일 좋아하는 축복기도가 되기를 바란다.

우리 가운데서 역사하시는 능력대로 우리가 구하거나 생각하는 모든 것에 더 넘치도록 능히 하실 이에게 교회 안에서와 그리스도 예수 안에서 영광이 대대로 영원무궁하기를 원하노라 아멘 **엡 3:20,21**

## 미 주

### 프롤로그

1. Sarah Calise, "A Foothold on History," National Baseball Hall of Fame, https://baseballhall.org/discover-more/stories/short-stops/foothold-on-history.

2. 2018년에 리퀴드교회는 〈Outreach〉라는 잡지에서 가장 빠르게 성장하는 교회 43위에 올랐다(https://outreachmagazine.com/outreach-100-list.html). 또한 2016년에도 리스트에 올랐다(55위). 그리고 2016년 〈Outreach〉 잡지의 커버스토리, 워렌 버드의 '미국 대형교회의 변화하는 모습'에 언급되기도 했다.

3. 다음 장에서는 미국, 북동부, 특히 뉴저지에 활력 있고 생명을 주는 교회들이 얼마나 더 필요한지, 그리고 복음이 우리의 지역사회에 영향을 끼치는 방법에 대한 연구 결과를 제공할 것이다. 지금 당신이 사는 주의 종교적 개요를 보고 싶으면 이 링크로 들어가서 당신의 주를 선택하라. : www.pewforum.org/religious-landscape-study/state/new-jersey/.

4. Charles Grandison Finney, Memoirs of Reverend Charles G. Finney Written by Himself (New York: A. S. Barnes, 1876).

5. George Barna and David Kinnaman, Churchless: Understanding Today's Unchurched and How to Connect with Them (Wheaton: Tyndale, 2014), 41.

6. 교회에 다니지 않는 성인의 실제 비율에 관한 가장 읽기 쉽고 훌륭한 해설 중 하나가 Mark Chaves의 《American Religion: Contemporary Trends》 (Princeton, NJ: Princeton Univ. Press, 2011), 43-54에 나오는 "Involvement"라는 장이다. 그는 출석의 빈도와 지난 50년 동안 출석 동향이 어떻게 바뀌었는지를 논한다.

## 1장 더 깊은 곳으로 뛰어들라

1. 한 가지 척도는 자신을 그리스도인이라고 밝히는 사람들의 수가 줄어드는 것이다. Pew의 조사에 따르면, 북동부지방은 2007-2015년 사이에 극적인 하락을 경험했다.

   또 다른 척도는 지역 크기에 비하여 빠르게 성장하거나 더 커진 교회들의 비율이다. 예를 들면 〈Outreach〉 잡지에서 만든 연간 리스트 같은 것이다. http://outreachmagazine.com.

   북동부지역(뉴저지, 펜실베이니아, 뉴욕, 매사추세츠, 코네티컷, 로드아일랜드, 버몬트, 뉴햄프셔, 메인)은 미국 총인구의 18퍼센트를 차지하지만, 〈Outreach〉의 목록에서는 가장 크거나 가장 빠르게 성장하는 교회들 중 5-10퍼센트만 그곳에 있어도 보통 괜찮은 해다.

   세 번째 척도는 개신교도들의 수(數)다. 전국 평균이 51퍼센트이나, 지역별로 분석하면 북동부지역은 32퍼센트로 가장 적다. Pew Research Center, "America's Changing Religious Landscape" (May 12, 2015), chap. 4, www.pewforum.org/2015/05/12/chapter-4-the-shifting-religious-identity-of-demographic-groups/. 당신의 주, 카운티, 또는 도시의 종교적 구조를 보고 싶으면 www.usreligioncensus.org/를 참고하라.

2. Pew Research Center, "America's Changing Religious Landscape." Jack Jenkins, "'Nones' Now as Big as Evangelicals, Catholics in the US," March 21, 2019, https://religionnews.com/2019/03/21/nones-now-as -big-as-evangelicals -catholics-in-the-us/.도 참고하라.

3. Daniel Cox and Robert P. Jones, "America's Changing Religious Identity," Public Religion Research Institute (PRRI) (September 6, 2017), www.prri.org/research/american-religious-landscape-christian-religiously-unaffiliated/.

4. James Hudnut-Beumler and Mark Silk, The Future of Mainline Protestantism in America (New York: Columbia Univ. Press, 2018).

5. 2007년 부활주일에 리퀴드에서 첫 예배를 드렸을 때부터 2019년 6월까지 세례식의 총합.

6. Erik van Sebille, Eric Oliver, and Jaci Brown, "Can You Surf the East Australian Current, Finding Nemo-Style?" The Conversation (June 5, 2014), https://theconversation.com/can-you-surf-the-east-australian-current-finding-nemo-style-27392.

7. Elmer Towns and Douglas Porter, The Ten Greatest Revivals Ever (Ann Arbor, MI: Servant, 2000), 2-3.

8. Robert D. Putnam and David E. Campbell, American Grace (New York: Simon and Schuster, 2010). See the chapter titled "Religion and Good Neighborliness."

## 2장 리퀴드교회의 우연한 탄생

1. For US church attendance, see "Fast Facts about American Religion," Hartford Institute for Religion Research, http://hartfordinstitute.org/research/fastfacts/fast_ facts.html#attend. For Canadian church attendance, which is lower than that of the US, see Warren Bird et al, "Canadian Church Study," www .leadnet .org/Canada. See also Pew Research Center, "America's Changing Religious Landscape" (May 12, 2015), chap. 4, www.pewforum.org/2015/05/12/ chapter -4 -the-shifting-religious-identity-of-demographic-groups/.

2. Lifeway Research, "Americans Open to Outreach from Churches" (March 23, 2009), https://lifewayresearch.com/2009/03/23/americans-open-to -outreach -from -churches/.

3. Bob Smietana, "Poll: You're Probably Inviting Friends to Church," Christianity Today (July 13, 2018), www.christianitytoday.com/news/2018/july/inviting-friends-church-lifeway-research.html.

4. Tim Lucas, You Married the Wrong Person: The Relationship Secret Every Couple Needs to Know (Liquid Church, 2015).

5. John Leland, "Christians Say Hello. Gay Activists Say Hmmm," New

York Times (June 6, 2005), www.nytimes.com/2005/06/06/nyregion/christians-say-hello-gay-activists-say-hmmm.html.

## 3장 리퀴드교회의 침수 전략

1. H. H. Mitchell, "The Chemical Composition of the Adult Human Body and Its Bearing on the Biochemistry of Growth," Journal of Biological Chemistry 158 (May 1, 1945): 628, www.jbc.org/content/158/3/625.short.
2. "How Much Water Is There On, In, and Above the Earth?" US Geological Survey (USGS), https://water.usgs.gov/edu/earthhowmuch.html.
3. Some of the following insights come from the article "What Is Living Water?" Our Rabbi Jesus (September 6, 2015), http://ourrabbijesus.com/articles/living-water/.
4. "Do not forget to show hospitality to strangers, for by so doing some people have shown hospitality to angels without knowing it" (Heb. 13:2).
5. 자세한 내용을 보려면 1장의 미주 1번을 참조하라.
6. BHAG는 Big Hairy Audacious Goal(크고 스릴 있고 대담한 목표)을 의미한다. James Collins와 Jerry Porras의 Built to Last: Successful Habits of Visionary Companies(Harper Business, 2011)라는 책에서 개념화된 것이다. Collins와 Porras에 따르면, BHAG는 조직의 존재 본질을 바꾸는 장기적인 목표다. 대담하고 믿음을 성장시키는 목표는 조직 외부의 사람들에게 의심스러워 보일지 모르나 내부적으로는 성취 가능한 것으로 여겨진다.
7. Tim Keller, "To Transform a City: How Do You Know If You're Reaching a City?" Christianity Today 32, no. 1 (Winter 2011), www.christianitytoday.com/pastors/2011/winter/tim-keller-transform-city.html.
8. Malcolm Gladwell, The Tipping Point: How Little Things Can Make a Big Difference (New York: Back Bay, 2002).

9. Tim Keller, "To Transform a City: How Do You Know If You're Reaching a City?" Christianity Today 32, no. 1 (Winter 2011), www.christianitytoday.com/pastors/2011/winter/tim-keller-transform-city.html.

10. Wikipedia, "Pork Roll," https://en.wikipedia.org/wiki/Pork_roll.

## 4장 소외된 사람들을 사랑하라 : 특수장애 사역

1. Autism New Jersey, "Autism Prevalence Rate," www.autismnj.org/understanding -autism/prevalance-rates/.

2. David Briggs, "Study: U.S. Churches Exclude Children with Autism, ADD/ADHD," ARDA: Association of Religion Data Archives (July 9, 2018), citing a study by the National Survey of Children's Health, http://blogs.thearda.com/trend/featured/study-u-s-churches-exclude-children-with-autism-addadhd/.

3. Centers for Disease Control and Prevention, "CDC's Work on Developmental Disabilities," www.cdc.gov/ncbddd/developmentaldisabilities/about.html.

4. 예수님의 37가지 기록된 기적들이 이 목록에서 발견된다. www.thoughtco.com/miracles-of-jesus-700158. 그중 25개(68퍼센트)는 특별한 필요를 가진 사람들과 관련된 것이다. 그 목록에서 거기에 해당되지 않는 듯한 12개의 기적에는 물을 포도주로 변화시킨 일, 폭풍우를 잠잠케 한 일, 많은 무리를 먹이신 일, 죽은 자를 살리신 일 같은 기적들이 포함된다.

5. National Down Syndrome Society, "Down Syndrome," www.ndss.org/about-down-syndrome/down-syndrome/.

6. Vicki Hyman, "N.J. Teen Makes Huge Impact on ABC's 'Speechless'—without Saying a Word," NJ.com, March 26, 2017, www.nj.com/entertainment/tv/index.ssf/2017/03/speechless_jj_actor_micah_fowler.html.

7. Skye Jethani, "Special Needs Boy Removed from Worship," Christianity Today, www.christianitytoday.com/pastors/2011/june-online-only/special-needs-boy-removed -from-worship.html.

8. Amy Becker, "The Ministry of the Disabled: How Christians with Intellectual Disabilities Are Serving Churches (Not Just Being Served by Them)," Christianity Today (April 20, 2018), www.christianitytoday.com/ct/2018/may/ministry-of-disabled.html.

9. Andrew Whitehead, quoted in Michael Staton, "Researcher Finds Chronic Health Conditions Are a Stumbling Block to Church Worship for Children," Newsstand (July 9, 2018), http://newsstand.clemson.edu/mediarelations/researcher-finds-chronic-health-conditions-are-a-stumbling-block-to-church-worship-for-children/.

10. Allison Klein, "Lucas Was Just Named 2018 Gerber Baby. He Has Down Syndrome," Washington Post (February 7, 2018), www.washingtonpost.com/news/inspired-life/wp/2018/02/07/lucas-was-just-named-2018-gerber-baby-he-has-down-syndrome/?utm_term=.9ed3949a0155.

11. Tim Tebow Foundation, www.timtebowfoundation.org.

12. 자세한 내용 및 연락처 정보를 찾으려면 www.liquidchurch.com/specialneeds.를 보라.

13. Erik W. Carter, Including People with Disabilities in Faith Communities (Baltimore: Brookes, 2007), 2.

14. 같은 책, 8.

15. 특수장애를 가진 그리스도인들이 어떻게 그들의 교회를 섬기고 있는지 알고 싶으면, Christianity Today의 감동적인 커버스토리를 읽어보라. "The Ministry of the Disabled" (April 20, 2018), www.christianitytoday.com/ct/2018/may/ministry-of-disabled.html.

## 5장 상상력에 불을 붙여라 : 창의적 커뮤니케이션

1. 다음 조사 결과가 보여주듯이, 현재 미국 국민은 성경책은 갖고 있지만 성경을 읽거나 성경이 무엇을 가르치는지 아는 사람은 놀라울 정도로 적다. "Americans Are Fond of the Bible, Don't Actually Read It," https://lifewayresearch.com/2017/04/25/lifeway-research-americans-are-fond-of-the-bible-dont-actually-read-it/. 더 나아가, 갤럽의 기록에 따르면, 성경을 하나님의 말씀으로 여기는 사람들의 비율은 더 감소하고 있다. "Record Few Americans Believe Bible Is Literal Word of God," https://news.gallup.com/poll/210704/record-few-americans-believe-bible-literal-word-god.aspx.

   이것을 미국 역사상 성경이 주요 교과서였던 시대들과 비교해보라. 예를 들면 McGuffey Reader for grades 1-6 같은 것이다. 1836년부터 1960년 사이에 약 1억 2천만 부가 판매되었다 : "William Holmes McGuffey and His Readers," www.nps.gov/jeff/learn/historyculture/upload/mcguffey.pdf.

   성경 박물관은 미국 문화에서 성경의 역할과 문학작품부터 미디어, 대중의 도덕성까지, 모든 것에 미치는 성경의 영향력을 보여준다. www.museumofthebible.org/press/background/floor-2-impact-of-the-bibfor lifele-bible-in-the-world.

   미국의 종교적 변화에 대한 최근의 일반적인 두 평가는 다음과 같다. Robert D. Putnam and David E. Campbell, American Grace: How Religion Divides and Unites Us (New York: Simon & Schuster, 2010); Claude S. Fischer and Michael Hout, Century of Difference: How America Changed in the Last One Hundred Years (New York: Russell Sage Foundation, 2006).

2. Lydia Saad, "Sermon Content Is What Appeals Most to Churchgoers," Gallup (April 14, 2017), https://news.gallup.com/poll/208529/sermon-content-appeals-churchgoers.aspx.

3. Carey Nieuwhof, "7 Disruptive Church Trends That Will Rule 2018," https://careynieuwhof.com/7-disruptive-church-trends-that-will-rule-2018/.

4. 십일조 반장이 일하는 모습을 그린 스케치를 보려면 다음을 참고하라. www.newenglandhistoricalsociety.com/puritan-tithingman-powerful-men-new-england/.

5. Doug Oss and Mark Batterson, “Right-Brain Preaching: Capturing the Imagination of Your Listeners,” Enrichment, http://enrichmentjournal.ag.org/200801/ 200801_116_RightBrainPreach.cfm, emphasis added.

6. Christian Jarrett, “Why the Left-Brain Right-Brain Myth Will Probably Never Die,” Psychology Today (June 27, 2012), www.psychologytoday.com/us/blog/brain-myths/201206/why-the-left-brain-right-brain-myth-will-probably-never-die, and Robert H. Shmerling, “Right Brain / Left Brain, Right?” Harvard Health Publishing (August 25, 2017), www.health.harvard.edu/blog/right-brainleft-brain-right-2017082512222.

7. Hilary Brueck, “There's No Such Thing As ‘Auditory’ or ‘Visual’ Learners,” Business Insider (February 20, 2018), www.businessinsider.com/auditory-visual-kinesthetic-learning-styles-arent-real-2018-2.

8. Joe Fryer, “Inside the Last Blockbuster Video Store in America,” NBC News (July 17, 2018), www.nbcnews.com/news/us-news/inside-last-blockbuster -video-store-america-n892246.

9. Oss and Batterson, “Right-Brain Preaching.”

10. “Hotwash is a term picked up in recent years by the Emergency Preparedness Community” and involves “the immediate ‘after-action’ discussions and evaluations of an agency's ... performance following an exercise, training session, or major event.” Wikipedia, “Hotwash,” https://en.wikipedia.org/wiki/Hotwash.

## 6장 갈증을 해소해주어라 : 긍휼 사역

1. United Nations, “The Millennium Development Goals Report” (2012), 54, https://d26p6gt0m19hor.cloudfront.net/whywater/English2012.pdf.

2. World Health Organization, “Drinking-Water” (February 7, 2018), www.who.int/en/news-room/fact-sheets/detail/drinking-water.

3. “매년 842,000명이 안전하지 못한 식수, 위생시설, 손 위생으로 인해 설사로 사

망하는 것으로 추정된다." 폭력에 의한 죽음은 자살, 살인, 전쟁을 포함한다. 자살이 전체에서 56퍼센트를 차지하고, 나머지가 44퍼센트(폭력에 의한 죽음 1,400,000건 중에서)는 1년에 616,000건의 죽음에 해당한다. (World Health Organization, "10 Facts about Violence Prevention" [updated May 2017], www.who.int/features/factfiles/violence/en/). 또한 Max Roser, Mohamed Nagdy, and Hannah Ritchie, "Terrorism"(updated January 2018), https://ourworldindata.org/terrorism을 참고하라.

4. UNICEF Rwanda, "Press Release: Launch of National Water Supply and Sanitation Policies and Strategies on the Occasion of World Water Day 2017"(March 22, 2017), www.unicef.org/rwanda/media_19672.html.

5. Living Water International, www.water.cc를 참고하라. 나는 이 비영리단체가 지지하는 것에 대해 매우 열정이 있어서, 그들의 이사회에 참여하고 있다(www.water.cc/leadership). 그들의 목적이자 사명 선언문은 이것이다. "리빙 워터는 지역사회들이 절실히 필요한 깨끗한 물을 얻도록 도움으로써 하나님의 사랑을 나타내고, 가장 깊은 갈증을 해소해줄 수 있는 유일한 '생명수' 예수 그리스도의 복음을 경험하기 위해 존재한다." 그 단체는 예수님의 이름으로 평생 물을 공급하기로 한 지속적인 헌신의 일환으로, 라틴아메리카와 카리브해 지역, 아프리카, 아시아에 걸쳐 17개 이상의 개발도상국에서 거의 2만 건의 물 프로젝트를 완수했다. 리빙 워터의 목표는 지역 교회를 후원하고 지역 사람들이 자신의 공동체를 섬길 수 있도록 준비시킴으로써 전체적인 행동의 변화를 보는 것이다.

6. 2019년 4월 기준으로, 리퀴드교회는 9개 국가에서 총 284개의 깨끗한 우물을 위한 기금을 모금하고 사업을 완료하도록 도왔다(30개는 charityCapuchin friar:water와 함께, 254개는 Living Water International과 함께).

7. WHO/UNICEF Joint Monitoring Programme for Water Supply and Sanitation, "JMP 2015 Annual Report," 9, https://d26p6gt0m19hor.cloudfront.net/whywater/JMP-2015-Annual-Report.pdf.

8. UNICEF Rwanda, "Water, Sanitation and Hygiene," www.unicef.org/rwanda/wes_8300.html.

9. WHO/UNICEF, "JMP 2015 Annual Report," 9.

10. Wikipedia, "Jerrycan," https://en.wikipedia.org/wiki/Jerrycan.

11. charity: water, www.charitywater.org.

12. Brian Hobbs, "Adoption Option Takes Off: Broken Arrow Church Emphasizes Adoption, Foster Care," Baptist Messenger (November 27, 2012), www.baptistmessenger.com/adoption-option-takes-off -broken-arrow-church-emphasizes -adoption-foster-care/.

13. 한 가지 출발점은 미국 복음주의 교회재정 책임위원회(Evangelical Council for Financial Accountability, ECFA.org)를 찾아가는 것이다. 그곳은 재정적 온전함을 위해 그리스도 중심의 사역들을 점검한다. "회원 찾기"에 들어가면 위치, 유형, 그 외의 요소들에 따라 사역 단체들을 검색할 수 있고, 각 기관의 재정적인 상태 요약을 비롯한 프로필을 볼 수 있다. 리퀴드교회는 ECFA의 인정을 받았다.

## 7장 세대를 통합하라 : 사역 합병

1. Santa Maria della Concezione dei Cappuccini (해골사원)은 1626년 교황 우르바노 8세의 주문으로 만들어졌다. 그의 형 Antoninspireio Barberini는 카푸친회 수도사였다. https://en.wikipedia.org/wiki/Capuchin_Crypt에서 지하실 사진들을 보라.

2. How to Break Growth Barriers by Carl George and Warren Bird (Grand Rapids: Revell, 2017), 149-50에 있는 교파별 목록을 참고하라.

3. Jim Tomberlin and Warren Bird, Better Together: Making Church Mergers Work (San Francisco: Jossey-Bass, 2012).

4. Ed Stetzer and Warren Bird, Viral Churches: Helping Church Planters Become Movement Makers (San Francisco: Jossey-Bass, 2010), 1, 101.

5. Kara Powell, Jake Mulder, and Brad Griffin, Growing Young: Six Essential Strategies to Help Young People Discover and Love Your Church (Grand Rapids: Baker, 2016).

6. William Vanderbloemen and Warren Bird, Next: Pastoral Succession That Works (Grand Rapids: Baker, 2014), 9.

7. New Life Community Church의 재개 계획에 관한 더 자세한 사항은 https://newlifecommunity.church/restart/를 참고하라.

8. Lee Kricher, For a New Generation: A Practical Guide for Revitalizing Your Church (Grand Rapids: Zondervan, 2016).

## 8장 나눔을 격려하라 : 놀랍도록 풍성한 나눔

1. "Pastor Tim Lucas on CNN's TJ Holmes Show—everse Offering" (September 28, 2011), www.youtube.com/watch?v=W9rfMGaVAV4.

2. Wikipedia, "Hurricane Irene," https://en.wikipedia.org/wiki/Hurricane_Irene.

3. Greg Laurie, "Money and Motives," www.oneplace.com/ministries/a-new-beginning/read/articles/money-and-motives-9220.html.

4. New York City Relief, www.NewYorkCityRelief.org.

## 9장 숨겨진 재능을 개발하라 : 리더십 문화

1. For an entire chapter with numerous examples of ICNU conversations, see Hero Maker: Five Essential Practices for Leaders to Multiply Leaders by Dave Ferguson and Warren Bird (Grand Rapids: Zondervan, 2018).

2. See the Leadership Network report "Inside Job: Large Church HR Directors Offer Unique Perspective on Their Work" by Warren Bird, free download at http://leadnet.org/salary/.

3. For further description of their system, see "How Church of the Highlands Gets 33% of Their Attenders to Volunteer" by the Rocket Company (March 6, 2013), https://therocketcompany.com/how-church-of-the-highlands-gets-33-of-their-attenders-to-serve/.

4. See the profile of Mark Johnston in Teams That Thrive: Five Disciplines of Collaborative Church Leadership by Ryan Hartwig and Warren Bird (Downers Grove, IL: InterVarsity Press, 2015), 249-50.

## 11장 어떻게 당신의 도시를 적실 것인가?

1. Tim Keller, "To Transform a City: How Do You Know If You're Reaching a City?" Christianity Today 32, no. 1 (Winter 2011), www.christianitytoday.com/pastors/2011/winter/tim-keller-transform-city.html.
2. Ed Stetzer, Christians in the Age of Outrage: How to Bring Our Best When the World Is at Its Worst (Wheaton: Tyndale Momentum, 2018), 8-11, 28.
3. Don Everts and Doug Schaupp, I Once Was Lost: What Postmodern Skeptics Taught Us about Their Path to Jesus (Downers Grove, IL: InterVarsity, 2008), 31.
4. Mark Chaves, American Religion: Contemporary Trends (Oxford Univ. Press, 2011), 13.
5. Pew Research Center, "Where Americans Find Meaning in Life" (November 20, 2018), www.pewforum.org/2018/11/20/where-americans -find-meaning -in-life/.
6. Joseph Pine and James Gilmore, Experience Economy, updated ed. (Boston:Harvard Business Review Press, 2011).
7. 노숙자들을 먹이고 입히는 일에 대해 더 알고 싶은가? New York City Relief에 있는 우리 친구들은 매주 거리의 상처받은 이들에게 예수님의 소망을 전하고 있다. https://newyorkcityrelief.org/를 방문하라.
8. 연령, 성별, 그 외 요인들에 따른 교회 출석에 대한 상호적 도표를 보려면 Pew Research Center의 종교적 양상에 대한 연구 "Attendance at Religious Services"를 보라. http://www.pewforum.org/religious-landscape-study/attendance-at-religious-services/.

9. "Why Americans Go (and Don't Go) to Religious Services," Pew Research Center, August 1, 2018, http://www.pewforum.org/2018/08/01/why-americans-go-to-religious-services/.

10. Griffin Paul Jackson, "The Top Reasons Young People Drop Out of Church," Christianity Today (January 15, 2019), www.christianitytoday.com/news/2019/january/church-drop-out-college-young-adults-hiatus-lifeway-survey.html.

## 12장 리더들을 위한 제안

1. SUEZ / Hoboken Water Services, "Your Water Quality Information: Consumer Confidence Report" (June 2018), www.mysuezwater.com/sites/default/files/HobokenCCR2017.pdf

2. US Geological Survey에 따르면 미국에 거주하는 보통 사람들은 하루에 가정에서 약 340리터의 물을 사용한다. USGS Water Science School, "Water Questions and Answers: How Much Water Does the Average Person Use at Home per Day?" (updated December 2, 2016), https://water.usgs.gov/edu/qa-home-percapita.html을 참고하라.

3. 훌륭한 사역 비율에 대한 해설과 조언들을 보려면 다음을 참고하라. What Every Pastor Should Know: 101 Indispensable Rules of Thumb for Leading Your Church by Gary McIntosh and Charles Arn (Grand Rapids: Baker, 2013).

4. Andy Stanley, "One, Not Everyone" (Alpharetta, GA: North Point Resources), https://store.northpoint.org/products/one-not-everyone.

# 성경 색인

# 리퀴드처치 : 새로운 세대를 새롭게 적시는 교회

초판 1쇄 발행 2022년 7월 18일
초판 3쇄 발행 2022년 9월 23일

지은이 팀 루카스 & 워렌 버드
옮긴이 유정희

펴낸이 여진구
책임편집 최현수
편집 이영주 정선경 안수경 김도연 김아진 정아혜
책임디자인 마영애 | 노지현 조은혜
홍보 · 외서 진효지
마케팅 김상순 강성민 허병용 마케팅지원 최영배 정나영
제작 조영석 정도봉 경영지원 김혜경 김경희 이지수

303비전성경암송학교 유니게과정 박정숙 최경식
이슬비전도학교 / 303비전성경암송학교 / 303비전꿈나무장학회

펴낸곳 규장

주소 06770 서울시 서초구 매헌로 16길 20(양재2동) 규장선교센터
전화 02)578-0003 팩스 02)578-7332
이메일 kyujang0691@gmail.com 홈페이지 www.kyujang.com
페이스북 facebook.com/kyujangbook 인스타그램 instagram.com/kyujang_com
카카오스토리 story.kakao.com/kyujangbook
등록일 1978.8.14. 제1-22



책값 뒤표지에 있습니다.
ISBN 979 - 11 - 6504 - 349 - 0 03230

## 규 | 장 | 수 | 칙

1. 기도로 기획하고 기도로 제작한다.
2. 오직 그리스도의 성품을 사모하는 독자가 원하고 필요로 하는 책만을 출판한다.
3. 한 활자 한 문장에 온 정성을 쏟는다.
4. 성실과 정확을 생명으로 삼고 일한다.
5. 긍정적이며 적극적인 신앙과 신행일치에의 안내자의 사명을 다한다.
6. 충고와 조언을 항상 감사로 경청한다.
7. 지상목표는 문서선교에 있다.

하나님을 사랑하는 자 곧 그의 뜻대로 부르심을 입은 자들에게는 모든 것이 合力하여 善을 이루느니라(롬 8:28)

규장은 문서를 통해 복음전파와 신앙교육에 주력하는 국제적 출판사들의 협의체인 복음주의출판협회(E.C.P.A:Evangelical Christian Publishers Association)의 출판정신에 동참하는 회원(Associate Member)입니다.